全球营销战略：
中国经理人指南

Global Marketing Strategy:
A Digest for Chinese Managers

［德］波多·施勒格尔米尔希 著
吴惠良

中山大学出版社
SUN YAT-SEN UNIVERSITY PRESS
·广州·

版权说明

本著作是基于对 Springer 2016 年版的 *Global Marketing Strategy: An Executive Digest*（Bodo B. Schlegelmilch 著）一书的扩展和更新。本书通过特定的示例和新案例研究专门为中国经理人量身定制。

版权所有　翻印必究

图书在版编目（CIP）数据

全球营销战略：中国经理人指南／［德］波多·施勒格尔米尔希，吴惠良著 . —广州：中山大学出版社，2020. 10

书名原文 Global Marketing Strategy: An Executive Digest

ISBN 978 - 7 - 306 - 06980 - 1

Ⅰ. ①全… Ⅱ. ①波… ②吴… Ⅲ. ①国际营销—指南 Ⅳ. ①F740. 2 - 62

中国版本图书馆 CIP 数据核字（2020）第 188237 号

Quanqiu Yingxiao Zhanlüe

出 版 人：	王天琪
策划编辑：	熊锡源
责任编辑：	熊锡源
封面设计：	曾　斌
责任校对：	陈　莹
责任技编：	何雅涛
出版发行：	中山大学出版社
电　　话：	编辑部 020 - 84111996，84113349，84111997，84110779
	发行部 020 - 84111998，84111981，84111160
地　　址：	广州市新港西路 135 号
邮　　编：	510275　　　　传　真：020 - 84036565
网　　址：	http://www. zsup. com. cn　　E-mail：zdcbs@ mail. sysu. edu. cn
印 刷 者：	广州一龙印刷有限公司
规　　格：	787mm × 1092mm　　1/16　　21.75 印张　　470 千字
版次印次：	2020 年 10 月第 1 版　　2020 年 10 月第 1 次印刷
定　　价：	135.00 元

如发现本书因印装质量影响阅读，请与出版社发行部联系调换

序　一

本书旨在为中国管理人员制定全球营销战略提供支持，说明了如何评估和选择国际市场，描述了不同市场的进入策略，并提供了在全球范围内竞争的工具和框架。本书还讨论了设计可持续全球营销策略时固有的一些挑战，对数字化营销的未来做了展望，并引入了一些在国外经营成功并引领数字化业务转型的中国公司的案例研究，这些案例为本书所涉及的讨论提供了相关的背景，旨在激发中国管理者在走向国际化的进程中创造更多的全球营销成功案例。

我很幸运能够与中文版合著者吴惠良（William Wu）先生共同开发这本书。与吴惠良先生的合作体现了跨国合作和研究的优点。他在编译本书内容、改编概念框架和理论模型以及中国品牌案例的过程中，体现了对全球营销管理以及中西方文化差异的深刻理解。我非常感谢他的支持！吴惠良和我在与众多中国和国际知名公司的高级管理人员的紧密合作中受益匪浅，这些公司有跨国公司，也有初创公司。因此，本书中包含的许多想法和概念来自与这些高级管理人员和高管学员就全球市场战略挑战进行的对话。这为读者带来了好处，因为读者能在阅读此书的过程中，本书可以提供平衡的观点以及理论与实践相结合的见解。

我还要感谢来自世界各地商学院的师生，尤其是上海交通大学安泰经济与管理学院、中山大学岭南学院、英国曼彻斯特大学商学院、新加坡管理大学、宁波诺丁汉大学、美国明尼苏达大学卡尔森管理学院以及奥地利维也纳经济大学，也非常感谢曾经参与众多公司项目的高管的深刻见解。

最后，我也要感谢学术界同事们的支持，他们中的许多人都为本书做了宝贵的点评和推荐，同样，非常感谢我们的出版者——中山大学出版社，感谢编辑熊锡源博士为此书在中国出版提供的支持。

波多·施勒格尔米尔希

作者简介

波多·施勒格尔米尔希（Bodo B. Schlegelmilch）是英国工商管理硕士协

会（AMBA）和国际商学院毕业生协会（BGA）的主席，也是维也纳经济大学国际营销管理研究所的所长。十多年来，他担任维也纳经济大学高管研究院的院长。他的职业生涯始于德意志银行和宝洁公司，之后就任于英国爱丁堡大学和美国加利福尼亚大学伯克利分校，随后获得了英国威尔士大学和美国雷鸟全球管理学院的教授职位。波多也在欧洲和亚洲的商学院咨询委员会任职，并且在六大洲的30多个国家和地区任教，他的研究领域从国际营销战略一直到企业社会责任，研究成果发表在全球著名的学术期刊上，如《战略管理期刊》《国际商业研究期刊》和《营销科学研究院杂志》。波多还是《国际市场营销杂志》的主编，并在《市场营销杂志》《国际市场研究期刊》《营销科学研究院评论》等编辑委员会任职。波多最初在德国接受教育，获得了英国曼彻斯特大学的两个博士学位（国际营销策略和企业社会责任）和泰国国立法政大学的荣誉博士学位。

序 二

很荣幸应施勒格尔米尔希教授（以下简称施教授）的邀请，作为中文版合著者编译此书。施教授是国际商务领域，特别是国际营销管理领域有着极高声望的学者，能够结识他并且编译他的著作实属三生之幸，对我来说，也是一件极具挑战的事情。认识施教授已经有一年多了，也因为编译此书的缘故与他保持着频繁的沟通与交流。他为人处事的风格让我想起了苏州的一个著名的景点——"拙政园"，这个园林有个非常低调却令人印象深刻的英语译名"Humble Administrator's Garden"。"Humble Administrator"直译的意思是"谦卑的管理者"，对他的印象用这个词形容再恰当不过了。施勒格尔米尔希教授担任着国际商务领域许多重要的学术和行政职务，他是美国市场营销学会（AMA）旗下《国际市场营销杂志》的第一位非美籍主编，同时也是英国工商管理硕士协会（AMBA）的主席。多年来，在承担如此繁重的管理工作之余，还能把学术做得这么好，实在是令人敬佩。作为一位学者，往往会有自己独特的世界观和价值观，我欣赏施教授在研究全球事务中那种专业、公允的精神，以及从多种文化出发、多维度思考问题的方法，特别赞赏他提出的预测全球营销市场的八大对立趋势，以及他对全球新兴市场那种特别正能量的展望和期许，在如今全球化的逆流中，尤其难能可贵。

此书中文版的编写过程中得到了中外多所院校商学院师生以及高管学员的大力支持，感谢他们为本书撰写了多个跨行业中国品牌走向国际化并且实践数字化转型的案例，也要特别感谢上海交通大学安泰经济与管理学院国际合作DBA项目主任高黎芸老师、中山大学岭南学院EMBA项目执行副主任余曙暑老师、英国诺桑比亚大学Charles Cui教授、复旦大学营销学教授沈涵博士、宁波诺丁汉大学周静子博士，以及中山大学出版社熊锡源博士（排名不分先后）为本书中文版的编译提供了宝贵的建议和支持，还要感谢那些在编译过程帮助过我们的朋友们：范萍女士、赵琳女士、李建阳先生和李相蒲先生（排名不分先后）。

最后，还要感谢我的家人、同事及我的两位导师：英国曼彻斯特大学商学院Yu-wang Chen博士和上海交通大学安泰经济与管理学院国际合作DBA项目学术主任罗继峰博士，没有你们的支持或鼓励，我无法完成这项艰巨的任务。本书在编译的过程中不免还有疏漏之处，欢迎广大读者指正或者提供反馈信息，联系方式：William. Wu@ pepperdine. edu。

吴惠良

作者简介

吴惠良先生（William H. Wu）是美国培普丹大学（Pepperdine University）上海国际校区的副总监，同时担任培普丹大学国际管理讲座讲师和复旦大学社会发展与公共政策学院国际营销管理客座教授。吴惠良先生毕业于同济大学计算机科学与工程系，毕业后曾就职于中国银行上海市分行国际业务部，之后先后在瑞士日内瓦大学社会与经济学院和法国国立桥路大学深造，获法国国立桥路大学工商管理硕士。目前，他还是英国曼彻斯特大学商学院和上海交通大学安泰经济与管理学院合作的管理学博士候选人。他的研究领域涉及消费者行为学、移动支付以及数字化营销。

读者荐语（排名不分先后）

自从第一次工业革命开始，全球化就是人类社会发展过程中的一个主旋律。蒸汽机的发明，汽车、火车的诞生，跨洋海底通信电缆的铺设，互联网的广泛使用，每一次技术革命都深刻地改变了我们的生产和生活方式，全球生产再销往全球是我们这个时代的特征，企业的发展战略也随之发生了深刻的变化。本书从多个视角阐述了全球营销战略的理论与实践，是每一位有志于全球化发展的企业家的必读之书。

陈方若
上海交通大学安泰经济与管理学院院长
上海交通大学行业研究院院长

对于公务繁忙的管理人员来说，这本书对于了解如何在当今全球市场的竞争中脱颖而出非常有洞见力。对 MBA 和 EMBA 学生来说，也是极好的读物。

徐信忠
中山大学岭南（大学）学院教授兼院长

我有幸与本书英文版作者施勒格尔米尔希有多年的学术合作，深知他在研究国际市场营销和国际商业领域的学术造诣和国际影响。因此，本书英文原版刚面世，我就将此书列为我当年在英国曼彻斯特大学商学院讲授的国际市场营销硕士课程的必修书。我也是在曼彻斯特商学院就职时与中文版合著者吴惠良相识，对他的学术严谨和深厚广博的专业知识印象深刻。本书中文版体现了多种文化和多维度的思维角度。其重要特点之一，是以商业现实为背景，介绍了国际市场营销主流概念和理论模型；在商业实践的具体背景和营销运作过程中，深入浅出地介绍国际市场营销理论和经实证研究验证过的有效管理战略和运作手段。另外一个重要特点，是本书中很多的想法和概念来自两位作者与众多中国和国际知名公司以及初创公司管理人员的直接对话,因此,读者能够很容易从自己的现实生活角度有效地理解书中的内容。作为以中文为母语且精通英语和法语的中文版合著者,吴惠良在中文编译和中国品牌案例方面为此书的贡献令人尊敬。我相信读者会从本书中文版中,不仅学到国际市场营销的重要知识和实际管理运作方法,也会在提高思维层次和考察问题的深度方面受益匪浅。

Professor Charles Cui
英国诺桑比亚大学教授

施勒格尔米尔希教授是全球营销领域的著名专家,这本中文版在原著翻译的基础上,吴惠良先生增加了不同领域的中国企业的案例研究,更好地把国际营销战略理论与中国实践结合起来。在中国企业走出去的战略背景下,此书为中国的营销界和企业品牌推广提供了深入全面的启发与借鉴。

沈涵 博士
复旦大学营销学教授

本书从多个维度、不同视角论述了国际营销战略,并涵盖了跨行业品牌以及数字化营销案例,内容丰富,理论翔实,应为MBA学员和营销管理人员的优先推荐读物!

Yu-wang Chen
决策科学高级讲师
英国曼彻斯特大学商学院

这本书的魅力在于从跨学科的角度,将营销与战略相结合,无论是在校研究生,还是富有经验的国际管理人员,都能从中汲取不少的养分。

Howard Thomas
新加坡管理大学李光前商学院战略管理学院院长
新加坡管理大学李光前商学院原任院长

施勒格尔米尔希所著的这本关于全球营销的书籍非常棒,关于如何将地方营销战略与全球营销战略相结合,这本书给出了非常好的见解。对于任何希望了解如何在日益全球化的经济中更好地推销自己的品牌的管理人员来说,这本书是"必读刊物"。

Russ Winer
William H. Joyce
纽约大学斯特恩商学院营销学教授

施勒格尔米尔希教授和吴惠良先生合著的新作《全球营销战略》非常带劲!尤其是有关全球组织设计、全球道德与社会责任和全球数字化转型等方面的精辟分析和策略解读,全面创新了国际营销的整合体系与发展策略。这是一本优秀的国际商务论著,特别推荐!

王重鸣
浙江大学文科资深教授
浙江大学全球创业研究中心主任
国际丝路创业教育联盟理事长

施勒格尔米尔希教授在国际营销领域有着非常丰富的实战经验和扎实的学术研究功底,这本书是他多年研究国际营销理论和实践的集大成之作,对于正在加速融入世界经济的中国企业来说,有着非凡的指引作用和借鉴意义。

邬金涛
营销学副教授、博士生导师
中山大学岭南学院院长助理、MBA/EMBA 中心主任

这本书不容错过!成功的战略离不开客户的满意度,这本书介绍的就是如何与客户打交道。在全球化的今天,在竞争如此激烈的情况下,大客户至关重要。总之,这本书一定要读!

Peter Lorange
苏黎世洛朗厄商学院教授兼院长
瑞士洛桑国际管理学院前院长

这是一本非常适合执行官和工商管理硕士学生的书，可以快速掌握全球营销战略的精髓。施勒格尔米尔希把他对全球营销策略的深刻认识融入到这本易读读物中。

Kazuhiro Asakawa
全球创新与国际管理专业教授
日本庆应义塾大学工商管理研究生院

如果想要有一番作为，管理人员就要有更广阔的视角。本书通俗易懂、简明扼要，对熟谙全球营销非常有帮助。真心推荐此书。

Günter Thumser
中东欧汉高CEO
奥地利维也纳

本书简单易懂、发人深省，可以帮助时间紧迫的读者快速理解或制定全球营销策略。

Andrew Main Wilson
英国工商管理硕士协会会长

本书结合了先进的理论和非常实用的建议，令人印象深刻，能帮助学习者成功实现全球营销战略。

Valery Katkalo
俄罗斯联邦储蓄银行企业大学

本书对无比复杂的全球营销界进行了剖析，内容清晰易懂、富有洞察力。

Vince Mitchell
Sir John E. Cohen
消费者营销教授
伦敦城市大学卡斯商学院管理学院

读者荐语（排名不分先后）

本书简洁明了，重点突出。我强烈建议管理人员阅读本书，了解如何在全球范围内应用营销策略。

Pannapachr Itthiopassagul
泰国国立法政大学市场营销研究生院院长

无论你是全球营销领域的新手，还是经验丰富的全球经理，施勒格尔米尔希教授的这本著作都非常值得一读，对于了解全球市场营销策略的策划和执行非常有帮助。

Michael J. Houston
美国明尼苏达大学卡尔森管理学院国际营销讲座讲师

对于全球营销战略的制定和实施，本书进行了结构化的深入分析。全球营销成功的重要决策都能在这本必读读物中找到，各级和所有职能部门的管理人员都能从本书中获益匪浅。

Adamantios Diamantopoulos
奥地利维也纳经济大学国际营销讲座讲师

这本书非常适合想要全面了解全球营销战略的高管，以及全球营销战略课程的学生，可作为21世纪开展全球业务的指导框架。

Victoria L. Crittenden
美国巴布森公园巴布森学院营销专业讲席教授

这本书从全球视角观察全球营销战略，其洞察力对所有参与国际业务的公司至关重要。强烈建议营销管理人员和商科学生阅读此书。

George S. Yip
上海中欧国际工商学院中国创新中心战略教授兼联席讲席教授

这本关于全球营销战略的书籍填补了国际市场营销文献的空白，是对其他世界知名专家关于国外市场管理决策相关问题的补充。企业高管能直接从本书的实践方法中受益。

Angela da Rocha
巴西里约热内卢天主教大学国际商业研究中心讲席教授

本书以形象生动的方式介绍了全球业务的关键要素，体现了作者的丰富经验和学术方面的权威，强烈推荐每位管理人员和金融专业的学生阅读。

Mubbsher Munawar Khan
巴基斯坦旁遮普大学银行与金融学院院长

施勒格尔米尔希带领读者在全球营销战略的世界中遨游了一番。对于任何希望在全球范围内取得品牌成功的公司和产品经理来说，此书非读不可。

Björn Ambos
《世界商业杂志》资深编辑
瑞士圣加仑大学管理学院讲席教授

目　　录

术语和缩略语 ·· 1
图目 ··· 1
表目 ··· 1

上编　评估全球市场机遇

1 营销：一门全球性的学科 ··· 3
  1.1　背景介绍 ·· 3
  1.2　概念定义 ·· 3
    1.2.1　什么是营销 ·· 3
    1.2.2　什么是战略 ·· 4
    1.2.3　什么是全球性 ··· 4
  1.3　全球化之路 ··· 5
    1.3.1　公司如何成为全球性公司 ·· 5
    1.3.2　寻求资源或寻求市场 ·· 6
    1.3.3　寻求知识或寻求效率 ·· 6
    1.3.4　在产业集群中学习 ··· 7
    1.3.5　具有挑战性的竞争对手 ··· 7
  1.4　全球公司面临的矛盾 ·· 7
    1.4.1　全球整合与全球协调 ·· 7
    1.4.2　当地回应 ·· 8
  1.5　对全球企业结构和管理的影响 ·· 9
    1.5.1　全球整合的一体氏–当地回应（IR）框架 ······················· 9
    1.5.2　适应战略、集群战略以及套利战略模型 ·························· 11
    1.5.3　区域在企业全球战略中所扮演的角色 ····························· 12
  1.6　作为平衡手段的全球营销战略 ·· 13
    1.6.1　确定全球营销整合程度 ··· 14
    1.6.2　促进全球营销整合的工具 ·· 15

1.6.3　增强地方营销能力的原因 …………………………… 15
　1.7　小结 ………………………………………………………… 16
　　参考文献 ………………………………………………………… 16

2　评估全球营销机会 ………………………………………………… 20
　2.1　市场评估任务 ………………………………………………… 20
　2.2　基于二手数据的评估 ………………………………………… 22
　　2.2.1　全球信息需求 ……………………………………… 22
　　2.2.2　全球市场评估 ……………………………………… 23
　　2.2.3　使用评分模型 ……………………………………… 24
　　2.2.4　对潜在国家市场的详细评估 ……………………… 26
　2.3　基于原始数据的评估 ………………………………………… 27
　　2.3.1　全球营销研究的复杂性 …………………………… 27
　　2.3.2　从研究目标到建议 ………………………………… 27
　　2.3.3　全球营销研究中的数据对等 ……………………… 28
　　2.3.4　Emic（主位）还是 Etic（客位）研究 …………… 30
　2.4　全球营销信息系统 …………………………………………… 31
　　2.4.1　设计全球营销信息系统所面临的挑战 …………… 32
　　2.4.2　全球数据收集的新工具 …………………………… 33
　2.5　小结 ………………………………………………………… 35
　　参考文献 ………………………………………………………… 36

3　进入全球市场 ……………………………………………………… 39
　3.1　公司为什么要全球化，何时全球化以及如何进入不同的国家市场
　　　…………………………………………………………………… 39
　3.2　事前考虑 …………………………………………………… 39
　　3.2.1　进入国外市场的动机与时机 ……………………… 39
　　3.2.2　平衡风险和控制 …………………………………… 40
　3.3　外国市场进入：非股权模式 ………………………………… 40
　　3.3.1　出口 ………………………………………………… 40
　　3.3.2　合同协议 …………………………………………… 45
　3.4　国外市场进入：股权模式 …………………………………… 48
　　3.4.1　合资企业 …………………………………………… 48
　　3.4.2　战略联盟 …………………………………………… 51

  3.4.3 全资子公司 ·················· 51
 3.5 小结 ·················· 52
 参考文献 ·················· 53

案例 1 美的集团（Midea）的国际业务拓展 ·················· 56

案例 2 探索中坚定前行的中国文创企业代表
    ——谭木匠的国际化之路 ·················· 68

案例 3 让每个人都能享受科技的乐趣
    ——北京小米科技有限责任公司的全球营销战略 ·················· 76

中编 使用核心工具在全球展开竞争

4 全球市场的市场细分、目标市场选择与市场定位 ·················· 89
 4.1 市场营销的三要素：STP ·················· 89
 4.2 全球市场的市场细分 ·················· 90
  4.2.1 按地理进行的市场细分 ·················· 90
  4.2.2 按人口进行的市场细分 ·················· 91
  4.2.3 按心理进行的市场细分 ·················· 92
  4.2.4 按行为进行的市场细分 ·················· 94
  4.2.5 按利益进行的市场细分 ·················· 95
 4.3 选择全球的目标细分市场 ·················· 95
  4.3.1 目标市场选择方式 ·················· 96
  4.3.2 评估目标细分市场 ·················· 96
  4.3.3 选择目标细分市场 ·················· 98
 4.4 市场定位 ·················· 99
  4.4.1 建立框架 ·················· 99
  4.4.2 建立价值等同 ·················· 100
  4.4.3 差异性 ·················· 101
 4.5 小结 ·················· 104
 参考文献 ·················· 105

5 打造全球产品和服务 ·················· 109
 5.1 消费者购买解决方案 ·················· 109

5.2 将产品转化为解决方案 ... 109
5.2.1 产品维度 ... 110
5.2.2 产品类型 ... 110
5.3 适应化 VS 标准化 ... 111
5.3.1 标准化 ... 113
5.3.2 适应化 ... 114
5.3.3 权变观念 ... 115
5.4 全球创新与产品开发 ... 117
5.4.1 创新魔方 ... 117
5.4.2 设计全球创新战略 ... 119
5.4.3 新产品开发过程 ... 119
5.5 国际产品生命周期 ... 121
5.5.1 解释外商投资模式 ... 121
5.5.2 解释产品的收入和利润模式 ... 122
5.6 小结 ... 123
参考文献 ... 124

6 从全球运营中发掘价值 ... 129
6.1 全球定价：挑战与机遇 ... 129
6.2 环境对全球定价的影响 ... 130
6.2.1 竞争与需求 ... 130
6.2.2 外汇汇率 ... 131
6.2.3 国家法律法规 ... 133
6.2.4 通货膨胀 ... 134
6.2.5 更短的产品生命周期 ... 134
6.3 全球定价策略和实践 ... 135
6.3.1 成本加成定价法 ... 135
6.3.2 平价定价法 ... 135
6.3.3 市场渗透定价法与撇脂定价法 ... 136
6.3.4 对等贸易 ... 136
6.3.5 《国际贸易术语解释通则》 ... 137
6.4 定价责任方 ... 138
6.4.1 标准化与差异化 ... 138
6.4.2 分权与集权 ... 138

6.5 制定公司内部价格 ································· 139
6.5.1 转移定价原则 ································· 139
6.5.2 转移定价方法 ································· 140
6.6 市场动荡 ······································· 141
6.6.1 倾销 ··· 141
6.6.2 灰色市场与平行进口 ··························· 141
6.6.3 卡特尔 ······································· 143
6.7 小结 ··· 144
参考文献 ··· 145

7 全球供应链与分销网络 ································· 149
7.1 全球供应链的关键维度 ····························· 149
7.2 全球供应链的好处与挑战 ··························· 150
7.2.1 入境物流、采购和运营 ························· 150
7.2.2 出厂物流与营销渠道 ··························· 153
7.3 渠道功能与组织形式 ······························· 154
7.3.1 渠道成员的职能 ······························· 154
7.3.2 渠道层级数量 ································· 155
7.3.3 渠道的组织 ··································· 156
7.4 选择渠道设计 ····································· 157
7.4.1 客户需求 ····································· 157
7.4.2 市场覆盖率 ··································· 157
7.4.3 渠道选择 ····································· 158
7.4.4 渠道协同 ····································· 160
7.5 渠道管理 ··· 160
7.5.1 选择渠道成员 ································· 160
7.5.2 激励和培训渠道成员 ··························· 161
7.6 未来趋势 ··· 162
7.6.1 技术发展 ····································· 162
7.6.2 可持续性和企业社会责任 ······················· 163
7.7 小结 ··· 164
参考文献 ··· 164

8 全球品牌与传播 ·················· 168
8.1 品牌与传播战略 ················ 168
8.2 品牌的基本方面 ················ 169
8.2.1 品牌价值 ·················· 169
8.2.2 品牌架构 ·················· 169
8.2.3 品牌认同、品牌形象、品牌共鸣 ······ 170
8.2.4 品牌延伸 ·················· 171
8.3 全球品牌 ····················· 172
8.3.1 "真正的全球化" ············· 172
8.3.2 品牌全球化面临的挑战 ·········· 174
8.3.3 全球品牌中的文化因素 ·········· 174
8.3.4 品牌与宗教背书 ·············· 175
8.3.5 本地品牌与全球品牌 ············ 177
8.3.6 全球品牌组合 ················ 178
8.4 传播渠道 ····················· 179
8.4.1 广告宣传 ·················· 179
8.4.2 人员推销 ·················· 180
8.4.3 促销 ····················· 181
8.4.4 公关 ····················· 182
8.4.5 整合营销与关系传播 ············ 182
8.4.6 标准化传播范围的障碍 ·········· 183
8.5 小结 ························· 184
参考文献 ························· 185

案例 4　传音在非洲的战略发展与成功 ········· 191

案例 5　以新产品研发为核心的市场策略
　　　　——中国电子商务品牌三只松鼠 ········ 199

下编　打造可持续发展的未来企业

9 全球营销战略的组织结构 ·············· 209
9.1 全球营销战略与组织结构 ············ 209
9.2 全球组织结构 ··················· 210
9.2.1 地区结构或产品部门 ············ 210

- 9.2.2 矩阵结构或跨国网络 ····· 210
- 9.2.3 全球性矩阵结构与跨国网络的局限性 ····· 212
- 9.3 地区总部战略与结构的益处 ····· 213
  - 9.3.1 母公司优势 ····· 213
  - 9.3.2 知识优势 ····· 214
  - 9.3.3 组织优势 ····· 214
- 9.4 地区总部的组织结构 ····· 215
  - 9.4.1 何为"地区" ····· 215
  - 9.4.2 管理某一地区的地区总部（地区办事处） ····· 216
  - 9.4.3 位于某一地区的地区总部 ····· 217
- 9.5 管理各组织部门之间的关系 ····· 219
  - 9.5.1 全球总部与地区总部之间的关系 ····· 220
  - 9.5.2 地区总部与国家子公司的关系 ····· 221
  - 9.5.3 不同国家子公司之间的关系 ····· 221
- 9.6 小结 ····· 221
- 参考文献 ····· 222

10 全球营销道德与企业社会责任（CSR） ····· 225

- 10.1 企业社会责任：商业领袖的首要议程 ····· 225
- 10.2 术语定义 ····· 226
  - 10.2.1 商业道德、营销道德与全球营销道德 ····· 226
  - 10.2.2 企业社会责任 ····· 227
  - 10.2.3 可持续发展 ····· 227
- 10.3 理念源泉 ····· 229
  - 10.3.1 商业道德中的竞争理论 ····· 229
  - 10.3.2 寻找共同点 ····· 231
- 10.4 全球供应链中的道德问题 ····· 234
  - 10.4.1 与产品采购相关的道德问题 ····· 234
  - 10.4.2 与中间商相关的道德问题 ····· 235
  - 10.4.3 与零售商相关的道德问题 ····· 236
  - 10.4.4 与消费者相关的道德问题 ····· 238
- 10.5 道德问题和国际传播 ····· 238
- 10.6 将道德规范纳入全球营销实践 ····· 240
  - 10.6.1 使命宣言 ····· 240

      10.6.2　企业道德准则和企业信条 240
      10.6.3　企业道德培训计划 241
      10.6.4　监察员、道德委员会与投诉热线 241
      10.6.5　监管驱动因素 241
   10.7　小结 242
   参考文献 243

11　全球营销战略的未来 248
   11.1　关于未来的不同愿景 248
   11.2　八种对立趋势 249
      11.2.1　全球化与地方价值观的复兴 249
      11.2.2　人口增长与人口短缺 251
      11.2.3　超国家组织的力量与大城市的崛起 253
      11.2.4　颠覆性技术与复古产品 255
      11.2.5　大型跨国公司与利基市场厂商 256
      11.2.6　亚洲日益繁荣与西方经济低迷 260
      11.2.7　越来越严峻的环境恶化形势与在气候变化问题上的
            不作为 262
      11.2.8　大数据与隐私 264
   11.3　对全球营销战略的启示 266
      11.3.1　商业环境变化 266
      11.3.2　寻求平衡 267
   11.4　小结 268
   参考文献 270

12　全球数字化转型：对营销的影响 276
   12.1　"手机星球" 276
   12.2　世界正在数字化：万物互联 277
   12.3　消费者的数字化思维 278
      12.3.1　全球互联网和零售 278
      12.3.2　多渠道购物超链接消费者 280
      12.3.3　移动设备"击败"个人电脑：新兴国家引领潮流 280
      12.3.4　社交媒体行为在全球范围内差异很大 281
      12.3.5　移动支付强劲增长：新兴市场消费者引领潮流 283

12.3.6　新兴市场消费者不太关心互联网隐私 283
12.4　企业视角下的数字营销 284
　　12.4.1　企业网站与搜索引擎优化 285
　　12.4.2　赞助搜索、Cookie、网页横幅广告和点击付费广告 286
　　12.4.3　7C框架 287
　　12.4.4　内容营销 289
　　12.4.5　自有媒体、付费媒体、分享媒体和赢得媒体 290
　　12.4.6　衡量社交媒体营销的成功 293
　　12.4.7　大数据 294
12.5　数字化的未来 296
12.6　小结 297
参考文献 298

案例6　利用大数据及人工智能提升客户价值和国际竞争力的中国零售品牌 303

案例7　以名配角战略引领国际化进程
　　——精准定位、整合资源的光学龙头舜宇集团 308

术语和缩略语

4Ps	产品、地点、价格、促销
AAA	适应、聚合、仲裁
AACSB	美国国际商学院联合会
AD	区域范围
AGSS	奥地利、德国、瑞士、斯洛文尼亚
AMA	美国市场营销协会
AMBA	工商管理硕士协会
ANX	汽车网络交换
ASEAN	东南亚国家联盟
BMI	身体质量指数
BMW	巴伐利亚汽车制造厂
BPO	业务流程外包
BRIC	巴西、俄罗斯、印度、中国
C & P	合同和采购
CAGE	文化、行政、地理、经济
CAGR	复合年增长率
CD	光盘
CEE	中东欧
CEEMEA	中东欧、中东、非洲
CEO	首席执行官
CFA	验证性因素分析
CHF	瑞士法郎
CIBER	国际商务教育与研究中心
CIF	成本加保险费加运费
CRM	客户联系管理
CSR	企业社会责任
DACH	德国、奥地利、瑞士

DDP	指定目的地完税后交货
DVD	数字多用光盘
EDI	电子数据交换
EIU	经济学人智库
EMA	欧洲药品管理局
EMC	出口代理公司
EMEA	欧洲、中东、非洲
EQUIS	欧洲质量改进认证体系
ERP	企业资源规划
ERPT	汇率传递
EU	欧盟
EUR	欧元
ETC	出口贸易公司
FTC	联邦商务委员会
FDA	食品药品监督管理局
FDI	外国直接投资
FMCG	快消品
FOB	船上交货
GAAP	公认会计准则
GDP	国内生产总值
GRI	全球报告倡议组织
GNI	国民总收入
GNP	国民生产总值
HMV	HMV 零售有限公司
HQ	总部
HR	人力资源
HUL	印度斯坦利华公司
IACC	国际反假联盟
IBM	国际商用机器公司
ICC	国际商会
IFRS	国际财务报告准则
IMC	整合营销传播
IMD	国际管理发展研究所
Incoterms	国际贸易术语解释通则

IPLC	国际产品生命周期
IR	一体化 – 当地回应
IRT	项目反应理论
IT	信息技术
JV	合资企业
KFC	肯德基
Latam	拉丁美洲
LCR	伦敦对等贸易圆桌会议
LTT	潜在贸易理论
LU	地方部门
LVMH	法国酩悦·轩尼诗 – 路易·威登集团
MAN	德国曼集团
MBA	工商管理硕士
MNC	跨国公司
MSU	密歇根州立大学
MTV	音乐电视
NAFTA	北美自由贸易协定
OECD	经济合作与发展组织
P & G	宝洁公司
PC	个人计算机
PD	产品部门
PESTLE	政治、经济、社会、技术、法律、环境
PLC	产品生命周期
PR	公关
QR-code	二维码
R&D	研发
RCM	关系沟通模型
RFID	射频识别
RHQ	地区总部
SLEPTS	社会、法律、经济、政治、技术、可持续发展
SK-Ⅱ	宝洁公司的一款护肤产品
SME	中小企业
SMS	短信
STP	市场细分、目标市场选择和市场定位

SWAP	互换期权
TNC	跨国公司
TNI	跨国指数
TPP	跨太平洋伙伴关系协定
TTIP	跨大西洋贸易与投资伙伴关系协定
TV	电视
UN	联合国
UNCTAD	联合国贸易和发展会议
UNFPA	联合国人口活动基金会
UNFCCC	联合国气候变化框架公约
UK	英国
US	美国
USA	美利坚合众国
USP	独特的销售主张
VMI	供应商管理库存
VMS	垂直营销系统
VW	大众公司
WEF	世界经济论坛
WOS	全资子公司
WTO	世界贸易组织

图 目

图 1.1	平衡全球一体化与当地回应之间的关系	10
图 1.2	组织格式：扩展的全球一体化-当地回应（IR）框架	11
图 1.3	衡量公司在适应战略、集群战略以及套利战略下的压力	12
图 2.1	全球营销研究过程	27
图 2.2	全球营销研究的对等性	29
图 3.1	常见的市场进入方法	41
图 3.2	具体化对象出口和具体化人员出口的关系	44
图 3.3	技术外包：制造或购买困境	47
图 3.4	合资企业生命周期阶段	50
图 4.1	罗杰斯创新扩散模型	95
图 4.2	以最忠诚的顾客为选择目标	97
图 4.3	细分市场-目标市场关系	99
图 4.4	红牛通过包装建立品牌框架	100
图 4.5	主要性能与次要性能的市场定位比较	100
图 5.1	产品-服务关系	111
图 5.2	标准化与适应化的平衡	113
图 5.3	潘奇-施勒格尔米尔希创新魔方	118
图 5.4	不同国家的产品生命周期（PLC）差异	123
图 6.1	需求价格弹性	130
图 6.2	降低国际价格走廊	143
图 7.1	2012 年制造业每小时的薪酬成本	152
图 8.1	打造品牌共鸣	171
图 8.2	不同国家的联合利华冰激凌品牌	173
图 8.3	产品上的犹太和清真认证	176
图 8.4	按区域分列的全球媒体支出	180
图 8.5	某些中东欧国家洗碗机的家庭使用情况	183
图 9.1	地区结构与产品部门的关系	210

图 9.2	矩阵结构	212
图 9.3	随着时间的推移，跨国公司地区总部的组成	214
图 9.4	单一国家市场	218
图 9.5	子地区总部结构	218
图 9.6	混合的地区总部结构	219
图 9.7	地区网络结构	219
图 9.8	在不同的组织层级和价值链的不同部门之间分配组织责任	220
图 10.1	消费者对企业社会责任的理解	228
图 10.2	主流可持续发展理念的几个图示	229
图 10.3	宜家产品目录图片（有女性形象和无女性形象）	239
图 10.4	文化挪用	239
图 11.1	世界人口的发展（1950—2050 年）	251
图 11.2	60 岁及以上的世界人口	252
图 11.3	占全球国内生产总值的份额	261
图 11.4	能源消耗所产生的二氧化碳排放量在全球所占的份额	264
图 11.5	关于企业未来的 6 个关键问题	266
图 11.6	开拓性和探索性创新	267
图 11.7	全球营销战略需要平衡对立的发展趋势	268
图 12.1	Ood 星球人和地球人	277
图 12.2	全球互联网用户（2015—2025 年）	278
图 12.3	全球互联网零售额（2015—2020 年）	279
图 12.4	网购普及率最高的国家	279
图 12.5	全球智能手机用户的增长	281
图 12.6	与品牌和零售商的社交媒体互动	282
图 12.7	新兴市场和发达市场的互联网支付平台	283
图 12.8	星巴克会员付款应用程序	284
图 12.9	付费搜索结果与免费搜索结果	286
图 12.10	联合利华在不同地区的内容营销	289
图 12.11	在网站中嵌入不同类型的内容	290
图 12.12	自有媒体、付费媒体、赢得媒体和分享媒体	292
图 12.13	鼓励消费者分享内容	292
图 12.14	概念化大数据	295

表 目

表 2.1	估计市场供给	24
表 2.2	评估国际市场的假设评分模型	25
表 2.3	市场研究信息的可能结构	33
表 3.1	代理商/经销商协议中的可能项目	43
表 4.1	按心理细分的美国中年女性	93
表 6.1	疲软和坚挺货币状况下的全球定价	132
表 6.2	转移定价操纵	139
表 7.1	中间商执行的渠道职能	155
表 8.1	全球最大广告商	180
表 10.1	指导解决道德困境过程的关键问题	232
表 11.1	顶级非金融类跨国公司及其国外资产、国外销售额和国外员工数目	258
表 12.1	分析移动商务界面设计的框架	288
表 12.2	自有媒体、付费媒体和赢得媒体	291
表 12.3	使社交媒体指标与业务目标保持一致	294

上编
评估全球市场机遇

1 营销：一门全球性的学科

摘要

本章的导论部分指出，管理者的思维应打破职能局限，并且牢记市场营销和企业战略一定要双管齐下。同时，对"市场营销""战略"和"全球性"这几个关键概念进行了详细的解释。接下来，本章研究了企业采取的不同发展方式以及为什么要成为一家全球性公司。随后对全球营销战略的双重压力进行了简要介绍，即一方面是全球整合与融合，另一方面却是当地回应盛行。

1.1 背景介绍

《全球营销战略》一书的标题就囊括了"全球""市场营销"和"战略"，说明了它们之间的重要性与紧密联系。首先，我们应打破职能局限。其次，我们认为"最好的公司会将营销与战略结合起来"（Maitin，2013）。最后，如果一家公司不从全球的角度来讨论它的营销和战略，那是没有意义的。

在下文，我们将首先对这几个概念进行更细致的了解，以便区分它们之间的关系。接下来，我们研究企业采取的不同发展方式以及为什么要成为一家全球性公司。随后对全球营销战略的双重压力进行简要的介绍，即一方面是全球整合与融合，另一方面却是当地回应盛行。最后是它们对公司结构和管理的影响，并且得出结论，营销战略需要平衡各方面的因素。

1.2 概念定义

1.2.1 什么是营销

大多数 CEO 都同意彼得·德拉克（Peter Drucker）的经典观点："企业的目的是创造并留住客户"（Drucker，1954）。根据这一理论，组织中的每个人都需要专注于创造客户价值。这就需要产品部门为客户提供有吸引力的产品，财务部门提供合适的价格，运营部门设计简单快捷的交易流程，IT 部门创造有吸引力的客户界面，人力资源部门选择优秀的员工为客户服务，采购部门遵循国内外客户的道德准则。当然，创造和留住客户也离不开传统的营销部门，比如，营销部门的职责之一就是制定开拓国际市场的创新方案。然而，在一个以客户为导向的公司，整个组织的核心应该就是营销，同时"营销"也不能仅仅是营销部这一个职能部门的责任。但是矛盾的是，公司越以市场为导向，整个组织的营销活动就越分散，营销部门的规模反而越小（Greyser，1997）。总之，我们完全同意麦肯纳（McKenna）在《哈佛商业评论》（*Harvard Business Review*）上发表的那篇具有深远影响的文章中所指出的："营销就是一切"（McKenna，1991）。

1.2.2 什么是战略

管理者和学者喜欢谈论战略。我们也总能听到或读到企业战略、商业战略、竞争战略、市场战略、营销战略、人力资源战略、财务战略、产品战略等概念。实际上，这些概念都是"战略"的分支及其不可分割的组成部分。那么，什么是战略呢？我们在这里暂且抛开企业愿景和使命不谈，战略就是为实现理想的未来而选择的计划。这句话的核心是"选择"，因为战略离不开选择；如果没有选择，何谈战略。从基本层面来讲，涉及战略选择有三个非常简单、直接的核心问题：企业从哪个维度展开竞争？企业如何竞争？企业应该和谁建立重要的关系？这些问题虽然听起来很简单，但是对组织来说，获得答案绝非易事。"企业从哪个维度展开竞争"不仅指地理上的市场区域，也指技术的选择（例如，不同的操作系统）或者客户的选择（B2C 还是 B2B）。"企业如何竞争"不仅涉及竞争性定位与竞争优势的分析，而且迫使营销人员思考公司的愿景和使命，包括公司的基本道德价值观和企业社会责任。最后，如果一家公司要想提供客户价值，它就必须与客户或竞争对手建立紧密的关系。它可能需要与竞争对手合作（竞合），并且公司离不开合作伙伴（例如，分销商、代理商、合资企业）、合适的管理者、员工，以及最后也是最重要的——正确的顾客。更复杂的是，每次公司进入一个新的地区市场，原本在熟悉的环境中可能是正确的营销战略也可能会再次受到质疑。这就是本书标题中所说的"全球性"。

1.2.3 什么是全球性

"全球性"和"全球化"的含义截然不同。有些人认为，消费者有了更多的选择或全球化所带来的全球分工增加了企业的机遇；但是，也有一些人抱怨说，全球化破坏了当地文化，导致了不可持续的消费，助长了不健康的饮食模式和不安全的食品技术，并将利润置于人权之上。

在评估全球化的程度方面也存在差异。托马斯·弗里德曼（Thomas L. Friedman）在他的书中宣称"世界是平的"（Freedman, 2006）。他认为，全球化和信息技术降低了地理位置的重要性，世界已经成为企业和个人相互竞争的一个大竞技场。相反地，理查德·弗罗里达（Richard R. Florida）认为，世界根本不是平的，"世界是尖的"（Florida, 2005）。他指出了集群的重要性，并强调具有巨大竞争优势的超级城市的出现。

我们这个时代最伟大的战略家之一潘卡基·格玛沃特（Pankaj Ghemawat）创造了"半全球化（semi-globalization）"一词（Ghemawat, 2003a）。他认为，文化、行政、地理和经济差异（所谓的 CAGE 框架）通常比人们想象的要持久得多。这些差异意味着市场营销和战略需要平衡地适应全球经济规模与区域、国家、地区需求。因此，全球营销战略的目标是在全球范围内运用公司的资产、经验来销售产品或服务，同时，根据每一个独特的地理区域进行调整。全球营销战略奉行全球战略，这一战略的重点是获得全球协同效应，同时也要有足够的灵活性来适应不同的环境，向世界各地不同的市场学习（Ambos, et al., 2006），并利用全球范围内的市场知识提高运营效率。在我们更深入地了解公司如何处理当地回应和全球战略的平衡之前，我们先来看看企业为什么要走出国门。

1.3 全球化之路

1.3.1 公司如何成为全球性公司

对大多数公司来说，国内营销、出口营销和国际营销是全球营销的初级或早期形式。事实上，早期的国际化理论，所谓的乌普萨拉学派（Uppsala school）预测，随着对国外市场的逐步了解，国际化也会越来越深入（Johanson & Vahlne, 1977, 1990）。最初，公司通常只关注国内市场。其次，是出口营销，即某一特定产品或服务在国外销售时，几乎不太需要进行市场适应。再次，是国际营销，即在其他国家发展业务，但很少注重实现跨国协调和整合。最后，是全球营销，即在全球范围内运用公司的资产、经验来销售产品或服务，同时适应每个地区的特征。在实践中，这种逐步发展的轨迹往往是模糊的。一方面，有些公司被称为"天生的国际化企业"，即有的中小企业从一开始就迅速国际化（Knight & Cavusgil, 2004）。另一方面，越来越多的证据表明，许多公司在区域层面而不是全球层面上实现了最佳规模，因此，最好采取

1.3.2 寻求资源或寻求市场

然而，无论公司是依循发展轨迹还是天生国际化，无论是在区域层面还是在全球层面实现最佳规模，都不是公司走向国际的真正原因。学者发现了企业国际化决策背后的一系列动机。① 一些传统动机包括寻求资源和市场（Makino, et al., 2002）。在第一种情况下，公司在国外投资，寻找像原材料这样的关键供应品或低成本生产要素，如劳动力或资本。例如，壳牌集团（Royal Dutch Shell）及其业内同行到国外去寻找新的石油储备，耐克或宏碁则在新的地点开办工厂，因为那里的劳动力更低廉。在第二种情况下，公司跨国营销既可以提高其销售水平，又利用了国外的规模经济和范围经济。

1.3.3 寻求知识或寻求效率

近年来的技术发展解决了地理距离带来的一些挑战，使公司能够远程获取资源和客户，而不需要在当地开设工厂（Nachum & Zaheer, 2005）。这一变化使国际化不再仅仅是为了寻求传统资源和市场，而是越来越多地为了寻求知识（创新②）（Dunning, 1993）或寻求效率（Kobrin, 1991）。为了提高生产效率的鲜明案例就是跨国公司③在客户需求复杂的国家建立研发部门，以便更好地了解和满足这些客户的需求。例如，资生堂（Shiseido）将公司完整的产品研发线搬到法国市场，并与一家优秀的法国香水开发商合作，之后才在法国市场上取得了成功（Doz, et al., 2001）。研究还表明，在国外投资的新兴经济体公司的主要投资动机是获得新技术和新技能（Deng, 2007）。此外，地理集群的倡导者认为，在低成本国家开展业务所获得的一些成本优势可能被证明是想当然的，因为这些地区往往缺乏有效的基础设施、先进的供应商和其他优势（Porter, 1998）。

---

① 第三章将更具体讨论市场动机和进入方式。
② Dunning（1993）使用"寻求创新"替代了"寻求知识"。
③ TNCs 代表的跨国公司（联合国首选的一个术语）与 MNCs 代表的跨国公司之间的区别主要是语义上的。根据国际劳工组织的资料，跨国公司的运营总部设在一个国家，而在其他国家有多个运营分支机构。相比之下，UNCTAD（联合国贸易和发展会议）将跨国公司定义为拥有或控制其所在国家以外的生产或服务设施的企业。MNCs 应该更加专注于将其产品提供给他们所服务的每个国外市场，而 TNCs 拥有一个中央公司机构，但是将更多的决策权传递给了各个国外市场。在本文中，没有这样的语义上的区别。

1.3.4 在产业集群中学习

在同一个地区（例如硅谷）有几家来自同一行业的公司可以促进动态互动和集体学习（Wesson，2004），它们反过来使这些公司获得卓越的业绩（Porter，1998）。因此可以得出结论，最具活力的集群代表了每条产品线的战略研发和复杂的生产或服务提供的最佳基地位置。然而，这一观点的反对者解释说，企业之间的异质性可以决定不对称贡献和从集群外部性中获得的利益。特别是，拥有先进技术、人力资本或其他战略资产的公司最容易被竞争对手借鉴或抄袭。因此，在决定最佳地点之前，最好先考虑集群或集群经济的相对成本和优势（Shaver & Flyer，2000）。

1.3.5 具有挑战性的竞争对手

企业国际化除了传统的寻求资源和市场的动机外，还有竞争战略动机（Graham，1998），即跨国公司的国外投资是为了应对竞争对手的扩张主义行为，或者是为了挑战另一家公司在本国的地位。在这种情况下，利用盈利业务的资金补贴某些特定项目，甚至故意在国外目标市场亏损。这是一种常见的做法，简单地说，就是市场的"交叉补贴"。虽然对这些不同的动机进行分类对理解、分析它们多有帮助，但重要的是要记住，在现实中，通常并不是一个单一的因素，而是多种混合因素驱动着公司的国际活动。

1.4 全球公司面临的矛盾

战略师和营销人员也面临着类似的问题，他们从不同的角度来看待这些问题。战略师的重点是集权与分权之间的关系，营销人员的重点是标准化与当地适应之间的关系。战略师关注的是跨国公司责任、权力和控制的分配。例如，总部、区域总部或国内市场的子公司应分别做出哪些决策？应在哪些维度上开展增值活动？同样，营销人员必须考虑营销组合的哪些要素可以标准化。例如，"臭名昭著"的4Ps（产品、价格、宣传和渠道）营销理论哪些方面可以标准化，哪些方面需要进行当地适应？是否应该在所有市场上以同样的方式对市场进行分割？虽然战略师和营销人员之间的观点不同，但根本的困境是相同的。公司面临着双重压力，即既需要全球合理化布局，又需要当地回应。

1.4.1 全球整合与全球协调

在过去的几十年里，管理者有着强大的内部和外部激励，以整合和协调其全球业务，而不是在当地的基础上管理它们。20世纪50年代以来，全球贸易经历了一个稳定的自由化进程，工业品的平均关税从40%降至4%以下（Love & Lattimore，2009）。WTO（世界贸易组织）已有150多个成员国，其贸易量现在占世界贸易总量的95%（WTO，2012）。这刺激了许多公司在全球范围内进行生产，并在全球各地销售他们的产品。

汽车、个人电脑、飞机和服装等行业的生产商已经朝着这个方向迈出了决定性的一步。时间、地理和管理边界的消亡，有时也被称为"距离的消亡"（Cairncross，1997），进一步鼓励企业将其供应链全球化。过去几十年运费的不断下降，以及在全球范围内以低廉的价格获得即时通信，这些趋势促进全球业务不断整合和协调，实现规模经济。

即使是地方传统企业——非全球企业——也在寻求规模经济。例如，中国国有企业海尔很早就开始开展海外扩张，目前，海尔公司的白色家电在全球销售总量中排名第一（Bloomberg，2015）。与此同时，研发成本的增加和产品生命周期的缩短，要求在全球范围内更快地摊销投资成本。此外，提高企业效率的压力也促使管理者竭力推进产品合理化、零件设计标准化和制造业务专业化。例如，宝马3系的零部件在多达9个不同的国家生产（Cole，2014）。标准化和专业化可以降低运营成本，同时，有效的协调可以推行公司最好的产品和营销理念。由此产生的规模效率使公司能够以比竞争对手更低的价格向客户提供高质量的产品（Hout, et al.，1982）。认识到了这一点，即使是那些缺乏全球化外部压力的公司的管理者也在选择改变他们的组织，从标准化和专业化中获益。

最后，西奥多·莱维特（Theodor Levitt）提出了一个有争议的假设，国家消费者的需求和口味已经趋同（Levitt，1983）。基于这个前提，公司成功的关键在于在任何地方都具备生产和销售相同产品和服务的能力。在这种情况下，企业必须学会把世界当作一个巨大的市场，忽视表面上的地区差异。虽然消费者的品味无疑有相当大的趋同，但还是存在着根深蒂固的文化差异，阻碍了完全的融合，加上法律力量等其他环境因素的持续差异，能在任何地方销售相同产品和服务的仍然是少数。

1.4.2 当地回应

尽管全球整合和协调的趋势越来越强，管理者还是不应忽视当地适应和当地回应的驱动因素。的确，日益有效的运输和通信网络缩短了地理和时间的距离；但是，文化、行政和经济方面的距离依然存在，并对跨国公司开展全球业务的方式产生了重大影响（Ghemawat，2001）。反映语言、宗教信仰、社会规范、工作和生活习惯方面差异的文化距离，对公司在特定地区应该或不应该做什么有重大影响。文化属性与消费者对特定产品和产品特征的选择和偏好密切相关，这与莱维特的"一个全球市场"理论相矛盾。例如，宗教对教徒吃什么食物有决定性的影响，这才出现了专门的犹太食物或清真食物（Schlegelmilch, et al., 2015）。即使是大型跨国公司也常常低估文化对企业的影响，或者不完全理解文化差异。例如，世界上最大的酸奶生产商达能决定暂停上海工厂的生产，北京的食品分析师认为，这是因为该公司未能了解当地消费者的口味，其定价与国内企业相比也没有竞争优势（Waldmeir & Lucas, 2001）。雀巢也面临着这些问题，该公司也将关闭其在中国的三家冰激凌工厂之一。同样，巴克莱银行（Barclays Bank）低估了其印度业务的文化层面，不得不把10亿美元的零售业务从这个国家撤离（Lamont & Fontanella-Khan, 2001）。

然而，也有一些公司对当地环境做出适当回应的成功例子。特易购（Tesco）——在韩国被称为 Homeplus——发现人们一天中很大一部分时间都在通勤，并且他们也没有太多的时间在超市里进行传统的购物。因此，Homeplus 在地铁里建立了虚拟商店，消费者可以使用他们的智能手机从虚拟货架上订购食品杂货（真品大小的商品图片，带方形二维码），并可以享受送货上门服务。

此外，跨国公司还必须应对消费者中重新出现的民族中心主义。从东欧到亚洲，外国品牌在新兴市场的高端地位正在下降（Stoebe, 2013）。随着当地品牌质量的提高，这些商品正受到国内新老客户的青睐。总的来说，全球营销组合标准化的范围是有限的。但有趣的是，技术进步有助于并支持适应。在这方面，麦肯锡公司的一项研究表明，高管认为，更多的产品和服务定制成为塑造未来几年最重要的全球力量之一（Dye & Stephenson, 2010）。

1.5 对全球企业结构和管理的影响

1.5.1 全球整合的一体化-当地回应（IR）框架

鉴于全球整合和当地回应的时代背景，公司是否应该通过标准化来实现规模经济和范围经济？还是说他们应该尽可能地适应地方政府、市场和文化？如果公司想在一个特定市场做生意，它们通常只能适应当地的需求，哪怕抛去这一因素，权变理论也表明，没有某种最佳方式来组织和管理一个公司，或者做出对所有企业都产生最佳结果的决策。相反，组织战略取决于公司的外部和内部背景，必须基于这种背景做出决策（Lawrence & Lorsch, 1967）。环境–战略-结构范式也符合这个理论,卓越的业绩来自企业战略与环境需求(Porter,1980)之间以及组织战略与结构之间的良好契合(Miles & Snow, 1978)。

基于这种想法,一些学者开发了模型和框架,以帮助管理者建立合适的环境-战略-结构范式。最有名的是由 Prahalad 和 Doz(Prahalad & Doz, 1987)开发,并由 Ghoshal 和 Bartlett 拓展的全球整合的一体化-当地回应(Integration-Responsiveness, IR)框架(Ghoshal & Bartlett, 1989)。IR 框架显示了全球整合与当地回应之间的紧张关系导致了三种基本的国际商业战略,一家公司可以从中选择最适合其背景的一种(参见图 1.1)。

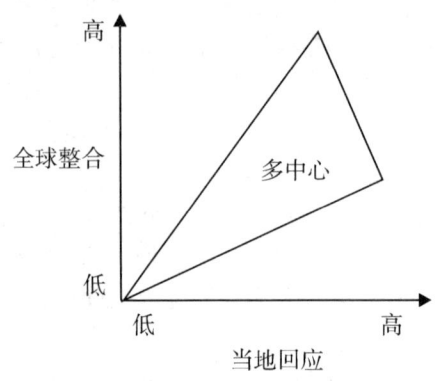

图 1.1　平衡全球整合与当地回应之间的关系

IR 框架基于管理者对公司外部力量的看法。这意味着,那些认为自己的企业或业务面临全球化压力的管理者将最大限度地加强跨国活动的中央协调和整合。相反,如果他们感觉到的压力大多是地方性的,这些战略将在很大程度上针对本地市场进行调整。最后,当环境观念表明需要同时对全球整合和当地回应压力做出反应时,管理者将采取"多中心"经营战略,强调运营的协调,同时,保持对每个当地情况的高度回应(Roth & Morrison, 1990)。

IR 框架不仅可以运用于公司层面,也可以运用于行业层面,甚至可以运用于某家企业的功能或任务层面。例如,壳牌公司的承包和采购(C&P)职能就受到全球化和本地化压力的影响。一方面,通过综合其全球公司对某些设备或服务的需求,集团的购买力可以得到提高;另一方面,尼日利亚或卡塔尔等国严格要求石油和天然气公司使用当地劳动力和当地生产的资源。因此,在任务层面,采购是多中心的。

由于公司需要不同的组织来管理不同环境下的业务(Ghoshal & Nohria, 1993),Ghoshal 和 Bartlett 进一步拓展了全球整合的一体化-当地回应(IR)

框架，并提出各种战略的组织结构，这些战略是从全球化和本土化力量的交集中产生的（Ghoshal & Bartlett，1989）。具体而言，它们定义了全球性、多国、国际和跨国组织（图 1.2）。

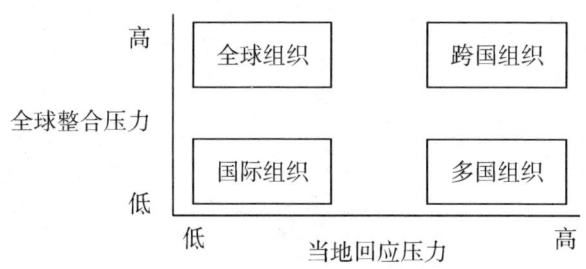

图 1.2　组织格式：扩展的全球整合的一体化 – 当地回应（IR）框架

在原始的 IR 框架中增加的新要素是跨国组织。这就承认了全球学习的必要性，并且建议依赖于跨国子公司知识转移的公司应该选择一个有利于学习的国际结构，使母公司的专业知识适应国外市场。因此，跨国公司通过同时表现出跨国灵活性和全球学习能力，力求具有全球竞争力。

1.5.2　适应战略、集群战略以及套利战略模型

Ghemawat 提出了另一套应对全球整合和当地回应双重压力的战略（Ghemawat，2007）。在一个叫作"AAA 三角"的框架内，他介绍了三种战略：适应战略、集群战略以及套利战略。适应战略寻求通过最大限度地发挥公司在当地的作用增加收入和市场份额。相反，集群战略试图通过创建区域性（有时是全球性）的业务来实现规模经济，这些业务涉及产品的标准化，以及将开发和生产过程组合在一起。

Ghemawat 强烈鼓励管理者更加关注套利战略。他强调利用国家层面的因素差异，而不是利用适应或试图克服它们所带来的巨大好处（Ghemawat，2003b）。其中，就包括税收、成本或知识差异带来的好处。Ghemawat 还提出了一个工具，管理者可以使用这个工具来为他们的公司制定正确的战略。与基于外部全球化或本地化的首选组织方法——IR 框架不同，AAA 模型建议测量公司所面临的内部压力，特别是广告、研发和劳动力（Ghemawat，2007）。广告支出与销售额比率越高，公司的当地适应就越重要。相比之下，研发支出与销售额之比越高，则表明越需要集群战略。最后，如果劳动力支出与销售额比率很高，公司应考虑套利战略（图 1.3）。

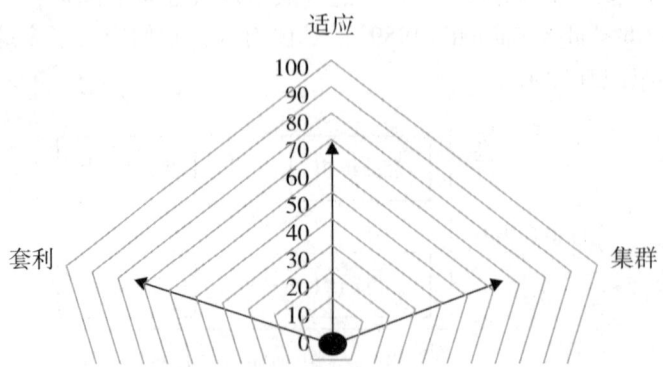

图1.3　衡量公司在适应战略、集群战略以及套利战略下的压力

1.5.3　区域在企业全球战略中所扮演的角色

在 IR 框架中，适应和整合的相互作用是在全球范围内进行的。然而，Bjorn Ambos 和我（Ambos & Schlegelmilch，2010）曾经警告过，不要把对地方和对全球的思考割裂开来，应更多地注意走中间路线，即区域战略。应采取区域战略的主要原因有四个。第一，采用现代生产技术，公司可以在区域层面实现规模和范围优化，而无须对所有生产流程进行详细的全球协调。第二，当跨越区域边界，例如，从欧洲到亚洲时，民族特质和"外来者劣势"会增加。第三，区域战略和组织结构可以减少管理者在试图实现全球整合时需要处理的组织复杂性。第四，出于认知和情感上的原因，管理者在本地能以更高效、更有效的方式开展业务。

在这方面，值得注意的是，很少有公司真正奉行全球战略（Rugman，2005）。Rugman 将"全球公司"定义为在每个"三极"市场（北美、欧洲和亚洲）的销售额至少占 20% 的公司。Rugman 对世界上最大的 500 家公司进行了分析，他的结论是，在他能够从中获得数据的 380 家公司中，只有 9 家公司符合真正的全球化标准（例如，IBM、佳能、可口可乐、伟创力、路易·威登等），其中，25 家公司是双区域公司，320 家公司中的绝大多数都是本地企业。虽然 Rugman 的定义因种种原因而受到批评（Osegowitsch & Sammartino，2008），但是，他的分析清楚地表明，这些公司依然很难在世界主要地区之一取得成功。本书第 9 章将更详细地阐述这一点，该章会介绍全球市场的其他组织设计。

1.6 作为平衡手段的全球营销战略

前文介绍了全球整合和当地回应的驱动因素，并研究了由此产生的一些战略选择，我们现在来分析如何最好地实现当地回应和全球（或区域）协同。在这种情况下，国际产品多元化对公司业绩的影响是关键。一方面，对美国和英国公司进行的一些实证研究表明，低水平的产品多元化无助于业绩的改善，但适度的多元化是有益的。然而，过度的产品多元化又会损害业绩（Tallman & Li，1996）。换句话说，企业应采取谨慎的标准化。

另一项研究（Hitt, et al.，1997）发现了当产品多元化水平低的时候，业绩与跨国多元化之间存在负相关关系，而对于产品种类多元化的公司，业绩与跨国多元化之间呈现正相关关系。对于适度多元化的公司，跨国多元化程度与财务业绩之间呈现倒 U 形关系。例如，卡夫食品公司就认识到了这些关系。当它在不同的国家进行产品标准化的时候，卡夫小心翼翼地平衡了著名的全球品牌，如妙卡或三角巧克力与当地品牌（比如，挪威的 Freia 或罗马尼亚的 Poiana）之间的关系。

Ghoshal 从不同的角度探讨了平衡问题，但得出了类似的结论（Ghoshal，1987）。他的前提是，跨国公司有三个主要目标：提高运营效率、管理风险和培养内部学习能力，使公司能够开拓创新和适应变化。他认为，实现这些不同的、有时是相互冲突的目标，可以为跨国公司带来竞争优势。作为全球整合的驱动力量，当地回应和世界范围的学习变得非常吸引人，大多数行业的公司都不能再只专注于一种战略了。相反，他们需要实现全球规模经济，对国家环境敏感，同时，积极利用母公司的能力（Bartlett & Sumantra，2002）。

宝洁印度前董事长兼董事总经理 Gurcharan Das 综合了这些新的组织要求：

> 其一，全球视角和本地战略只是一个方面。国际管理者还必须具有本地视角，并将这一视角运用到全球层面上。全球化并不意味着在一个多元化的世界里强加同质的解决方案。
>
> 其二，全球化意味着要有全球视野和战略，但它也意味着培育核心竞争力和个体认同。它意味着滋养当地的洞察力，但这也意味着在世界各地新的地理环境中重新使用可传播的思想（Das，1993）。

这些组织上的要求伴随着几个关键的挑战。Ghoshal 和 Nohria 也指出与管理复杂性相关的高成本（Ghoshal & Nohria，1993）。Ghemawat 认为，侧重于

"有限的管理带宽",这不利于实现多重战略目标（Ghemawat, 2007）。Ghemawat 警告说，遵循多个战略目标可能会与员工的思维方式发生冲突，即一家公司应该只有一种文化。在麦肯锡公司的一项研究中，进一步证明管理多个战略目标的困难，研究发现，高绩效的全球公司在组织健康的几个关键方面（如方向设定、协调控制、创新、外部导向等方面）的得分一直低于以本地为重点的公司（Dewhurst et, al., 2011）。接受采访的高管认为，正是为了平衡当地的适应与全球性的规模、范围和协调而产生了这些令人担忧的结果。

1.6.1 确定全球营销整合程度

跨国公司的学习效率和能力取决于它能否成功地整合地理位置分散的活动（Carpano & Chrisman, 1995）。全球整合需要跨国界的协调和控制（Cray, 1984）。

鉴于完全的营销标准化和完全的地方控制（Quelch & Hoff, 1986）都不适合当前的商业环境，全球营销管理者需要确定哪些营销计划和项目可以扩展到全世界，哪些必须适应不同的当地环境。在这样做的同时，它们需要考虑四个方面：公司的总体战略、产品、营销组合，以及公司经营的国家（Keegan & Schlegelmilch, 2001）。

首先，全球营销计划需要与公司更广泛的全球战略的实施保持一致，并起到促进作用。一项针对美国制造业跨国公司的研究表明，一家公司的产品战略与其外部环境相一致会促进国外销售额的增长（Carpano & Chrisman, 1995）。

其次，全球营销决策与公司的产品和服务组合紧密相连。与文化敏感程度较低的产品组合相比，受文化约束的产品组合在全球市场上将更举步维艰（Quelch & Hoff, 1986）。但是，如果产品从高效率中受益，它们可以以极具竞争力的价格出售，这降低了消费者对文化敏感性较低的产品的抵抗力。对全球产品的抵制程度也较低，对文化规范不根深蒂固的年轻人或经常在世界各地旅行的人来说也是如此（Quelch & Hoff, 1986）。

再次，应对营销组合的每一个要素分别考虑标准化和适应之间的平衡。一项针对美国、欧洲和日本跨国公司的研究表明，品牌和包装比促销活动更加标准化（Yip, 1997）。此外，像产品定位这样的战略活动比执行敏感的活动（如促销）更容易标准化（Quelch & Hoff, 1986）。

最后一点，也是最重要的一点，平衡全球整合和当地回应能力的决定将对每个国家附属机构产生不同的影响，总部必须考虑到这种多样性。例如，资源和专业知识有限的小市场比更大、更自主的市场更有可能接受标准的营销计划。

1.6.2 促进全球营销整合的工具

Quelch 和 Hoff（1986）研究了用于实现营销整合的组织工具，并确定了总部可以选择的五种方法来达到预期的营销协调和管理水平。根据总部对有必要干预营销战略规划和决策的程度的区分，归纳出五种组织工具，即通知、说服、协调、批准和指示。

这些措施的效力将取决于总部和国家附属机构的组织和文化背景。例如，Laroche 等人（2001）发现，总部与其国家单位之间的组织相似性和环境相似性对控制水平会产生积极的影响。组织相似性，指的是一致的品牌和产品形象，以及产品生命周期的类似阶段。环境相似性，表明在文化、法律、政治和经济方面具有可比性，以及国内市场与国外市场类似的竞争格局。高层管理者对不同子公司的外国文化和业务组织的了解也有助于企业管理和控制。相比之下，Laroche 发现，控制水平受到子公司设计营销战略的能力的负面影响。

1.6.3 增强地方营销能力的原因

过度的全球营销整合有几个缺点，最常见的是研究不足、过度标准化和执行僵化（Kashani, 1989）。首先，假设一个市场的经验完全可以运用到其他市场，但是这往往也容易导致研究走捷径，造成昂贵的后果，甚至是项目的失败。其次，过度标准化削弱了公司应对不断变化的市场条件，削弱子公司财务责任的能力，并且使管理者的工作不那么具有战略性，会危及关键人才的保留（Quelch & Hoff, 1986）。最后，如果总部忽视当地单位对实施标准化营销计划的开展，这可能会违背他们的承诺，并最终破坏该项目的成果（Kashani, 1989）。

为了避免这些陷阱并成功平衡营销标准化和当地回应，高层应该为负有责任的营销管理者创造机会和建立制度，不仅要提出和讨论新的想法，而且要积极促使营销管理者制定全球营销战略。为此，如果营销预算不仅包括由总部控制的全球部分，还顾及了本地公司营销管理者基于在当地市场保持竞争力的考虑，那会大有裨益（Quelch & Hoff, 1986）。

另一个重要方面是增强地方子公司营销部门的能力，这涉及它们的创新潜力。总部需要设法利用其在国际上分散的子公司所掌握的知识，并使它们能够在推动全球创新议程方面发挥积极作用（Ambos, et al., 2006）。因此，总部需要接受自身作为主要知识和竞争能力来源的传统角色正在转变成为一个知识整合的机构。

1.7 小结

企业在日益具有挑战性和复杂性的环境中竞争。一方面，贸易自由化、技术、通讯和基础设施的进步以及消费者口味的日益趋同，推动公司跨国界整合业务，追求规模经济。另一方面，国家和地区之间仍然存在根深蒂固的文化、行政、政治和经济差异；本地消费者口味和国家保护主义，要求管理者采取更加个性化的方法来开展跨国业务。

推动全球整合的因素与推动当地回应的因素之间的紧张关系意味着如果公司要获得竞争优势，那么它就需要在全球整合和当地回应之间找到适当的平衡。相反，高管需要转向跨国战略，并开展员工、管理者培训，以管理多个，且往往是相冲突的战略目标。

从战略营销的角度来看，这就带来了一些挑战。公司需要把营销整合成一个全球性的功能，建立一个能够在世界不同地区获取知识并在全球发挥作用的组织。此外，公司总部需要具备对其不同市场的特性敏感的能力，并支持和管理其每一个不同的子公司，以及它的综合网络。同时，它不应忽视区域结构可能给其组织带来的战略和管理价值。基于地理位置、市场相似性、政治、管理或成本考虑，区域就是当地子公司和全球总部之间的桥梁。各区域可在不同国家单位之间传授知识，这一方面也发挥着关键作用。

参考文献

Ambos, B., & Schlegelmilch, B. B. (2010). *The New Role of Regional Management*. Basingstoke: Palgrave Macmillan.

Ambos, T. C., Ambos, B., & Schlegelmilch, B. B. (2006). Learning from foreign subsidiaries: An empirical investigation of headquarters' benefits from reverse knowledge transfers. *International Business Review*, 15 (3), 294–312.

Bartlett, C. A., & Sumantra, G. (2002). *Managing Across Borders. The Transnational Solution*. Boston, MA: Harvard Business School Press.

Bloomberg Business. (2015). Haier sustains pole position in the euromonitor global major. Accessed July 31, 2015, from http://www.bloomberg.com/article/2015-01-09/aSUb4iEQ60yA.html.

Cairncross, F. (1997). *The Death of Distance: How the Communications Revolution Will change our lives*. Boston, MA: Harvard Business School Press.

Carpano, C., & Chrisman, J. J. (1995). Performance implications of international product strategies and the integration of marketing activities. *Journal of International Marketing*, 3 (1), 9–27.

Cole, C. (2014). 10 German vehicles NOT built in Germany. Accessed August 10, 2015, from http://www.autoguide.com/auto-news/2014/09/10-german-vehicles-built-germany.html

Cray, D. (1984). Control and coordination in multinational corporations. *Journal of International Business Studies*, 15 (2), 85–98.

Das, G. (1993). Local memoirs of a global manager. *Harvard Business Review*, 71 (2), 38–47.

Deng, P. (2007). Investing for strategic resources and its rationale: The case of outward FDI from Chinese companies. *Business Horizon*, 50 (1), 71–81.

Dewhurst, M., Harris, J., & Heywood, S. (2011). Understanding your 'globalization penalty'. *McKinsey Quarterly*, 3 (July), 12–15.

Doz, Y., Santos, J. F. P., & Williamson, P. J. (2001). *From Global to Metanational*. Boston, MA: Harvard Business School Press.

Drucker, P. F. (1954). *The Practice of Management* (1st ed., p. 37). New York, NY: Harper.

Dunning, J. (1993). *Multinational Enterprises and the Global Economy*. Reading, MA: Addison-Wesley.

Dye, R., & Stephenson, E. (2010). Five forces reshaping the global economy. Global Survey, McKinsey & Company. Accessed August 10, 2015, from http://www.mckinsey.com/insights/globalization/five_forces_reshaping_the_global_economy_mckinsey_global_survey_results.

Florida, R. (2005). The world is spiky. *The Atlantic Monthly*, 296, 48–51.

Freedman, T. L. (2006). The world is flat [updated and expanded]: A brief history of the twenty-first century. London: Macmillan.

Ghemawat, P. (2001). Distance still matters. *Harvard Business Review*, 79 (8), 137–147.

Ghemawat, P. (2003a). Semiglobalization and international business strategy. *Journal of International Business Studies*, 34 (2), 138–152.

Ghemawat, P. (2003b). The forgotten strategy. *Harvard Business Review*, 81 (11), 76–84.

Ghemawat, P. (2007). Managing differences: The central challenge of global strategy. *Harvard Business Review*, 85 (3), 58–68.

Ghoshal, S. (1987). Global strategy: An organizing framework. *Strategic Management*, 8 (5), 425–440.

Ghoshal, S., & Bartlett, C. A. (1989). *Managing Across Borders: The Transnational Solution*. Boston, MA: Harvard Business School Press.

Ghoshal, S., & Nohria, N. (1993). Horses for courses: Organizational forms for multinational corporations. *Sloan Management Review*, 34 (2), 23–36.

Graham, E. M. (1998). Market structure and the multinational enterprise: A game-theoretical approach. *Journal of International Business Studies*, 29 (1), 67–84.

Greyser, S. A. (1997). Janus and marketing: The past, present, and prospective future of marketing. In D. R. Lehmann & K. Jocz (Eds.), *Reflections on the Future of Marketing: Practice and Education* (pp. 3 – 14). Cambridge: Marketing Science.

Hitt, M. A., Hoskisson, R. E., & Kim, H. (1997). International diversification: Effects of innovation and firm performance in product-diversified firms. *Academy of Management Journal*, 40 (4), 767 – 798.

Hout, T., Porter, M. E., & Rudden, E. (1982). How global companies win out. *Harvard Business Review*, 60 (5), 98 – 108.

Johanson, J., & Vahlne, J.-E. (1977). The internationalization process of the firm: A model of knowledge development and increasing foreign market commitment. *Journal of International Business Studies*, 8 (1), 25 – 34.

Johanson, J., & Vahlne, J.-E. (1990). The mechanism of internationalization. *International Marketing Review*, 7 (4), 11 – 24.

Kashani, K. (1989). Beware of pitfalls of global marketing. *Harvard Business Review*, 67 (2), 91 – 98.

Keegan, W. J., & Schlegelmilch, B. B. (2001). *Global Marketing Management: A European Perspective*. Essex: Financial Times/Prentice Hall.

Knight, G. A., & Cavusgil, S. T. (2004). Innovation, organization capabilities, and the born-global firm. *Journal of International Business Studies*, 35 (2), 124 – 141.

Kobrin, S. J. (1991). An empirical analysis of the determinants of global integration. *Strategic Management Journal*, 12 (S1), 17 – 31.

Lamont, J., & Fontanella-Khan, J. (2001, December 7). Barclays quits $1bn retail in India. Financial Times. Accessed August 10, 2015, from http://www.ft.comintlcms/s/0/8547 eec0-20d5-11e1-816d-00144feabdc0.html#axzz3iQZuXu78

Laroche, M., Kirpalani, V. H., Pons, F., & Zhou, L. (2001). A model of advertising standardization. *Journal of International Business Studies*, 32 (2), 249 – 266.

Lawrence, P. R., & Lorsch, J. W. (1967). *Organization and Environment: Managing Differentiation and Integration*. Boston, MA: Harvard University Press.

Levitt, T. (1983). The globalization of markets. *Harvard Business Review*, 61 (3), 92 – 102.

Love, P., & Lattimore, R. (2009). *International Trade: Free, Fair and Open?* (OECD Insights). Paris: OECD Publishing.

Makino, S., Chung-Ming, L., & Yeh, R. (2002). Asset-exploitation versus asset-seeking: Implications for location choice of foreign direct investment from newly industrialized economies. *Journal of International Business Studies*, 33 (3), 403 – 421.

Martin, R. (2013, March 13). The best companies combine marketing and strategy. HBR BLOG Network. Accessed October 13, 2014, from https://d12wy5ngtjjtak.cloudfront.neti-padblogs/the_best_companies_combine_marketing_and_strategy.html.

McKenna, R. (1991). Marketing is everything. *Harvard Business Review*, 69 (1), 65–79.

Miles, R. E., & Snow, C. C. (1978). *Organizational Strategy, Structure and Process*. New York, NY: McGraw-Hill.

Nachum, L., & Zaheer, S. (2005). The persistence of distance? The impact of technology on MNE motivations for foreign investment. *Strategic Management Journal*, 26 (8), 747–767.

Osegowitsch, T., & Sammartino, A. (2008). Reassessing (home-) regionalisation. *Journal of International Business Studies*, 39 (2), 184–196.

Porter, M. E. (1980). *Competitive Strategy*. New York, NY: The Free Press.

Porter, M. (1998). Clusters and new economics of competition. *Harvard Business Review*, 76 (6), 77–90.

Prahalad, C. K., & Doz, Y. L. (1987). *The Multinational Mission: Balancing Local Demands and Global Vision*. New York, NY: The Free Press.

Quelch, J. A., & Hoff, E. J. (1986). Customizing global marketing. *Harvard Business Review*, 64 (3), 59–68.

Roth, K., & Morrison, A. J. (1990). An empirical analysis of the integration-responsiveness framework in global industries. *Journal of International Business Studies*, 21 (4), 541–564.

Rugman, A. M. (2005). *The Regional Multinationals: MNEs and "Global" Strategic Management*. Cambridge: University Press.

Schlegelmilch, B. B., Khan, M. M., & Hair, J. F., Jr. (2016). Halal endorsements: Stirring controversy or gaining new customers?. *International Marketing Review*, 33 (1), 1–32.

Shaver, J. M., & Flyer, F. (2000). Agglomeration economies. Firm heterogeneity, and foreign direct investment in the United States. *Strategic Management Journal*, 21 (12), 1175–1193.

Stoebe, M. J. (2013). *Consumer Attitudes Toward Foreign Versus Local Brands in Emerging Markets: A Study Based on the Consumer Goods Industry in Brazil*. Mering: Rainer Hampp Verlag.

Tallman, S., & Li, J. (1996). Effects of international diversity and product diversity on the performance of multinational firms. *Academy of Management Journal*, 39 (1), 179–196.

The World Trade Organization. (2012). WTO annual report 2012. Accessed August 10, 2015, from https://www.wto.org/english/res_e/booksp⋯/world_trade_report12_e.pdf

Waldmeir, P., & Lucas, L. (2001, December 7). Nestlé and danone fail to tempt China. Financial Times. Accessed August 10, 2015, from http://www.ft.comintlcms/s/0/2e3aab06-20ec-11e1-8a43-00144feabdc0.html#axzz3iQZuXu78.

Wesson, T. J. (2004). *Foreign Direct Investment and Competitive Advantage*. Cheltenham: Edward Elgar.

Yip, G. S. (1997). Patterns and determinants of global marketing. *Journal of Marketing Management*, 13 (1–3), 153–164.

2 评估全球营销机会

摘要

本章的重点是评估和选择合适的海外市场。具体到管理者如何使用二手数据来评估不同的地理市场，并探讨在不同的国家和文化中进行初级营销研究所面临的挑战。最后，讨论的重点是在已经成熟的国际业务网络中获取最新的营销信息。在本章，全球营销信息系统被视为跨国公司（MNC）努力创建能够在全球范围内利用本地创造知识的知识管理系统的一部分。

2.1 市场评估任务

对任何公司来说，最重要的战略问题之一是竞争方向。从更广泛的层面来看，这又引出了 Levitt（1960）50 多年前提出的一个深刻问题，即"我们从事的业务是什么？"以及"我们想从事的业务是什么"。这两个问题可以从技术层面（例如，所使用和提供的技术类型）、客户层面（例如，所面向的客户类别）和地理市场层面（例如，所服务的国家或地区）进行分析。在全球营销战略的背景下，传统上主要关注的是地理市场层面。因此，一家公司的关注面可能在于"哪个地理市场更适合它？挪威还是瑞典，印度还是巴西？""进入市场或扩大市场的动机何在？是当前市场规模、预测的增长率、存在或缺乏竞争对手、基础设施、法律制度还是政治风险等？"

尽管评估地理市场机会有明显的复杂性，但评估全球营销策略会更加困难，因为在回答"我们在做什么业务？"这一问题所涉及的所有其他层面（技术层面、客户层面）都需要针对每个地理位置进行重新评估。具体涉及技术层面的问题，例如，使技术适应某一地理目标市场或针对某一地理目标市场进行定制（例如，波轮式洗衣机和滚筒式洗衣机），以及考虑客户类别的基本需求。具体涉及客户层面的问题，例如，德意志银行（Deutsche Bank）在德国全国各地有无数的分行，因为它也为零售客户提供服务；而在世界其他地方，德意志银行（Deutsche Bank）追求的是企业客户，因此不需要密集的分行网络。

最后，市场评估涉及对公司所使用的整个商业模式的可复制性的判断。例如，当宝洁公司收购 Max Factor（蜜丝佛陀）时，公司还在日本产品组合中收购了名为 SK-II 的日本本土护肤品品牌。SK-II 的产品含有一种酵母菌成分，这种成分据称是由一位日本僧侣发现的。尽管价格异常高，但该品牌在日本还是有不少极其忠实的拥趸。当宝洁考虑是否将 SK-II 从其日本本土市场扩张到其他国家时，第一，它不仅要分析其他地理市场对护肤品的需求，还要评估整个商业模式的可复制性。具体包括对其他市场经销方式的调查，例如，雇佣美容顾问。第二，宝洁必须研究 SK-II 是否是仅适合日本女性的皮肤护理品，并评估该品牌神秘感的可复制性，因为这一品牌就是构建在日本僧侣所发现的酵母菌基础之上的。第三，也是一个关键问题：其他国家的女性是否也能接受这一品牌的高昂售价。当然，还有一个重大的战略问题涉及的是该品牌是否适合在其他国家已经建立起来的产品组合（Bartlett，2004）。因此，当产品或服务进入一个新的国家市场时，商业模式的每一个要素都需要重新评估。

当管理者讨论营销研究时，有些人会很快指出其局限性。经常有人提出的批评是，传统的营销研究很少能带来突破性的创新（Lynn et al.，1996）。相反，创新者的好奇心被很多人认为是突破创新的驱动力（Nayak & Ketteringham，1993）。据称，Henry Ford（亨利·福特）曾有言："如果我听了客户的话，我就会为他们提供跑得更快的马（而不是发明汽车）。"（AZQuotes，2015）的确，营销研究有其局限性，市场驱动型创新者，如彻底改变了整个行业的亚马逊公司创始人 Jeff Bezos（杰夫·贝索斯），通常不会通过营销研究寻找营销机会（Kumar，2004）。尽管如此，管理者也不应过分依赖营销研究或完全放弃市场研究。首先，产品和服务不仅仅在于激进的创新和突破，产品和工艺的持续渐进式创新也很重要。其次，即使像亚马逊这样的公司也面临着市场研究增值的问题，比如，评估不同市场对不同类型产品的需求。最后，还有一些旨在激发创新和创造力的营销研究技术。虽然这些技术不能保证获得激进式创新，但它们很可能为创新创造更好的机会，而不仅仅是寄希望于某位创新大师的灵光一闪。

下面，我们首先介绍管理者如何使用二手数据来评估不同的地理市场。这对于那些刚刚接触全球营销，并且想要找到有潜力的出口市场的公司可能特别有用。然而，已经具有全球影响力的成熟公司在扩大或微调其国际业务时，也会尝试充分挖掘二手数据的潜力。接下来，我们将讨论如何在不同的地理市场进行初步研究，并说明在不同国家和文化背景下进行初级营销研究所固有的诸多挑战。最后的重点是如何在已经成熟的国际业务网络中获取最新的营销信息。在本章中，全球营销信息系统被视为跨国公司（MNC）努力创建能够在全球范围内利用当地创造知识的知识管理系统的一部分（Schlegelmilch & Chini，2003）。

2.2 基于二手数据的评估

2.2.1 全球信息需求

出于各种原因，无论是审查一个国家正在进行的业务活动，还是找到一个有潜力的新市场，管理层都需要关于不同地理市场的商业环境的信息，具体包括关于不同国家经济发展的信息，也包括关于政治、法律和监管环境的信息。分析环境有许多不同的方法。SLEPTS 分析，即对影响企业的社会（social）、法律（legal）、经济（economic）、政治（political）、技术（technological）和可持续性（sustainability）层面进行分析（Doole & Lowe，2012）。可持续性属于一个比较特殊的层面，然而，考虑到我们在全球面临的各种可持续性挑战，我们仍将这一层面纳入了环境分析。

几乎每一本关于国际或全球营销的教科书，[①] 都对国际环境有过详细的介绍，因此本文不做赘述。依据 SLEPTS 类型，以下是全球营销管理者在分析环境对营销决策的影响时，需要纳入考量的因素。

S：包括语言、宗教、美学、价值观、社会组织等社会文化因素。

L：母国和东道国的法律环境，包括税收协定、行政规章等在内的国际法。

E：包括经济发展水平、经济规模、增长、人口、收入、购买力、经济风险等经济特征。

P：包括歧视性限制、关税和非关税壁垒、双边或区域贸易协定等可能影响业务的政治因素。

T：包括技术基础设施的发展、家庭技术商品的饱和等技术环境。

S：包括评估环境、社会公平和经济需求是否协调，同时又不损害后代满足自身需要的可持续性尝试。

上面列出的因素只是一些例子，并不涵盖全部。此外，一个特定因素是一个层面还是另一个层面的一部分（例如，税收是法律问题还是政治问题）也是值得商榷的。尽管存在这些限制，全球营销管理者也能够围绕这些主题开展

[①] 例子包括：Czinkota and Ronkainen（1996），Hollensen（2011），Keegan and Schlegelmilch（2001）。

环境分析。

2.2.2　全球市场评估

上述各个层面是国家进行评估和选择营销机会的核心。然而，评估和选择营销机会因公司当时的国际业务的程度而有所不同。拥有国际业务的公司往往具有常规的市场评估标准，主要用于监控和微调其运营。相比之下，寻求进入新的国家市场的管理者往往面临着令人眼花缭乱的市场选择，因此，通常需要借助二手数据来指导初步的市场评估和选择过程。

在我们详细研究市场评估的可能方法之前，在此提醒一句。虽然使用二手数据评估国家市场的费用相对较低（特别是与原始数据收集相比），因为很多资源都可从互联网上找到，但通过这种方式获得的数据可能格式不符，数据的准确性和对等性也可能存在问题。例如，虽然《联合国人口统计年鉴调查表》报告了详细的全球城市和农村人口分布情况，但是，国际上没有哪一种人口报告体系适用于所有国家，甚至适用于一个地区内的所有国家。并且人口报告体系区别很大：日本将城市定义为有 50 000 以上的居住人口，而冰岛则将城市定义为有 200 以上的居住人口（人口学年报，2005）。同时，单纯比较人均国民生产总值可能具有误导性，因为各国以医疗或教育形式提供的社会服务各不相同，按购买力等值调整国民收入往往导致相对财富发生重大变化。关于国际二手数据对等问题的讨论，以及关于二手数据的最佳用途，可参阅 Craig 和 Douglas 的国际营销研究著述（Craig & Douglas，2005）。

尽管存在上述局限性，但鉴于有大量潜在的目标市场（联合国有近 200 个会员国）没有二手数据，几乎无法进行分析。不过，公司会发现收集所有地理市场和上述每一个环境层面的全部数据是不经济的。大多数公司倾向于采用多阶段筛选方法。在此筛选过程的每个阶段，潜在目标市场的数量减少，选择标准也变得越来越严格。

公司通常采用典型的四阶段方法：①快速排除明显的不宜进入的国家市场；②基于二手数据对剩余国家进行评估，这个阶段通常涉及评分模型；③对剩余市场进行深入评估，例如为每个市场制定预计损益表；④对最终的 1～3 个高潜力市场进行访问，包括与这些市场中的潜在商业伙伴会面。接下来就详细介绍一下这些阶段中的每一个阶段。

在第一阶段，存在持续军事冲突或其他安全问题的国家市场基本上会被排除。可能还存在阻止与某些国家建立商业关系的国内或国际限制（例如禁运）。此外，某些国家市场可能会基于一些显而易见且容易获得的标准被排除，例如，经济发展水平低，政治不确定性过大，或产品（服务）明显不符等（例如，在热带地区销售雪地摩托车）。

在第二阶段，管理者可以选择更多的现有的评估标准来评估规模已经更小的市场。这个阶段通常涉及市场容量的初步估计（即国家市场的最大规模）、市场需求、供应方等。市场容量通常以现有买方（例如，居民、家庭或公司）总数和最大采购量的乘积计算。虽然这种计算提供了市场规模的第一近似值，但这并不是一个非常现实的衡量标准。例如，假设世界上每个国家每人每年消耗110升啤酒合理、现实吗？因此，既要考虑平均值，也要考虑市场潜力。对于快速消费品（FMCG），市场潜力是根据某一特定市场中的买方总数乘以普通买方的购买量来计算的。当需要估算值时，结果也可以乘以平均单位的价格。对于某些产品，例如汽车，有时更容易从供应方的角度估计市场规模。对于首次粗略估计，有关数据可从生产和外贸统计中获得（表2.1）。

表2.1 估计市场供给

生产

－出口

内销

＋进口

＝理论市场供给

＋库存变动的余额

＝有效市场供给

就哪些指标或数字可用于评估潜在的国家市场而言，取决于特定行业和进行分析的公司的需求。原则上，对可以使用的详细程度和评估标准的数量几乎没有任何限制。

2.2.3 使用评分模型

评分模型可以通过对国家评估和选择过程进行系统化，提供一种方法来支持市场分析的第二阶段。表2.2提供了这种选择模型的假设示例。一方面，它列出了选择标准，并根据它们对特定业务的重要性来衡量这些标准。另一方面，它给出了潜在的目标市场。根据不同的选择标准对每个国家的表现做出管理估计；在示例中，分数从0（非常不利的条件）至4（非常有利的条件）。通过将各项标准的估计值和权重相乘并将它们相加，得到每个国家的最后总得分。得分最高的国家被认为是最有潜力的国外目标市场。

表 2.2　评估国际市场的假设评分模型

国家	选择标准														总分	等级
	1 市场潜力		2 关税		3 非关税壁垒		4 产品适应		5 竞争强度		6 运输成本					
权重	$W=15$		$W=5$		$W=17$		$W=25$		$W=22$		$W=16$				Max 400 P.	
	E	W×E	E	W×E	E	W×E	E	W×E	E	W×E	E	W×E				
丹麦	2	30	2	10	1.5	25	3.5	87	0.5	11	3.5	56			219	4
瑞典	3.5	52	4	20	3.5	59	2.5	62	2	44	3	48			285	2
挪威	2	30	3	15	2	34	3.5	87	1	22	2.5	40			228	3
芬兰	4	60	4	20	3.5	59	3	75	4	88	1.5	29			326	1
葡萄牙	0	0	3	15	1	17	0.5	12	2	44	2	32			120	5
德国																
奥地利																
西班牙																
…																

注：W 指选择标准的权重。

在详细研究市场选择标准时，很明显其中一些是综合方法。在表2.2中，如本章前面所述，市场潜力可能是单一的估计值，或者是由市场规模、市场增长、人均消费等若干变量组成的复合值。这些变量中的每一个都将再次具有一定的权重。在这种情况下，管理者最好查阅"经济学人智库"（EIU）定期发布的各种汇总指数，如市场规模或市场增长指数（经济学人智库，2013），或发布新兴市场市场潜力指数密歇根州立大学 MSU-CIBER（GlobalEDGE.，2015）。

虽然评分模型的设计有利于对地理市场进行系统化的评估和选择，但必须记住，这种评估仍然具有高度的主观性，比如，选择用于比较国家市场的标准，这些标准的权重（及其组成部分，如果标准是综合方法），以及对各自市场情况的估计。为了减少这种评分模型固有的主观性，最好首先采用独立的评估小组，然后讨论团队之间在评估上的所有不同之处。

另一个潜在的问题是评分模型往往无法抓住市场相互依赖等战略问题。但是，通过纳入自由贸易区、关税同盟和货币联盟，或指定国家市场为技术领先市场、邻国潜在的分销中心等等因素，我们是有可能避开孤立地看待市场这样的陷阱的。

2.2.4 对潜在国家市场的详细评估

在第三阶段，需要对经过前两轮筛选的市场进行深入评估。这通常涉及更具体的估算，包括收支平衡分析、边际收益、现金流分析、投资分析、风险分析、敏感性分析和预计损益表。虽然金融专家在其中起到重要作用，但是，这些分析也少不了来自制造和营销等其他职能领域的管理者的专业知识。这种定量评估的结果在很大程度上取决于做出正确的假设。因此，多种观点通常会对假设的质量产生积极影响。

使用决策树，包括对影响财务分析结果的事件的风险评估，有助于指导高层管理者的讨论。应特别强调对作为纯粹定量评估基础的假设提出质疑。实际上，定量和定性评估应该始终携手并进。文化、体制和其他环境差异可能对在国内市场上被视为理所当然的假设的可复制性提出质疑。

虽然以上所介绍的分析都是基于二手数据，但是，没有任何替代方法可以通过个人访问来直接扩大潜在市场。作为市场选择的第四个也是最后一个阶段，个人市场访问应该确认（或否定）关于市场潜力和其他重要因素的假设，并应收集必要的额外数据，以达到最终进入/不进入市场的决定。有些信息根本无法从二手数据中获得。例如，国际营销管理者可能有一份潜在经销商的名单。国际营销管理者可能已经与名单上的分销商沟通，并对他们是否符合公司标准形成了一些初步想法。然而，很难在没有实际会面的情况下（以便双方评估对方的能力和性格）与国际分销商商定合作。访问潜在市场的另一个原因是制定营销方案（通常与当地代理商或分销商合作）（Keegan & Schlegelmilch，2001）。

2.3 基于原始数据的评估

2.3.1 全球营销研究的复杂性

与国内营销研究相比，在国际市场上进行初级营销研究有许多额外的挑战。首先是要决定收集哪些数据。其次，国际研究的设计和方法阶段可能存在困难与挑战。因此，虽然国际研究过程包括与传统研究相同的步骤，但它要复杂得多。图2.1显示了所涉及的主要步骤。

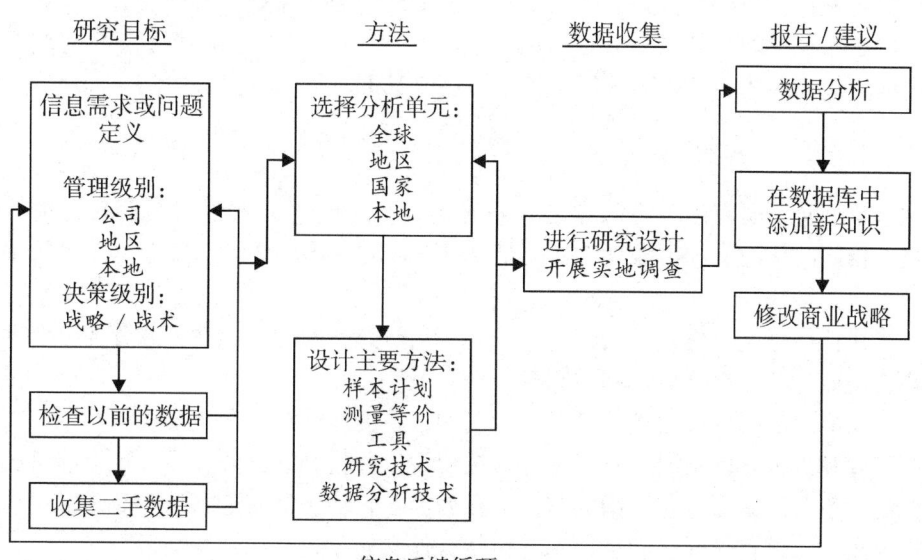

图2.1　全球营销研究过程

资料来源：《国际营销研究：全球项目管理视角》，Young & Javalgi，2007。

2.3.2 从研究目标到建议

研究过程首先是说明将要研究的问题（Malhotra, et al., 2012）。制定研究问题是为了清楚地了解需要和必须收集的信息,以及收集问题的层面(Craig & Douglas,2005)。例如,研究可用于在区域基础上更好地了解品牌意识,或与国际定价相比,研究产品的本地定价策略。如果研究目标不明确,整个研究过程可能会失败(Young & Javalgi,2007)。

随后,必须确定研究程序的细节,并且必须就"变量的可操作性、项目的选择和回应格式"做出决定(Hester, et al.,2005),必须定义目标群体和抽样框架,以选择正确的样本。为了设计研究方法,研究人员需要了解各种不同的数据收集的可能性,例如,定性、定量、面对面的访谈、在线焦点小组或邮件调查。在全球范围内进行的研究中,关注仪器翻译(和回译)、初级研究方法等细节至关重要。例如,在某些国家,通过电子调查收集数据的工作仍因互联网普及率低而受到阻碍。如果在不同国家进行研究,则可能无法采用同样的方法。在这种情况下,潜在的方法偏差可能会引起问题。

接下来,必须对来自实地调查的数据进行编辑和编码,然后才能对其进行分析和解释。随后,将为管理层编写一份最终报告,并就如何使用信息和如何开展工作提出战略建议(Craig & Douglas,2005)。报告必须回答研究问题和先前发现的问题,并说明采用了哪种方法(Malhotra, et al.,2012)。

2.3.3 全球营销研究中的数据对等

全球营销研究的关键问题之一是确保来自不同国家的数据具有相同的含义、相同的准确度和可靠性。这将带来许多问题。图2.2说明了数据对等的关键方面。

在任何跨文化研究开始时,都需要注意研究主题的对等性。这分为三个问题:功能对等、概念对等和类别对等。

功能对等的标准示例是自行车。例如,在美国,自行车主要用于娱乐,而在印度和许多其他国家,自行车主要被视为一种重要的交通工具。这意味着相关的竞争产品集必须有不同的定义。在美国,它将包括其他娱乐产品,如网球拍或高尔夫设备,而在印度,它将包括其他交通方式,如公共交通。

接下来,需要确保措施的概念对等性。这种形式的对等反映了个人是否对事物、刺激或行为给予相同的解释,并在不同的文化中以相似的方式表达它们(Sears,1961)。例如,欧洲消费者对产品质量的定义可能不同于新兴市场的消费者。

了解主题对等性的最后一个问题是类别对等,即物体或其他刺激的位置。例如,产品类别的定义可能因国家而异。对于什么是软饮料,以及软饮料的形式和种类,例如,罐装或瓶装汽水、矿泉水、果汁、冰茶、浓缩果粉和浓缩果

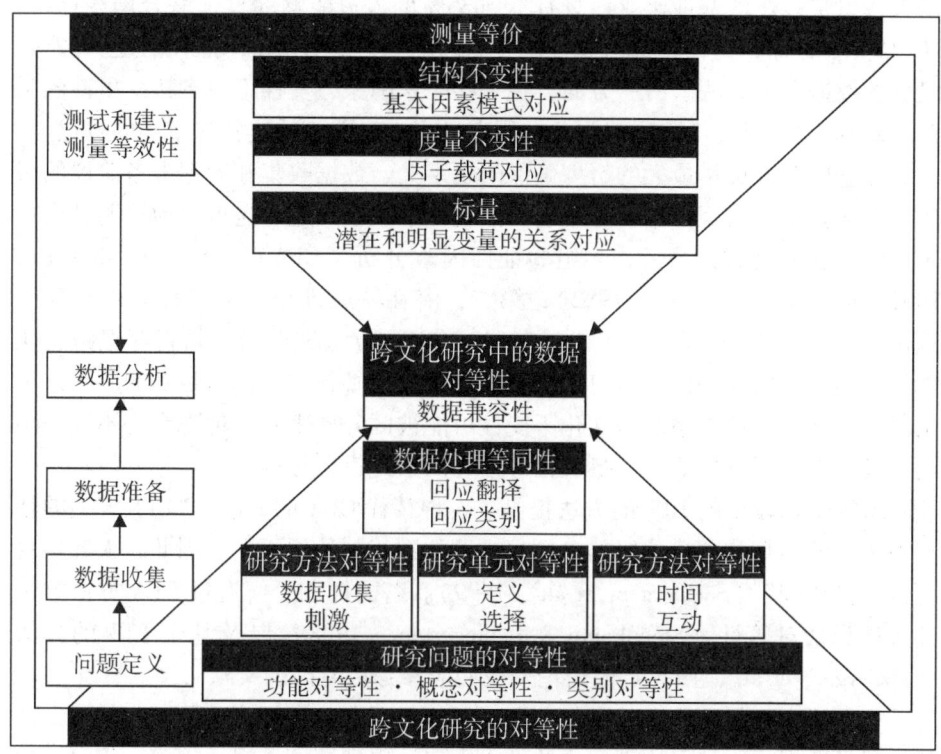

图2.2 全球营销研究的对等性

资料来源：《跨文化研究中的数据对等：经典测试理论与潜在特质理论的比较》，Salzberger, Sinkovics & Schlegelmilch，1999。

汁，在不同的文化有很大的不同。此外，客户认为与评估产品或产品类别有关的特征或属性也可能因国家而异（Craig & Douglas, 2005）。

一旦了解了研究主题的对等性，下一步就是考虑数据收集的对等性。例如，不同的抽样和调查管理程序的可靠性可能因国家而异。在大多数工业化国家，电话号簿随处可得，但在发展中国家，不存在这样的抽样框架，可能需要不同的程序，例如分块抽样。

例如，手机在莫斯科被称为"mobilnik"（移动电话），在俄罗斯西北地区被称为"trubka"（电话受话器），在东西伯利亚被称为"sotka"（手机）（Milekhin, 2011）。

此外，被调查者对测量工具的了解程度可能有所不同（Schaffer & Riordan, 2003）。在被调查的国家，可能必须考虑识字率的差异。例如，在印度，识字率只有63%，在其他发展中国家，如中非共和国和科特迪瓦，只有一半的人口识字；在埃塞俄比亚，只有不到35%的人口能够读写（联合国统计司，2012）。一方面，这使得进行邮件调查变得不可行，使用面对面的方法可能是最好的数据收集方法。另一方面，在一些中东国家，女性不愿意接受男性的采访（Javalgi, et al., 2005）。因此，研究过程本身需要适应各自市场的特点。

尽管研究人员尽最大的努力确保问题定义、数据收集和数据准备阶段的对等，但无论是否实现数据对等，它仍然是一个经验问题。这可以通过两种根本不同的方法来测试：第一，多组验证性因素分析（CFA）（Hom & McArdle, 1992; Joreskog & Sorbom, 1982）；第二，潜在特质理论，也被称为项目反应理论（IRT）（Hambleton, et al. 1991）。CFA方法试图确定是否存在跨文化度量结构的结构同一性，这对于进行平均比较是必要的，也是足够的。在这种情况下，三种日益严格的跨文化不变性可能被区分开来，每种都允许不同类型的比较：因素形态恒等性、量尺恒等性和因素纯量恒等性。

这种使用较少的LTT的方法提供了一种替代CFA的方法。"LTT模型的特点在于人的参数和项目位置的参数都被缩放到相同的层面上。因此，人和项目可以直接比较"（Salzberger, et al., 1999）。若需详细了解通过CFA方法测试的各种测量对等性（Steenkamp & Baumgartner, 1998）以及基于LTT的方法（Salzberger, et al., 1999）的讨论，我们应参考更专门的文献。

一些研究人员不愿意从事如此严格和相对复杂的数据等效测试。然而，即使结果是数据不支持可比性，这些结果也应该得到高度重视，因为它们对以后的研究有着深远的影响。无论如何，任何跨国研究至少都需要考虑到只能定性评估的等效方面，例如研究主题、数据收集和数据准备的等效性（Salzberger, et al., 1999）。

2.3.4　Emic（主位）还是Etic（客位）研究

在国际比较中，"这些国家的数据应具有同样的意义，因为不对等或有偏见的信息会导致含糊甚至错误的结论"（Herk et al., 2005）。例如，在选择样本、设计和管理调查时，对等性是必不可少的。如果忽略这些方法论问题，研究人员将承担高风险，其发现也将不具备结论性，甚至会有误导性（Schaffer & Riordan, 2003）。然而，不同国家数据的可比性是全球营销研究中最具挑战性的问题之一。"来自不同国家的被调查者根深蒂固于不同的文化，包括独特的社会文化行为模式、相关价值观以及心理态度和特征。"（Sinkovics, et al., 2005）

为了解决这些问题，在进行一项研究时，必须从一开始就确定是采用Emic（主位）还是Etic（客位）研究方法（Schaffer & Riordan, 2003）。除此之外，还必须确立对文化的一般定义和对待方式。这为研究提供了基础，并有助于确定是否会考虑到一种文化的独特方面。Emic（主位）研究或 Etic（客位）研究可以看作是全球营销研究方法论的两端（Sinkovics, et al., 2005）。

主位研究方法从特定文化中观察特定的结构或变量（例如，肥胖或信任），试着用这种特定文化中的人们理解它的方式来理解它。因此，这种方法刻意采取主观的内部观点，强调文化上的特定意义。这个连续体的目的是基于这样一种观点，即某些行为和观点对于一种文化来说是独特的，并且可以最好地用他们自己的术语来理解。

客位研究方法试图以客观、研究者为导向的局外人观点，并"采用更广泛的方法比较分析涉及两种或两种以上的文化"（Sinkovics, et al., 2005）。这种方法包括一种正在研究的兴趣构念，并利用预先确定的特征，在不同文化之间进行明确的比较。其核心是必须识别和衡量普遍行为和观点。在与商业有关的研究中，客位研究方法比主位研究方法更为普遍。事实上，在跨文化研究的样本中，只有6%使用了主位研究方法（Schaffer & Riordan, 2003）。

如果兴趣构念被认为是在所有被考虑的文化中是可泛化的，那么国际研究的成本可以降低。但是，这种方法的缺点是不考虑每个国家特有的主位观点。例如，不同文化之间对肥胖的看法有所不同。因此，研究人员可能会比较各国的主位观点，并将研究结果推广到其他地方，尽管在现实中，差异可能反映了潜在的文化因素。因此，在跨文化研究中，使用严格的客位研究方法，忽略国家特定的主位观点，可能会导致有偏见的结果和决策。

为了达成合理的妥协，已经提出了一种综合的主位－客位研究方法（Schaffer & Riordan, 2003）。这种结合的主位－客位研究方法建议获得所研究的每种文化的主位知识，以减少文化偏见。这些新获得的对个别文化的见解可以用来比较它们，并实现"每种文化的不同方面之间的跨文化联系"（Schaffer & Riordan, 2003），并形成一个良好的基础，以确定进一步的客位比较是合适的。

2.4 全球营销信息系统

与其在每次出现信息需要时，重新收集数据，公司不如建立整合不同类型数据的信息系统，如财务、制造、采购、分销以及营销数据。信息技术的进步继续推动这类信息系统的成熟，并帮助公司内部网、群件或内部维基网站日益成熟。反过来，这也导致许多跨国公司的组织结构扁平化，实现业务职能外包和在国际分散的组织之间建立联系，这样运作更容易地获取世界各地的数据，也使公司能够评估和服务世界各地的客户需求（Craig & Douglas，2005）。

"在跨国公司内部，总部作为知识和能力主要来源的传统作用正在发生变化。总部越来越多地充当其国际分散的子公司的知识接受者。"（Ambos, et al.，2006）除了公司内部数据外，还定期从主要来源和次要来源获取外部数据。二手数据通常提供有关国家或地区宏观环境的信息，如总体经济发展、增长、政治风险以及行业和产品数据。例如，原始数据可以来自特定的研究项目，例如在不同国家进行的使用和态度研究。还可以收集产品发布或宣传活动的经验，以便向不同国家的业务传播最佳实践方法。

全球营销信息系统需要在不同地区整合这些不同类型的信息，旨在提供可用于以下四个关键目的及时信息和相关信息。（Craig & Douglas，2005）。

- 监测世界不同地区的、可能对当前或未来的业务产生影响的环境趋势。
- 根据不断变化的市场趋势，评估不同国家、产品等资源分配的适当性。
- 监测和衡量不同国家和产品市场的业绩，以便发现问题，确定未来增长的机会。
- 在不同市场之间传递经验、想法和知识诀窍，以确定和传播全球最佳的实践方法。

2.4.1 设计全球营销信息系统所面临的挑战

营销信息系统是公司知识管理系统的一部分，它们大大提高了公司的竞争力。知识作为一种重要的企业资源不仅得到了广泛的认可（Conner & Prahalad，1996；Davenport，1998；Grant，1996），学者们甚至将跨国公司描述为知识整合的机构（Kogut, et al.，1993）。事实上，跨国公司的存在在于它有能力将资源和活动以比市场更有效的速度组合在一起，从而使外部因素内部化。企业通过整合分散的知识创造价值的观点很符合跨国公司是知识整合机构的观点（Ambos et al.，2006）。因此，在全球范围内设计信息系统的重要性再怎么强调也不为过。

设计高效率的、有效的一般知识管理系统，特别是营销信息系统，具有极大的挑战性。这更适用于设计在不同国家/地区集成信息的系统。通常情况下，一个关键的问题是，来自不同地理位置的信息太多了。因此，需要设计系统以避免信息过载，并确保不同级别和不同职能的管理者获得相关的和及时的信息。因此，所提供的信息需要根据管理者的具体要求进行调整。例如，做出重大战略决策所需的信息，例如市场进入决策和信息导向战术决策，面向不同的对象以及调整现有分销渠道的价格。

另一个问题是数据兼容性和对等性。不同的国家通常有不同的数据收集程序、会计惯例和货币等。即使是看似简单的测度,如销售的单位数量,也可能会产生误导。例如,汽车经常需要修改以符合特定的国家法规或标准,因此,需要不同的制造成本。为此,在不同国家/地区添加销售单位会造成迥异的结果。试图通过使用货币单位来规避这些问题也会造成问题。价格差异可能反映税收的差异,受转让价格惯例的影响,并受汇率波动的影响(Craig & Douglas,2005)。

鉴于各国之间数据格式的差异,信息系统需要确定一种报告格式,以确保各国能够比较数据。这使得当地业务单位在输入数据时,需要遵守统一的国际格式。如果所收集的数据主要用于控制目的,总部提供的反馈很少,地方一级的信息又很少得到利用,这可能会在地方一级造成相当大的阻力。特别是在高度分散的业务中,与其他组织单位交换信息的动机可能有限。当然,这与制定和协调跨国家市场战略的需要背道而驰(Ghoshal,1997)。

最后一个要提到的问题是系统的维护。这不仅指定期获取和输入数据,而且还指清除旧信息。错误的数据可能会对企业造成严重的后果,"75%的组织已经承担了脏数据所带来的成本"(Marsh,2005)。对于必须塑造全球信息系统的管理者来说,值得注意的是,更多的信息流入并不一定会带来更多的好处。总部管理人员应确保所收集的信息得到组织的充分关注(Ambos, et al.,2006)。因此,报告和访问数据的便利性是良好营销信息系统的重要标志。Craig 和 Douglas 提出了一种简单但有效的结构(见表2.3)。

表2.3 市场研究信息的可能结构

	城市	国内	国家	地区	世界
宏观经济数据					
产品市场数据					
公司具体数据					

资料来源:《国际市场研究》(第二版),Craig & Douglas,2000。

2.4.2 全球数据收集的新工具

推动国际化的新技术为营销信息系统的设计者提供了新的可能的方法和工具。这些新方法和新工具可用于克服上述的一些挑战和障碍。许多公司越来越多地利用呼叫中心、会员卡项目、社交网络档案或电子商务收集大量的数据,并将这些数据纳入其营销信息系统中,公司还可以减少在不同国家和地区收集数据的时间。获取原始数据的新工具也带来了有趣的新可能性，可以"开展比以往更多的跨国调查，并在数据收集方法和比较分析方面加强此类研究"（Loane, et al., 2006）。

例如，社交媒体改变了数据收集的方式。通过定期监控人们如何互相交流，以及收集他们在社交媒体、博客等上发表的观点，取代了收集消费者意见的采访。这意味着可以获得"一套新的定性和定量信息，这些信息往往非常深入了解人们如何思考特定主题以及他们对任何一种营销活动的反应"（Murphy, 2010）。

基于社交媒体研究的支持者认为，它对理解消费者行为有很大的影响，并具有诸多好处。"这类研究是以人为主导的，而不是以研究人员为主导的，因此更真实；在线聊天的数量远远超过了传统研究所提供的内容；就像对方知无不言，言无不尽。"（Siama, 2011）

这种用户生成的内容是互联网呈现的真正潜力的本质。可口可乐公司的洞察力团队意识到了充分利用这一潜力可以快速了解消费者的态度，并且可以在几分钟内制定出一份过去通常需要几个星期来完成而且成本很高的报告（Siama, 2011）。用户生成的内容使研究人员深入了解消费者行为背后的动机和态度。它提供了对其日常行为和实践的洞察，例如，消费者与品牌的关系。

社交媒体也使得创建新的在线研究社区成为可能。被调查者不仅与研究人员互动，而且在可能的情况下，他们之间也可以互动，甚至客户也可以参与进来（Cooke & Buckley, 2008）。例如，EasyJet 创建了一个在线社区，仅供受邀参与者以及跨国业务使用。该社区每周都会介绍新的问题和主题，并在下一周介绍结果。其主要目的是获得定性见解，但它也用于进行民意调查和快速调查，以获得相关数据。

Hosoe 报道了一种有趣的电子媒体应用（Hosoe, 2005）。参与者通过拍照和发送有关他们当前体验的信息来记录他们的购买行为。这是将被调查者的消费行为记录为"正在进行的数据"，同时图像和文本被记录下来，并通过互联网直接传输到数据库。然后，研究人员可以实时分析这些数据，并在必要时提出问题。实时采集数据为研究人员提供了分析消费现象的新方式。当然，这种优势在全球环境中得到了增强，因为在这种环境中会遇到更多样化的购买和消费情况，并且人们的潜在动机和生活方式可能会有很大的差异。如此，研究者不仅可以获取文本数据，而且还可以在日常生活中获取被访者拍摄的照片，这样可以更清楚地显示文化上的差异，也可以对结果进行更彻底的分析和展示，并为更复杂的决策提供相关支持。

拍摄照片和视频以及访问互联网的功能使得移动电话成为国际营销研究的

独特的数据收集工具。特别是在全球范围内,这使得对被调查者和研究人员进行的研究变得更加简单和方便。研究人员能够在不受时间和地点限制的情况下,深入了解各国参与者的生活,这是促进国际营销研究的重大进步。

新的数据收集工具和方法将在多大程度上嵌入常规全球营销信息系统中还有待观察。然而,这些新工具显然将大大提高各国收集数据、提高数据质量和实时提供数据的能力。最终,使用通过呼叫中心、会员卡项目、社交网络档案或电子商务活动定期生成的数据,以及通过移动电话实时收集数据的范围将无法想象。

2.5 小结

本章旨在探讨全球营销机会的评估。从多个层面对"评估"进行了解释,因为这可能涉及为跨国公司选择第一个出口市场,或在已建立的跨国公司的知识管理网络内转移全球营销信息。一开始,我们审查了对评估不同国家市场有用的大量二手数据,并强调了比较各国二级数据的困难。由于大多数公司既不需要也没有资源收集和评估全球每个国家的数据,他们便提出了一种逐步评估和选择潜在感兴趣的国家市场的程序。这个四步程序的核心要素是一个灵活的评分模型,可以根据公司的具体要求进行调整,并提供一种使国家评估和选择进程系统化的手段。

接下来,讨论的重点是原始数据的收集。我们介绍了全球营销研究过程中涉及的不同步骤,从问题定义到报告结果。作为全球营销研究的关键问题之一,是确保来自不同国家的数据具有相同的含义、相同的准确度和相同的可靠性,以保证全球营销研究的对等性。最后,我们必须认识到并非每一种构念都能在不同文化之间进行有意义的比较,这也导致了全球营销研究中关于 emic(主位)与 etic(客位)观点的争论。

本章的最后一部分重点是为拥有完善的国际业务网络的公司设计全球营销信息系统提出了建议。这种营销信息系统是跨国公司整体知识管理方法的一部分。这种系统的重要性怎么强调都不过分,因为它推动了跨国公司在全球范围内利用本地创造知识的能力,从而提高了公司的竞争力。不过,似乎没有某一种收集和转移营销知识的最佳方式。事实上,为管理人员提供过多的信息是一个潜在的问题;因此,所提供的信息必须符合接收信息的管理者的需求及其管理知识的能力。本章最后简要介绍了用于全球数据收集的新工具。

参考文献

Ambos, T. C., Ambos, B., & Schlegelmilch, B. B. (2006). Learning from foreign subsidiaries: An empirical investigation of headquarters' benefits from reverse knowledge transfers. *International Business Review*, 15 (3), 294 – 312.

Bartlett, C. A. (2004, March 3). *P&G Japan: The SK – II globalization project*. Harvard Business School, Case No. 9 – 3003 – 003.

Buckley, P. J., & Casson, M. C. (1976). *The Future of the Multinational Enterprise*. London: Macmillan.

Conner, K. R., & Prahalad, C. K. (1996). A resource-based theory of the firm: Knowledge versus opportunism. *Journal of Management*, 17 (1), 121 – 154.

Cooke, M., & Buckley, N. (2008). Web 2.0, social networks and the future of market research. *International Journal of Market Research*, 50 (2), 267 – 292.

Craig, C. S., & Douglas, S. P. (2005). *International Marketing Research* (3rd ed.). New York: Wiley.

Czinkota, M. R., & Ronkainen, I. A. (1996). *Global Marketing*. Fort Worth, TX: Dryden Press.

Davenport, T. H. (1998). *Working Knowledge*. Boston, MA: Harvard Business School Press.

Demographic Yearbook. (2005). Definition of "urban". Accessed March 25, 2013, from http://unstats.un.orgunsddemographic/sconcerns/densurb/Defintion_of%20Urban.pdf.

Doole, I., & Lowe, R. (2012). *International Marketing Strategy: Analysis Development and implementation*. Hampshire: Cengage Learning.

Ghoshal, S. (1997). *The Individualized Corporation: A Fundamentally New Approach to Management*. New York: Harper Business.

Grant, R. M. (1996). Toward a knowledge-based theory of the firm. *Strategic Management Journal*, 17 (Special Issue), 109 – 122.

Hambleton, R. K., Swaminathan, H., & Rogers, J. H. (1991). *Fundamentals of Item Response Theory*. Newbury Park, CA: Sage.

Herk, H., Poortinga, Y., & Verhallen, T. (2005). Equivalence of survey data: Relevance for international marketing. *European Journal of Marketing*, 39 (3/4), 352.

Hester, V. H., Poortinga, Y. H., & Verhallen, T. M. M. (2005). Equivalence of survey data: Relevance for international marketing. *European Journal of Marketing*, 39 (3/4), 357.

Hollensen, S. (2011). *Global Marketing—A Decision-oriented Approach*. Harlow: Financial Times Prentice Hall.

Hom, J. L., & McArdle, J. J. (1992). A practical and theoretical guide to measurement invariance in aging research. *Experimental Aging Research*, 18 (3), 107 – 144.

Hosoe, S. (2005). Exploring the moment of consumption using cell phones. *Journal of Electronic Commerce Research*, 6 (3), 225 – 240.

Javalgi, R., Cutler, B., & Young, R. (2005). The influence of culture on service marketing research: Guidelines for international marketers. *Service Marketing Quarterly*, 27 (2), 103 – 121.

Joreskog, K. G., & Sorbom, D. (1982). Recent developments in structural equation modeling. *Journal of Marketing Research*, 19 (4), 404 – 416.

Keegan, W. J., & Schlegelmilch, B. B. (2001). *Global Marketing Management: A European Perspective*. Essex: Financial Times Prentice Hall.

Kogut, B., & Z和er, U. (1993). Knowledge of the firm and the evolutionary theory of the multinational corporation. *Journal of International Business Studies*, 24 (4), 625 – 645.

Kumar, N. (2004). *Marketing as strategy: Underst and ing the CEO's agenda for driving growth and innovation*. Boston, MA: Harvard Business School Press.

Levitt, T. (1960). Marketing myopia. *Harvard Business Review*, 38 (4), 45 – 56.

Loane, S., Bell, J., & McNaughton, R. (2006). Employing information communication technologies to enhance qualitative international marketing enquiry. *International Marketing Review*, 23 (4), 451.

Lynn, G. S., Morone, J. G., & Paulson, A. S. (1996). Marketing and discontinuous innovation: The probe and learn process. *California Management Review*, 38 (3), 8 – 37.

Malhotra, N., Birks, D., & Wills, P. (2012). *Marketing Research—An Applied Approach* (4th European ed.). Harlow: Pearson Education.

Marsh, R. (2005). Drowning in dirty data? It's time to sink or swim: A four-stage methodology for total data quality management. *Database Marketing and Customer Strategy Management*, 12 (2), 106.

Milekhin, A. (2011). Eurasia or asiope. Accessed August 10, 2015, from https://rwconnect.esomar.org/eurasia-or-asiope.

Murphy, D. (2010). Moving research forward. *Research World*, 24, 22 – 24.

Nayak, P. R., & Ketteringham, J. M. (1993). *Breakthroughs*. Oxford: Mercury.

Salzberger, T., Sinkovics, R., & Schlegelmilch, B. B. (1999). Data equivalence in cross cultural research: A comparison of classic test theory and latent trait theory based approaches. *Australasian Marketing Journal*, 7 (2), 28.

Schaffer, B. S., & Riordan, C. M. (2003). A review of cross-cultural methodologies for organizational research: A best-practices approach. *Organizational Research Methods*, 6 (2), 169 – 215.

Schlegelmilch, B. B., & Chini, T. C. (2003). Knowledge transfer between marketing functions in multinational companies: A conceptual model. *International Business Review*, 12 (2), 215 – 232.

Sears, R. R. (1961). Transcultural variables和conceptual equivalence. In B. Kaplan (Ed.), *Studying Personality Cross-culturally* (pp. 445 – 455). Evanston, IL: Row, Peterson & Co.

Siama, S. (2011). Social media research: Good, bad or ugly. *Research World*, 26, 30–33.

Sinkovics, R., Penz, E., & Ghauri, P. N. (2005). Analysing contextual data in international marketing research. *Qualitative Marketing Research*, 8 (1), 9–38.

Steenkamp, J.-B. E. M., & Baumgartner, H. (1998). Assessing measurement invariance in cross national consumer research. *Journal of Consumer Research*, 25 (1), 78–90.

United Nations Statistics Division. (2012). Social indicators: Indicators on literacy. Accessed June 7, 2014, from http://unstats.un.orgunsddemographic/products/socind/literacy.htm

Young, R., & Javalgi, R. (2007). International marketing research: A global project management perspective. *Business Horizons*, 50 (2), 113–122.

3 进入全球市场

摘要

本章主要讨论三个方面：公司为什么要全球化，何时全球化以及公司如何进入不同的国家市场。本章介绍的重点是特定的国外市场进入模式，并对非股权模式（例如，不同的出口方式和合同协议）和股权模式（例如，合资企业和全资子公司）分别进行了介绍。

3.1 公司为什么要全球化，何时全球化以及如何进入不同的国家市场

公司为什么要全球化，何时全球化以及公司如何进入不同的国家市场，在很大程度上取决于他们的战略目标。因此，如果一家公司的唯一目标是其主要客户，那么，我们在先前关于市场评估的讨论中提出的许多问题将不适用：因为客户决定进入哪个市场。或者，如果一家公司的目标是获得原材料，以减少对供应商的依赖，那么它就会在其价值链中进行所谓的向后整合，而市场的选择将取决于原材料的位置和/或它可以收购公司的可用性。

下面，我们首先回顾第 1 章中已经讨论过的进入国外市场的动机，看看进入市场的时机。接下来，我们将讨论具体的国外市场进入模式。本章还将对非股权模式（例如，不同的出口方式和合同协议）和股权模式（例如，合资企业和全资子公司）分别进行介绍。

3.2 事前考虑

3.2.1 进入国外市场的动机与时机

关于市场进入模式的讨论不能忽略战略，并且需要认识到公司的战略目标。诸多文献区分了不同的市场进入目标，如寻求资源、寻求市场、寻求效率和寻求知识或创新（Dunning，1993）。创新寻求与"集聚"一词有着密切的

关系。这是指某些地点的活动集中在一起，并由此导致类似公司之间的知识溢出（Kalnins & Chung，2004；Tallmann，et al.，2004）。

与进入外国市场的目标交织在一起的是进入市场的时机问题。在这种情况下，管理者经常提到所谓的先行者优势，即企业因其很早进入市场而获得的优势（Lieberman & Montgomery，1988）。例如，这些优势可能与专利技术的创新（抢占稀缺资产）有关，比如，在一个国家的潜在分销伙伴，或为客户节约转换成本。然而，对于先行者而言，前方并非玫瑰大道。潜在优势可能会被后来者所吞噬，比如，先行者必须花费大量资金来培育市场，使市场了解一种新技术的优点。后来者可以利用这种营销投资，集中精力强调其特定产品的差异优势。后来者也可以等到市场不确定性（例如，哪个行业标准将占主导地位）得到解决后再进入。市场稳定后，后来者可以更有效地集中资源。而先行者也失去了灵活性，因为他们可能被锁定在一组特定的固定资产中，或者犹豫不决，不愿用新产品取代现有的产品。因此，后来者甚至可能会超越先行者（Peng，2006）。不幸的是，关于先行者与后来者相对优势和劣势的研究仍然没有定论（Mascarenhas，1992；Isobe，et al.，2000；Fuentelsaz，et al.，2002）。先行者有更多的机会利用优势，但并不是说就注定了会成功（Peng，2006；Gaba，et al.，2002）。

3.2.2　平衡风险和控制

选择合适的国外市场进入方法，关键的考虑因素之一是风险和控制之间的平衡。一般来说，在国内市场进行生产然后出口的产品的风险最小。风险最大的是外商独资子公司。外国市场进入模式所涉及的风险和对外国市场活动的控制（例如，产品得到的营销支持类型），是密切相关的：更大的风险意味着更多的控制；更小的风险意味着更少的控制。在不同的市场进入模式之间进行选择也是一个重要的学习机会。例如，当所有出口业务都外包给一家出口管理公司，该公司负责处理海关要求、处理所有文件、出口融资问题以及与国外市场的客户打交道时，公司几乎没有机会学习如何在国外市场上推销自己的产品。图3.1介绍了最常见的市场进入模式，分为股权模式和非股权模式。

3.3　外国市场进入：非股权模式

3.3.1　出口

对于许多刚接触国际业务的公司而言，出口是市场进入的首选方法。这类

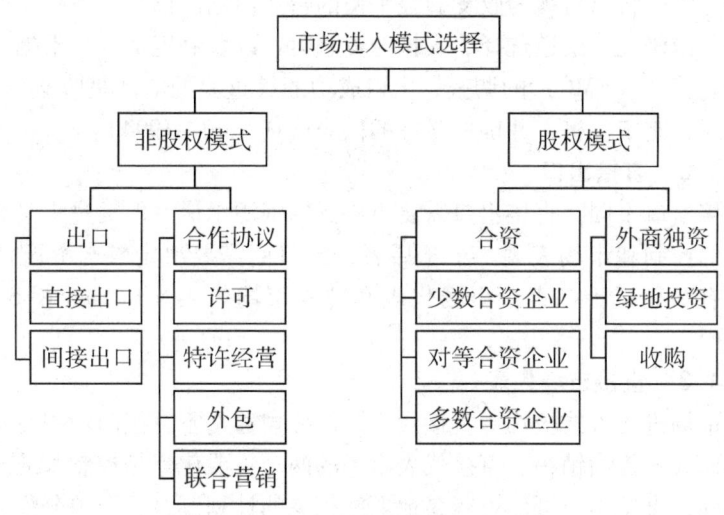

图 3.1　常见的市场进入方法

公司通常在国内制造产品,并将其产品提供给外国市场。与其他形式的市场进入模式相比,出口的资源投入少、风险有限,因此,具有相当大的灵活性(Stonehouse, et al., 2004)。如果某一地区的出口市场发展不像预期的那样,出口公司可以相对容易地退出市场。

但是,在许多情况下,公司会将出口与其他进入模式相结合,如合资企业或全资子公司。例如,丰田在亚洲、欧洲和北美的重要区域建立了各种制造工厂,再从这些国家将产品出口到邻国(Cavusgil, et al., 2008)。同样,出口也可以与海外销售处相结合。澳大利亚软件公司 Webspy 不仅出口软件,还在伦敦和西雅图设立了销售子公司,为其两个最重要的区域市场——欧洲和北美市场提供服务(Webspy, 2015)。

在出口方面,有两种方法可以解决国外市场——间接出口和直接出口。

3.3.1.1　间接出口

在间接出口下,制造商将所有与国外市场有关的活动外包给设在本国的专业公司。虽然该公司的产品用于出口,但是,业务交易仍然是国内交易。为公司经营外国业务的国内合作伙伴被称为出口贸易公司(ETC)、出口管理公司(EMC)、出口商人、出口经纪人、综合出口经理商、制造商出口代表、佣金代理人或出口经销商。许多国内合作伙伴所提供的服务与其宣传的服务不一致,因此,制造商应仔细了解某一独立出口机构所提供的服务。

典型的出口服务提供商可以充当多家公司的出口部门,这些公司要么缺乏出口经验，要么将出口视为收支勉强平衡的营业活动。出口服务提供商提供的服务包括营销研究、渠道选择、安排融资和运输以及制定文件。根据一项对美国出口管理公司（EMC）的调查，出口成功的最重要的活动是收集营销信息，与市场沟通，制定价格，并确保零件的供应（Howard，1994）。

3.3.1.2 直接出口

与间接出口不同，直接出口需要更广泛的资源承诺，但反过来又为制造商提供更好的控制和市场表现。至于后者，出口商需要决定参与分配活动的程度。主要有两种选择：直接市场代表和独立市场代表（Keegan & Schlegelmilch，2001）。

3.3.1.3 直接市场代表

虽然市场进入方式被称为直接代表，但公司通常不直接向消费者销售，而是向批发商或零售商销售。直接代表市场的两个主要优点是控制和通讯。与间接出口不同，直接出口可以更容易地实施相关的计划制订、资源分配或价格变化的决策。此外，当产品刚上市时，通常需要花费大量的人力、物力、财力进行销售。通过直接代表，公司能够更好地分配这些人力、物力、财力。直接市场代表的一个主要优势也是有机会从目标市场学习和获得知识。这提高了决策的质量，从而增加了长期成功的机会。

3.3.1.4 独立市场代表

然而，公司往往没有足够大的销售量来保证直接代表的成本。如果销售量很小，这可能是因为国家市场的规模，这时，独立代理商或经销商才是有效的市场进入工具。

代理商是代表出口商行事的独立公司或个人。它们通常代表不同的非竞争公司，并以获得佣金的方式接受订单。因此，代理人不拥有他们所经营货物的所有权。相比之下，经销商拥有所经营货物的所有权。经销商通常从出口公司购买产品并在市场上销售这些产品。因为他们承担了市场风险，无论是在未售出的产品还是利润方面，所以他们要求的利润率高于代理商的佣金。此外，经销商经常要求拥有特定销售区域的专有权，这有时会与限制独家经销的竞争法发生冲突。

鉴于公司高度依赖经销商和代理商，很明显在选择合适的经销商或代理商以及起草协议时必须非常谨慎。同时，还应注意可能的合同解决方案。例如，如果公司打算在成功开拓全国市场后用公司自己的销售网点取代代理商，这些代理商可能会要求损害赔偿。表3.1列出了代理商或经销商协议中可能涉及的主题。

表3.1　代理商/经销商协议中的可能项目

• 期限/终止	• 由代理商/分销商提供的信息（例如，客户、竞争对手、政府法规、价格、其他运输线路的信息）
• 地区（专属/非专属）	• 库存维护
• 卖方向某些类别的买方直接或以较低佣金卖出的权力	• 对担保的澄清
• 涵盖的产品/服务	• 审计权
• 纳税义务	• 将使用的仲裁制度
• 付款/折扣条款	• 处罚条款
• 确定/更改价格或其他条款的权利	• 最低性能水平
• 双方提供的销售支持	
• 清关责任	

背负式出口，也称为背负式营销或母鸡销售队伍，是另一种独立的市场代表形式。根据这种安排，制造商通过另一公司的分销渠道获得产品的分销。活跃的分销合作伙伴通过更好地利用分销系统的能力而受益，制造商获得的好处在于，这种安排的成本远低于直接市场代表的成本。成功的背负式营销需要开发针对相同客户群的互补产品线。佐证就是 Kauai Kookie Kompany 公司老总发现，日本游客在从夏威夷回国之前会囤积大量饼干。现在，这些饼干通过与日本旅行社的背负式协议出售。游客回国后可以从目录中购买饼干，从而减少了行李的数量（Kaikati & Jack, 1993）。

3.3.1.5　出口服务

出口服务有许多独特的特点。例如，印度公司占据了越来越多的业务流程外包（BPO）（Javalgi, et al., 2004），具体包括金融和会计、人力资源、设计和工程等服务（经济学人，2005）。对于"软服务"而言，服务出口需求的增长尤为强劲，这指的是提供信息和基于知识的解决方案。人们经常建议，只有在投入相当多的资源（例如设立全资子公司或合资公司）的情况下，才能实现这些服务的国际化。然而，可以采用其他更具成本效益的进入方式。许多公司在没有当地运输系统的情况下从事服务出口，这被称为具体化对象出口。具体化对象出口意味着"软服务"通常可以以某种物理形式存储或具象化，如报告、建筑计划或DVD，并可以发送给外国客户（Ball, et al., 2008）。

另一种具有成本效益的形式更贴近公司的价值链，即短期内在国外工作的公司职员必须执行在客户所在地提供的职能。这种被称为"具体化人员出口"的策略用于市场调研、产品设计或管理咨询等服务。这种方法提供了一种特别有用的、节约资源的选择，这说明了信息的"隐性"性质。这种方法提供了一种特别有用的资源节约型替代方案，它解释了信息的"默认"性质（Ball, et al., 2008）。例如，有一种策略是公司将员工派往国外，直接在客户办公室进行业务管理——这是安永会计师事务所提供出口账户服务的方式（Cavusgil, et al., 2008）。图 3.2 对比了具体化对象出口和具体化人员出口的概念。

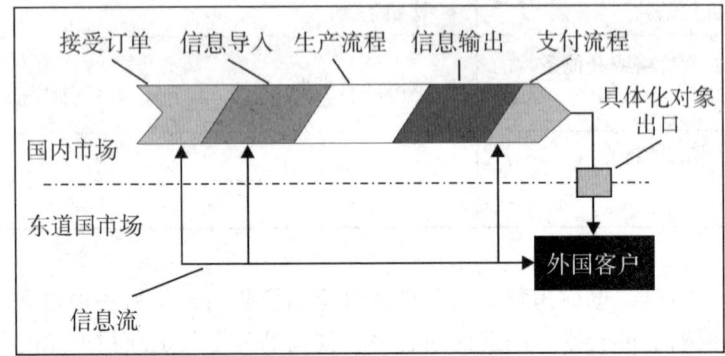

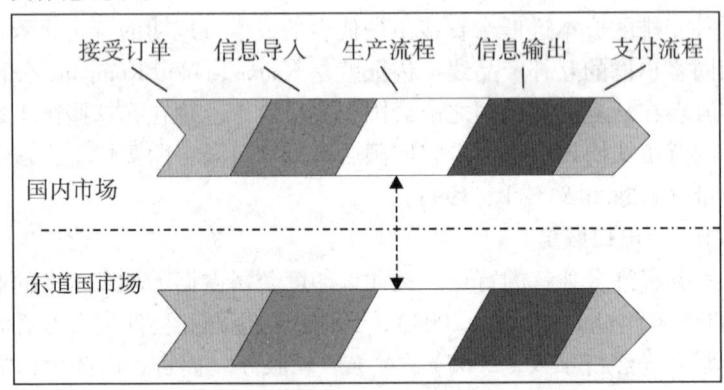

图 3.2　具体化对象出口和具体化人员出口的关系

资料来源：《对服务国际化范式的再思考：信息密集型软服务的低资源密集型市场进入模式》，Ball, Lindsay & Rose, 2008。

3.3.2 合同协议

下文所述的合同协议,即许可、特许经营、外包和共同营销本身并不是国际市场的进入方式,因为所有这些方法都可以在国内市场环境中进行。但是,这些类型的协议经常被用于进入国际市场。许可、特许经营和合作营销的主要动机是寻求市场,而外包的主要动机是寻求效率。

3.3.2.1 许可

许可涉及生产者将知识产权出租给第三方。通常,许可方(授予许可的一方)由被许可方(获得许可的一方)通过一次性付款和特许权使用费来补偿,这两种费用均在许可协议中有相关规定。不同形式的许可协议如下。

首先,技术诀窍协议主要是关于如何设计、制造或交付产品的特定技术或管理知识。例如,英特尔向德国的一家芯片制造商授予了生产计算机芯片的新工艺的权利(Cavusgil, et al., 2008)。其次,商标和版权许可协议,指允许持有人使用其专有名称、字符或徽标的协议。例如,迪士尼在2005年通过授予其他公司使用其徽标的权利赚取了约170亿欧元(Wilensky, 2006)。在时尚界,强势的品牌同样至关重要,公司为了进入新的市场和提高品牌意识而将他们的品牌许可出去。

食品和饮料许可也是一项非常有利可图的业务。例如,吉百利史威士(Cadbury Schweppes)授权了它的几个品牌,具体包括 Snapple、Dr. Pepper 和 Halls。吉百利史威士进行品牌许可的主要目标是提高伞品牌的品牌知名度(Molaro, 2006)。另一个例子是可口可乐和达能之间的许可协议,其中包括产品 Evian 的分销,这为两家公司带来了双赢局面。在瓶装水竞争中,可口可乐在与其主要竞争对手百事可乐的竞争中获得了更强大的地位,而达能则通过在美国市场拥有强大的合作伙伴来提高销量和提升品牌知名度(Bruss, 2002)。

许可作为国外市场进入模式的主要优势包括能够以较少的资本支出进入市场,规避贸易壁垒和政府限制,并利用当地知识和专业知识。许可的缺点是与客户的联系有限,对产品和市场形象的控制很少,以及被许可方侵犯知识产权的危险。事实上,通过侵犯公司的知识资产,以前的合作伙伴可以在国外市场上发展成为一个重要的竞争对手(Cavusgil, et al., 2008)。例如,LG 电子公司的 Zenith 部门向索尼公司提出了专利侵权索赔,后者是一项信号处理技术的被许可方。Zenith 声称,在许可证到期后,索尼不愿意延长许可期限,但是仍然继续使用该技术,从而侵犯了该专利(Decker, 2011)。知识产权侵权不一定仅限于技术密集型产品,许多简单的产品也会受到影响。例如,美国玩具制造公司美泰(Mattel)授权将芭比娃娃分销给巴西玩具制造商 Estrela。协议到期后，这家巴西公司开发了自己的娃娃，名为Susi，然后在巴西市场上销售。之后，Susi也在阿根廷、智利、巴拉圭和乌拉圭推出，并在这些市场取得了巨大成功（Cavusgil, et al., 2008）。

3.3.2.2 特许经营

特许经营，是指特许人授予被特许人以特许人的名义经营企业的权利的双方协议（Stonehouse, et al, 2004）。最受欢迎的特许经营形式是商业形式的特许经营，根据该特许经营权，特许经营商的总体业务概念，包括其生产、品牌、技术和管理知识、营销、专利、商标等，均提供给特许经营商。Benetton（贝纳通）通过特许经营成功实现了国际化。公司对大约7000个特许经营权施加了严格的标准。它们对单一网点的影响不仅包括对收集和商店管理的强制性要求，而且还包括对区域营销的监管。通过其国际特许经营，贝纳通利用其强大的品牌优势印刷大量的广告，并确保了较低的市场进入成本。

其他商业形式特许经营的例子包括7-11——世界上最大的便利店经营者和特许经营商。它在全球有28000家门店，许多都开在美国以外。例如，该公司在日本拥有超过10800家门店。麦当劳、肯德基、必胜客、赛百味、星巴克咖啡和哈根达斯也是通过特许经营进入国际市场的其他鲜明例子（Spulber, 2007）。

许多公司使用所谓的主特许经营协议。特许经营人不仅自己经营网点，而且还在东道市场寻找其他特许经营公司。例如，世界上最大的房地产经纪公司Cendant，在中国和法国的21世纪房地产特许经营中使用了这种方法。该公司目前在全球拥有超过15000家独立的房地产办事处（Spulber, 2007）。

虽然降低投资成本是特许经营的关键优势，但特许经营人也可以成为公认网络的一部分，拥有特许经营所需的最低资本。这种购买公认网络的能力使得特许经营对新兴市场特别有吸引力。然而，特许经营并非没有风险，比如，在特许经营商之间保持一致的标准给公司带来了相当大的挑战。

3.3.2.3 外包

外包是指一家公司与其独立供应商之间根据明确的规格制造零部件或提供服务的安排。与外包密切相关的是离岸外包。外包总是指独立公司之间的关系，但不一定指两个公司位于不同国家的情况；离岸总是指跨境安排，但不一定是指独立公司之间的关系。当某些组织任务由同一公司的组织单位在国外执行时，这被称为"控制离岸"。

外包活动不仅限于实体制造，还包括服务。我们回到前面提到的业务流程外包（BPO）。BPO包括金融和会计、人力资源以及设计和工程等服务（经济学人，2005）。在这种背景下，值得注意的是，研究人员长期以来一直认为客户关系管理（CRM）对于企业成功的中心地位和重要性。然而，尽管 CRM 对企业总体上的成功至关重要，尤其是营销策略，但 CRM 是最受欢迎的外包领域之一（Graf, et al., 2013）。

在制造领域，一个关键问题是技术采购，即内部制造还是从其他公司购买（制造决策或购买决策）。一个综合的决策矩阵能让管理人员决定从外部获得技术或在内部开发技术，这对管理者来说是一种有用的选择手段（参见图3.3）。该模型区分了技术的重要性和开发难度。另一个关键问题是技术的时代和公司的经验。考虑到这些因素，决策模型有助于决定技术是否应外包（Tallman, 2008）。

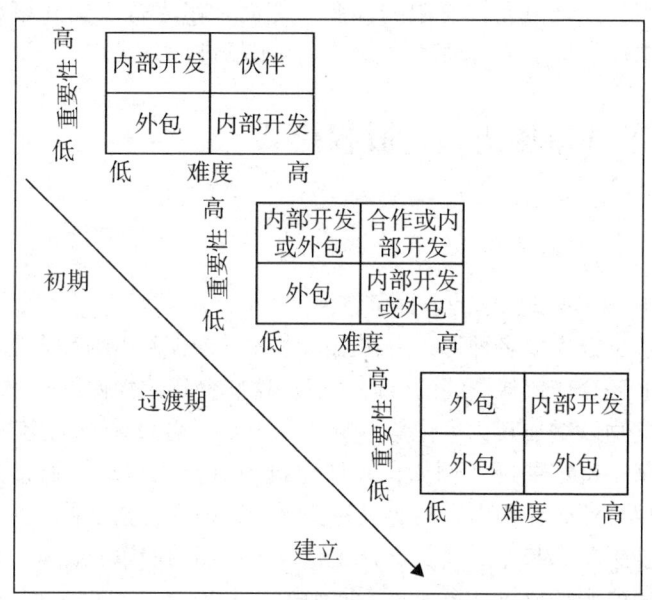

图3.3　技术外包：制造或购买困境

外包的缺点包括对生产或服务质量的控制有限，缺乏直接所有权，以及无法获得知识产权（Cavusgil, et al., 2008）。其优势在于，企业可以集中精力于核心竞争力，如产品设计、市场营销等。在这种背景下，外包的限制在哪里？外包制造、营销和物流的企业的核心竞争力是什么？有一些论点表明，即使是这种重要的问题也正在迅速变得无关紧要。今天，"大多数产品和服务都是由一个综合性的、通常是全球性的协作者网络设计、开发和提供的"（IBM Center for Applied Insights, 2012）。著名作家兼专栏作家 Thomas Friedman 表示，CEO 们很少谈论关于外包——"他们的世界现在是如此的整合，以至于再也没有'出'或'进'"(Friedman, 2012)。

3.3.2.4 合作营销

越来越多的公司同意共同推销他们的产品和服务。通常,这种合作营销涉及的不仅仅是两家公司。例如,"One World"和"Star Alliance"等航空联盟通过代码共享、航班时刻表协调、飞行常客计划、机场休息室共享等方式,共同推广各自的产品。麦当劳(McDonalds)等快餐店经常与玩具制造商或电影制片厂达成协议,允许他们使用受欢迎的玩具或电影角色来推销自己的产品。对于快速消费品使用的一系列促销包装,外包装或内包装也是如此。合作营销可以提高客户的吸引力,并提供进入新的市场和细分市场的机会。然而,它增加了协调费用,并且只允许有限的控制。然而,作为打入国际市场的一种手段,合作营销往往提供了一种高效、有效的市场进入方式。

3.4 国外市场进入:股权模式

3.4.1 合资企业

3.4.1.1 在难以捉摸的条件下统治

合资企业可以采取多种形式。在国际背景下,合资指的是来自不同国家的两个或多个业务合作伙伴之间的合同协议,这些合作伙伴协议集中资源、分担风险和分配奖励以增加其竞争优势。从法律上讲,合资企业的定义并不明确。它们只能为某一特定项目(例如,大型建筑项目)而形成,通常被称为联营集团。非股权合资企业是以合同协议为基础的,即不包括任何资本的投资。同样,公司可能想要参与非股权合资企业有很多不同的原因,比如,联合产品开发、合作营销或服务协议。事实上,回到图3.1,在"合同协议"标题下讨论的所有进入市场的方式也都是非股权合资企业。

但是,目前我们正在讨论的是合资企业,它们是通过建立一家新的合资公司或购买现有公司的股权而形成的。根据商定的资本投资比例,合资企业称为少数人合资企业、50/50合资企业或多数合资企业。除了起草合资企业协议外,所涉及公司通常还要签订附带的合同协议,如分销协议或许可协议。

3.4.1.2 合资企业的优势

如果东道国的法律禁止外国控制公司(一般情况下或是禁止控制某些行业),与当地合作伙伴建立合资企业可能是进入一个国家的唯一途径。但即使在没有这种法律约束的国家,建立合资企业也提供了一种比建立一家全资拥有的新企业更快、成本更低的进入市场的选择。知识共享在合资企业中尤为重要。当地合作伙伴经常与重要供应商建立关系，并获得分销渠道。显然，熟悉当地文化、商业惯例、法律、法规和语言也是当地合作伙伴所带来的好处。对于拥有专业技术知识但没有资源自行开发新的国家市场的中小型公司而言，这些方面可能尤为重要。

此外，合资企业为进驻动荡的新兴市场提供了特别有吸引力的机会。然而，尽管传统观点认为，合资企业是进入这些市场的唯一途径，但并不是所有人都认同这种"智慧"。例如，在中国，情况正在迅速变化，许多公司现在选择独资企业，"原因是投资者通过全资子公司获得更大的灵活性和控制权，政府越来越关注公司在就业和技术方面给国家带来的影响，而不是关注于它的交易结构如何"（Keegan & Schlegelmilch，2001）。

3.4.1.3 合资企业的弊端

尽管合资企业有许多优点，但许多合资企业都有令人沮丧的经历，最终导致失败。事实上，大约50%的合资企业都失败了（Stewart & Maughn，2011）。造成困难的原因很多，包括市场的意外发展、知识产权的使用或监管方面的争议（Das & Bing-Sheng，1999，2001）。根据定义，这种模式下的利润是共享的，但也可能会产生关于原始协议的公平性的争议，以及应该在合资企业中再投资的比例与应该分配的利润比例的争议。合作伙伴的不同战略重点和管理理念，以及缺乏适应商业环境变化的灵活性，也增加了合资企业的风险。

另一个重大风险是当地合资伙伴变异为竞争对手。例如，2006年，法国食品巨头达能与中国企业娃哈哈组建了一家合资企业，被认为是一笔很成功的交易。一年后，这笔交易对达能来说则成了一次痛苦的失败，当时这家法国公司发现娃哈哈正在通过一项类似的业务进行类似产品的交易（经济学人，2007）。冲突于2009年10月得到解决，当时"达能同意以账面价值21%的折扣，将所持股份出售给娃哈哈"（Gupta & Wang，2010）。考虑到合资企业固有的潜在问题，其主要的缺点是与控制和协调相关的成本和努力。

3.4.1.4 管理合资企业的成功因素

合资企业管理任务分为三个不同的阶段：①组建阶段，包括公司决定进入合资企业和选择合适的合作伙伴；②设计阶段，建立适当的治理结构；③后期阶段，在此期间，公司持续管理合资企业以实现价值（Kale & Singh，2009）。图3.4概述了三个阶段以及每个阶段影响其性能的主要因素。

组建或形成阶段。对40多项研究的回顾表明，有三个因素对合资企业业绩产生了积极影响：合作伙伴互补性、合作伙伴兼容性和合作伙伴承诺（Kale & Singh，2009）。合作伙伴互补性是指合作伙伴对对方缺乏的资源或能力做出贡献的程度。然而，仅靠互补并不能确保联盟的成功。合作伙伴公司应该兼容

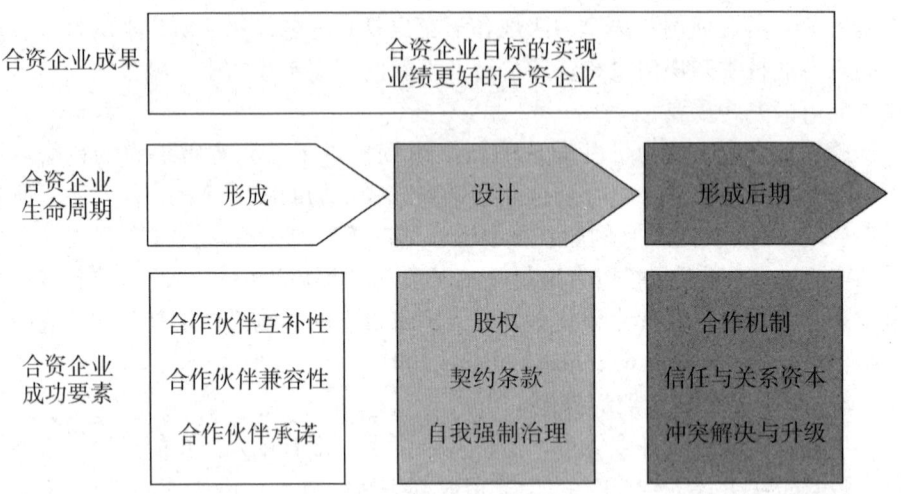

图 3.4　合资企业生命周期阶段

资料来源：《管理战略联盟：我们现在知道什么，我们到哪里去》，Kale & Harbir，2009。

并致力于这种关系。当他们的工作风格和文化融合在一起时，合作伙承诺是指为实现长期利益而做出资源贡献和短期牺牲的意愿。尽管这三个合作伙伴属性都会影响合资企业的成功，但在不同条件下，其中一些属性可能更为关键。例如，一方面，当难以确定预期结果时，互补性更为重要。另一方面，当实现特定利益的过程不明确时，合作伙伴必须致力于合资企业，并愿意投入昂贵的资源。

设计阶段。能够找到一个同时拥有所有三个属性的合作伙伴，在很大程度上，能促进这一过程，但只有一个合适的合作伙伴仍然不能保证企业的成功。为了取得良好的业绩，公司应在合资企业生命周期的设计阶段建立适当的治理流程和结构。在商业实践中，表现不佳的合资企业最常见的原因之一是治理模式不当。根据埃森哲的一项研究，"在很多公司——无论是小型、中型还是大型公司——问题都不是采取了不正确的治理方法，而是根本没有考虑治理问题"（Palmer，2006）。

除了注重合资伙伴的股权外，合同条款也是有效治理模式的一部分。合同规定了合资伙伴的权利和义务，限制信息披露，并通过处罚条款来惩罚不当行为。此外，合作伙伴应促进建立在信任、善意和声誉基础上的自我强化治理。

后形成阶段，也叫后期阶段。在后形成阶段，应该特别关注三个关键方面：协调机制、信任和关系资本以及冲突解决。

合资伙伴是相互依存的，协调行动至关重要。有三种管理协调的经典方法：①规划，这意味着制定明确的指导方针，分配角色和责任；②等级制度，它涉及权力和决策能力的角色的创造；③反馈，包括内部和合作伙伴之间的定期信息交流。

埃森哲强调个人关系和信任的重要性（Roussel，2001）。信任可以通过证明一家公司信任其合作伙伴或通过显示自己的可信度来建立。"关系资本"是指两个人之间建立的人际信任，他们经常相互合作，了解彼此的工作方式和文化。最近一项侧重于国际研究与发展联盟的研究也表明，管理冲突的能力与资源部署的稳定性有着积极的联系。反过来，后者与绩效满意度和计划依从性呈正相关（Robson et al.，2012）。

3.4.2 战略联盟

建立战略联盟，包括股权合资企业、非股权合资企业和各种合同协议（图3.1），已成为当前商业环境中普遍存在的现象。绝大多数公司都参与了多个联盟。大多数大公司已建立了30多个联盟，其中许多大公司甚至建立超过100个联盟（Bamford & Ernst，2002）。因此，有人认为，以个体联盟为重点的传统公司做法已经过时。公司必须从"为了提高运营效率而形成什么联盟"的思维方式转变为试图回答"我们应该与哪些公司组成联盟，我们如何才能最有效地与他们合作以提高竞争力"（Parise & Casher，2003）。

有许多理由说明为什么一家公司可能决定同时加入多个联盟（Wassmer，2010）。首先，它们是管理风险和不确定性的一种手段。其次，多个伙伴关系利用知识共享，因为它们构成了丰富的经验基础。最后，从不同的合作伙伴获得更广泛的资源可以提高公司的资源存量和赚取关系租金的能力。此外，联合协作的历史增加了合作伙伴之间进一步建立联盟的可能性。

然而，在讨论这种联盟组合的管理时，必须记住，并非所有的联盟对企业都具有同样的重要性。通常，只有少数几个与主要战略伙伴关系的联盟才是成功的关键，少数联盟组合在运营层面是相关的，而绝大多数联盟组合只是战术交易（Bamford & Ernst，2002）。鉴于上述情况，有效管理联盟组合已变得相当重要。

3.4.3 全资子公司

全资子公司，即拥有100%股权的子公司，是全球市场中最广泛的市场进入形式。这可以通过建立一个全新的创业公司（例如所谓的绿色领域投资），或者通过收购来实现。虽然全资子公司在管理时间和金融资本方面都需要最大的资源投入，但它为参与市场提供了最充分的手段。

通常，全资子公司并不是进入国外市场的第一步。公司可以从许可或合资战略转向所有权，以实现市场更快的扩张、更大的控制或更高的利润。在这种情况下，必须谨慎关注相关术语。外国直接投资（FDI）需要与全资子公司区分开来。外国直接投资假定投资者对投资具有控制权或重大影响力，虽然这也适用于全资子公司，但外国直接投资通常被定义为拥有10%或以上的股权资本[①]。因此，即使是合资企业中的少数股份也可以是外国直接投资。如果没有达到10%的所有权门槛，投资就被视为组合投资。此外，在研究外国直接投资统计数据时，有时会出现混乱，因此，必须明确区分库存量和流量。外国直接投资存量视角考察的是累计投资，即可归属于母公司的股本、准备金和留存利润的价值；流量统计检查在某一特定年份所作的投资（联合国贸易和发展会议，2012）。

先前在合资企业中讨论的许多优势也适用于全资子公司，包括进入市场、避免关税或配额壁垒以及知识转移。然而，全资子公司还有许多独特的优势，例如不必与合作伙伴公司分享利润，能更好地进行运营控制以及保持紧密联系，更快地实施战略，以及更好地保护知识产权。缺点是没有风险分担，至少在绿色领域的运营方面，获得当地知识的机会也较少。当然，后者并不适用于收购。

最后，应该强调的是，本章所讨论的不同的市场进入模式并不一定是自成一体的替代方案。通常情况下，不同的形式代表了全球市场进入和扩大的一系列替代战略。随着公司国际影响力的增加，公司全球战略的总体设计可能需要不同经营单位之间的出口、进口、许可、合资企业和所有权的结合。

3.5 小结

在确定了第一次进入国际市场或进一步扩大市场的外国目标市场之后，公司必须决定一种适当的市场进入方法。什么是合适的市场进入方法取决于很多因素，最重要的是公司的战略目标，即外国市场进入是否主要是为了寻求资源、寻求市场、寻求效率还是寻求知识或创新。

影响进入模式的其他考虑因素是先行者优势的潜在重要性，以及平衡风险和控制的必要性。当然，所有这些因素都与公司拥有的资本和知识资源密切相

[①] 一些国家的基准不是10%（参见 http://unctad.org/en/PagesDIAETransnational-corporations-(TNC).aspx）. Assessed April 7, 2013.

关。如果一家公司没有足够的资源或不愿意在国外投入大量资源,它将选择一种非股权的市场进入模式。对许多公司来说,出口国内生产的商品是走向国际化的第一步。然而,许多公司也通过供应方考虑吸引国际业务。例如,他们可能会发现,将价值链的一部分外包给设在国外的商业伙伴,成本较低。

如果一家公司希望在国外有强大的市场地位,或者需要更密切地监督国外市场上的活动,那么,建立合资企业或全资子公司是首选的进入方式。虽然已分别讨论了进入市场的各种方案,但经验丰富的跨国公司更倾向于将出口、进口、许可、合资企业和全资子公司合并到其国际业务网络中。

参考文献

Ball, D. A., Lindsay, V. J., & Rose, E. L. (2008). Rethinking the paradigm of service internationalization: Less resource-intensive market entry modes for information-intensive soft services. *Management International Review*, 48 (4), 413–431.

Bamford, J., & Ernst, D. (2002). Managing an alliance portfolio. *The McKinsey Quarterly*, 28 (3), 29–39.

Bruss, J. (2002). Coca-Cola strikes deal with Danone. *Beverage Industry*, 93 (7), 11.

Cavusgil, S. T., Knight, G., & Riesenberger, J. R. (2008). *International Business*. Upper Saddle River, NJ: Pearson Education.

Das, T. K., & Bing-Sheng, T. (1999). Managing risks in strategic alliances. *Academy of Management Executive*, 13 (4), 51–52.

Das, T. K., & Bing-Sheng, T. (2001). Trust, control, and risk in strategic alliances: An integrated framework. *Organization Studies*, 22 (2), 252–254.

Decker, S. (2011). LG's patent claim against Sony faces review by U. S. trade agency. Accessed May 30, 2014, from http://www.bloomberg.com/news/2011-06-01/lg-s-patent-claim-against-sony-faces-review-by-u-s-trade-agency.html.

Dunning, J. (1993). Multinational enterprises and the global economy. Reading, MA: Addison-Wesley.

Friedman, T. L. (2012, January 28). Made in the world. The New York Times. Accessed August 11, 2014, from http://www.nytimes.com/2012/01/29/opinion/sunday/friedman-made-in-the-world.html?_r=2

Fuentelsaz, L., Gomez, J., & Polo, Y. (2002). Followers' entry timing. *Strategic Management Journal*, 23 (2), 245–264.

Gaba, V., Pan, Y., & Ungson, G. (2002). Timing of entry in international markets. *Journal of International Business Studies*, 33 (1), 39–55.

Graf, M., Schlegelmilch, B. B., Mudambi, S. M., & Tallman, S. (2013). Outsourcing of customer relationship management: Implications for customer satisfaction. *Journal of Strategic*

Marketing, 21 (1), 68–81.

Gupta, A., & Wang, H. (2010, March 1). How to avoid getting burned in China and India. Business Week Online. Accessed August 10, 2015, from http://www.businessweek.com/globalbiz/content/mar2010/gb2010031_639418.htm.

Howard, D. G. (1994). The role of export management companies in global marketing. *Journal of Global Marketing*, 8 (1), 95–110.

IBM Center for Applied Insights. (2012). Pushing the limits of outsourcing. Accessed August 11, 2015, from http://www-935.ibm.com/services/be/en/it-services/SOE12346-USEN-00.pdf

Isobe, T., Makino, S., & Montgomery, D. (2000). Resource commitment, entry timing, 和 market performance of foreign direct investments in emerging economies. *Academy of Management Journal*, 43 (3), 468–484.

Javalgi, R. G., Martin, C. L., & Todd, P. R. (2004). The export of E-services in the age of technology transformation: Challenges and implications for international service providers. *The Journal of Services Marketing*, 18 (4), 560–573.

Kaikati, G., & Jack, A. (1993). Don't crack the Japanese distribution system—Just circumvent it. *Columbia Journal of World Business*, 28 (2), 34–45.

Kale, P., & Singh, H. (2009). Managing strategic alliances: What do we know now, and where do we go from here? *Academy of Management Perspectives*, 23 (3), 45–62.

Kalnins, A., & Chung, A. (2004). Resource-seeking agglomeration. *Strategic Management Journal*, 25 (7), 689–699.

Keegan, W. J., & Schlegelmilch, B. B. (2001). *Global Marketing Management: A European Perspective*. Essex: Financial Times/Prentice Hall.

Lieberman, M., & Montgomery, D. (1988). First-mover advantages. *Strategic Management Journal*, 9 (Special Issue), 41–58.

Mascarenhas, B. (1992). Order of entry and performance in international markets. *Strategic Management Journal*, 13 (7), 499–519.

Molaro, R. (2006). Appetite for success. *License*, 9 (3), 44–46.

Palmer, N. (2006). Alliances: Adapting governance models to maximize alliance performance. *Outlook Point of View*. Accessed August 11, 2015, from http://www.cas-us.com/SiteCollectionDocuments/PDF/Alliances.pdf.

Parise, S., & Casher, A. (2003). Alliance portfolios. *Academy of Management Executive*, 17 (4), 27.

Peng, M. W. (2006). *Global Strategy*. Mason, OH: Thomson South Western.

Robson, M. J., Schlegelmilch, B. B., & Bojkowszky, B. (2012). Resource deployment stability 和 performance in international research-and-development alliances: A self-determination theory explanation. *Journal of International Marketing*, 20 (1), 1–18.

Roussel, C. J. (2001). The science of alliances: Negotiating. Outlook Point of View. Accessed

August 11. 2015, from http://accentureoutsourcing. no/SiteCollectionDocuments/PDF/alliance_negotiations_pov. pdf.

Spulber, D. F. (2007). *Global Competitive Strategy*. Cambridge: Cambridge University Press.

Stewart, M. R. , & Maughn, R. D. (2011). International joint ventures, a practical approach. Accessed April 4, 2014, from http://www. dwt. com/files/Publication/1b841dbe-3453-4983-97cd-d6f5b44e5b2f/Presentation/PublicationAttachment/47d38fc0-1cc3-4c3e-b91f-d8aacd2ce6d1/International%20Joint%20Ventures%20Article_Stewart. pdf.

Stonehouse, G. , Campbell, D. , Hamill, J. , & Purdie, T. (2004). *Global and Transnational Business: Strategy and Management* (2nd ed.). Chichester: Wiley.

Tallman, S. (2008). *A New Generation in International Strategic Management*. Cheltenham: Edward Elgar Publishing Limited.

Tallmann, S. , Jenkins, M. , Henry, N. , & Pinch, S. (2004). Knowledge, clusters, and competitive advantage. *Academy of Management Review*, 29 (2), 258–271.

The Economist (2005, March 3). Time to Bring It Back Home?. Accessed May 20, 2014, from http://www. economist. comnode3730372.

The Economist (2007, April 19). Joint ventures in China: Wahaha-haha!. *The Economist Online*. Accessed August 10, 2015, from http://www. economist. comnode9040416.

UNCTAD. (2012). World investment report 2012. Accessed August 11, 2015, from http://unctad. org/en/PagesDIAEWorld%20Investment%20Report/WIR2012_WebFlyer. aspx.

Wassmer, U. (2010). Alliance portfolios: A review and research agenda. *Journal of Management*, 36 (1), 148–150.

Wilensky, D. (2006). 101 leading licensors. *License*, 9 (3), 22–37.

案例 1

美的集团（Midea）的国际业务拓展
Bodo B. Schlegelmilch[①]

1. 引言

Marianna 是刚上任美的集团（以下简称美的）国际商务主管。她的主要职责是协调和加速美的的国际业务，尤其是关注自主品牌的发展。虽然美的早已在海外疯狂扩张，但 Marianna 和她的团队也正面临着众多挑战。首先，她

[①] Bodo B. Schlegelmilch 是本书作者之一，也是维也纳经济与商业大学国际管理与营销教授。本案例的撰写得到美的集团的合作，并得到正在或曾在美的国际业务部担任高级管理职务的 ZHAO Wenxin（Marianna）、TIAN Yuan（Suzy）、YANG Xueying（Daphne）三位女士的帮助，一并致谢。

的国际业务部是一个服务部门，其职责仅是协助强大的产品部门在 OBM（Original Brand Manufacturing，自有品牌生产）发展（2019 年集团结构见第 64 页附件 1）。产品部门具有自主性，可以独立开展 OEM（Original Equipment Macufacturing，原始设备生产，即"来料加工"性质的代工生产）和 OBM 业务。事实上，美的的产品部门正处于国际化的不同阶段，8 个产品部门中实力较强者同时开展 OEM 和 OBM 业务，而国际业务仍处于起步阶段的产品部门通常很少有 OBM 业务。更复杂的是，每个产品部门都有不同的品牌和策略。Marianna 发起变革可能会受到更大的阻碍，因为大多数海外子公司都是与开利（Carrier）等顶级品牌的合资企业，而这些合资企业通常只专注于少数产品，不能覆盖整个美的的产品范围。与此同时，国际业务部和产品部门之间存在一些文化差异。许多国际业务部员工都是从通用电气（GE）或飞利浦（Philips）等著名跨国公司招聘过来，他们的文化与中国本土公司不同。

Marianna 必须决定如何才能更好地影响美的 OBM 业务的发展。她应该试着关注有限的产品部门吗？也许她最好重点关注某些特定的国家，并努力协调这些国家产品部门的品牌发展？她和她的团队会根据什么因素选择这些国家呢？而这些国家之间零售结构的差异有多重要？

2. 公司历史

1968 年，美的集团创始人何享健先生带领广东省佛山市顺德区北滘镇 23 名居民共筹得 5000 元人民币，成立了瓶盖生产车间。该公司由一家不起眼的瓶盖制造商起家，至 1980 年开始生产电风扇，首次涉足家用电器制造业。美的成为广东一家国有家电公司的 OEM 制造商。1985 年，随着中国改革开放政策的出台，何先生进一步扩大了美的业务，并建立了一家住宅空调工厂。这是它未来 15 年进一步扩展到洗衣机、冰箱和微波炉等各种家用电器的第一步。直到今天，空调仍然是美的业务的核心组成部分。美的于 1988 年获得出口认证，并开始开展海外业务。

1993 年，美的集团核心业务部门（称为"广东美的电器"）在深圳证券交易所上市，成为第一家从一个小村庄作坊中崛起的上市公司。2012 年，美的创始人兼集团董事长何享健先生辞去美的集团董事会职务，专注于美的投资控股有限公司的战略发展。2013 年，广东美的电器有限公司任命方洪波先生为何先生的继任者和新主席，后来方洪波先生又成为美的集团的总裁（美的集团里程碑见第 64 页附件 2）。

到目前为止，美的已经发展成为世界顶级公司之一。这反映在许多排名和荣誉中：2010 年 2 月，美的品牌成为"世界 500 强"最有价值的品牌之一；2019 年，排名第 138 位。美的集团是唯一获此殊荣的中国家电公司。在财富全球 500 强中，美的 2018 年排名第 323 位，比 2017 年的第 450 位排名向前迈进了一大步。它也是唯一一家连续三次上榜的中国家电制造商。在福布斯 2018 年全球 2000 强榜单上，美的排名第 245 位，击败了前一年榜单上的另外 90 名竞争对手。此外，美的在 WPP 2018 年品牌百强中国品牌榜单上攀升至第 26 位，连续第三年成为该榜单上排名最高的家电品牌。最后，截至 2017 年年底，美的市值在年增长率超过 100% 后，达到 3630 亿元人民币。[1]

3. 公司前景、公司结构和产品部门组合

美的提供多样化的产品组合，包括暖通空调（供暖、通风和空调）、消费电器（厨房电器、冰箱、洗衣机和各种小电器）、机器人和自动化系统，旗下有德国全球领先的机器人公司 KUKA（美的是 KUKA 的最大股东，拥有 94.55% 的股份）以及与安川电气公司（Yaskana Electric Corporation）的合资企业，还有智能集成物流解决方案。

美的在世界各地拥有大约 15 万名员工，大约 200 家子公司和 11 个战略业务部门。美的秉承"为客户创造价值"的原则，致力于持续创新技术、改进产品和服务以及为消费者提供更美好的生活。它每年为全球约 3 亿消费者提供满意的产品和服务。

美的共有 8 个产品部门，10 个职能部门/平台为其提供服务。最大的产品部门是美的空调、美的洗衣机、美的小家电。其他产品部门包括美的商用空调、冰箱、厨房和热水器设备、微波和清洁设备以及零部件部门（美的产品部门见第 65 页附件 3）。

3.1 主要产品部门详情

3.1.1 美的住宅空调事业部

美的家用空调遍布全球，拥有 6 个国内生产基地和 5 个海外生产基地。这些工厂生产各种家用空调产品——分体式、开窗式、便携式、除湿机和轻型商用空调。年生产能力超过 3300 万台。美的家用空调凭借其中国最完整的空调产业链、专业的研发实验室和国际化的制造基地，连续 10 年出口销售排名第一。

3.1.2 美的微波清洁设备部

美的微波炉和清洁设备部的业务范围包括微波炉、真空吸尘器、家用厨房

烤箱、烤面包机、面包机和室内装饰等。这使得美的厨房电器部门成为世界上最大的厨房电器供应商之一。该公司在中国有三个生产基地（顺德、苏州和芜湖），在白俄罗斯有一个工厂，其为俄罗斯市场提供支持。美的微波和清洁设备部门的收入约为 130 亿元。

3.1.3 美的洗衣机部

美的洗衣机部成立于 1958 年，是中国最大的洗衣机制造商之一。1978 年，中国第一台全自动洗衣机在这里诞生。到目前，美的已经发展成为世界上最大的洗衣机制造商之一，能够研究和生产各种类型的前装式、顶装式、双筒式洗衣机和烘干机。

3.2 海外业务的发展

美的集团是全球最大的电器制造商之一，这使其在效率和成本方面具有竞争优势，令海外竞争对手望尘莫及。集团海外销售占总销售收入的近 50%。其产品出口到 200 多个国家，拥有 18 个海外制造基地和数十个海外营销单位。此外，凭借对海外市场产品特性和产品需求的深入了解，美的正在通过全球合作和协作，推广全球品牌和扩张。

从销量来看，美的品牌的核心市场肯定是中国，2015 年，美的品牌总销量占 92.8%。然而，美的品牌也遍布其他国家，例如，巴西占 2.1%，越南占 0.7%，泰国占 0.4%，印度尼西亚占 0.2%。此外，德国、俄罗斯、意大利、中国香港和阿根廷各占美的品牌总销量的 0.1%。

美的在 2007 年开始了国际扩张，在胡志明市外的越南工业园区开设了第一个海外工厂。该工厂是为了生产电饭锅、空调和冰箱电器而建。这一战略举措给美的带来了许多税收和分销上的效益。此外，当地工厂不仅有利于美的在越南的业务，还有利于其在印度尼西亚和泰国等东南亚市场以及印度等南亚国家的业务。

在整个运营期间，美的集团更喜欢并购路线，成功实施其扩张战略。

最早建立的合资企业之一是白俄罗斯公司好洛丛（Horizont），美的拥有该公司 55% 的股份。这家合资企业经营的工厂主要生产微波炉、大型烹饪器具、热水器和水冷器，年产能 200 万台。向主要零售账户的销售是通过全资子公司或销售办事处进行，产品主要以 OBM 的身份销售给客户。

2008 年，美的决定收购无锡小天鹅有限公司的控股权。后来，该公司与美国空调制造商开利公司建立了第一家合资企业。这家合资企业在埃及开罗设立，名为米拉科（Miraco），美的在 2019 年拥有其 50.4% 的股份。

之后几年，美的和开利继续合作，在拉丁美洲（阿根廷、巴西和智利）

组建了一系列紧密合作的合资企业。在巴西建立了一个住宅和一个商用空调厂，年生产能力分别为80万台和30万台。在阿根廷建立了每年20万台家用空调产能的工厂。此外，还在印度成立了一个单独的合资企业。向主要零售账户的销售通过全资子公司或销售办事处进行，并主要以OBM的身份销售给客户。

在接下来的几年里，美的集团与亚太地区的公司建立了更多的合资企业。其中一家合资企业属于美的集团和康塞普西翁工业公司（Concepcion Industrial Co., CIC），后者是菲律宾领先的空调解决方案和冰箱供应商之一。美的集团的菲律宾市场通过这个合资企业供应OBM产品。

此外，东芝（Toshiba）同意将其80.1%的家用电器业务股份出售给美的。东芝还将其品牌授权给美的40年（直到2056年）。这一重大举措使得美的能够利用其分销渠道，更深入地渗透到南亚市场以及中东和其他国际市场。

总体而言，美的战略成功建立在本地产能强劲增长的基础上。此外，一致的收购方式利用了该公司的分销渠道，并帮助美的消费品和暖通空调（住宅空调、商用空调、供暖和通风）打入亚洲、拉丁美洲以及中东和非洲市场。

3.3 削弱对亚洲市场的依赖

亚太地区一直是美的集团的主要市场，但后来，该公司开始减少对亚洲主要电器的依赖，在其他地区越来越受欢迎，沙特阿拉伯、阿拉伯联合酋长国和以色列的增长率达到两位数。与当地经销商的密切互动和这些市场的低价策略帮助美的集团成为中产阶级消费者的最爱，这使得美的零售量增长超过区域市场增长。

美的增加了中东和非洲多边环境协定区域的小电器类别。同样，凭借价格优势和产品多样化战略，该公司在拉丁美洲的零售额提高了1%以上，并受益于最近在巴西、埃及和阿根廷建立的合资企业，从而降低了运输成本。

开利和东芝的合作帮助美的改进了他们的空气处理产品。此外，与开利在埃及、印度、巴西和阿根廷建立的合资企业使美的集团受益于开利的本地分销渠道，并在所有经营区域获得市场份额。此外，美的自己在越南和中国的工厂也带动了当地产量的增长，满足了需求。

3.4 地理视角

中国是美的集团核心市场，占总销量的57%以上。此外，中国家用电器的市场容量预计将增长4%～5.9%。因此，美的主要目标之一是进一步提高其在中国的竞争力。[2]

在主要电器类别中，中国正面临持续的"高端化"趋势，预计这一趋势将延续到未来几年。加入中产阶级及以上阶层的人口比例正在增长，对高端主要电器的需求也会增加。销量增长放缓，这对美的来说，是一个利用公司价值增长的好机会。

此外，美的产品价值更高，可能会把重点放在中国一线城市，如北京、上海、广州和深圳，这些城市的居民生活节奏更快，工资也是全国最高。在这些城市，空闲时间几乎成了一种奢侈品，因此，人们愿意投资主要的电器来更好地处理家务，并且花更少的时间在家务上面。

至于小型家用电器，由于消费者正在通过购买小型家用电器来寻求提高生活水平和便利性，因此也出现了"高端化"。空调中的联网设备是近年来开始出现的另一个趋势，联网设备能够使用无线技术通过智能手机、平板电脑或笔记本电脑与消费者进行通信。这使得消费者能够在不在家时就可以打开空调。

此外，在小型家用电器中，真空吸尘器预计将显示出中国最大的增长率，需要更多的关注。根据欧睿国际的数据，2016 年，预测 CAGR（复合年增长率）几乎是主要电器的三倍。

除了中国，亚太地区还有更多具有增长前景良好的市场，如东南亚的越南、泰国和印度尼西亚以及南亚的印度。这些国家为炎热的热带气候，这推动了对空调和空气冷却器的高需求。此外，东南部国家经常遭受雾霾的困扰，印度需要一个解决方案来对抗空气污染。因此，美的有很大的机会增加其在这些市场的小家电销售，并为低收入家庭提供方便的互联产品。

印度和印度尼西亚的消费者特别感兴趣的美的电器是冰箱和自动洗衣机。印度和印度尼西亚目前正面临房地产市场繁荣，这导致对节水和紧凑型洗衣机的需求增加。因此，预计这些国家的 CAGR 在未来 5 年内将超过 110%，这使得印度和印尼成为美的主要目标市场。此外，随着中等收入家庭数量的增加，这些地区对冰箱的需求预计将持续增长。[3]

美的集团的另一个潜在市场是中东和非洲（MEA）。中东的特点是天气炎热、沙尘暴频繁。这为美的空调、空气冷却器、冷却风扇和空气净化器占领市场提供了机会。在这个地区，家庭收入稳步增长，因此美的可能会利用其价值销售，提供满足客户需求并适应当地条件的空气处理解决方案。

此外，沙特阿拉伯和阿拉伯联合酋长国对互联冰箱的需求日益增长。预计到 2020 年，这些国家将成为新兴市场中采用率最高的国家之一，这一子类预计将成为多边环境协定区域增长最快的类别。因此，这将是美的集团在这些市场推出冰箱，以加强其存在和增加市场份额的好机会。[4]

4. 美的集团聚焦 R&D

美的一直试图在 R&D 家电公司中占据领先地位。集团的目标之一是建立一个具有全球竞争力的 R&D 系统，关注用户体验和需求，以及根据客户需求调整的产品功能。

因此，从 2013 年到 2018 年，美的集团在研发上投资超过 200 亿元人民币（约合 30 亿美元），并在 9 个国家建立了 20 个研究中心。2016—2018 年，美的集团在全球家用电器类别中注册的专利数量最高。

除了自己的研究中心外，该集团还与清华大学、中国科学院、普渡大学、加州大学、斯坦福大学、伊利诺伊大学厄巴纳－香槟分校（UIUC）、斯坦福大学、加州大学伯克利分校和麻省理工学院等国内外知名研究型大学密切合作，建立联合实验室，在全球范围内进行创新。

由于中国家电仍被许多国际客户视为产品质量低下，因此，美的集团不仅每年增加其在研发上的支出，而且研发队伍也在不断壮大（见附件 4）。截至 2019 年，美的集团拥有 10000 多名研究人员，其中 300 多名是外国资深专家。该公司希望通过这样的战略，加强美的品牌，提高其现有客户的忠诚度。

美的还非常重视成为机器人和自动化领域的领军企业。美的集团推动了与国际制造业的对接，并通过与日本电气和机器人设备公司安川电气公司（Yaskawa Electric Corporation）的合资企业得到加强。美的期望通过这种类型的制造大幅减少劳动力，同时提高剩余员工的效率。这将减少对体力劳动的依赖，降低劳动力成本。

在这方面，美的子公司麦加国际（英属维尔京群岛）有限公司（MECCA International（BVI）Limited）收购库卡股份公司（KUKA AG）也是一个重要的里程碑。库卡是全球领先的智能自动化解决方案供应商，将使美的能够利用全球的增长机会，释放机器人和自动化的全部潜力。潜在的应用包括不同行业中的许多不同领域。

美的一直积极致力于改善设备间的互联互通，以建立其全球竞争力。它已经是 AllSeen alliance 联盟的成员，该联盟是一个通过提供标准通信平台和认证程序致力于物联网标准化的组织[3]。除美的集团之外，AB 伊莱克斯、佳能、思科系统、通用电气、海尔、英特尔、LG 电子、微软和三星电子等公司也加入了物联网联盟。美的开发了自己的移动智能平台后，还与京东、阿里巴巴集团、小米公司和腾讯控股的云平台团队合作，为消费者开发云分析和在线服务。

5. 美的集团的国际业务发展选择

回到 Marianna 协调和加速美的国际业务的任务，需要特别关注自己品牌的发展，她考虑了几条路线。Marianna 的一些团队成员倾向于关注地理市场，并建议在特定市场协调美的所有 OBM 业务。但是，应该选哪个国家、哪个地区？他们认为，德国、英国和墨西哥这三个国家的市场可能特别有趣。他们的决策基于消费电器市场规模、增长前景和美的集团在这些市场的现有设施。

案例讨论：关注哪个部门？

虽然美的集团有广泛的产品部门，每个部门内的每个 OBM 品牌都有不同的战略，但一次尝试并促进所有产品部门的国际增长可能有很大的挑战性。

国际业务部高管考虑的一个选择是专注于美的最大、最强大的部门，即住宅空调部门。空调业务一直是美的集团收入和利润贡献最高的关键业务。在空调部门，美的已经拥有一个成熟的自有品牌和成功的技术诀窍。此外，在与开利繁荣的合资企业的推动下，美的可以继续受益于开利的分销渠道。

持续的全球变暖可能会刺激全球对各种冷却系统的需求。该公司可以利用美的品牌的价格优势，入主中东和非洲的新市场，因为那里炎热的气候主导着该地区，与西方品牌相比，客户需要更便宜的产品，而且在质量上具有竞争性。

洗衣机和冰箱也是美的核心产品，在过去几年一直是美的战略重点。然而，大多数自有品牌产品仍在中国销售。它们在国外不如在国内那么出名，而且仍然被认为质量很差。

尽管如此，国际业务部另一小组的高管建议 Marianna 专注于空调或其他类似洗衣机的部门，认为在国内利润最丰厚的部门在海外也可能取得成功。

然而，国际业务部第三小组的高管认为，不应该专注于大型产品部门。虽然大型产品部门中往往拥有固定的客户群、固定的销售结构和丰富的专业知识，小型产品部门在国际业务活动中通常没有那么先进和成熟，但仍然可以更容易地成型，也更容易取得成功。因此，国际业务部最初应该专注于选择几个较小的项目来展示如何建立 OBM 业务。其中，两个小型产品设计部门是小型家用电器部和微波与清洁电器部。

Marianna 的最终决定应该是什么？她会选择产品部门还是国家？

附件 1　美的集团结构 2019

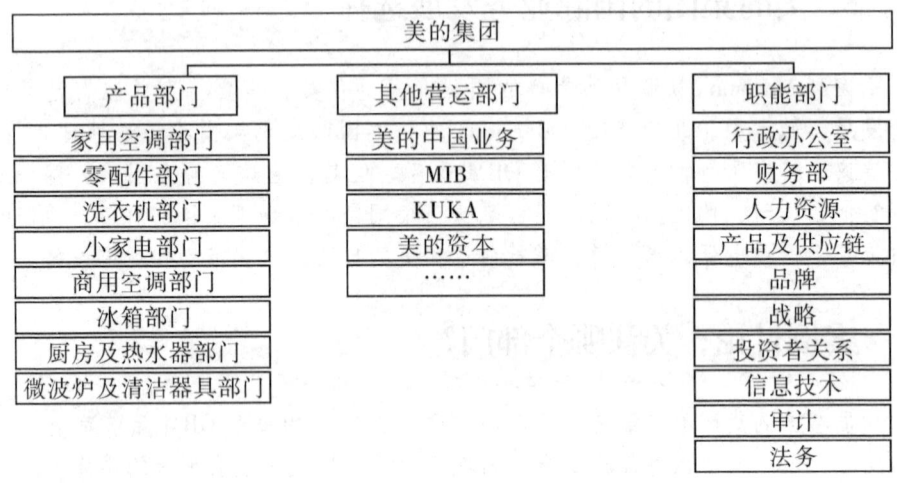

资料来源：根据美的集团内部资料整理。

附件 2　美的集团里程碑

1990 年	美的开始与东芝合作生产分体式空调。
1993 年	美的电器（000527）在深圳证券交易所公开上市。
2004 年	收购合肥荣事达电子电器集团有限公司（于 2013 年将多数股权出售给了惠而浦）和华凌集团，以扩大家用和制冷电气业务。
2007 年	美的（越南）制造工厂在胡志明市附近建立，用于生产电饭煲、空调和制冷设备。
2008 年	美的收购无锡小天鹅股份有限公司，该公司曾在中国家用洗衣机的零售中排名第二。
2010 年	美的收购了埃及上市的空调制造商 Miraco 32.5% 的股份，这是一家美的与联合技术公司（Carrier 品牌）成立的合资企业。
2011 年	为了进行联合生产和分销，美的和 Carrier 在拉丁美洲（巴西、阿根廷和智利）建立了一个合资企业，并且在印度设立了第二家合资企业。
2013 年	9 月 18 日，新合并的美的集团（SZSE 000333）在深圳证券交易所上市。
2016 年	美的和东芝完成了将东芝家电业务的 80.1% 的股权转让给美的的手续。
2017 年	收购 Kuka 和 Servotronix。

2018 年　　　美的集团庆祝成立 50 周年。

资料来源：美的集团网站。

附件 3　美的集团产品部门及 2019 年主要类别

产品部门	主要类别
家用空调部门	分体式 轻型商用 移动式 除湿器 窗户式
微波炉和清洁器具部门	微波炉 烤箱 吸尘器 烘烤机
洗衣机部门	滚筒洗衣机 波轮式洗衣机 烘干机 双桶洗衣机
冰箱部门	冰箱 葡萄酒冷却器 冰柜 啤酒冷却器 玻璃陈列冷柜 制冰器

续上表

产品部门	主要类别
小家电部门	电饭煲 电风扇 电热器 电熨斗 服装蒸汽熨斗 电磁炉 电水壶 压力锅 豆浆机 咖啡机 面包机 油炸锅
厨房及热水器部门	燃气热水器 电热水器 洗碗机 饮水机 炉灶 脱排油烟机
商用空调部门	VRF 模块化冷水机组 小型冷水机组 大型冷水机组 屋顶式空调机 美式管道空调机 ATW 热泵 照明系统

资料来源：根据美的集团内部资料整理。

附件 4　美的 R&D 支出和劳动力

资料来源：消费电器：美的集团有限公司。

参考文献

[1] 美的集团有限公司. 2018 年半年度报告 [R]. 2018.
[2] 欧睿国际. Euromonitor 研究报告 [R]. 2016.
[3] 互动百科. AllSeen 物联网 [EB/OL]. (2014-07-09). http://www.baike.com/wiki/AllSeen%81%94% E7% 9B%9F.
[4] 欧睿国际. Euromonitor 研究报告 [R]. 2018.

案例 2

探索中坚定前行的中国文创企业代表
—— 谭木匠的国际化之路

陈国斌　杜海涛　李桂春　杨壮元　黄治年[①]

1. 谭木匠的发展历程与企业理念

木梳行业的市场领导者谭木匠（Carpenter Tan）的前身是1997年在中国西南部重庆市的一个农村地区创办的重庆谭木匠工艺品有限公司。创始人谭传华先生是一名通晓祖传木器工艺的木匠，他以木梳子为主业，恪守秉承"诚实、劳动、快乐"的企业经营理念，迅速将谭木匠发展成享誉中外的中国著名品牌。尤其值得赞赏的是谭木匠的企业社会责任感，2019年半年报显示的公司员工人数为731人，一线员工为604人，其中，残障员工达到了363人，这些残障人员用自己的双手为世界做出了最美丽的梳子，也向社会证明了自己的价值。谭木匠为国内外市场提供种类繁多的木制工艺梳子、镜子、扇子及相关礼品包，拥有80多项专利，其中，包括16项发明专利。2019年的最新财报显示，谭木匠在中国内地共有1223家专卖店，在中国香港和台湾地区也分别拥有3家直营店和1家加盟店，并且在其他国家及地区有3家加盟店。

1998年，谭木匠在四川省南充市开了第一家专卖店，之后平均每年在中国内地开设100家左右的新店，其中45%位于省会购物中心。2009年，谭木匠在香港上市，成为市值13亿港元的全球唯一的梳子上市企业，年收入也从1.4亿港元增至3.12亿港元，年利润从4600万港元增至1.15亿港元。2011年，谭木匠陆续在淘宝、京东、蛋蛋、亚马逊等网站推出了电子商务。2018年的财报显示谭木匠在行业内线上销售排名第一，市场占有率为30%，总收入较2017年增加14%，而2019年上半年线上渠道业务总额同比前一年同期增

[①] 陈国斌、杜海涛、李桂春、杨壮元和黄治年均为中山大学岭南学院与美国明尼苏达大学国际合作EMBA学员。案例有经吴惠良改编。

长了18.3%。谭木匠的线上主要业务由天猫和京东带动，天猫渠道比前一年同期增长16.1%，京东渠道比上年同期增长18.9%。谭木匠产品的平均单价从1997年的48元人民币提高到了2018年的约186元人民币，产品的创新创意性和价值都有长足的提升。

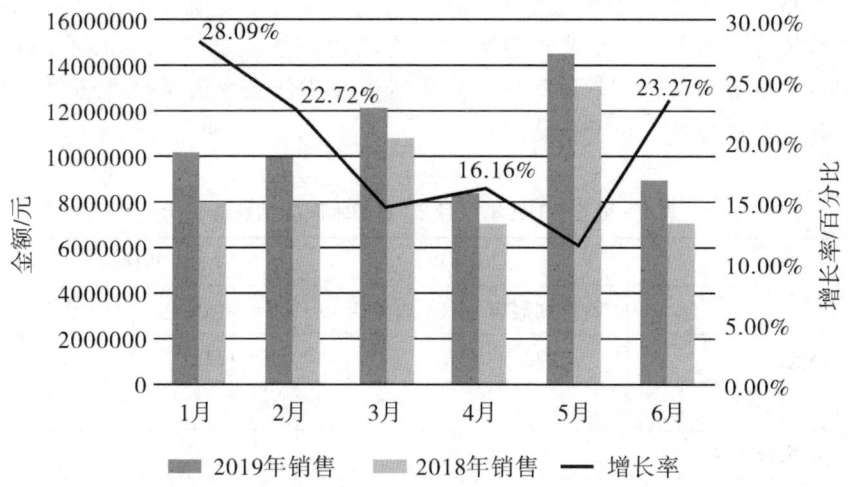

图1　2019年上半年线上销售与2018年同期比较

数据来源：谭木匠2019年上半年财报[1]。

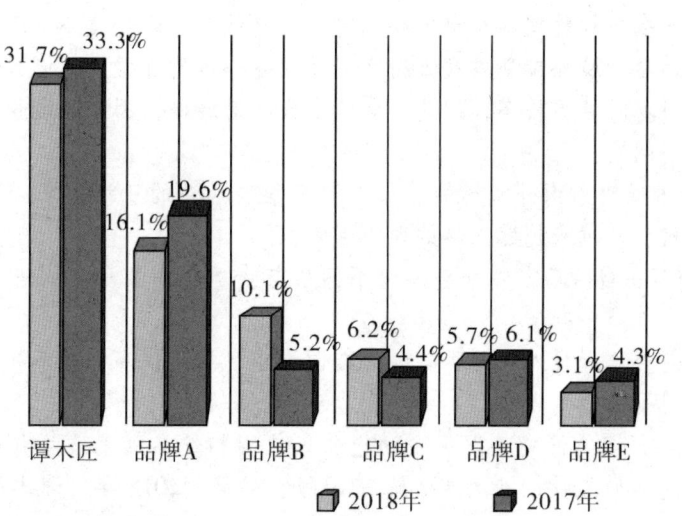

图2　2018年中国木梳行业各名牌市场占有率与2017年同期比较

数据来源：谭木匠2018年财报[2]。

2. 厚积薄发的海外拓展之路

2005 年，谭木匠在新加坡开设第一家境外专卖店，随后扩张至中国香港和台湾地区。谭木匠一步步践行着"做全球的一把梳子（Make Comb For the World）"的公司使命，其国际化之路事实上并不像在中国国内市场上一样成功，整个发展趋势一直十分缓慢。

表 1　截至 2019 年 6 月 30 日谭木匠店铺数量统计

地区	2019 年 特许加盟店	2019 年 直营店	2018 年 特许加盟店	2018 年 直营店
中国大陆	1223		1223	
香港		3		3
其它国家及地区	4		6	
总计	1227	3	1229	3

数据来源：谭木匠 2019 年上半年财报[1]。

谭木匠在持续稳固国内市场的同时，很早就开始研究境外市场的拓展。早期主要通过参加境外参展方式吸引客流并找寻合适的加盟商，但其管理团队在走向国际市场时顾虑较多，因此开店的步伐相对缓慢，因为谭木匠的管理层需要考虑以下问题：

- 谭木匠进入海外市场的首选应该是华人众多的亚洲国家，还是近年来对中国文化产品越来越感兴趣的西方国家？
- 如何在自营店与特许店和线下门店与线上电商业务之间进行准确定位与平衡？
- 如何合理地投入资源？即如何在国内市场持续提高占有率和海外市场拓展之间取得平衡？

2018 年，谭木匠的管理层主动出击，他们相继参加了法兰克福国际礼品展、台北国际加盟及创业大展、东京国际礼品展。2018 年，谭木匠的第一家海外旗舰店在新加坡 Suntect City Mall 商场开业，标志着谭木匠新的品牌形象店正式进军海外市场。另外，谭木匠在马来西亚、加拿大以及台湾台中市的旗舰店也在 2019 年相继顺利营业。随着海外店铺业绩的逐步提升，可以预期谭木匠的发展会越来越好。与此同时，谭木匠在香港的直营店也逐步从地铁站等相对冷门的地点转入热门的购物广场。2019年德福广场店的开业标志着谭木匠在香港有了真正意义上的商铺店，也提升了拓展香港市场的信心。

在海外的线上业务方面，谭木匠通过不断拓展和经验积累，目前已经上线了美国亚马逊、澳洲Ebay、美国独立网站、美国亚米网、日本亚马逊、韩国NAVER、新加坡LAZADA、马来西亚Shopee等。同时，谭木匠与北美的团队合作，在Facebook、Instagram上都有推广和宣传。2019年，还在美国费城和韩国的水原大学尝试做了一些品牌推广的线下活动，取得了不俗的反响。2019年，谭木匠积极参与了国际时尚圈的活动，参加了北美拉斯维加斯的美容展，还与好莱坞女星Gemma Chan共同亮相Met Gala大都会艺术博物馆慈善舞会，不断地提升和扩大谭木匠的海外品牌形象，扩大影响力。

3. 谭木匠在进军国际市场时面临的多方面挑战因素

3.1　产品

从产品属性的几个维度来看，谭木匠要进入国际市场需考虑的因素。
- 使用属性：谭木匠的主流梳子针对亚洲人群，若开拓国际市场，则需考虑不同人群对梳子的需求，比如，黑人女性卷发对于传统直梳的不适应等。
- 社交属性：如何通过产品的设计、品牌二次塑造，赋予产品社交属性，并成为社会舆论话题。
- 文化属性：谭木匠主打的中国风，应考虑如何在设计上进一步融入中国传统文化的元素，借着当前中国文创在国际上的影响力，进一步推进对国际市场的开拓。

3.2　品牌知名度与推广

谭木匠是国内市场的知名领导品牌，但在国际市场上知名度不高。国外消费者很少知道谭木匠蕴含着中国文化的特征、精美的品质以及环保的理念（使用木质、非塑性材料），并可终身使用；国际市场对于其在梳子行业的领导地位知之甚少。

4. 国际市场及营销渠道的选择

谭木匠虽在国际市场有一定程度的拓展，然而对于如何确定全球以及各地区的代理商，如何在东南亚、东亚、北美、欧洲的中心城市开设自营专卖店，以及如何在这些中心城市周边发展专卖店和本地线上销售渠道，并最终成长为全球梳子王国，仍是一个巨大的挑战。

4.1 价格和竞争者

谭木匠的产品价格普遍高于市场上的均价，因为其最初的定位是国内外的高端消费者。但同时，公司也希望能快速打开国际市场以增加海外的销售量，因此，谭木匠也应该考虑中低阶层消费者的需求，这就带来了如何平衡产品定价和销量之间的问题。

4.2 国外生产

随着国外业务的扩张，产品的交付效率、运输成本以及关税等问题也应运而生，对是否在东南亚、北美和欧洲建厂，谭木匠仍待决定，因为管理层需要对当地的人力成本、技术和专利保护、法律环境、税收、区域间贸易管制等因素进行研究、评估。

4.3 产品明细

谭木匠在产品系列上目前主要以木梳、角梳、镜子和饰品类为主，也陆续开发了一些新产品，比如以木头、树脂和银相结合的"江山如画"系列，该产品结合了中国传统建筑文化，但在融入西方文化方面，其产品的设计和研发还有待加强。最新推出的"迪士尼 IP"做了这方面的尝试，以获得海外消费者更多的文化认同感。对于谭木匠，如何把中国传统技术及国外各个地区的文化相结合，从而让当地消费者更快地接受，这依旧是一个长期需要研究和突破的问题。

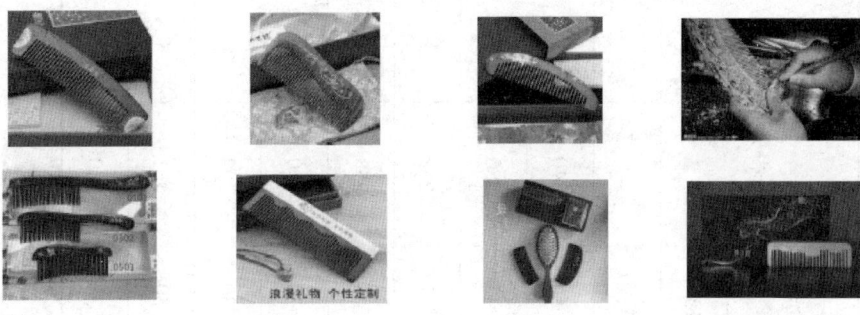

5. 谭木匠国际化市场战略建议

尽管中国品牌产品在国外特别是欧美国家的推广和销售存在一定的风险和困难，木梳仍然是一个相对缺乏全球竞争并且待开发的市场。谭木匠的优势在于：①中国传统手工艺与现代技术相结合；②高品质；③造型精美；④植根于中国传统的文化，对中产阶级以上的外国人更有吸引力；⑤谭木匠的价格对于中产阶级来说在可接受的范围之内。

尽管拥有以上优势，我们依然建议谭木匠应谨慎选择国际目标市场，表2是根据谭木匠的数据、结合评估模型举出的示例。

表2 谭木匠国际营销策略综合分析

市场	市场潜力 W=18		关税 W=5		非关税壁垒 W=17		产品适应 W=25		竞争强度 W=20		运输成本 W=15		综合得分	排名
	E	W*E	E	W*E	E	W*E	E	W*E	E	W*E	E	W*E		
香港	3	54	3	15	3	51	4	100	3	60	4	60	340	1
新加坡	3	54	3	15	3	51	3	75	2	40	3	45	280	2
韩国	3	54	2	10	2	34	3	75	2	40	3	45	258	3
日本	3	54	2	10	2	34	3	75	2	40	3	45	258	3
欧洲	2	36	2	10	2	34	2	50	2	40	2	30	200	4
加拿大	2	36	2	10	2	34	2	50	2	40	2	30	200	4
阿联酋	3	54	3	15	1	17	1	25	1	20	2	30	161	5
美国	2	36	2	10	2	34	2	50	2	40	2	30	200	4

W=权重，根据团队对于快消品行业数据分析得出；E=评分，1-5。

在以上分析的基础上，我们对谭木匠的国际营销策略建议如下。

5.1　STP 分析与建议

- 细分：主要关注亚洲市场，辐射欧美，重点提升产品在东南亚和欧美的品牌知名度。
- 目标：中高端群体，主要针对女性。
- 定位：中国文创概念、传统工艺手工制作、高品质装饰品、健康生活概念。

5.2　4P 要素分析与建议

- 产品：采用中国传统和现代工艺相结合的方法精心制作梳子及配件。
- 价格：中高价位。
- 渠道：在旗舰店提供图片展示和产品体验，通过线上电子商务进行产品销售，提升香港、加拿大、马来西亚、新加坡、台中等地线下门店的品牌知名度。
- 推广：提升品牌故事传播、传递高端形象，增强与异业的合作，以及跨界营销（例如，联合迪士尼推出花木兰系列 IP 产品）。

虽有种种困难，谭木匠应坚持国际化战略，谨慎地根据营销策略选择目标市场，更好地了解客户的类别，并且熟悉他们在何处体验产品，以及如何购买产品。与此同时，谭木匠应充分利用会员管理系统与客户建立牢固的关系，进行品牌建设以及利用新媒体（Facebook、Instagram、Tiktok 等）渠道维护好与粉丝的关系。随着社交媒体在全球范围内的日益普及，利用这些新的传播渠道将帮助谭木匠更经济、高效地开拓广阔的国际市场。

案例讨论：

1. 谭木匠的海外市场进入模式应以加盟店模式为主，还是以直营门店为主？
2. 谭木匠的海外门店选址应位于华人居住区，还是当地人居住区？
3. 谭木匠的海外市场开拓应以集中资源做好一个区域，还是应在更多的国家市场多点布局？

参考文献

[1] 谭木匠. 2019 年上半年财报［EB/OL］.（2019-09-02）. http://stock.10jqka.com.cn/hks/20190902/c613702223.shtml

[2] 谭木匠. 2018 年财报［EB/OL］.（2019-04-22）. http://data.eastmoney.com/notices/detail/00837/AN201904221321202129，JUU4JUIwJUFEJUU2JTlDJUE4JUU1JThDJUEW.html

案例 3

让每个人都能享受科技的乐趣
——北京小米科技有限责任公司的全球营销战略

罗珺　高敬慈　樊森英　Lee Kangsun 撰文①
吴惠良　李相蒲改编

1. 公司概况

北京小米科技有限责任公司（以下简称小米公司）成立于 2010 年 4 月，是一家专注于智能硬件和电子产品研发的移动互联网公司，同时也是一家专注于高端智能手机、互联网电视以及智能家居生态链建设的创新型科技企业。小米公司的名字目前有三种解释：既是"Mobile Internet"的缩写，表示小米为移动互联网公司；又可以看作"Mission Impossible"，暗示小米公司要完成不可完成的使命；而 LOGO 倒过来看，恰像"心"字少一点，意味着让用户省一点心。[1] 目前，小米手机主营业务是以智能手机为核心的小米手机、MIUI 系统和米聊，拓展业务则围绕数码产品推出小米盒子、电视、路由器、平板、手环和电脑等。

"为发烧而生"是小米的产品概念，而"让每个人都能享受科技的乐趣"是小米公司的愿景。小米公司应用了互联网开发模式开发产品，用极客精神做产品，用互联网模式淘汰中间环节，致力于让全球每个人都能享用来自中国的优质科技产品。小米公司创造了用互联网模式开发手机操作系统、发烧友参与开发改进的模式。小米还是继苹果、三星、华为之后第四家拥有手机芯片自研能力的科技公司。

小米已经建成了全球最大消费类 IoT（物联网）平台，连接超过 1 亿台智能设备，MIUI 月活跃用户达到 2.42 亿。小米系投资的公司接近 400 家，覆盖智能硬件、生活消费用品、教育、游戏、社交网络、文化娱乐、医疗健康、汽

---

① 罗珺、高敬慈、樊森英、Lee Kangsun 是中山大学岭南学院 2018 级中外合作 EMBA 学员。

车交通、金融等领域。2018 年 7 月 9 日，小米公司在香港交易所主板挂牌上市，成为港交所上市制度改革后首家采用不同投票权架构的上市企业。2019 年 6 月，小米科技入选"2019 福布斯中国最具创新力企业榜"。2019 年 7 月，"2019 世界 500 强排行榜"发布，小米排名 468 位。2019 年 10 月，"2019 福布斯全球数字经济 100 强榜"发布，小米位列第 56 位。

表 1 小米公司发展历程

时间	事件
2010 年	小米公司成立，发布 MIUI 系统
2011 年	完成 A 轮融资、发布小米手机
2012 年	小米公司年收入突破 10 亿美元
2013 年	完成 D 轮融资、发布小米路由器和小米电视
2014 年	成为中国大陆市场出货量排名第一的智能手机公司
2015 年	MIUI 系统月活用户超过 1 亿
2016 年	举办第五届米粉节，线上参与人数超 4683 万人
2017 年	成为全球最大的消费级 IOT 平台
2018 年	小米集团在香港主板上市

资料来源：刘雅萍，2019。

2. 小米公司的营销战略

2.1 高性价比

小米手机在国内市场常被戏称为"价格屠夫"。的确，高性价比一直是小米的王牌。所谓追求性价比，必须在价格和质量之间取得均衡，其实就是消费者能够以尽可能接近产品价值的价格获得产品。而对于产品销售者来说，这意味必须让利给消费者。从这个角度看，小米的宣言——硬件的利润率不超过 5%，无疑是追求性价比的典范。这与苹果 iPhone 60% 的利润率相比，可谓云泥之别。

2.2 最大化利用现有资源

小米手机的生产采用按需分配的策略，即根据客户的网上预订量，计划手机的生产数量,然后向各零部件供应商采购部件,最后再将生产业务外包给加工厂。小米公司对代工企业从生产到物流进行全面监管。这种方式一方面减少了在生产方面的巨大投入,另一方面也减轻了日常营运管理所面临的挑战。小米公司扮演了一个资源集成和调配的角色,最大化利用现有的资源和设施实现自身的生产需求,从而可以将资源集中于了解客户、设计研发和销售等其他方面。

2.3 饥饿营销和口碑营销

小米手机在国内市场给用户的印象之一是很难买,特别是新款上市。自小米手机诞生以来,限量发布和控制供给就是其常用策略,这一方面可以造成市场需求大于供给的假象,从而引发消费者的好奇心理;另一方面,也有利于小米掌握销售的主动权。

在传统的主流广告领域,比如电视、实体广告板、节目赞助等,几乎很少见到小米的踪迹。小米的营销主场是互联网,通过社交媒体口口相传,实现口碑营销。事实证明,这是大幅度降低宣传成本的同时又能保证宣传效果的重要因素,也是保证小米提高硬件产品性价比的重要举措。

2.4 走向国际市场

小米公司在短时间内就迅速赢得了众多的客户和粉丝,并成为中国智能手机的第四大制造商,毫无疑问,小米取得了非常大的成功。截至2018年年底,小米的财务报告显示其业绩超过预期目标,收入增幅达到52.6%,智能手机业务占总收入的比重达到65%,并且产品已在70多个国家推出。

表2 小米2017年与2018年营收表

项目	2018		2017		
	收入/百万元	占比	收入/百万元	占比	增幅
智能手机	113800.4	65.1%	80563.6	70.3%	41.3%
物联网和消费品	43816.9	25.1%	23447.8	20.5%	86.9%
因特网服务	15955.6	9.1%	9896.4	8.6%	61.2%
其他	1342.5	0.8%	716.9	0.6%	87.3%
总收入	174915.4	100.0%	114624.7	100.0%	52.6%

资料来源:2018年小米年报。

小米的市场份额在 2015 年达到顶峰后开始突然下降。其中原因之一是其他中国品牌效仿了小米的线上营销策略。此外，消费者越来越希望在购买之前试用手机，这一转变尤其有利于 OPPO 和 vivo，这些品牌主要通过数十万零售商线下销售智能手机。而小米的智能手机的销售总额中，大约只有 20%～30% 是线下售出，线下销售并非小米公司的主流营销渠道。因此，小米在国内市场份额经历三年的快速增长后，感受到了来自其他品牌的竞争压力。

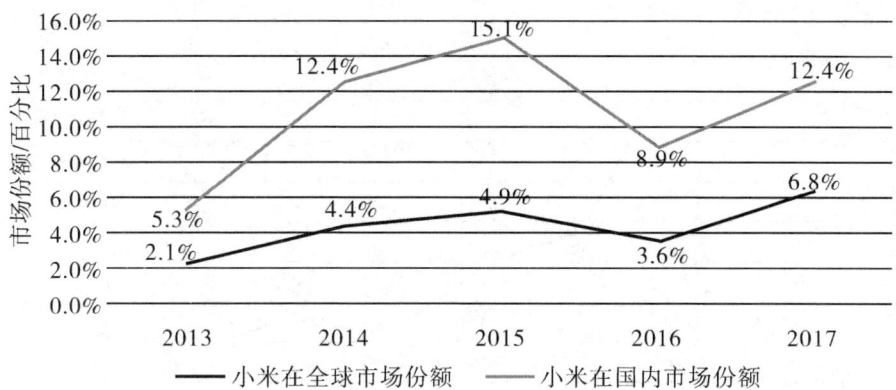

图 1　2013—2017 年小米手机市场份额变化

资料来源：IDC 前瞻产业研究院。

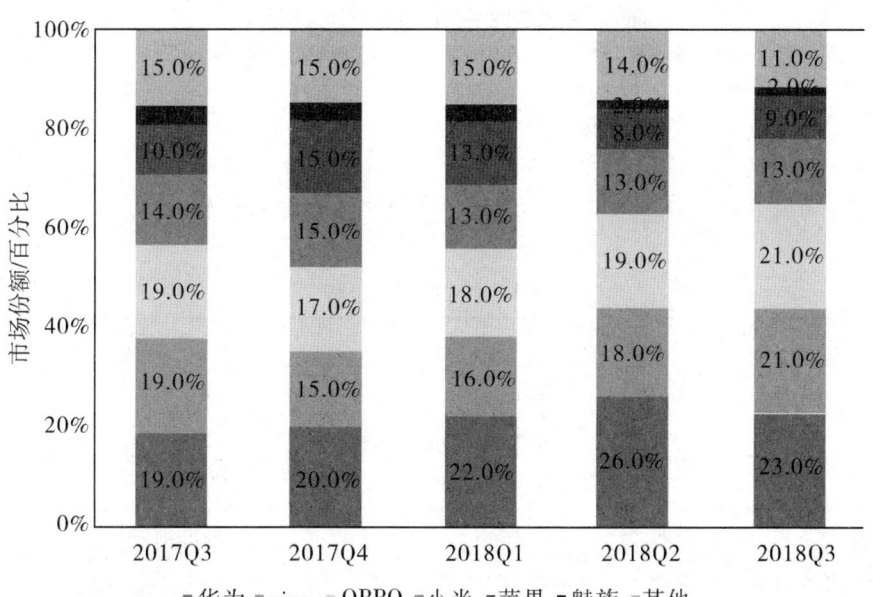

图 2　2017 年第 3 季度—2018 年第 3 季度中国智能手机市场份额

资料来源：counterpoint；亿欧智库。

从图 2 中可以看出，我国智能手机市场集中度在加速提高，2018Q3 前五家厂商市场份额超过了 87%，而留给剩下所有厂商仅为 13%，这显示出了目前市场处于极度分化状态。在国产品牌之间竞争日趋激烈的同时，中国智能机市场也走过了最为疯狂的增长期，在 2017 年，中国智能机出货量增幅首次出现负增长，约为 -4%（见图 3）。

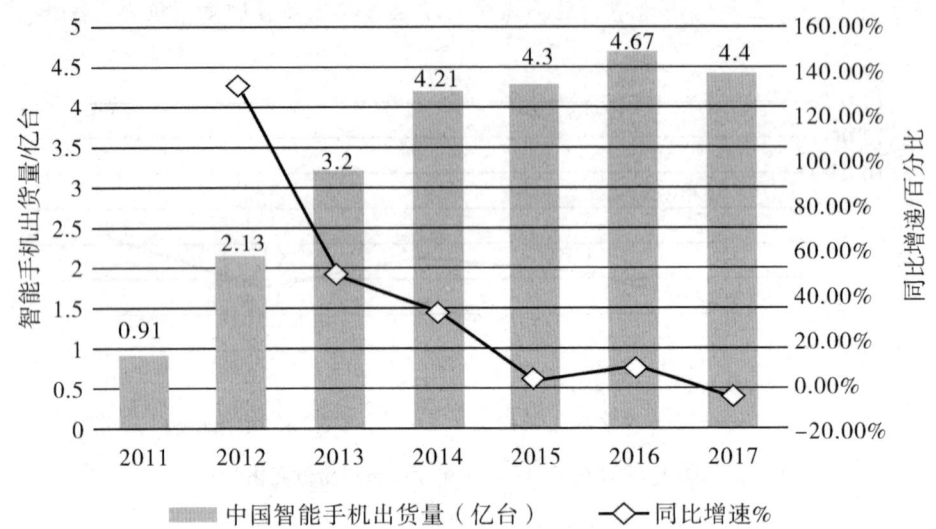

图 3　中国智能手机出货量及同比增长率

资料来源：2018 年中国智能手机市场现状及未来五年市场发展趋势分析。

综上所述，在国内市场逐渐饱和的同时，各大品牌市场占有率逐渐稳定，想要在国内市场有所建树变得十分困难，因此，小米公司转向国外市场谋求新的增长点成为必然的选择。表 3 为我们呈现了小米国际化的进程。

表 3　小米国际化进程

时间	进入国家或地区	销售产品	销售渠道
2014 年 2 月	东南亚	红米手机	线上销售
2014 年 8 月	印度	小米手机、小米手环、小米净化器	线上销售、小米授权店
2015 年 7 月	巴西	红米手机	线上销售
2016 年 6 月	东欧	小米手机、红米手机	线上销售、官方零售店

续表3

时间	进入国家或地区	销售产品	销售渠道
2017年2月	巴基斯坦	小米手机、红米手机、小米手环	线上销售、分销商
2017年3月	中东、北非	小米手机、红米手机	线上销售、代理商
2017年5月	墨西哥	红米手机	线上销售、官方零售店
2017年11月	西欧	小米手机、智能家居	线上销售、小米授权店

资料来源：刘雅萍，2019。

3. 小米公司的国际化战略

3.1 品牌特色

上文提到了小米的突出特点：①高性价比；②最大化利用现有资源；③饥饿营销和口碑营销。从这三个特点来看，小米在拓展国际市场中，价格和品质（高性价比）仍然是其王牌之一，而这恰好是放之四海而皆准的，尤其对于发展中国家，因此，这将成为其国际化过程中一个重要的自身优势。

值得注意的是，小米的5%利润率战略是针对硬件产品而言的，主要是以智能手机为核心的智能设备。而对于现代科技产品来说，尤其是硬件产品，文化元素并不是必不可少的，而是属于锦上添花。因此，在硬件产品设计方面，在进入市场初期是不需要过多地考虑的。从这角度看，小米在硬件产品上的价格优势在拓展国际业务时仍然能够得到发挥。

3.2 市场选择

在海外市场选择方面，小米国际化战略高管Donovan在访谈中表示主要关注以下几个要素：首要指标是一个国家的人口，更多人口的国家意味着更大的市场。其次，要考察当地活跃的互联网用户数量，以及他们在不同平台上的活跃程度。再次，要考虑人均国内生产总值，以及智能手机市场的规模，渗透率和增长率也是重要指标。最后，需要考察当地社交媒体及电子商务市场是否得到充分发展。

而从市场客观环境来看，北美市场、西欧市场和非洲市场短期内不会成为小米的最佳选择。北美市场对价格并不十分敏感，在知识产权方面，对小米来说是非常大的挑战，而且当前其市场占有率非常低，贸然进入会有较大的风险。在西欧市场，华为、苹果、三星等竞争对手依然非常强大，并且西欧市场的消费者不像东亚市场那样对价格非常敏感。至于非洲市场,传音手机的份额大约在50%以上,且绝大多数是功能机,功能机并非小米的产品范围,而在当前的非洲市场大规模推行智能机似乎还为时过早;并且非洲手机市场的售价基本在70~200元,这并不在小米的可接受范围内。

因此,亚洲市场成为小米海外业务拓展的第一站。该地区,特别是印度,人口数量大,并且智能机普及率较低,智能机市场有极大的增长潜力。同时,该地区的经济发展水平决定了当地市场对价格具有高度敏感性,而且主流价格定位也在小米的价格优势范围内。从地域角度考虑,与欧美相比,这些国家和地区与中国拥有相对接近的文化和法律环境,有利于中国品牌的进入。此外,东南亚各国都在大力发展基础设施建设,以便完成工业化和信息化,并且这些地区都在中国"一带一路"倡议辐射范围内,这都为小米的进入提供了利好的大环境。

以印度为例,2014年7月24日,小米在印度推出了智能手机。起初,他们照搬在中国的饥饿营销策略做法,然后与印度最大的电子商务公司Flipkart结成战略联盟,亚马逊和Snap Deal也被用作另一个营销渠道。截至2017年年底,印度已成为小米仅次于中国的最大市场,并且到2018年年底,小米在印度成为智能手机市场的领头羊,市场占有率接近30%。但即使作为市场的龙头,小米仍然是中低端产品,尤其是对于印度市场,价格在1000元左右。

表4 2017 Q2与2018 Q2印度智能手机市场分布

印度智能手机市场占有量(%)	Q2 2017	Q2 2018
三星	24%	29%
小米	16%	28%
VIVO	13%	12%
OPPO	10%	10%
荣耀(华为)	1%	3%
其他	36%	18%
总计	100%	100%

数据来源:Counterpoint 2018年第二季度智能手机印度市场报告。

从Counterpoint的数据可以看出,印度市场53%的销量来自中国的智能手机制造商,而在这53%的份额中,小米也面临着与国内市场相同的竞争对手。因此,小米在印度的市场地位仍然面临很大的挑战和激烈的竞争,小米需要非常谨慎地关注这个市场，否则被其他中国品牌超越的故事可能重演。

3.3 产品选择

小米在国外市场中，首推智能手机，其他生态系统产品紧随其后，并根据不同的市场特点有所调整。智能手机是小米进入国外市场的第一个产品，也是核心产品。手机是其核心业务和强项业务，也是小米生态的核心，小米的大多数生态系统和物联网（IoT）设备都可以通过智能手机进行控制。因此，智能手机是推行其他小米产品的基础和前提。

在智能手机之后，小米开始在全球发布更多的生态系统产品。例如，在印度，小米首次在全球（中国以外）推出电视。在欧洲，事实证明，电动踏板车是最受欢迎的生态系统产品之一。欧洲有很多城市地势平坦，如马德里、巴黎等，因此，使用踏板车非常方便。

但在某些市场，小米可能会首先推出生态系统产品。例如在美国，小米与亚马逊建立了合作伙伴关系，推出了一些生态系统产品，包括我们提到的踏板车、移动电源、运动相机、网络摄像头等。在这些市场中，生态系统产品相比于智能手机而言，准入门槛更低，因此可以先行进入，创造一些品牌知名度，为后期的市场规划做铺垫。

3.4 生产与销售

在生产方面，小米也投建了自己的海外工厂。2015年8月，小米在印度的第一家工厂投入使用；2017年2月，小米在印尼投资建厂；2017年3月，小米在印度第二家手机制造厂和首家移动电源厂投产。目前，印度的小米手机96%以上在印度制造。本地建厂可以从原料和劳动力等方面降低生产成本，并且能够大大提高本地市场的出货能力，同时也能为当地创造就业岗位，提高品牌的好感度且有利于获得当地政府支持。

在海外销售方面，小米进入新市场会利用不同的渠道。线上主要通过与当地的主流电商平台进行合作，如亚马逊、家乐福；线下则主要是开设小米之家，除此之外还会与本地经销商合作。在印度，有1500多家品牌销售店与小米公司达成合作，这些品牌店作为"小米优选合作伙伴"为小米公司代销产品。

4. 总结

截至2018年年底，小米的产品共销往70多个国家。小米在15个国家的销售量中所占的市场份额排名都在前 5 名之内，而在印度、印度尼西亚和西班牙分别排在第 1 位、第 2 位和第 6 位。表 5 显示，截至 2018 年，来自海外销售的收入占销售总额的 40%，较 2017 年增长 118%。目前，全球销售额是小米增长的主要推动力，而非本地销售额。

表 5　2017 年与 2018 年小米国内外营收额及占比

地区	2018		2017	
	人民币（元）	占比（%）	人民币（元）	占比（%）
中国大陆	104944803	60.0	82543,462	72.0
其他	69970622	40.0	32081280	28.0
	174915425		114624742	

资料来源：小米财报，2008。

小米在过去的几年里共在 70 多个国家推出了自己的产品，印度、印度尼西亚和西欧等市场表现非常好，而在巴西等其他国家并不是那么成功。

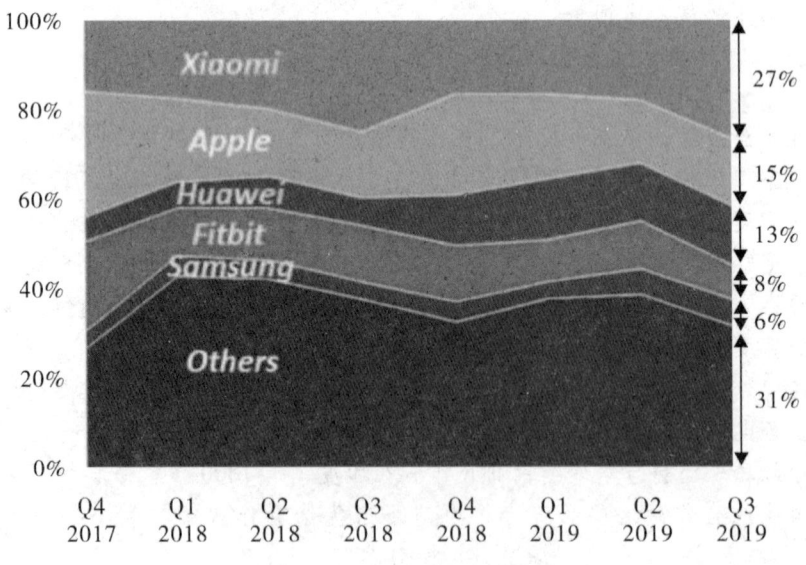

图 4　全球穿戴品牌市场份额

数据来源：柏铭，2019。

从图 4 显示的数据可以看出，三季度小米手环出货量达到 1220 万件，同比增长 74%，市场份额达到 27%，高居第一名。小米手环的出货量能取得快速增长，与它较低的价格分不开。从电商平台可以看到，小米手环最低价只需 149 元，是众多知名品牌中最低价的手环。

当然，在拓展海外市场过程中，小米也面临着一些挑战，比如，品牌知名度低、销售渠道受阻、国内营销策略难以复制、专利储备及纠纷隐患、融资渠道单一、国际物流和售后问题等。但作为一个中国的本土品牌，小米公司能够将自己的产品和服务推向国际市场并且取得了较大的成功，已实属不易。我们期待小米的产品能够销往更广阔的国际市场，取得更大的成功。

案例讨论：

1. 小米公司的产品有哪些竞争优势和劣势？这些优势和劣势在全球市场的竞争中又是如何体现的？

2. 鉴于全球化面临的新趋势和挑战，小米应如何考虑公司未来的国际化战略？

3. 小米公司的产品战略应如何更好地配合其国际化发展战略？

参考文献

丁京. 移动互联网时代小米公司国际化战略研究［D］. 黑龙江大学，2015.

刘雅萍. 小米公司国际化战略研究［D］. 兰州财经大学，2019.

小米集团. 2018 年年度报告［R］. 2018.

十张图看清 2017 中国智能手机市场排名 华为第一 OPPO 位居第二 苹果下滑最厉害［EB/OL］．（2018－02－07）. https://www.qianzhan.com/analyst/detail/220/180207-f6b10efa.html.

Counterpoint: 2018 年 Q3 全球智能手机市场出货量报告［EB/OL］．（2018－11－02）http://www.199it.com/archives/790922.html.

中国产业信息. 2018 年中国智能手机市场现状及未来五年市场发展趋势分析［EB/OL］．（2018－07－23）. http://www.chyxx.com/industry/201807/663580.html? td sourcetag = s_pcqq_aiomsg.

启明创投. 小米的全球战略——专访小米全球产品管理和营销总监 Donovan Sung［EB/OL］．（2018－07－23）. http://www.sohu.com/a/242789544_313637.

印度手机市场 2018 Q2 报告出炉：三星、小米领跑［EB/OL］（2018－07－27）. http://tech.huanqiu.com/article/9CaKrnKaOCK.

柏铭. 小米和华为依靠低价手环在穿戴设备市场份额激增［EB/OL］．（2019－12－17）. http://finance.sina.com.cn/stock/relnews/hk/2019-12-17/doc-iihnzahi8235600.shtml.

中编
使用核心工具在全球展开竞争

4 全球市场的市场细分、目标市场选择与市场定位

摘要

市场细分、目标市场选择与市场定位是市场营销战略的核心方面,稍有不慎,就可能需要付出高昂的代价,甚至导致企业失败;处理好这三个核心方面是企业成功的关键先决条件。本章讨论了细分市场的不同方式以及目标市场的选择。本章的重点是管理人员如何在全球市场上定位他们的产品和服务。

4.1 市场营销的三要素:STP

市场细分(segmentation)、目标市场选择(targeting)与市场定位(positioning)合称 STP,是任何市场营销战略的核心方面。稍有不慎,就可能需要付出高昂的代价,甚至导致企业失败;处理好这三个核心方面是企业成功的先决条件。

市场细分旨在将市场划分成更小的单位,包括按若干个国家、按单个国家、按行业或按个别消费群体为单位,它们每一个细分市场都可能对产品销售或市场营销活动有相似的反馈(Cooper & Kleinschmidt, 1985; Leonidou & Katsikeas, 2010; Leonidou, et al., 2002)。正确的市场细分是国际营销战略的重要组成部分,是在全球市场取得成功的关键因素(Cooper & Kleinschmidt, 1985; Leonidou & Katsikeas, 2010; Leonidou, et al., 2002)。

目标市场选择取决于市场细分,因为公司会对细分市场的吸引力进行评估,然后选择以一个或多个细分市场为目标。如果只选择了一个细分市场作为目标市场,公司就会采用集中策略;如果选择了以若干个细分市场为目标的公司则会采用差异性策略,每个细分市场都会有针对性的市场营销组合。

STP 的最后一个要素是市场定位,它试图让产品或服务在目标消费者心中留下一个清晰、独特和理想的印象,以便在竞品中脱颖而出(Kotler & Armstrong, 2007)。产品须有别于竞争产品,才能创造卓越的顾客价值;理想的情况下,产品应有将其与竞争产品区别开来的独特的销售主张(USP),并使产

品对目标客户具有吸引力。

下面，首先讨论最重要的市场细分、目标市场选择与市场定位方法。具体来说，就是介绍了细分市场的不同方式以及目标市场的选择。最后，本章的重点是管理人员如何在全球市场上定位他们的产品和服务。

4.2 全球市场的市场细分

20世纪80年代，西奥多·莱维特（Theodore Levitt）教授创造了"消费多元化"一词，并指出多个国家市场很可能出现相同的细分市场（segment）（Levitt，1983）。例如，像寿司、希腊风味色拉或汉堡包这样的民族食品或地方美食可能在世界任何地方都很受欢迎。今天，莱维特的预测只实现了一小部分。国际市场上有不少细分市场对于营销人员来说是大有可为的，但是语言差异、国家法律和各种各样的文化因素限制了这种国际层面的发展。具有广泛国际影响力的公司仍然只是某些地区和某些国家的心头好，这些公司的触角并没有真正伸向全球的细分市场。

一般而言，有效的市场细分要求细分市场具有以下六个属性：可衡量性、可接近性、足量性、具有差异性、可执行性和稳定性（Kotler & Armstrong，2007；Meffert，et al.，2008）。在实践中，要同时满足这六个属性往往是很困难的。市场细分的特征，比如人格特质，要衡量起来是相当昂贵的。可接近性通常很难实现，因为需要消费者自我定位。市场的足量性，即市场体量是否足以获利，往往是管理判断方面的问题。在对不同市场营销战略的可能反馈、可执行性和稳定性方面，一个细分市场与另一个细分市场的不同通常是经验性问题，难以预先判断。

在国内和国际市场营销中有很多市场细分方式（Beane & Ennis，1987；Piercy & Morgan，1993；Plank，1985；Sausen，et al.，2005；Steenkamp & Ter Hofstede，2002；Tynan & Drayton，1987；Walters，1997）。其中，最重要的市场细分方式有按地理进行的市场细分、按人口进行的市场细分、按心理进行的市场细分、按行为进行的市场细分以及按利益进行的市场细分。

4.2.1 按地理进行的市场细分

按地理进行的市场细分将世界划分为地理子集，如国家或地区。这种方法的简单性也是它的优点：一家公司所需的大多数统计数据都是按国家逐个编制的，这类细分市场往往在距离上彼此相距很近，具有走访省时省力、时区相近等优势。然而，按地理进行的市场细分也有很大的局限性。特定国家的内部差异可能非常大。例如，中国沿海地区和中西部地区的经济发展有很大的差异，俄罗斯横跨九个时区，而瑞士和加拿大的人口说多种不同的语言。巴西等国家的巨大收入差距也进一步限制了按地理进行的市场细分。

4.2.2 按人口进行的市场细分

按人口进行的市场细分方法被广泛使用，其基于现成、可衡量的消费者特征，如年龄、性别、家庭规模、家庭生命周期、收入、职业、教育、宗教、种族或国籍。

在 B2B 领域的市场营销中，概念上等同的衡量标准是公司年龄、规模和盈利能力，以及所处行业类型或所使用的技术。

按人口进行的市场细分的一个特别重要的特点是收入。事实上，任何一家服务广大客户的消费品、服务或工业产品的制造商都会把国民收入视为市场潜力的指标，并将其作为市场细分的一个变量。世界银行基于人均国民总收入（GNI）对国家进行了如下分类（世界银行，2015）。

- 人均国民总收入（GNI）1045 美元以下的为低收入国家。
- 人均国民总收入（GNI）1045～4125 美元的为中低收入国家。
- 人均国民总收入（GNI）4126～12736 美元的为中上收入国家。
- 人均国民总收入（GNI）12737 美元以上的为高收入国家。

就人口统计变量在全球市场细分中的有用性而言，其作用好坏参半。一方面，有些人口统计变量有超越国界的人口趋势，并且出现了全球细分市场（Domzal & Unger，1987）。这种趋势表现在更少的已婚夫妇、更少的子女和女性角色的改变。另一方面，人口统计变量往往只有与其他数据一起使用才具有意义。以人均收入为例，截至本书出版，如果不考虑摩纳哥和列支敦士登这种人均收入远远超过挪威的城邦，人均收入最高的国家之一是挪威（人均国民总收入达 103050 美元）（世界银行，2015）。然而，挪威的居民还不到 500 万，而且作为目标市场，挪威的吸引力可以说不如美国，美国的人均国民总收入较低，约为 55200 美元，但人口超过 3 亿。

此外，在涉及消费行为时，人口统计变量的用途往往有限（Diamantopoulos, et al., 2003），并且会掩盖其他有希望的细分市场。尽管中国人均收入相对较低，但中国是世界上最大的豪华汽车市场，比如宾利、保时捷或兰博基尼（China Daily，2012）。印度的人均国民总收入比中国低得多，但是对于只卖 1 卢比（约相当于 0.01 欧元）的一次性量的袋装香波，印度这个市场却非常有潜力（Gardner，2000）。因此，基于人均收入的市场细分必须视具体情况而定。

另一个人口分类范畴是年龄，比如全球青少年市场。由于青少年对时尚、新奇事物、娱乐和产品形象导向产品的兴趣，表现出相对一致的跨越国界的消费行为。因此可以说，与居住在新西伯利亚的俄罗斯老太太相比，莫斯科的青少年和纽约、曼谷或东京的青少年有着更多的共同之处。

然而，将年轻人视为全球市场的目标细分群体也需要考虑其他方面。全球媒体集团维亚康姆（Viacom）旗下的音乐电视（MTV）频道对这一点深有体会。MTV主要面向全球音乐品味差不多的年轻人，现在全球大约有50个电台。每个电台都会根据它所面向的特定国家的观众来对节目进行调整，因为这些年轻人虽然对全世界的音乐都喜爱，但难免众口难调。

最后，另一个跨越国界的消费群体是所谓的精英阶层。这些富裕的消费者远道而来，在豪华轿车、昂贵的威士忌或优质金融服务这类的奢华产品上，他们一掷千金，毫不手软。

4.2.3 按心理进行的市场细分

按心理进行的市场细分用态度、兴趣、观点、价值观和生活方式来解释消费者行为的差异，而且往往比单独按人口进行的市场细分更合适（Beane & Ennis, 1987）。运动服装行业进行的一项研究就使用了心理因素来分析了该行业稳定的跨市场细分市场。这项研究以奥地利、中国、韩国和美国的消费者为研究对象，收集了关于消费者生活方式偏好、人口统计、消费评价和购买模式的数据。研究人员最初确定了八种生活方式因素，如时尚/外观，探索或品牌导向，并对此进行了分析，发现有四类跨越文化界限的按心理进行划分的消费人群，即时尚领袖、炫耀性的时尚消费者、冲动的时尚追求者和社交追随者（Ko, et al., 2012）。这些结果证明了全球心理细分市场在全球时尚市场的存在。

一项以美国女性对食物态度为重点的研究说明了如何将按心理进行市场细分与按人口进行市场细分相结合（Sudo, et al., 2009）。首先，对在家中做饭和在餐厅点餐的女性进行了焦点小组访谈和个人访谈。接下来收集了人体测量数据（即体重、身高、体重指数、腰围和脂肪质量测量）以及膳食摄入记录，还进行了关于健康和营养取向、烹饪作用等的态度问卷调查。大量的态度陈述后来减少到较小数量的变量，聚类分析最终指向五个不同的女性群体。对于每一聚类，表4.1示出了女性的比例以及一些相关的特点。

表 4.1 按心理细分的美国中年女性

聚类名称	女性百分比（%）	特点
关心营养	15	• 对营养非常了解 • 重视健康饮食 • 密切关注卡路里和脂肪摄入量 • 偏好健康、有机、天然食品 • 节制饮食
创意厨师	35	• 觉得有责任为家人提供饮食 • 烹饪健康、营养均衡的食物，希望得到欣赏 • 把烹饪看作是一项杂务 • 在饮食方面会经常搞些新花样，具有创造性
忙碌的烹饪逃避者	12	• 把食物和饮食看作是不必要的干扰 • 过着忙碌的生活 • 很不愿意给别人做饭
罪恶感缠身的节食者	22	• 一直在努力减肥 • 暴饮暴食时感到内疚 • 不愿做饭 • 稍微有点预算意识
冲动型饮食者	16	• 把饮食看作是优先事项，一种放松和摆脱无聊的方式 • 很难控制体重，经常对他们的暴饮暴食感到内疚

研究结果表明，女性的体重指数（BMI）与她们的态度有关，女性对食物和饮食的态度决定了她们在中年是否会肥胖。

以另一个截然不同的领域来说，保时捷发现了五类不同的消费心理群体："山炮分子"（top gun），他们热爱马力和操控感，希望被人关注；精英分子（elitist），他们认为一辆车，即使是豪车，也只是一种交通工具，而不是个性的象征；骄傲的顾客（proud patron），他们认为拥有就是一切；锦衣玉食者（bon vivant），他们乘坐喷气飞机在世界各大都市飞来飞去，寻求刺激；还有幻想家（fantasist），他们认为车是一种逃避的方式，却又对拥有一辆豪车感到内疚（Taylor, 1995）。

彩色标签通常是针对不同消费群体的心理特征。比如，一项对欧洲人进行的研究将消费者分成了两组：重价值者与重价格者，重运动者与重安逸者。他们可以进一步被划分成极端压抑的清教徒和享乐主义者（Mazanec, 1993）。

通过心理因素对消费者进行细分的例子还包括印度青年（Narang，2010）、中国女性（Tam & Tai，1998）以及美国酒客（Judd, et al., 1988）。

许多著名的跨国细分市场方法都是由国际广告公司策划出来的，比如，Young and Rubicam 的"跨文化消费者特征"。这家广告公司将人分成七组：探索者，受发现、挑战和新领域需求驱动；热望者，唯物主义者，受别人对他们的看法而不是他们自己的价值观所驱动；继承者，自信心强，有目标性；改革者，爱好独立判断，具有社会意识，力求保持宽容之心；随主流者，喜欢呆在舒适区，寻求一种安全感；奋斗者，为今天而活，对明天几乎没有什么计划；最后是服从者，以老年人为主，价值观不变，驱动因素是安全（Young & Rubicam's 4Cs, 2015）。

虽然有数百种不同的按心理特征进行的细分方法，但是，很多方法是专门针对其他领域的，并不适用于对消费者群体进行细分。在这种情况下，通过心理特征细分市场时就需要特别注意了。是否使用这种方式，以及这种方式的适用程度取决于它对消费行为的作用有多大。所以，就拿前面举的一个例子来说，关键的问题就是全球时尚领袖是否会比社交追随者购买更多的运动服装，或者是否会购买更不一样的运动服饰，或者说时尚领袖对市场营销的态度是否不同于社交追随者。

4.2.4　按行为进行的市场细分

还可以通过标识符和反馈方式对细分市场进行划分。标识符方式将消费者视为具有先验意识的人，希望通过这种方式划分出来的消费群体对市场营销组合战略有不同的反馈。按地理、人口和心理方式进行的市场细分都是基于这种原理。相比之下，反馈方式观察客户的实际行为，按后验方式对市场进行细分。本目标定位是指对所识别的群体进行评价和比较，然后选择其中一个或多个具有最高潜力的群体。上述按行为进行的市场细分，以及下面介绍的按利益进行的市场细分就是一种基于反馈的市场细分方式。

按行为进行的市场细分关注人们是否会购买和使用某一种产品，以及他们使用的频率和使用程度。具体包括使用频率和使用量、品牌变更或品牌忠诚、购买方式或渠道。

知名的罗杰斯创新扩散模型表示的是按行为进行的市场细分（Rogers, 2003）。这个模型根据消费者接受创新的意愿对他们进行分类。具体来说，这个模型将目标消费者分为创新者、早期接纳者、追随大流者和晚期接纳者（图 4.1）。到晚期接纳者接纳创新时，市场正接近饱和。

市场营销管理人员在计划一项旨在影响人们采用一项新技术的宣传时，可

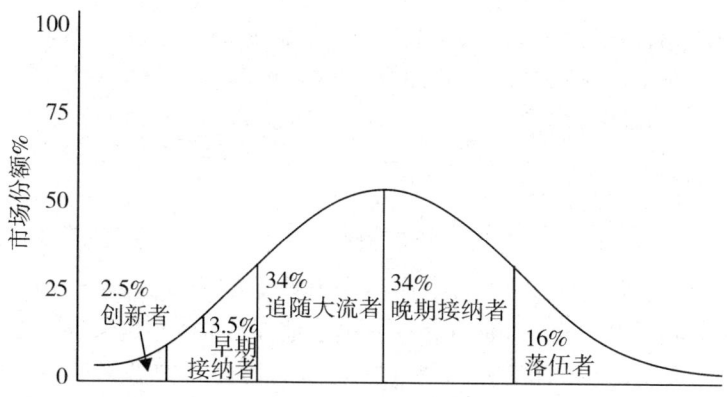

图 4.1　罗杰斯创新扩散模型

以使用创新扩散模型。首先以创新者和早期接纳者为目标。创新者和早期接纳者本身就是最好的宣传手段，反过来可以影响其他群体。在全球市场营销中，按行为进行的市场细分方法尤其有效，因为它不依赖于在消费者中可能存在的地理或文化差异。

4.2.5　按利益进行的市场细分

按利益进行的全球市场细分重点是消费者试图实现的利益或价值。例如，沃尔沃汽车的买家将安全视为重中之重。白色家电制造商的宗旨也是满足全球消费者的特殊利益。例如，厨房用具制造商 Bauknecht 一般强调身份和安全，而惠而浦重视款式和功能，伊格尼斯则专注物有所值。

摩托车制造商哈雷也基于消费者利益对其市场进行了细分。购买哈雷的企业管理人员认为骑哈雷是一种在繁忙的工作中暂时逃避的方式，逃避批不完的文件、开不完的会议。他们想在周末骑着他们的哈雷来释放他们被忽视的个性和叛逆精神。因此，这个目标群体有时候被称为"劳力士骑士"。为了满足这些管理者的利益，哈雷会提供可清除的徽标纹身和铆接皮夹克等配件。无论在哪里，营销人员只要照顾到了消费者所追求的利益，都会获得理想的结果（Keegan & Schlegelmilch，2001）。

4.3　选择全球的目标细分市场

市场细分是确定具有相似需求的消费者群体的过程，目标市场选择是指对所确定的群体进行评价和比较，然后选择其中一个或多个具有最高潜力的群体。对有关全球市场细分和目标市场选择的文献的回顾（Hassan & Craft, 2011，2005；Hassan, et al., 2003；Hassan & Samli, 1994；Kale & Sudharshan, 1987；Steenkamp & Ter Hofstede, 2002；Walters, 1997）表明，公司主要采取三种截然不同的战略方式（Diamantopoulos, et al., 2014）。这些方式概述如下。

4.3.1 目标市场选择方式

有些公司采用国别细分战略，每一个国家就成了一个单独的细分市场，或者几个国家被分成一组。如何评估这些国家细分市场并最终选择一个或多个国家作为目标市场，已在第2章（评估全球市场机会）中做了说明。虽然国别细分战略的一个优点是在国家层面有现成的二手数据，但由此产生的国家细分市场在客户需求和偏好方面可能不一致（Hassan & Craft, 2011；Helsen, et al., 1993；Hofstede, et al., 1999）。

或者，公司可以采取国家内部的细分战略，以不同国家市场的不同客户群体为选择目标。市场细分和市场定位是在国家内部进行的，但没有试图协调各国之间的市场细分。这可能导致市场细分方案的扩散，增加复杂性和成本，特别是在为许多国家提供产品或服务的情况下。

最后，公司可以将全球细分市场确定为目标市场，确定不同国家的类似客户群体。从以上对不同市场细分方法的讨论中可以明显看出，确立"真正"的全球细分市场非常昂贵，而且需要一家公司付出相当多的时间与精力，更别说在这个市场上耕耘（Craft, 2004）。然而，全球市场定位具有优势。例如，单个国家市场中的某一特定细分市场可能太小，但是如果这一细分市场在几个国家存在，也是有利可图的（Porter, 1986）。

必须指出，这三种全球市场细分、目标市场选择和市场定位战略并不是相互排斥的。例如，为大量国际市场服务的公司可以将一些小国视为单独的细分市场，为一些主要市场量身定做细分方案，同时，在其国家投资组合中追求某些全球细分市场。因此，不同的市场细分策略可在同一家公司内共存（Diamantopoulos, et al., 2014）。

4.3.2 评估目标细分市场

评估全球目标市场不能依赖于一家公司在其市场细分和目标市场选择中采取的方法，主要标准在很大程度上与评估任何特定的国内市场的主要标准相同。尤其重要的是细分市场的当前规模、增长潜力、细分市场内的竞争实力、与公司总体目标的兼容性以及成功达到指定目标的可行性（Keegan &

Schlegelmilch, 2001)。

咨询公司贝恩（Bain）提出了一种选择最有前途客户的有趣方法（Markey, et al., 2007）。咨询顾问建议，公司的目标客户应该是那些对自己的产品最感兴趣的客户，以及那些可能会向朋友或同事推荐其产品或品牌的客户。这个"设计目标"被认为是客户的核心目标，公司可以比竞争对手更好地为客户服务。目标市场对公司的产品越满意，客户就变得越忠诚，同时也会把这个消息传播给其他潜在的客户。尽管设计目标细分市场本身可能不足以让公司实现盈利目标，但它的口碑潜力和忠诚度使其值得肯定并保持客户满意。

公司可以通过简单地询问当前客户推荐公司产品的可能性来确定设计目标。根据他们的回答，顾客可分为以下三类之中的一类：①推动者，他们是公司最忠诚的客户，热切地宣扬公司的产品；②被动者，既不有利于也不有害于公司客户群的增长；③贬低者，不满意的顾客，也会向其他潜在的客户表达不满。引入盈利能力作为一个额外的标准，贝恩提出了一个如图 4.2 所示的网格。

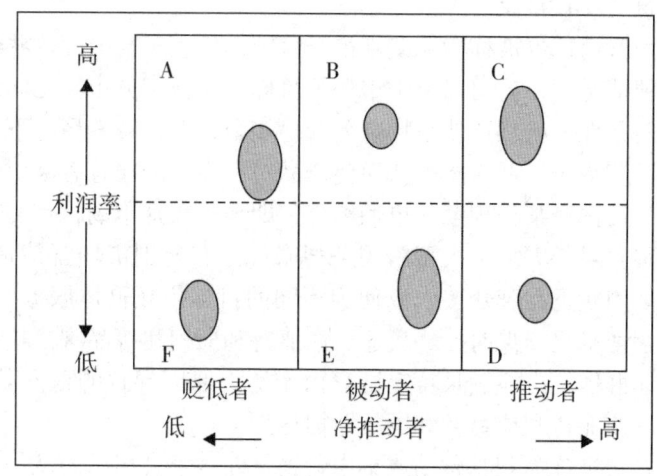

图 4.2　以最忠诚的顾客为选择目标

贝恩认为，公司的推动者会刺激公司的发展，而贬低者会阻止公司的发展。通过从推动者的百分比中减去贬低者的百分比，我们就可以得到贝恩发明的净推动者值，该得分与一家公司的增长前景和未来的盈利能力密切相关（Markey, et al., 2007）。

4.3.3 选择目标细分市场

当选择一个或多个目标细分市场时，公司必须选择某一细分市场来进行大众市场营销。由于客户有不同的需求，每个单独的客户可以被视为一个单独的细分市场。即过去的工匠生产独一无二的服装或家具的标准，许多专业机械制造商的设计和制造也是以个别客户要求的规格为标准。然而，在大规模定制的背景下，单一细分市场的概念引发了新的潮流。

信息技术和制造技术的进步使得以下情况成为可能：为客户提供定制化服务，了解每个客户的独特需求，以及为每一位客户提供不同配置的产品。率先采用这种方法的杰出代表是戴尔，它是首批按每个客户独特需求来配置每台PC的生产商之一。从那以后，互联网上涌现出许多提供定制产品的公司，从自行车、安全带到巧克力、减肥计划，甚至婴儿奶嘴（即面向英国宝宝的橡皮奶头）。允许客户根据自己的个人品味在产品创造中发挥重要作用的公司能让客户对这些公司的产品更加偏好，提高了产品的顾客感知经济价值（Franke, et al., 2010）。

大众市场营销，也被称为无差别市场营销，代表了与上面这些例子相反的情况。在这种情况下，公司以整个市场为目标，无视细分市场之间的差异，而专注于它们的共性。虽然这使市场细分变得多余，但在有些情况下，标准产品的无差别市场营销会降低成本，从而使产品对大多数的顾客有吸引力。

大多数公司选择某种程度的市场细分，即介于大众市场营销和某一细分市场之间。确实，对于大多数大型跨国公司来说，有差别市场营销是营销标准。例如，大众集团旗下品牌众多，以便为不同的目标市场群体服务。除大众外，还有宾利、兰博基尼、保时捷、奥迪、西亚特和斯柯达等品牌。这些品牌既服务于国际目标群体，也能满足特定国家由于历史原因导致的根深蒂固的偏好，比如西班牙的西亚特和捷克共和国的斯柯达。

其他的方法被称为利基营销或集中营销，即一家公司试图从一个或几个较小的边缘细分市场中获得很大比例的市场。实施这种战略的公司通常通过这种集中式战略对市场情况了然于心。"微营销"一词与"利基营销"形影不离，就是指公司将其营销计划调整为针对狭义的细分市场。任何一种利基营销战略、集中营销战略或微营销战略的一个主要缺点是公司对所选择的边缘市场高度依赖。

在不同国家推行差异性或利基战略的公司所面临的一个共同问题是细分市场的规模和重要性各不相同。例如，在一个市场中规模较大并不断增长的细分市场，在另一个市场却可能规模较小且增长停滞。更糟糕的是，在一个国家重要的细分市场可能在另一个国家根本不存在。如图 4.3 所示，其中圆圈表示细分市场，矩形表示竞争产品的市场定位。将品牌定位在 A 国"随意"但"独特"空间的市场营销人员在进行 B 国的市场定位时可能会遇到问题，因为 B 国根本就没有这一细分市场。

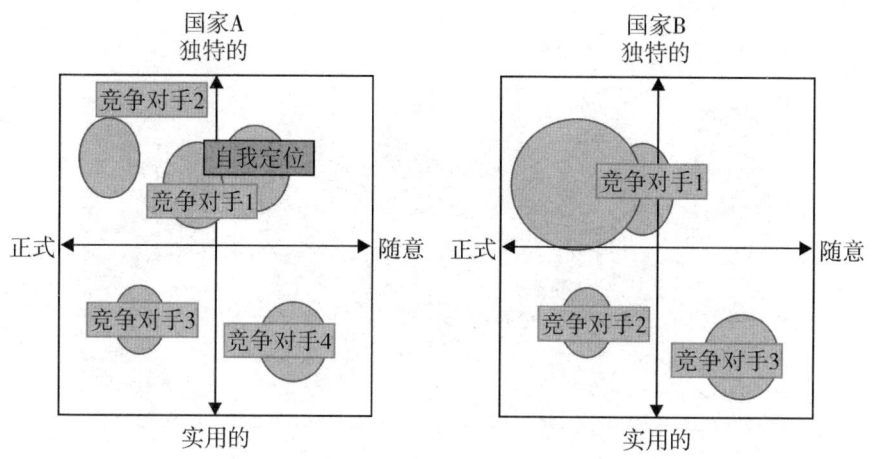

图 4.3　细分市场 – 目标市场关系

4.4　市场定位

市场定位是产品在消费者心目中的位置，以产品名称和产品形象的方式呈现。根据本章的概念逻辑，市场细分和目标市场选择之后是市场定位（Trout & Ries, 1979）。然而，在现实中，市场细分、目标市场选择和市场定位的决策是密切相关的，产品的定位作为一种市场创新，可能会驱动一个公司的市场细分和目标市场选择决策。市场定位是最有力的市场营销工具之一，但是，这一过程是在消费者的头脑中发生的，这让市场营销人员无法完全掌控。在市场定位时，有三个关键要素需要加以考虑：建立框架、建立价值等同和差异性（Kevin, et al., 2002）。

4.4.1　建立框架

建立框架意味着向消费者传达品牌可以实现的目标。在国际市场环境中，这一点有时不那么明显。以红牛为例，在欧洲，红牛被定位为一种时尚的能量饮料，面向年轻消费者，并以罐装方式出售。然而，在泰国这种能量饮料具有悠久历史的国家，长途货车司机或出租车司机喝能量饮料保持清醒已是家常便饭，而且泰国的能量饮料是用玻璃瓶中装着的，就像老式的止咳药瓶。这导致很多其他的能量饮料包装也看起来差不多，如果红牛不采用玻璃瓶包装，很多消费者就可能不会把它与能量饮料联想起来。因此，在这个例子中，"药"瓶建立了品牌框架（图 4.4）。

图 4.4　红牛通过包装建立品牌框架

图片来源：红牛公司。

4.4.2　建立价值等同

接下来，市场营销人员需要建立价值等同，即为什么品牌值得信赖。妮维雅是做护手霜出名的，当它推出除臭剂这款新产品时，仅仅强调它是一种"温和"的除臭剂是不够的，为了实现价值等同，需要指出它具有"呵护"功能。呵护功能确立了与其他品牌除臭剂的等同价值。在全球市场环境中，要成为一个可信赖的参与者，细微的差异往往至关重要，必须加以考虑。以 Somat 洗碗块为例，汉高在洗碗机普及率仍然较低的市场（例如 CEE 市场）强调其主打的"清洁性能"，但是在较发达市场（例如西欧市场），则突出其次要性能"让您的碗碟洁亮如新"，通过这种方式把自己定位为一个可信赖的市场参与者。如图 4.5 所示，黑体字部分表示宣传重点。

次要好处	洁亮如新	洁亮如新
主要好处	**清洁性能**	清洁性能
市场	CEE 市场	西欧市场

图 4.5　主要性能与次要性能的市场定位比较

4.4.3 差异性

最后一点，也可以说是最重要的一点，是公司必须将其产品与竞争对手的产品区分开来。一些市场营销人员会使用"独特销售主张"（USP）一词来强调差异性有多么重要。虽然有许多种方法将产品与竞争产品区别开来，比如通过产品所提供的好处、使用场合、文化特征等进行市场定位，但是最常用的有三种方法：通过品牌表现实现差异性、通过品牌形象实现差异性和通过消费者洞察实现差异性。

4.4.3.1 品牌表现

通过品牌表现实现差异性的一个例子就是装了其他非金霸王电池的玩具都没电了，但是，装了金霸王电池的邦尼兔依然还电力十足。大众过去也曾采用过类似的市场定位战略。通过品牌表现进行市场定位的效果显著，因为产品的优势显而易见，通过受专利保护的一些技术或设计，消费者意识能觉察到宣传公司所强调的差异的重要性，比如，具有最高分辨率或最大屏幕。这种市场定位方式在很大程度上独立于文化差异，有利于全球标准化的广告宣传。

4.4.3.2 品牌形象

另一方面，在国际环境中通过品牌形象实现差异性是出了名的困难。它需要将某一形象与品牌联系起来，表明这个品牌具有某些属性。比如，洗发水广告中出现草药和鲜花元素就是含蓄地表示这款产品中有天然成分，同时，不会表露得太明显。耐克的一则电视广告就说明了在打造品牌形象时，市场营销人员一定要多加小心，这则广告主要刻画的是美国篮球明星勒布朗·詹姆斯在电子游戏中击败了一位功夫大师、两位身着中国传统服装的女性和两条龙（龙在中国传统文化中被认为是神圣的象征）。这则广告在中国被禁了，因为它"违反了中国所有广告必须维护民族尊严和利益、尊重民族文化的规定"（*China Daily*，2004）。在一些文化中，如何在广告中刻画女性形象，以及是否可以出现女性形象，这也是一个棘手的问题。宜家就曾因为将女性形象从其产品目录中删除，使其更受沙特阿拉伯国家欢迎而受到批评（更多详情请参阅第10章，全球市场营销道德准则与企业社会责任）（*The Guardian*，2012）。

4.4.3.3 消费者洞察

通过消费者洞察实现差异性可以通过"教育"消费者了解品牌的优势来实现。再次强调，这需要考虑到各国市场之间的微妙差异。例如，汉高为其在不同中东欧国家销售的织物柔软剂 Silan 制作了不同的电视广告。在捷克共和国的广告中，一位代言人宣扬该产品香味宜人；在保加利亚的一则类似广告中，还是这位代言人，在他口中，这款织物柔软剂的卖点则是物美价廉。汉高解释说，在捷克共和国，消费者已经非常了解织物柔软剂的好处，但是在保加利亚，织物柔软剂还远没有普及，消费者更关心品牌的经济价值。

4.4.3.4 高科技与高感触

在全球市场营销中，关键问题之一是产品能否在不同的国家市场上以相同的方式进行定位。除了上文提到的产品在不同市场（比如，市场规模、增长率、可实现利润、竞争强度等方面的差异）上对目标细分市场的吸引力，产品类别还将决定标准化的全球市场定位是否能起作用。更具体来说，有人认为，全球市场定位对于高感触或高科技的产品是最有效的（Domzal & Unger, 1987）。对于这种产品来说，消费者有高度的参与感，并且使用共同的"语言"。

特殊利益产品、示范性产品或消费电子产品，如平板电脑或者手机，往往将高科技元素作为其卖点。世界各地的消费者使用一种共同的"语言"表达某些"特殊利益"，以技术术语为例，就是处理器速度或个人电脑内存。以休闲或娱乐为导向的特殊利益产品也是如此，在这些产品中，消费者同样使用一种与超越文化障碍的产品相关的共同的语言和符号。同时，产品形象也可能对这些产品和其他高科技产品发挥重要作用。

相比之下，高感触产品对专门信息的重视程度较低，对形象的重视程度较高。典型的高感触产品是指那些在全球环境下大家都熟知的产品（比如，与朋友交谈时喝的一杯咖啡），具有很强世界性的"地球村产品"（如香水、时装、矿泉水或披萨），以及具有普遍主题的产品（如物质主义、英雄主义和浪漫）。高感触产品的消费者共享一组与这些主题相关的符号（Keegan & Schlegelmilch, 2001）。

最后，产品可以沿高科技或高感触方向进行多种方式定位。例如，Bang & Olufsen 消费类电子产品的优雅设计确保了他们的产品在消费者心中的高科技和高感触形象。

4.4.3.5 原产国

在全球市场营销中，"XX 制造"标签就意味着产品的原产国，是将产品与竞争对手的产品区分开来的一种手段。事实上，关于原产国的研究，以及关于设计国、制造国和品牌国之间相互作用的相关著作是国际市场营销期刊中分析最多的主题之一（Agarwal & Sikri, 1996; Balbanis & Diamantopoulos, 2004; Han, 1989; Häubl, 1996; Hsieh, et al., 2004; Knight & Calantone, 2000; Laroche, et al., 2005）。一些国家的某些产品类别，如德国设计、希腊酸奶或荷兰奶酪有正面形象，公司常常用这些正面的国家形象来促进和打造正面的产品形象。例如，奥迪在德国的商业广告中依然使用了德国的奥迪广告语"Vorspung durch Technik",大致的意思是"以科技领导创新",就是为了将奥迪的设计能力与德国正面的国家形象联系起来。然而,有些国家的国家形象也可能是负面的,"××制造"标签可能会降低消费者对某一款产品的购买意向(Johansson, et al., 1994)。

原产国标签在消费者决策中所起的作用是相当复杂的。研究表明,消费者往往不知道许多知名品牌的实际原产国(Balbanis & Diamantopoulos, 2008; Samiee, et al., 2005)。当品牌国和原产国不一致时,还会出现其他的意外情况。例如,美国知名品牌耐克的产品可能在中国、泰国、印度尼西亚、马来西亚、越南或其他国家生产。消费者是根据品牌本身,认为这些产品是美国产品,还是根据实际的制造地点,认为它们是中国、泰国等国的产品呢?产品零部件在多个国家生产,世贸组织规则规定的原产国标签日益减少,使用"欧洲制造"标签而非特定欧洲国家制造标签等,进一步模糊了原产国对消费者的意义。因此,一些研究人员对原产国的相关性提出了质疑,而另一些人则认为,消费者在选择产品时,几乎不会将"××制造"标签列入考虑范围(Liefeld, 2004; Samiee, 2010; Usunier, 2006)。

尽管如此,一些公司显然不希望潜在消费者对产品原产国感到困惑。例如,Häagen-Dazs冰激凌公司于1961年由波兰移民在美国创立,现在归通用磨坊所有,部分产品授权给雀巢。公司创始人使用Häagen-Dazs这个品牌名称就是为了使它听起来像斯堪的纳维亚语。事实上,在成立最初的几年里,公司甚至用丹麦地图轮廓来加强这种联系。斯堪的纳维亚以高品质的食品而闻名,在品牌中使用斯堪的纳维亚元素当然会有利于将这个产品定位为高端豪华冰激凌。

尽管围绕原产国标签的作用存在争议,但是最近,一项综合的实证研究重申了原产国标签在预测消费者决策方面的持续有效性(Diamantopoulos, et al., 2011)。该研究分析了各国消费者对原产国标签的看法,这些国家的产品类别,以及源自这些国家的特定品牌,在控制品牌熟悉度差异的同时,研究消费者感知对购买意向的影响。我们的发现有利于清楚原产国标签所起的作用,澄清了文献中记载的一些相互矛盾的讨论和结果。具体来说,研究结果显示,国家感知和产品类别感知都不会直接影响消费者购买焦点品牌的意向,但通过对品牌形象的影响,会对购买意向产生强烈的影响。因此,我们的研究结果证明了原产国标签的重要性,并建议不应贸然低估它们。

4.5 小结

市场细分、目标市场选择与市场定位（STP）是任何市场营销战略的核心方面。全球市场细分旨在将市场划分为更小的单位，比如地区（若干个国家）、个别国家、行业或个别消费群体。它们每一个细分市场都可能对产品销售或市场营销活动有类似的反馈。选择目标市场设计，包括评估每个细分市场的吸引力，并选择一个或多个细分市场进行进一步的市场营销活动。最后，市场定位旨在让产品在目标消费者心中留下一个清晰、独特和理想的印象。

国际市场上有不少细分市场对于营销人员来说是大有可为的，但是，语言差异、国家法律和各种各样的文化因素限制了这种国际层面的发展。在国内和国际市场营销中有很多市场细分方式。其中，最重要的市场细分方式有按地理进行的市场细分、按人口进行的市场细分、按心理进行的市场细分、按行为进行的市场细分及按利益进行的市场细分。

就目标市场选择而言，公司可以采取三种不同的战略方法，即国别细分战略，每一个国家为一个单独的细分市场；或者几个国家被分成一组的国家内部的细分战略，以不同国家市场的不同客户群体为选择目标；或者可以采用全球市场细分战略，公司在各国之间确立了类似的客户群体。全球市场细分战略实现规模经济的潜力最大，但是，确立"真正"的全球细分市场非常昂贵，而且需要一家公司付出相当多的时间与精力——更别说在这个市场上耕耘。无论公司采用何种方式进行细分和定位，评估全球目标市场的主要标准在很大程度上与评估任何特定的国内市场的主要标准相同。尤其重要的是细分市场的当前规模、其增长潜力、细分市场内的竞争实力、与公司总体目标的兼容性及成功达到指定目标的可行性。

在选择了一个或多个细分市场后，市场营销人员需要树立产品在消费者心目中的位置，以产品名称和产品形象的方式呈现。从概念上来讲，市场定位优先于市场细分和目标市场选择；在实际中，市场细分、目标市场选择和市场定位的决策是密切相关的。在市场定位时，有三个关键要素需要加以考虑：建立框架、建立价值等同和差异性。有很多种方法将产品与竞争产品区别开来，比如通过品牌表现实现差异性、通过品牌形象实现差异性和通过消费者洞察实现差异性。但是，并非所有这些方法在跨文化背景下都同样有效。全球市场定位对于高感触或高科技的产品是最有效的，消费者通常依赖一种超越文化障碍的衡量标准、形象和符号，形成一种通用语言。这使标准化的全球市场定位更加可行。本章最后对原产国效应进行了简要的探讨。虽然我们承认，"XX制造"

标签往往问题多多，容易被消费者误解或忽视，但最近的研究表明，"产品原产国"这一元素仍然是消费者决策中的一个重要因素，尚未过时。

参考文献

Agarwal, S., & Sikri, S. (1996). Country image: Consumer evaluation of product category extensions. *International Marketing Review*, 13 (4), 23–39.

Balbanis, G., & Diamantopoulos, A. (2004). Domestic country bias, country-of-origin effects and consumer ethnocentrism: A multidimensional unfolding approach. *Journal of the Academy of Marketing Science*, 32 (1), 80–95.

Balbanis, G., & Diamantopoulos, A. (2008). Brand origin identification by consumers: A classification perspective. *Journal of International Marketing*, 16 (1), 39–71.

Beane, T. P., & Ennis, D. M. (1987). Market segmentation: A review. *European Journal of Marketing*, 21 (5), 20–42.

China Daily. (2004, December 7). China bans controversial nike ad. Accessed August 12, 2015, from http://www.chinadaily.com.cn/english/doc/2004-12/07/content_398082.htm.

China Daily. (2012, October 4). China biggest customer for VW luxury cars. Accessed August 12, 2013, from http://www.china.org.cn/business/2012-10/04/content_26700974.htm.

Cooper, R. G., & Kleinschmidt, E. J. (1985). The impact of strategy on export sales performance. *Journal of International Business Studies*, 16 (2), 37–56.

Craft, S. H. (2004). A factor analytic study of international segmentation performance measures. *Journal of Euromarketing*, 13 (4), 79–89.

Diamantopoulos, A., Ring, A., Schlegelmilch, B. B., & Doberer, E. (2014). Drivers of export segmentation effectiveness and their impact on export performance. *Journal of International Marketing*, 22 (1), 39–61.

Diamantopoulos, A., Schlegelmilch, B. B., & Palihawadana, D. (2011). The relationship between country-of-origin image and brand image as drivers of purchase intentions: A test of alternative perspectives. *International Marketing Review*, 28 (5), 508–524.

Diamantopoulos, A., Schlegelmilch, B. B., Sinkovics, R. R., & Bohlen, G. (2003). Can socio-demographics still play a role in profiling green consumers? A review of the evidence and an empirical investigation. *Journal of Business Research*, 56 (6), 465–480.

Domzal, T. J., & Unger, L. (1987). Emerging positioning strategies in global marketing. *Journal of Consumer Marketing*, 4 (4), 26–27.

Franke, N., Schreier, M., & Kaiser, U. (2010). The "I designed it myself" effect in mass customization. *Management Science*, 56 (1), 125–140.

Gardner, D. (2000, October 10). Slim pickings for the international brand in India. *Financial Times*, 19.

Han, M. C. (1989). Country image: Halo or summary construct?. *Journal of Marketing Research, 26 (2), 222 – 229.

Hassan, S. S., & Craft, S. H. (2005). Linking global market segmentation decisions with strategic positioning options. *Journal of Consumer Marketing*, 22 (2/3), 81 – 89.

Hassan, S. S., & Craft, S. H. (2011). An examination of global market segmentation bases and strategic positioning decisions. *International Business and Economic Research Journal*, 3 (9), 79 – 83.

Hassan, S. S., Craft, S. H., & Wael, K. (2003). Understanding the new bases for global market segmentation. *Journal of Consumer Marketing*, 20 (5), 446 – 462.

Hassan, S. S., & Samli, A. C. (1994). The new frontiers of intermarket segmentation. In Hassan, S. S. & Blackwell, R. D. (Eds.), *Global marketing: Perspectives and cases* (pp. 76 – 100). Orlando, FL: The Dryden Press.

Häubl, G. (1996). A cross-national investigation of the effects of country of origin and brand name on the evaluation of a new car. *International Marketing Review*, 13 (5), 76 – 97.

Helsen, K., Jedidi, K., & DeSarbo, W. (1993). A new approach to country segmentation utilizing multinational diffusion patterns. *Journal of Marketing*, 57 (1), 60 – 71.

Hofstede, T., Steenkamp, J.-B. E. M., & Wedel, M. (1999). International market segmentation based on consumer – product relations. *Journal of Marketing Research*, 36 (1), 1 – 17.

Hsieh, M.-H., Pan, S.-L., & Setiono, R. (2004). Product-, corporate-, and country-image dimensions and purchase behavior: A multicounty analysis. *Journal of Academy of Marketing Science*, 32 (3), 251 – 270.

Johansson, J. K., Ronkainen, I. A., & Czinkota, M. R. (1994). Negative country-of-origin effects: The case of new Russia. *Journal of International Business Studies*, 25 (1), 77 – 86.

Judd, V. C., Owens, C. A., & Self, D. R. (1988). Market segmentation of alcoholics: A demographic/psychographic approach. *Health Marketing Quarterly*, 6 (1), 57 – 91.

Kale, S. H., & Sudharshan, D. (1987). A strategic approach to international segmentation. *International Marketing Review*, 4 (2), 60 – 70.

Keegan, W. J., & Schlegelmilch, B. B. (2001). *Global marketing management: A european perspective*. Essex: Financial Times/Prentice Hall.

Kevin, L. K., Sternthal, B., & Tybout, A. (2002). Three questions you need to ask about your brand. *Harvard Business Review*, 80 (9), 80 – 86.

Knight, G. A., & Calantone, R. J. (2000). A flexible model of consumer country-of-origin perceptions: A cross-cultural investigation. *International Marketing Review*, 17 (2), 127 – 145.

Ko, E., Taylor, C. R., & Sung, H., Lee, J., Wagner, U., Navarro, D. M., & Wang, F. (2012). Global marketing segmentation usefulness in the sportswear industry. *Journal of Business Research*, 65 (11), 1565 – 1575.

Kotler, P., & Armstrong, G. (2007). *Principles of marketing*. Upper Saddle River, NJ: Pearson Prentice Hall.

Laroche, M., Papadopoulus, N., & Heslop, L. A., & Mourali, M. (2005). The influence of country image structure on consumer evaluations of foreign products. *International Marketing Review*, 22 (1), 96–115.

Leonidou, L. C., & Katsikeas, C. (2010). Integrative assessment of exporting research articles in business journals during the period 1960–2007. *Journal of Business Research*, 63 (8), 879–887.

Leonidou, L. C., Katsikeas, C., & Samiee, S. (2002). Marketing strategy determinants of export performance: A meta-analysis. *Journal of Business Research*, 55 (1), 51–67.

Levitt, T. (1983). The globalization of markets. *Harvard Business Review*, 61 (3), 92–102.

Liefeld, J. P. (2004). Consumer knowledge and use of country-of-origin information at the point of purchase. *Journal of Consumer Behaviour*, 4 (2), 85–96.

Markey, R., Ott, J., & du Toit, G. (2007). Winning new customers using loyalty-based segmentation. *Strategy & Leadership*, 35 (3), 32–37.

Mazanec, J. (1993). Exporting eurostyles to the USA. *International Journal of Contemporary Hospitality Management*, 5 (4), 3–9.

Meffert, H., Burmann, C., & Kirchgeorg, M. (2008). *Marketing*. Wiesbaden: Gabler.

Narang, R. (2010). Psychographic segmentation of youth in the evolving Indian retail market. *The International Review of Retail, Distribution and Consumer Research*, 20 (5), 535–557.

Piercy, N. F., & Morgan, N. A. (1993). Strategic and operational market segmentation: A managerial analysis. *Journal of Strategic Marketing*, 1 (2), 123–140.

Plank, R. E. (1985). A critical review of industrial market segmentation. *Industrial Marketing Management*, 14 (2), 79–91.

Porter, M. E. (1986). The strategic role of international marketing. *Journal of Consumer Marketing*, 3 (2), 17–21.

Rogers, E. M. (2003). *Diffusion of Innovations* (5th ed.). New York, NY: Simon and Schuster/Free Press.

Samiee, S. (2010). Advancing the country image construct—A commentary essay. *Journal of Business Research*, 63 (4), 442–445.

Samiee, S., Shimp, T. A., & Sharma, S. (2005). Brand origin recognition accuracy: Its antecedents and consumers' cognitive limitations. *Journal of International Business Studies*, 36 (4), 379–397.

Sausen, K., Tomczak, T., & Herrmann, A. (2005). Development of a taxonomy of strategic market segmentation: A framework for bridging the implementation gap between normative segmentation and business practice. *Journal of Strategic Marketing*, 13 (3), 151–173.

Steenkamp, J.-B. E. M., & Ter Hofstede, F. (2002). International market segmentation: Issues and perspectives. *International Journal of Research in Marketing*, 19 (3), 185–213.

Sudo, N., Degeneffe, D., & Vue, H., Merkle, E., Kinsey, J., Ghosh, K., & Reicks, (2009). Relationship between attitudes and indicators of obesity for midlife women. *Health Education & Behavior*, 36 (6), 1082–1094.

Tam, J. L. M., & Tai, S. H. C. (1998). Research note: The psychographic segmentation of the female market in greater China. *International Marketing Review*, 15 (1), 61–77.

Taylor, A., III. (1995, January 16). Porsche slices up its buyers. *Fortune*, 24.

The Guardian. (2012, October 2). Ikea apologises over removal of women from Saudi Arabia catalogue. Accessed August 12, 2015, from http://www.guardian.co.uk/world/2012/oct/02/ikea-apologises-removing-women-saudi-arabia-catalogue.

The World Bank. (2015). New country classifications. Accessed August 12, 2015, from http://data.worldbank.orgnewsnew-country-classifications-2015.

Trout, J., & Ries, A. (1979). Positioning: Ten years later. *Industrial Marketing*, 64 (7), 32–42.

Tynan, A. C., & Drayton, J. (1987). Market segmentation. *Journal of Marketing Management*, 2 (3), 301–335.

Usunier, J.-C. (2006). Relevance in business research: The case of country-of-origin research in marketing. *European Management Review*, 3 (1), 60–73.

Walters, P. G. (1997). Global market segmentation methodologies and challenges. *Journal of Marketing Management*, 13 (1–3), 165–177.

Young and Rubicam's 4Cs. (2015). Acc.

5 打造全球产品和服务

摘要

产品和服务仅仅是帮助消费者实现解决方案的工具。本章首先介绍不同类型的产品和服务之间的区别,接着讨论了标准化和适应化的关系。随后,重点转向全球创新和产品开发,并说明不同类型的创新对创新公司和整个市场的影响有多么大的不同。本章最后回顾了国际产品生命周期,这是一个用来解释外国投资模式以及介绍产品的收入和利润模式的概念。

5.1 消费者购买解决方案

市场营销人员有一句很响亮的口号:消费者购买的是解决方案,而不是产品。许多格言警句也表达了同样的观点。西奥多·莱维特(Theodore Levitt)说过:"人们其实不想买一个四分之一英寸的钻头,他们只想要一个四分之一英寸的洞!"(Christensen, et al., 2005)"我们在工厂制造化妆品,在店里贩卖希望。"——这句话据说出自建立了露华浓帝国的查尔斯·雷夫森(Charles Revson)(MacInnis & de Mello, 2005)之口。

在这一章中,我们完全支持将产品概念化以帮助消费者实现解决方案的理念。在下文中,我们首先将产品分解成不同的维度,每一个维度都可为消费者带来不同的好处。接下来,我们区分了不同类型的产品,从消费品到商业产品,从有形产品到无形服务。对产品范围的理解奠定了标准化和适应化之间讨论的基础,这是全球营销战略的核心。随后,我们把重点放在不同类型的创新上,这些创新会对创新公司和整个市场产生不同的影响。本章最后回顾了国际产品生命周期,这是一个用来解释外国投资模式以及描述产品的收入和利润模式的概念。

5.2 将产品转化为解决方案

为了将产品转化为解决方案,了解产品的不同类型和维度是很重要的,在全球市场营销中尤为重要。在全球市场中，产品的种类和维度决定了标准化的范围。总体而言，市场营销人员使用"产品"一词不仅是指实物产品，也指服务、场所、人员、组织、信息或理念。当然，这些元素也可以捆绑在一起，例如，一位空姐在航班上供应星巴克咖啡。有时，"产品"一词被更广泛地用于指整个市场产品，包括价格、品牌、形象等。为了清晰地了解相关概念，本章对市场营销组合的各个要素分别进行了讨论。因此，使用"产品"一词来指整体产品很好地提醒了我们，市场营销组合的各个要素需要从整体上加以审视，并向客户发出协调一致的信息。

5.2.1 产品维度

定义一件产品似乎是一项简单的任务，但仔细想想就会发现，它比预期的要复杂得多。核心客户价值是产品的中心，这是消费者所寻求的基本利益。接下来就是实际产品，实际产品具有品牌名称、质量、设计、包装等属性。最后，延伸产品通过补充业务（如交付和信贷、售后服务支持和质量保证）创造额外的客户价值。因此，产品提供的利益远远超出了有形层面，还有心理和象征性层面，总之，这些层面旨在满足消费者的需求，并为客户提供最重要的解决方案（Keegan & Schlegelmilch, 2001）。

在全球市场营销环境下，一家公司可以在世界各地提供相同的核心产品，但是会调整其品牌名称、设计并提供不同级别的支持服务。因此，产品的象征和心理属性可能有所不同。

5.2.2 产品类型

关于不同的产品类型，主要分为消费品和商业产品。消费品可按购买行为进一步分类。其中，便利品是经常被购买、购买时不用花太多精力，而且通常是价格低廉的产品，比如牛奶、软饮或汽油等。另一方面，选购品通常是在对现有产品进行比较后购买的，产品特点、设计、质量和价格等因素在消费者的购买过程中起着重要作用，典型的例子包括汽车、手机等等。特殊商品的购买一般不考虑价格或地点，包括蒂芙尼钻戒或LV手袋等产品。与之相反，非需求品是市场上销售的商品，但消费者眼下可能没有购买需求，一个典型的例子就是预付费葬礼（Kurtz, et al., 2010）。

此外，使用寿命是一种常用的产品分类标准，耐用品和非耐用品就是依据这一标准划分的。虽然依据使用寿命等类似标准进行产品分类，最初是针对国内营销，但这些标准在国际环境中同样适用，并在打造全球市场产品的过程中可能会有所帮助。

区分实物产品和非实物服务也很重要,虽然二者是统一的,而不是对立的(图 5.1)。

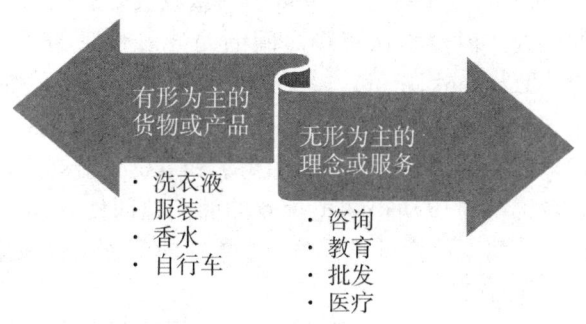

图 5.1　产品-服务关系

图 5.1 清楚地表明,服务也是一种产品。换句话说,除了纯粹的服务之外,还有嵌入在商品中的服务,反之亦然,有一些产品是附加在服务之上的(Patterson & Cici,1995)。服务具有不同于实物产品的特性:它们是无形的、随时间变动的、不可分割的、容易消失的。虽然这些属性本身就构成挑战,但在国际背景下,这些挑战往往更加复杂。服务不能预先展示,也不能存储或传输。服务是在销售点提供的,这也使实现规模经济变得更加困难,并增加了在当地建立服务设施的必要性(Javalgi & Martin,2007)。尽管如此,一些服务,特别是那些基于信息的服务,如银行、法律咨询,为不同市场的标准化提供了机会(Lovelock & Yip,1996)。

概述了产品的主要维度和类型,我们现在将要讨论全球市场营销战略中的一个核心问题,即适应化 VS 标准化的争论。

5.3　适应化 VS 标准化

在全球市场营销环境下,市场营销管理人员通常很难在标准化和适应化之间取得平衡。对于两者的关系,一般有五种情况:①最初为国内市场开发的产品在不做任何调整的情况下在国际市场上销售;②国内产品做一些调整后在国际市场上销售;③针对不同国家市场的跨国细分市场打造一款全球标准化产品;④针对不同国家市场的跨国细分市场打造一款全球产品,做了一些调整,以满足当地国家的特别需求;⑤针对国外市场开发打造了一款新产品(Alon & Jaffe,2013)。

标准化—适应化营销战略之争是国际营销期刊上讨论最多的话题之一（Leonidou, et al., 2010）。最先挑起这场争论的是罗伯特·D·巴泽尔（Robert D. Buzzell）（Buzzell, 1968）。在1968年一篇颇具开创性的文章中，巴泽尔阐明了标准化的好处，但也承认市场之间的差异所带来的局限性。1983年，西奥多·莱维特（Theodore Levitt）提出了更明确的立场。他那篇被广泛引用的文章——《市场全球化》不仅普及了"全球化"一词，而且似乎也证明了标准化战略的合理性。他认为，消费者的需求和欲望日益同质化，并表示，无论是哪里的消费者，都希望获得物美价廉的商品，即使要牺牲个人偏好。因此，莱维特建议，公司应该把世界看作一个单一的市场，最好提供标准化的产品或服务（Levitt, 1983）。

20世纪80年代，可口可乐似乎遵循的就是莱维特提出的方法。在首席执行官罗伯特·戈伊苏埃塔（Roberto Goizueta）的领导下，可口可乐推行了一项激进的集中化和标准化战略。公司缩减了产品组合，将重点放在多个主打品牌，并将其提供的产品标准化，以获得最大的规模效益。然而，这一战略没有奏效。可口可乐的市值下降了约1000亿美元，较峰值下降了40%以上（Ghemawat, 2007a）。可口可乐公司只能再次分散业务，这与莱维特的理论背道而驰。可口可乐的例子经常被用作对莱维特理论的反驳，并说明了在实现规模经济方面的困难。许多学者还通过指出消费者偏好的显著差异来攻击莱维特的假设；另一些人指出，消费者不会愿意为了更低的价格而牺牲产品特性（Hise & Choi, 2011）。

然而，莱维特的理论究竟是有远见的还是乌托邦式的，目前仍未有定论。莱维特在2006年表示坚定立场，他指出尽管存在反例，但他的基本观点不变（Levitt, 2006）。2005年，作者兼《纽约时报》专栏作家托马斯·弗里德曼（Thomas L. Friedman）在《世界是平的》一书中发表了他对这一问题的看法，他把莱维特早期提出的理论重新放到聚光灯下讨论。虽然弗里德曼并没有说所有的产品都应该标准化，但是他也强调说，企业所处的环境正变得越来越同质化（Friedman, 2007）。因此，他同意莱维特提出的一个基本假设，即全球消费者需求的趋同。就拿弗里德曼的畅销书《世界是平的》来说，这个书名和莱维特一篇文章的副标题非常相似——"地球是平的"。之前也批评过莱维特的潘卡基·格玛沃特（Pankaj Ghemawat）用一篇题为《为什么世界不是平的》的文章反驳了弗里德曼，这篇文章中提出了几个截然相反的观点（Ghemawat, 2007b）。

从整体上看，标准化—适应化两者的关系就像是打乒乓球。标准化通常被认为是理想的，但在许多情况下被证明是不可行的。此外，标准化—适应化讨论缺乏充分的理由让跨国公司推断出具体的战略方向。对相关研究的回顾发现，"仔细分析相关文献，得出的结论是，我们对此知之甚少"（Hise & Choi, 2011）。一项类似的研究认为现有的研究范围广泛，但往往是支离破碎的、重复的或矛盾的（Theodosiou & Leonidou, 2003）。样本和方法往往过于薄弱或过于具体，没有实用价值。因此，既不只是标准化至关重要，也不只是适应化至关重要，而是两者之间的平衡至关重要。从概念上讲，通过适应化产生的额外成本与由规模经济所驱动的制造和营销成本相交，就达到了这种平衡（图5.2）。在现实中，企业发现很难界定"正确"的平衡。下文更详细地阐述了标准化与适应化的利弊。

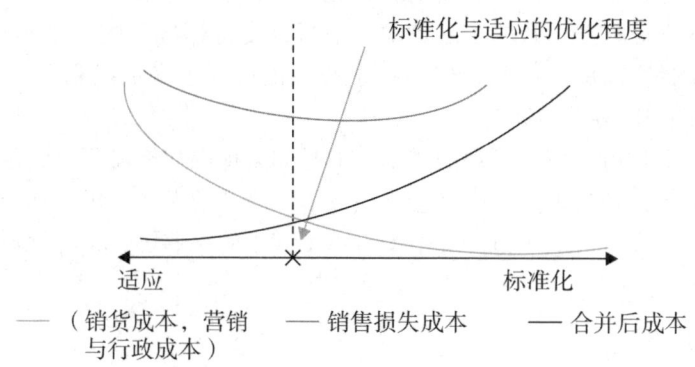

图 5.2　标准化与适应化的平衡

5.3.1　标准化

在 20 世纪上半叶，公司推出的产品通常针对各自的市场。20 世纪 60 年代末，巴泽尔建议公司推行标准化，继巴泽尔之后，莱维特在 20 世纪 80 年代也提出了这一观点。在全球化的推动下，消费者需求趋同，被认为是推行标准化的理由（Buzzell, 1968）。即在几个市场推出标准化产品，将固定成本分散到更多的细分市场，并创造规模经济。莱维特认为，"全球竞争对手将不断寻求在任何地方标准化他的产品。只有在尽了一切可能奉行这一标准，在特殊情形下才会去偏离，而且一旦偏离了，他还会重新回到标准化的道路"（Levitt, 1983）。因此，降低成本被视为标准化的主要好处（Hise & Choi, 2011）。

然而，标准化不仅降低了生产成本，还方便规划和控制生产，从而降低了管理全球产品组合的复杂性。例如，超市的产品采用多语言标签，允许跨国公司集中生产，然后根据需要将产品转移到不同的国际市场。

另一个重要的问题是时间。研发适合当地偏好的产品版本可能需要数周或几个月，甚至是几年的时间。尤其是如果竞争对手更快地推出他们的产品版本的话，时间会是一个关键因素。特别是在时尚等开发周期较短的行业，如果企业不想被速度更快的竞争对手甩在后面，那么上市时间是一个关键的成功因素。此外，由于初期投资较低及上市时间较短，标准化产品通常会产生更快的回报。

标准化也增加了全球统一的形象。随着跨国客户的出现，这方面的重要性越来越显著（Buzzell, 1968）。消费者的移动性越来越强，因此，一位美国游客希望她的焦糖咖啡在世界各地的任何星巴克都能买到。同样地，曼谷麦当劳的一位西班牙顾客希望他的巨无霸能和西班牙的品尝起来味道一样。这就驱使跨国公司在全球打造一致的产品形象。最后，支持标准化的一个有力依据是，好点子通常是稀有的，因此，好的点子应该被最大规模加以利用（Douglas & Craig, 1986; Buzzell, 1968）。

虽然标准化可以节约可观的成本，但是如果标准化产品不能满足消费者的需求，从而导致销售下降，则又会推高成本。除了消费者需求，还有一些其他因素限制了标准化的应用范围。下文讨论了其中的一些因素，并探讨了适应化的坚实依据。

5.3.2 适应化

适应化是必须的，没有选择的余地。法律法规或其他因素（例如，不同的电压水平），经常迫使公司修改其产品。因此，本文主要讨论的是自愿适应化范畴。

某些标准化产品可能根本不符合当地的要求，因此只能降低售价。汤米·希尔费格在进入欧洲市场后就制定了独立的营销战略。阿姆斯特丹的一个设计中心试图了解欧洲消费者的偏好，以设计适合欧洲消费者的服装，结果北美和欧洲的产品完全不一样。因此，如果公司推行产品标准化，可能导致无法满足所有消费者偏好。拿法国和魁北克来说，这两个地区都说法语，但一项针对男性化妆品的研究显示，法国男性和魁北克族男性有着根本不同的购买动机。这就要求企业在产品包装上下功夫（Souiden & Diagne, 2009）。

显然，适应化增加了初始成本。但是，适应化成本可以被增加的收入所抵消。虽然标准化的支持者经常以规模经济和范围经济作为拒绝适应化的理由，但是，有一点需要注意，最佳规模经济和范围经济往往是在区域层面而不是在全球层面达到的（Ambos & Schlegelmilch, 2010）。以汽车制造工业来说，工厂自动化降低了规模经济，使公司能够有效地为区域甚至地方市场服务

（Douglas & Wind，1987）。当业务跨越区域边界（大陆）时，营销成本、运输成本和行政成本也可能迅速增加（Nachum & Zaheer，2005）。认为区域可以实现最佳规模经济和范围经济的最后一个依据源自所谓的知识的黏性，即思想、经验和知识在各区域之间的转移变得越来越困难（Szulanski，1996；von Hippel，1994）。

如果一家企业选择权力下放，将总部决策权下放到区域子公司，会给当地产品经理更多的自由和更大的责任。这通常对激励有积极作用，因为如果产品经理在产品设计过程中有发言权，而不仅仅是执行中央决策，他们就会更加积极地投入。①

5.3.3 权变观念

从整体的营销组合来看，产品往往是组合中最标准化的元素，而价格则是最适应化的元素（Vrontis，2003；Hise & Choi，2011）。但是，多数产品本身既不完全标准化，也不完全适应化：可口可乐调整了甜度，苹果根据不同的电压水平对产品进行修改，麦当劳则会在菜单上加上本地菜式。标准化和适应化的程度也取决于产品类型。工业产品是标准化程度最高的。拿奥的斯电梯公司来说，公司提供相对标准化的解决方案，至多是根据他们合作的设计师各自的规范提供定制（Otis Elevator Company）。就消费品而言，耐用品比非耐用品更加标准化（Lehrer & Behnam，2009；Boddewyn, et al.，1986）。因此，个人电脑、冰箱等产品比食品和饮料所需的适应化要小得多，因为后者总体上更容易受到当地偏好的影响。相比之下，商用喷气式飞机很可能是标准化的。国际移动消费者使用的产品（如新秀丽或日默瓦手提箱），由于得到全球消费者的广泛认可，因此，便于实施标准化（Usunier & Lee，2006）。很少有跨国公司开发完全本地化的产品，该产品至少由标准化部件组成。因此，有几位学者支持权变观念，本质上主张企业既不完全标准化，也不完全适应化，而是将两者结合起来（Vrontis，2003）。

模块化和可编程性在此过程中有所帮助。模块化涉及将产品分解为可分离的成分，其中一些成分进行标准化，其他进行适应化。任何定制都是通过产品内在成分的组成来实现的（Lehrer & Behnam，2009）。拿罗南·基廷（Ronan Keating）来说，他翻唱的对唱歌曲《我俩拥有今夜》（We've got tonight）大获成功，唱片在英国出版时，合唱者是一位叫作 Lulu 的英国艺术家，而同样一首歌在德国录制时，伴唱者又换成了德国艺术家珍妮特·贝德曼（Jeanette

---

① 这些问题在第 9 章中作了更深入的讨论。

Biedermann），因为 Lulu 在讲德语的国家几乎无人知晓。在音乐视频中，罗南·基廷与合唱者从来没有在同一个画面中出现，使得唱片在两个市场非常容易调整。① 模块化结构既可以考虑到当地的特殊性，又可以结合标准化的益处。此外，模块化大大降低了产品设计的复杂性，产品由更容易管理的成分构成。模块化也是成功的大规模定制的先决条件，在降低单位成本的同时，实现产品设计的灵活性（Shamsuzzoha，2011）。因此，汽车、卡车和飞机往往是采用模块化设计。

另一种运用了权变观念的方式叫作可编程化。这种概念涉及具有可调功能的标准化产品，顾客在购买后可以进行个性化调整（Lehrer & Behnam，2009）。以智能手机通用操作系统安卓为例，虽然软件本身是标准化的，但它预先设置了一些可调整的功能。用户可以使用他们最喜欢的图片作为"壁纸"或切换到他们想要的语言（Honeycomb：Welcome to android 3.0！）导航系统制造商 TomTom 的软件同样有超过 40 种预先安装的语音供客户选择（Pick your Go）。鉴于其性质，这一概念经常被用于软件或网站。

在影响标准化和适应化之间平衡的众多因素中，有两种因素几乎总是发挥重要作用，即产品使用条件和预期的产品功效。

5.3.3.1 产品使用条件

产品在世界各地的使用方式各不相同，差异很大。比如：法国人喜欢通过栓剂而不是口服来服用各种药物；相对于波轮洗衣机，印度家庭更喜欢滚筒洗衣机，因为他们还会用洗衣机来搅拌凝乳或制造酪乳；印度家庭还喜欢使用治疗咳嗽感冒的非处方药 Vicks Vapor Rub 作为驱蚊剂（Alon & Jaffe，2013）。还有就是日本相当大一部分消费者更倾向于用冷水洗衣服，这给宝洁公司带来了一个问题，因为宝洁公司在日本最开始推出的是适用于热水洗衣的洗衣粉（Bartlett，2004）。很明显，这些差异经常会（但并非总是）带来产品适应。

5.3.3.2 预期的产品功效

预期产品功效方面的差异也推动了产品适应，甚至可能导致针对特定国家市场开发新产品的市场研发行为。就德国护肤美容公司拜尔斯道夫来说，公司通过在其产品组合中添加有史以来第一款男性专用的皮肤美白产品，增加了其领先品牌妮维雅在印度的销量。拜尔斯道夫就是受到消费者统计数据的驱动，该数据显示，亚洲男性面部护理产品的使用率高于欧洲男性。美国和欧洲消费

---

① Lulu 和 Ronan Keating—We've Got Tonight. YouTube. https://www.youtube.com/watch? v = EpgCBfZWr80；Jeanette 和 Ronan Keating—We've got tonight. YouTube. http://www.youtube.com/watch? v =_mm8cpVJMC8. Both Accessed August 12, 2015.

者倾向于购买美黑产品，而亚洲男性和女性更倾向于购买防晒产品，因为他们喜欢白皙的皮肤（Pittman，2005）。

5.4 全球创新与产品开发

任何一个全球市场营销经理的关键任务之一就是鼓励在世界各地组织的不同部门创新发展，以及确保创新在整个组织中迅速传播，而不管创新源自哪里（Ambos & Schlegelmilch，2008；Ambos & Schlegelmilch，2007）。这反映了两个重要事实。首先，创新不是只会发生在企业总部，而是分散在世界各地。事实上，子公司可能比总部更适合进入全球的知识中心或主导市场，比如，想研发信息技术就到加利福尼亚的硅谷，想发展汽车制造就去德国，想研制化妆品则要去日本。其次，一家公司应该愿意并能够向其子公司学习（Ambos, et al.，2006）。如果一家跨国公司想利用其全球子公司的创新成果，就必须克服典型的"非我发明症"。

虽然大多数人在讨论创新时立马就会想到新产品，但"创新"一词远不止于此。首先，产品创新和工艺创新是有区别的。另一个典型的区别是商业模式创新（如辐射状的航线）、业务创新（业务流程重组）和服务创新（如商业性的宠物托管）。其中，一些创新类型是增量式的，只涉及微小的改进（如罐装软饮的容量）；而另一些创新则是激进的，需要进行大量的改进（如圆珠笔）。激进创新和颠覆性创新互为补充，前者是对现有细分市场的补充（例如网上银行服务），而后者则通过创造新的市场空间来破坏现有的细分市场（如个人电脑基本上取代了传统的打字机）。为了做更深入的探讨，我们还将对激进和半激进创新进行介绍（Cooper & Kleinschmidt，1986；Christensen & Overdorf，2000；Garcia & Calantone，2002）。以苹果的 iTunes 音乐商店为例，它就代表了组织商业模式的彻底改变（如在线音乐发行），但是它依赖于传统的技术设备，比如，用来开发便携式 iPod 的个人电脑。但是，MP3 播放器已经存在，并且已经被竞争对手成功推广，因此，iPod 的推出是基于现有的洞察力，代表了一种渐进的创新。然而，商业模式和产品创新从整体上来说是半激进的。这种情况使得通过选择特定的创新类型制定明确的创新战略更加困难。

5.4.1 创新魔方

为了从更全面的观点来看，克里斯汀·潘奇（Christiane Prange）和我开发了一种创新魔方（图 5.3），其定义维度包括变化影响、战略影响和市场影响（Prange & Schlegelmilch，2015）。这种概念化使管理人员能够从组织创新的所有可能维度进行整体思考。

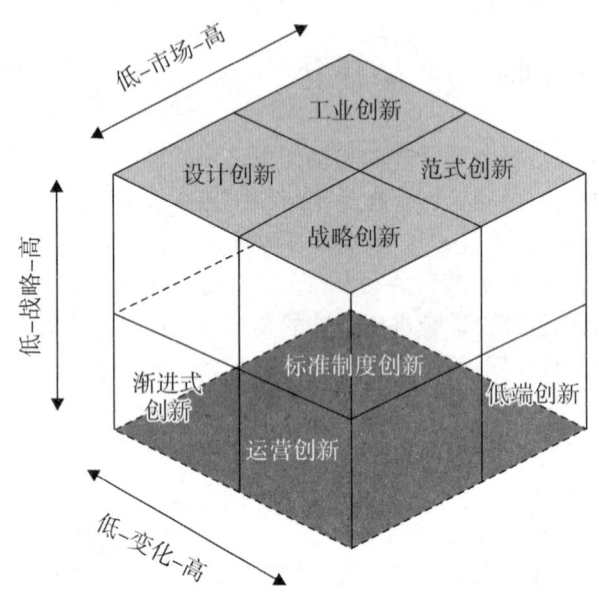

图5.3　潘奇－施勒格尔米尔希创新魔方

资料来源：Prange & Schlegelmilch，2015。

在魔方的三个维度中，变化影响是指一家公司在发展创新方面背离现状。一家公司通常需要重新配置其内部程序、资源和能力，以发展创新。因此，当需要新能力时，可能是通过组织变革文献所称的"过渡性"或"转型性"变化产生的。过渡性变化往往涉及细微的改进，比如沃达丰将多媒体服务加入了其最初的产品组合。而当一家公司从以产品为中心转变为以服务为中心时，比如IBM，企业将发生更实质性的转变。企业转型必须克服认知上的局限，发掘出企业文化深处的与客户或与市场相关的能力，让公司能顺利进入新市场（Danneels，2002）。

虽然变化的性质提供了公司内部适应过程的信息，但它并没有揭示出战略决策的复杂性。因此，战略影响维度可以区分为与特定功能层次相关的创新（比如制造、人力资源或金融）和影响公司不同层次的创新（比如在业务单元层面或公司层面的决策）。公司层面的决策通常是系统性的，涉及公司的实际（有时甚至是未来）市场定位，因此，公司层面的决策通常以基本战略为主。

第三个维度，市场影响，指创新维持市场与扰乱市场的影响。许多颠覆性的创新不是建立在先进技术的基础上的。这些颠覆性创新是将现有、现成成分以全新方式组合,在扩大规模以吸引大众市场之前,巧妙地在小型的、羽翼未丰的边缘市场上应用。有时颠覆性的创新会导致一个新的行业或细分市场的出现,比如上网本市场。消费者一开始对不那么复杂的技术和较低的价格感兴趣,而上网本通过提供小型化、易用性和新的定价结构来挑战老牌玩家。

5.4.2 设计全球创新战略

创新很少自发发生。跨国公司需要制定鼓励创新的战略,指导其研发活动,并确保创新在整个组织中迅速分散。关键决策之一为是否应在内部设立正式的研发设施,如果是,那么应在哪里设立,应设立多少;或者是否应透过其他方式发展创新,例如,合作研发。

许多公司,特别是制药公司,往往会选择将相当一部分新化合物的开发外包给专门的合作研发公司。此外,有些公司会对其他公司进行收购,往往是收购小型创新企业,就是为了获得新技术。获得技术许可或参与其他公司的合资研究也是获取创新的手段。

至于说创新活动应该在哪里进行,即创新的地理位置,针对国家子公司、区域总部和全球总部之间责任分工的研究表明,近40%的研发是在子公司和区域总部进行的(Ambos & Schlegelmilch, 2010)。除其他方面,这反映出子公司和区域总部对当地偏好有更好的了解,并且有可能更好地获得全球分散的技术。全球公司还设法利用更广泛的技能和能力,以及利用当地的知识。

5.4.3 新产品开发过程

从市场营销的角度来看,创新不仅仅包括产品创新,新产品仍然具有中心战略意义。由于各种各样的原因,公司需要新产品,例如,保持技术领先地位,进入新的市场,先占式营销,捍卫市场份额或利用其分销优势(Wong, 1993)。无论新产品开发过程是在哪里(地理上)以及如何(内部还是外部)发生的,通常包括以下6个步骤:①创意生成;②初步筛选;③商业分析;④开发;⑤市场测试;⑥商业化。

5.4.3.1 创意生成

普华永道的一份报告指出,几乎一半的新开发项目源自客户、供应商或市场情报,29%源自雇员,11%源自专家,5%源自竞争对手,只有9%源自研发(Kuo-Ming Chu & Chan, 2009)。从这些数字中可以很明显看出,企业不能仅仅依靠内部的研发中心,还需要与其他利益相关者接触,以获取创意。如今以公司为中心的价值创造转向了更多的客户参与。在传统观点中,公司和客户扮演着两个不同的角色,即生产者和消费者。按新时代的观点来看,消费者自愿参与生产过程，企业与客户共同创造价值。从这个意义上讲，企业不应只设计产品，而应从消费者担任的新角色中获益（Prahalad & Ramaswamy, 2004）。

《麦肯锡季刊》表明，尤其是在高科技行业，客户参与创意创造的过程是很普遍的，而在其他行业，如金融服务和制造业，客户主要起到筛选创意和测试概念的作用（Bughin, et al., 2007）。

公司也可以从具有特殊专业知识的用户（即所谓的领先用户）那里获取想法。领先用户可以是一家汽车制造商的一级方程式车手、一家软件公司的黑客，或者是专门报道某位服装设计师的记者。领先用户与普通用户的不同之处在于领先用户领先于市场趋势。领先用户可以是公司、组织或个人。研究表明，许多突破性创新是由主要用户而不是内部利益攸关方发展的。

5.4.3.2 初步筛选

一旦一家公司有了很多可供选择的创意，公司需要把那些有潜力的创意和那些不能达到公司目标的创意区分开来。换句话说，在筛选过程中，公司需要排除那些不合适的糟糕创意。为了完成这项任务，许多公司都有一个专门的新产品委员会。在某些情况下，像星巴克这样的公司也邀请顾客在他们的公司网站上发表他们对新产品的意见（My Starbucks Idea）。

5.4.3.3 商业分析

在对创意筛选后，需要对这个创意进行测试，以确保适合市场。这个过程包括销售、成本和利润预测，以及为新产品在不同市场上的潜在成功或失败设定标准。商业分析还应侧重于潜在风险，例如，可能对新产品的推出产生不利影响的业务和竞争环境的变化。

5.4.3.4 开发

在这个阶段，开发了物理版本的产品概念。产品原型开发出来后，需要经过测试。在全球背景下，这个过程不仅仅是从技术、生态或安全角度来确保产品的性能，公司还需要确保与新产品相关的颜色、形状、数字等在世界任何地方没有任何不必要的关联。

5.4.3.5 市场测试

公司通常不会直接在每个市场推出产品，而是经常选择在选定的市场上测试一种新产品。比如可口可乐公司在法国市场首先测试咖啡味可乐，宝马首先在澳大利亚测试了它的概念店，肯德基在新加坡试点了早餐菜单（Kotabe & Helsen, 2011）。所以，在某些市场测试全球产品没什么不寻常的。有时，国家可以代表一个地区。比如，泰国经常是亚洲的测试市场，而巴西则经常作为拉丁美洲的产品试点国家（Czinkota & Ronkainen, 2004）。

市场测试有几个好处。考虑到选定的市场可以作为一个可靠的代理，这项测试很可能对新产品的市场份额、销售量和渗透率进行相当准确的预测。在有些对家庭进行了批量测试的国家，企业还可以额外了解可能的试用、重复购买和使用率。

同时，测试也可能会产生误导，选择的市场可能无法可靠地预测最终推出产品的结果。也有一些企业很少进行正式研究：先锋航空、西南航空、麦当劳和耐克创立早期显然完全依赖于企业家的直觉，而不是复杂的研究，谷歌和星巴克的创始人也是如此（Hartley & Claycomb，2014）。此外，测试耗时、昂贵。公司应考虑与公司在测试市场期间潜在的销售损失相关的机会成本。测试还会提醒竞争对手，让他们有时间阻止或抢先发布产品。研究指出，几乎 2/3 的新产品在推出后就失败了，这引起了人们对全面市场测试的重要性的关注（Morner，1977）。最近的一项统计显示，超过80%的表现最好的创新者在产品开发过程中，定期测试和证实消费者的偏好；在表现最差的创新者中，只有43%的创新者这样做了（Gordon, et al.，2011）。

5.4.3.6 商业化

如果某一样产品具有商业潜力，它就可以从测试阶段进入商业化阶段。全球产品管理人员可以从许多策略中选择如何将创新引入市场。针对商业化的时机，有两种常用的方式——瀑布式和喷洒式。

在喷洒式产品上市中，产品同时在所有相关国家推出。如果获得了成功，这一方法将能获得最广阔的市场。在面临竞争威胁的情况下，喷洒式商业化亦追求最高的市场份额，以市场先占为目标。相比之下，"瀑布式"意味着在不同的国家相继推出该产品。比如说，公司可首先将创新引入国内市场，然后逐步扩展到其他市场。这一战略只需较低的初始投资，因为库存、销售人员和广告宣传的投入也不需要那么大。因此，采用这种方法风险较低，理想情况下一个市场的收入可以再投资于另一个市场，从而降低现金流压力。

5.5 国际产品生命周期

5.5.1 解释外商投资模式

在不同的海外市场逐步推出一款产品的愿景也符合国际产品生命周期（IPLC）。这个概念是20世纪60年代由弗农提出的（Vernon，1966），以解释国际上变化的外国直接投资模式。以一款最初在美国生产的产品为例，他提出了一个四相循环的理论：

（1）产品在美国开发和生产。刚开始的时候，几乎所有的销售收入都来自美国这个高收入的国内市场，产品只是逐渐出口。

（2）当出口量足够大，且技术成熟的时候，出口市场的（竞争）公司开始制造竞争产品。这导致通过国外制造的产品取代美国的出口产品。

（3）较低的劳动力和运输成本提高了外国生产商在世界市场上的竞争力，使它们能够在某些市场上击败美国。美国公司有选择地退出某些市场并开始投资海外生产设施。

（4）最后，外国公司变得非常具有竞争力，它们开始向美国出口产品，并与美国制造的产品进行充分竞争。

虽然国际产品生命周期（IPLC）能够解释某些行业跨国竞争的演变，尤其是汽车行业，但是，国际产品生命周期如今已经失去了很大的相关性。今天，一种新产品推出伊始，就衍生了全球性竞争，即使是小型的新企业，一旦建立起来，往往也是全球性的。Knight 和 Cavusgil 发明了"天生全球化"一词来形容这类公司（Knight & Cavusgil, 2004）。此外，劳动力成本差异在解释外国直接投资模式方面已经变得不那么重要了，资本密集型产业已经转移到劳动力成本较低的国家这一事实就证明了这一点。最后，国际产品生命周期没有反映当今全球分散的价值链的现实。跨国公司受益于世界各地的研发设施，在一个跨越多个国家设施的网络中组织生产和装配产品，并在全球范围内销售。

5.5.2　解释产品的收入和利润模式

如上文所述的弗农提出的国际产品生命周期（IPLC）主要用于解释国家间外国直接投资的变化。国际产品生命周期必须与产品生命周期（PLC）有明确的区别，后者表明产品的收入和利润遵循一种独特的引进、增长、成熟和衰退的模式。首先，在引进阶段，销售增长缓慢，公司可能遭受损失。其次，增长阶段的特点是销售强劲增长，往往伴随着增加变体产品来刺激需求。再次，在成熟阶段，销售放缓，通常很难跟上国内生产总值或人口增长的步伐。成熟阶段的特点也包括竞争加剧和相关的价格压力。最后，在衰退阶段，需求发生结构性变化；产品逐渐被更具创新技术或具有更多的相关功效的其他产品所取代；销售和利润下降。

虽然追踪产品一生销售和利润发展的产品生命周期并没有特别考虑到国际应用，但长期以来，产品生命周期一直被视为是在制定国际战略中非常有用的一个概念。早在 20 世纪 70 年代，霍弗就认为"在确定合适的商业战略时，最基本的变量是产品生命周期的阶段"（Hofer & Schendel, 1978）。同样，Biggadike 将产品生命周期视为营销对战略管理做出的五大贡献之一（Biggadike, 1981）。最后，波士顿咨询公司（Boston Consulting Group）著名的投资组合方法就是以产品生命周期概念为基础的。

当产品生命周期概念在国际环境中应用时,它也常被称为国际产品生命周期,虽然,正如前面指出的,它与弗农的国际产品生命周期有着根本的不同。然而,使用产品生命周期作为分析工具,在不同的国家市场可以揭示重要的差异。首先,产品扩散模式,即产品生命周期曲线的形状,它们的起点以及不同阶段的长度和梯度可能不同。虽然应当承认,过去几十年来所观察到的迅速全球化也使各国在产品生命周期方面的差异有所缩小,但是值得注意的是,跨国差异仍持续存在。在对16个欧洲国家130多款新产品的分析中,杰勒德·泰利斯(Gerard Tellis)和他的同事发现,新产品的销售发展在产品生命周期的形状上有着明显的差异(Tellis, et al., 2003;Stremersch & Tellis, 2004)。鉴于欧洲市场相对同质化,很明显,在文化和经济上更加多样化的市场(比如印度和美国,或者德国和尼日利亚)中,产品生命周期的差异,都更加突出。图5.4说明了在不同国家市场上某一特定产品可能存在的产品生命周期差异。

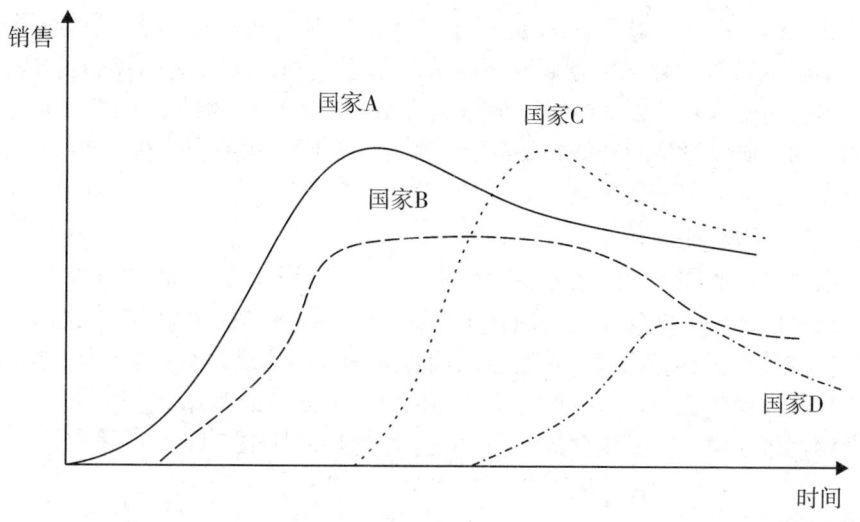

图5.4 不同国家的产品生命周期(PLC)差异

5.6 小结

消费者购买的是解决方案,而不是产品!因此,市场营销人员需要区分核心客户价值,即解决问题的能力,包括品牌名称、质量、设计、包装在内的实际产品，以及通过补充业务创造额外客户价值的延伸产品。在全球市场营销环境下，一家公司可能在世界各地提供相同的核心产品，但是会调整其品牌名称、设计并提供不同级别的支持服务。产品分类，如消费品和商业产品，耐用品和非耐用品，实物产品和无形服务，也可能有助于打造全球市场产品。

介绍完产品的主要维度和类型之后，我们的焦点转移到了全球市场营销战略的中心争论上，即适应化与标准化的争论。之后回顾了布泽尔、莱维特、弗里德曼和格玛沃特的开创性贡献，显然，既不只是标准化，也不只是适应化至关重要，而是需要两者之间的适当平衡。事实上，适应化可能是必需的，而不是一种选择。因此，许多适应化与标准化的争论都围绕着自愿适应化，而几位学者则倾向于采用权变观点，即企业既不能完全标准化，也不能完全适应化，而是需要将两者结合起来。

接下来讨论的是全球创新和产品开发。任何一个全球市场营销经理的关键任务之一就是鼓励在世界各地组织的不同部门创新发展，以及确保创新在整个组织中迅速传播，而不管创新源自哪里。虽然大多数人在讨论创新时立马就会想到新产品，但"创新"一词远不止于此，其对企业和市场有不同的影响。为了了解不同创新类型对企业变革、战略的影响和市场影响，我们提出了潘奇－施勒格尔米尔希创新魔方。随后，我们讨论了可供选择的全球创新战略，例如，内部研发设施的选址和外部获取创新的范围。在关于创新和产品开发的一节里，详细介绍了新产品的开发过程，包括创意生成、初步筛选、商业分析、开发、市场测试和商业化。

本章最后回顾了国际产品生命周期。弗农对国际产品生命周期的概念化侧重于解释国际上不断变化的外国直接投资模式，以及产品生命周期在国际上的应用（即追踪世界各国某一特定产品的收入和利润情况）。我们认为，在当今全球化的商业环境中，国际产品生命周期已经失去了很大的相关性，但对于全球营销经理来说，产品生命周期仍然是一个有用的战略工具。

参考文献

Alon, I., & Jaffe, E. (2013). *Global Marketing: Contemporary Theory, practice and Cases.* New York, NY: McGraw-Hill.

Ambos, B., & Schlegelmilch, B. B. (2007). Innovation and control in the multinational firm: A comparison of political and contingency approaches. *Strategic Management Journal*, 28 (5), 473–486.

Ambos, B., & Schlegelmilch, B. B. (2008). Innovation in multinational firms: Is there a fit between culture and performance? *Management International Review*, 48 (2), 189–206.

Ambos, B., & Schlegelmilch, B. B. (2010). *The New Role of Regional Management.* Basingstoke: Palgrave-Macmillan.

Ambos, T. C. , Ambos, B. , & Schlegelmilch, B. B. (2006). Learning from foreign subsidiaries: An empirical investigation of headquarters' benefits from reverse knowledge transfers. *International Business Review*, 15 (4), 294 – 312.

Bartlett, C. (2004). *P&G Japan: The SK – II Globalization Project. Case Study*. Boston, MA: Harvard Business School. 9 – 303 – 003.

Biggadike, E. R. (1981). The contributions of marketing to strategic management. *Academy of Management Review*, 6 (4), 621 – 632.

Boddewyn, J. J. , Soehl, R. , & Picard, J. (1986). Standardization in international marketing: Is Ted Levitt in fact right? *Business Horizons*, 29 (6), 69 – 75.

Bughin, J. , Erbenich, C. , & Shenkan, A. (2007, September). How companies are marketing online: A McKinsey global survey. *The McKinsey Quarterly*. Accessed August 13, 2015, from http://mensit. nl/plaatjesuserFile/How% 20companies% 20are% 20marketing% 20online. pdf.

Buzzell, R. D. (1968). Can you standardize multinational marketing? *Harvard Business Review*, 46 (6), 102 – 113.

Christensen, C. M. , Cook, S. , & Hall, T. (2005). Marketing malpractice. *Harvard Business Review*, 83 (12), 76.

Christensen, C. M. , & Overdorf, M. (2000). Meeting the challenge of disruptive change. *Harvard Business Review*, 78 (2), 66 – 76.

Cooper, R. G. , & Kleinschmidt, E. J. (1986). An investigation into the new product process: Steps, deficiencies and impact. *Journal of Product Innovation Management*, 3 (2), 71 – 85.

Czinkota, M. R. , & Ronkainen, I. A. (2004). *International Marketing*. Mason, OH: Thomson/South-Western.

Danneels, E. (2002). The dynamics of product innovations and firm competencies. *Strategic Management Journal*, 23 (12), 1095 – 1121.

Douglas, S. P. , & Craig, S. C. (1986). Global marketing myopia. *Journal of Marketing Management*, 2 (1), 155 – 169.

Douglas, S. P. , & Wind, Y. (1987). The myth of globalization. *Columbia Journal of World Business*, 22 (4), 19 – 29.

Friedman, T. L. (2007). *The World is Flat: A Brief History of the Twenty-first Century*. London: Penguin Group.

Garcia, R. , & Calantone, R. (2002). A critical look at technological innovation typology and innovativeness terminology: A literature review. *Journal of Product Innovation Management*, 19 (2), 110 – 132.

Ghemawat, P. (2007a, October 1). Coca-cola's global rethink. *Harvard Business Review*. Blog

Network. Accessed August 15, 2015, from https://hbr.org/2007/10/cocacolas-global-rethink.

Ghemawat, P. (2007b). Why the world isn't flat. *Foreign Policy*, 159, 54–60.

Gordon, M., Musso, C., Rebentisch, E., & Gupta, N. (2011, January). The path to successful new products. McKinsey & Company. Accessed August 13, 2015, from https://www.mckinseyquarterly.com/The_path_to_successful_new_products_2489.

Hartley, R. F., & Claycomb, C. (2014). *Marketing Mistakes and Successes* (12th ed.). Hoboken, NJ: Wiley.

Hise, R., & Choi, Y. (2011). Are US companies employing standardization or adaptation strategies in their international markets? *Journal of International Business and Cultural Studies*, 4 (1), 1–29.

Hofer, C. W., & Schendel, D. (1978). *Strategy Formulation: Analytical Concepts* (p. 798). St. Paul, MN: West Publishing.

Honeycomb: Welcome to Android 3.0! (n.d.). Accessed, August 13, 2015, from http://developer.android.com/sdk/android-3.0-highlights.html

Javalgi, R. G., & Martin, C. L. (2007). Internationalization of services: Identifying the building-blocks for future research. *Journal of Services Marketing*, 21 (6), 391–397.

Keegan, W. J., & Schlegelmilch, B. B. (2001). *Global Marketing Management: A European Perspective*. Essex: Financial Times/Prentice Hall.

Knight, G. A., & Cavusgil, S. T. (2004). Innovation, organizational capabilities, and the born-global firm. *Journal of International Business Studies*, 35 (2), 124–141.

Kotabe, M., & Helsen, K. (2011). *Global Marketing Management*. Hoboken, NJ: Wiley.

Kuo-Ming Chu, K.-M., & Chan, H.-C. (2009). Community based innovation: Its antecedents and its impact on innovation success. *Internet Research*, 19 (5), 496–516.

Kurtz, D. L., MacKenzie, H. F., & Snow, K. (2010). *Contemporary Marketing*. Toronto: Cengage Learning.

Lehrer, M., & Behnam, M. (2009). Modularity vs. programmability in design of international products: Beyond the standardization–adaptation tradeoff?. *European Management Journal*, 27 (4), 281–292.

Leonidou, L. C., Barnes, B. R., Spyropoulou, S., & Katsikeas, C. S. (2010). Assessing the contribution of leading mainstream marketing journals to the international marketing discipline. *International Marketing Review*, 27 (5), 491–518.

Levitt, T. (1983). The globalization of markets. *Harvard Business Review*, 61 (3), 92–102.

Levitt, T. (2006). *Ted Levitt on Marketing*. Boston: Harvard Business Press.

Lovelock, C. H., & Yip, G. S. (1996). Developing global strategies for service businesses. *California Management Review*, 38 (2), 64–87.

MacInnis, D. J., & de Mello, G. E. (2005). The concept of hope and its relevance to product evaluation and choice. *Journal of Marketing*, 69 (1), 1.

Morner, A. L. (1977). A product is born. *Fortune*, 95 (5), 124.

My Starbucks Idea. (n. d.). Accessed August 13, 2015, from http://mystarbucksidea. force. co-mapexideaList? lsi = 2.

Nachum, L., & Zaheer, S. (2005). The persistence of distance? The impact of technology on MNE motivations for foreign investment. *Strategic Management Journal*, 26 (8), 747 – 767.

Otis Elevator Company. (n. d.). *About elevators.* Accessed August 12, 2015, from http://www. otisworldwide. com/pdf/AboutElevators. pdf.

Patterson, P. G., & Cici, M. (1995). A typology of services firms in international markets: An empirical investigation. *Journal of International Marketing*, 3 (4), 57 – 83.

Pick your Go. (n. d.). Accessed August 13, 2015, from, http://www. tomtom. com/en_gb/drive/car/products.

Pittman S. (2005, October 19). Beiersdorf hails men's skin whitener a success in Asia. Accessed August 13, 2015, from http://www. cosmeticsdesign-asia. com/Market-Trends/Biersdorf-hails-men-s-skin-whitener-a-success-in-Asia.

Prahalad, C. K., & Ramaswamy, V. (2004). Co-creating unique value with customers. *Strategy & Leadership*, 32 (3), 4 – 9.

Prange, C., & Schlegelmilch, B. B. (2015). *Managing Innovation Dilemmas – The Cube Solution.* Working Paper, WU Vienna.

Shamsuzzoha, A. H. M. (2011). Modular product architecture for productivity enhancement. *Business Process Management Journal*, 17 (1), 21 – 41.

Souiden, N., & Diagne, M. (2009). Canadian and French men's consumption of cosmetics: A comparison of their attitudes and motivations. *Journal of Consumer Marketing*, 26 (2), 97 – 109.

Stremersch, S., & Tellis, G. J. (2004). Understanding and managing international growth of new products. *International Journal of Research in Marketing*, 21 (4), 421 – 438.

Szulanski, G. (1996). Exploring internal stickiness: Impediments to the transfer of best practice within the firm. *Strategic Management Journal*, 17 (Special Winter Issue), 27 – 43.

Tellis, G. J., Stremersch, S., & Yin, E. (2003). The international take-off of new products: The role of economics, culture, and country innovativeness. *Marketing Science*, 22 (2), 188 – 208.

Theodosiou, M., & Leonidou, L. C. (2003). Standardization versus adaptation of international marketing strategy: An integrative assessment of the empirical research. *International Business Review*, 12 (2), 141 – 171.

Usunier, J. -C., & Lee, J. A. (2006). *Marketing Across Cultures.* Harlow: Financial Times/Prentice Hall.

Vernon, R. (1966). International trade and international investment in the product cycle. *Quar-*

terly Journal of Economics, 80 (2), 190 – 207.

von Hippel, E. (1994). Sticky information and the locus of problem solving: Implications for innovation. *Organizational Science*, 5 (1), 98 – 118.

Vrontis, D. (2003). Integrating adaptation and standardisation in international marketing: The AdaptStand modelling process. *Journal of Marketing Management*, 19 (3/4), 283 – 305.

Wong, V. (1993). *Idea Generation in Identifying and Exploiting New Market Opportunities*. London: Department of Trade and Industry.

6 从全球运营中发掘价值

摘要

没有比定价更大的收入和利润杠杆了。不幸的是，定价也是全球营销中最困难的决策之一。本章介绍了国际舞台对定价的一些关键影响，并研究了一些全球定价策略和实践。笔者还仔细审查了全球定价背景下标准化与差异化这一棘手的问题，以及与中央或地方做出价格决策密切相关的事项。本章探讨的其他主题包括跨国公司内部的转移定价、倾销、灰色市场和平行进口。

6.1 全球定价：挑战与机遇

没有比定价更大的收入和利润杠杆了（Phillips，2005）。不幸的是，定价也是全球营销中最困难的决策之一。价格太高，顾客不会购买；价格太低，公司将无法从其全球运营中发掘足够的价值。考虑到定价的重要性，麦肯锡的一项研究发现，定价是首席执行官最担心的问题，这并不奇怪（McKinsey，2004）。同时，尽管许多公司现在有充足的数据资源，可以采取更科学的方法，但其定价仍然是以直觉为基础的（Boyd，2007）。

全球运营的公司一直面临着巨大的定价压力，今天的最佳价格到明天就说不定不是了。有竞争力的价格对公司的成功起着越来越重要的作用。顾客对价格越来越敏感、越来越知情、越来越有话语权，再加上科学定价管理方面的进步，定价在未来会越来越重要（Rothenberger & Siems，2008）。

影响全球定价的因素有很多。本章首先讨论主要的环境影响，并介绍一些全球定价策略和做法。其次，我们将从全球定价的角度来讨论标准化和差异化这一棘手的问题，以及与中央或地方做出价格决策密切相关的事项。接着，本章研究公司内部定价。跨国公司被概念化为有区别的组织间关系网络，很明显，这类网络内有大量的贸易量，必须通过设定转移定价加以估价。本章最后讨论一些在全球定价中特别麻烦的市场动荡，即倾销、灰色市场、平行进口以及卡特尔。

6.2 环境对全球定价的影响

6.2.1 竞争与需求

公司对竞争对手的定价行为非常敏感,尤其是在竞争对手的定价影响其市场份额的情况下(Kusum, et al., 2001)。因此,一家公司的定价活动比任何其他类型的营销活动都能引起更多的竞争性反应。事实上,有人认为,公司,尤其是零售商,往往对竞争性定价行为反应过度,竞争应该依赖产品优势,而不是打价格战(Shankar & Bolton, 2004)。

但是,除了价格调整,确定新产品的价格也是一项同样具有挑战性的任务,因为存在价格的敏感性,替代产品也需要事先得到明确的了解和评估。这里关键的经济学概念是需求价格弹性,它是通过需求百分比变化除以价格百分比变化得出的(图6.1)。

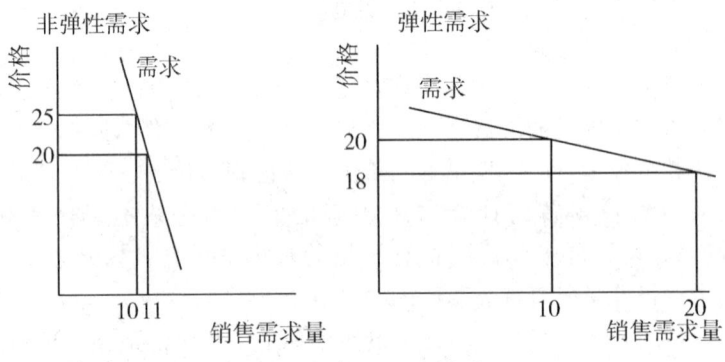

图6.1 需求价格弹性

当价格弹性超过1时,需求就被称之为有弹性;价格弹性低于1时,需求就被定义为无弹性。需求缺乏弹性的市场通常是垄断市场或近乎垄断市场,在这种情况下,消费者要么无法选择他们使用的产品数量,要么转换成本很高。虽然这一概念原则上是有用的,但实际上有其局限性。首先,在产品进入市场之前,需求弹性是未知的,并且需求情况通常是不确定的(Forman & Hunt, 2005)。其次,是需求曲线的确切形状,即使他们能估计需求曲线,他们也需要认识到,在需求曲线的不同点上,需求弹性是不同的,需求弹性可能会随着时间的推移而改变,而且可能在全球细分市场之间有所不同。

竞争对手可能的掠夺性定价是造成估计需求不确定的另一个因素。掠夺性定价是一种非常激进的定价类型，它将价格定在低于成本的水平（Wazzan & Frech，2009）。掠夺性定价的目的往往是阻止新的竞争对手进入市场，或迫使竞争对手离开市场。一旦竞争对手消失或至少实力大大削弱，掠夺者就会弥补掠夺性价格所造成的损失（Emch & Leonard，2010）。掠夺性定价在反垄断审判中是一个非常突出的主题，因为人们通常对什么是"低于成本"的认知无法达成一致（Wazzan & Frech，2009）。

6.2.2 外汇汇率

当出口商以本国货币报价时，与汇率变化有关的风险将转移给其客户。然而，客户通常更喜欢以本币计价的价格。此外，用外币报价可能还有其他原因，例如，通过良好的货币管理获得额外利润或从国外获得融资。因此，只以本币计价通常是不可行的，而外汇汇率往往会对全球市场的价格制定产生重要影响（Bodnar，et al.，2002）。

因此，需要考虑的一个重要问题是如何对外国市场的汇率变化做出反应。相关的汇率文献中对两个基本概念进行了对比。

- 汇率传递 – 进口价格对汇率的反应。
- 市场定价 – 汇率变动引起的国际价格歧视（Pareja，2001）。

汇率传递（Exchange Rate Pass Through，ERPT）是指最终进口价格反映汇率变化的程度。产品之间的汇率传递程度差别很大。对于许多商品，如石油或原材料，汇率几乎完全传递，而对于差别更大的商品，汇率只是部分传递或根本不传递。汇率传递会受到许多外部因素的影响，如通货膨胀的持续存在或加入货币联盟；然而，在大多数情况下，一个组织的定价和公司战略将决定汇率传递的程度（Ramón，2010）。

战略性定价决策将始终对汇率传递有影响。例如，在美元升值降低产品美元成本的情况下，美国的外国出口商将决定是否传递汇率差额，这不仅取决于其成本，而且也取决于其竞争对手。由于出口商可能不想偏离其竞争对手太远，它对美元升值的反应可能仅仅是通过提高标杆（Gust，et al.，2010）。结果自然是不同地理目标市场的价格歧视（Pareja，2001）。

研究表明，在竞争激烈的世界市场上，拥有巨大市场实力的公司（也被称为价格制定者）与市场力量较弱的公司相比（也被称为价格接受者），更有可能传递汇率给客户，产生不利的影响。进一步来说，机构受汇率的影响是由他们的市场份额大小以及保护市场的意愿来决定的。不过预计汇率变动只会持续较短的时间，通常不会直接传递给客户，尤其是如果价格需要上涨，稳定的短期价格被认为是维护客户信任和市场份额的关键（Bowe & Saltvedt，2004）。

表 6.1 为公司如何应对不同的货币状况提供了一些实际的指导方针。

表 6.1 疲软和坚挺货币状况下的全球定价

当国内货币疲软时	当国内货币坚挺时
• 突出价格效益	• 通过改进质量、交付和售后服务，参与非价格竞争
• 扩展产品线，增加更昂贵的功能	• 提高生产力，并快速降低成本
• 将采购和制造转移到国内市场	• 将采购和制造转移到海外市场
• 利用所有市场的出口机会	• 优先出口到货币相对坚挺的国家
• 采用全成本计算方法，但采用边际成本定价来渗透新的或有竞争力的市场	• 削减利润率，并使用边际成本定价
• 加快汇回外国赚取的收入和收款	• 将外国收入留在东道国，放慢收款速度
• 尽量减少当地或东道国货币的支出	• 最大限度地增加当地或东道国货币的支出
• 在国内市场购买所需的服务（广告、保险、运输等）	• 在国外购买所需的服务，并以当地货币支付
• 以本国货币向外国客户开具汇票	• 以本国货币向外国客户开具汇票

资料来源：Cavusgil，1996。

公司不仅根据他们对 ERPT 的方法和市场定价的不同而有所不同，而且在面临的外汇风险方面也存在差异。主要有三种风险（Sarathy, et al., 2006）。

（1）交易风险：外币在原始报价和付款期间贬值。

（2）竞争风险：当公司在一个货币升值的国家生产，但与在货币贬值的国家生产的公司竞争，可能会受到不利影响。

（3）市场组合风险：市场组合狭窄的公司比拥有更广泛、多样化市场组合的公司更容易受到汇率风险的影响。

考虑到不同类型的汇率风险，制定了多种金融性和经营性套期保值方法，以确保公司在全球范围内的业绩（Bodnar, et al., 2002）。就金融性套期保值而言，公司可以使用各种金融工具，如掉期交易（SWAPS）、外汇信贷、期货或期权（Clark & Judge, 2009）。

与金融性套期保值不同的是，经营性套期保值往往需要大量投资。然而，经营性套期保值更有可能成为一种有效的长期风险承担解决方案（Boyabality & Toktay，2004）。受欢迎的经营性套期保值形式有以下几种类型。

地域多元化：通过确保生产成本和销售都以相同的货币计价，公司可以对冲它们的风险（例如，国外市场的生产设施或采购安排的调整）（Carter, et al.，2003）。

风险分担协议：当双方之间存在有价值的贸易关系时，双方可以订立风险分担协议，以便共同承担可能发生的汇率变化的影响（Boyabality & Toktay，2004）。

运营和后勤灵活性：风险中性或规避风险的定价经理尤其可能在国外市场上制定非常灵活的承诺，这样，他们才能根据准确的需求和汇率情况，尽可能晚地做出从国内向国外市场分配资源，以及做出投资的最终决定（Ding & Kouvelis，2007）。

6.2.3 国家法律法规

全球定价决策在很大程度上也取决于各自海外市场的法律法规。事实上，政府行为限制制定价格的自由是相当普遍的一件事情。政府干预可能有不同的形式，比如限制物价上涨以抑制通货膨胀，为保护本地产业免受外国竞争而征收的高额进口税，或对某些货物（例如，高油耗的汽车）征收高额税款以鼓励更环保的替代品。

有时，这种政府行为可能对受影响市场的业务利润构成真正的威胁。例如，在一些国家，跨国公司越来越关注政府为遏制通货膨胀而实行的价格控制。新出台的法律法规准许政府在发现"异常"定价的情况下实施价格控制。"异常"定价是一个非常模糊的定义，使国际公司处于不安全的地位。因此，跨国公司还可能被迫披露各种商品的价格结构和成本构成的信息，比如，书籍、钢铁、化肥或奶粉（Deloitte，2014）。

除了直接的价格控制和课税外，如果这些公司想进口该国产品的话，遭受外汇短缺的政府也可能要求公司将现金存入非计息账户一段时间。这些要求鼓励尽量降低进口产品的价格，或者用国产产品代替进口产品。外国子公司也可能受到将利润从一国转移出去的限制。此外，政府对某些国内产业的补贴可能使进口产品失去竞争力。比如，农业补贴加上进口配额，就在很大程度上阻止了最具竞争力的制糖国家（如巴西、泰国或澳大利亚）向欧盟出口甘蔗（SugarCane.org，2015）。

最后，价格也可能受到一国竞争政策的影响，这些政策通过抑制"反竞争"行为来调节竞争态势，比如滥用支配地位（Hoekman & Mavroidis，

2002）。虽然竞争法通常是在国家层面制定的，但欧盟也制定了反竞争行为（如卡特尔，见下文）的立法，例如，横向和纵向价格协定以及国家援助和补贴。

6.2.4 通货膨胀

通货膨胀历来是全球定价中的一个关键因素和恶化因素。处理通货膨胀问题具有挑战性，因为没有实时数据。消费者价格指数的公布与实际通货膨胀率之间存在一定的时间差。即使在国家范围内，通货膨胀也存在地域差异。这两种情况都使得通货膨胀对定价的影响难以预测。

供应链内通货膨胀对消费者价格的影响可能取决于各种问题，比如：
- 各自产品的生产过程的性质；
- 渠道成员利用消费者对通货膨胀引起的价格变化缺乏了解（Richards & Pofahl, 2009）；
- 供应渠道的竞争力（Kim & Cotterill, 2008）；
- 产品销售范围，例如，单一产品公司更有可能将通货膨胀转嫁出去（Hamilton, 2009）。

有关通货膨胀传递的研究也显示，在低通胀地区，传递更低，因为公司凭借自身的能力和竞争定价获得了一定程度的稳定性，这在总体上创造了一个稳定的定价环境。高度竞争的市场和更高的价格透明度也导致权力从公司向客户的转移；反过来，这通常会导致通货膨胀对零售价格的低传递（Taylor, 2000）。

6.2.5 更短的产品生命周期

对于销售科技产品的公司，在其全球定价中还须考虑竞争激烈的世界市场的不断创新，导致了更短的产品寿命周期。因为需要更快的回报时间，这就需要更复杂的定价策略（Stöttinger, 2001）。

拿韩国电子巨头 LG 来说，因为产品生命周期缩短而面临着越来越大的压力。因此，该公司计划减少其产品组合，以提高其盈利能力。其目标是从全球运营中发掘更多的价值，在瞬息万变的电子环境中，将在能源、医疗保健和利润丰厚的商业空调领域进行投资。对于缩短产品生命周期和减轻创新压力，LG 的答案是开展新业务，放弃盈利能力低的传统业务（Jung-a, 2008）。

6.3 全球定价策略和实践

全球定价比在国内环境下定价更为复杂。增加的复杂性主要是上文讨论的不同环境因素以及需要考虑到不同国家市场之间的相互作用而导致的，比如，降低平行进口的风险。然而，定价的基本方法是不变的。下面，我们将简要讨论成本加成定价法、平价定价法、市场渗透定价法以及撇脂定价法。

6.3.1 成本加成定价法

成本加成定价法是最常用的国际定价策略，尤其是当公司刚刚开始全球化的时候。这也反映了这样一个事实：许多定价经理在全球定价问题上采取了相当规避风险的态度。同时，成本加成定价法也有相对透明的优点。

然而，严格的成本加成定价法可能导致定价与海外目标市场的市场价格脱节。尤其是额外的运输成本的增加或更高的经销商利润率往往导致价格上涨。相反，对于海外市场来说，价格也可能过低。

严格的成本加成定价法的另一个缺点是许多公司在根据产品成本来确定价格时，没有考虑到知识的价值。一家公司不仅销售产品本身，还有技术诀窍、研发成果、品牌和技术专长，这些都增加了产品的价值。因此，不仅需要考虑产品的有形层面，还应考虑产品的整体价值。因此，成本加成定价法可以用来确定价格下限。然而，为了确定价格上限，产品提供给客户的价值可能更合适，而所谓的基于价值的定价通常更合适。

6.3.2 平价定价法

在行业地位较低、市场份额较小的国家市场，企业往往采用平价定价法。在这种情况下，公司设定的价格范围似乎是大多数客户可以接受的。平价定价的驱动因素往往是如果价格上涨，实力较强的竞争对手将在客户中获得更强大的地位（Forman & Hunt, 2005）。

在全球市场营销中，与更强大的竞争对手相比，认为自己的定价可能性相当不灵活的公司最常采用平价定价法，这些公司根据成本、价值、需求预测等来定价（Chernev, 2006）。平价定价强化了客户的观念——产品与产品之间没有重大差别。因此，选择差异化价格策略的公司将营销重点放在区别于平价产品上。相比之下，低价产品供应商则专注于鼓励平价观念——与平价产品相比，低价产品也是一种可行的选择（Iyer & Muncy, 2005）。因此，可以认为，平价定价法极大地限制了产品的差异化，可能会降低产品的购买概率（Chernev & Kivetz, 2005)。

6.3.3 市场渗透定价法与撇脂定价法

市场渗透定价法的目的是迅速增加或扩大市场份额，通常是为了阻止新的竞争对手进入市场（Kehagias & Skourtis, 2009）。该定价法仅回收可变成本和国际营销成本，而只增加了部分日常管理费用。因此，市场渗透定价法将价格作为一种竞争武器。这种定价法意味着产品可能在一段时间内按亏本价格销售。制造商在这种情况下可能会被指控倾销（见下文），因此，有面临法律制裁的风险。

采用市场渗透战略的公司在品牌评价高的市场有很高的潜力。低价策略主要用于所谓的商品产品——被视为可互换的产品。

撇脂定价法的作用方式与市场渗透定价法相反。透过市场渗透定价法以较低的价格在海外市场推出产品后，产品的价格会慢慢上升，而采用撇脂定价法则会以相对较高的价格推出产品，然后随着时间的推移逐渐降低产品价格。因此，撇脂定价法针对的是愿意支付溢价以第一时间获得产品的消费人群。撇脂定价法通常用于产品生命周期的初始阶段，这时生产能力和竞争力仍然有限。这样才能使有限数量的产品利润最大化，使需求与有限的供给相匹配。撇脂定价法也加强了客户对高产品价值的认识（Keegan & Schlegelmilch, 2001）。

6.3.4 对等贸易

对等贸易是一种不太传统的贸易形式，部分或全部付款是以货物和服务的形式支付的。当公司与较不发达的市场打交道时，客户获得硬通货的渠道可能有限，通常会采用对等贸易。政府也可能将对等贸易视为在本国创造新就业机会的一种手段。例如，波音公司向英国国防部出售飞机，然后同等的采购价款将用于购买英国货物（Doole & Lowe, 2012）。"对等贸易"是个总括词，涵盖各种不同的交易。设立于1988年的伦敦对等贸易圆桌会议（LCR）是"所有参与对等贸易、抵消贸易和相关活动的公司的联络中心"。该会议指出，这些不同交易的术语经常交替使用，容易造成混淆。尽管有这一限制，伦敦对等贸易圆桌会议还是列出了以下几种最常见的对等贸易形式和最常用的术语（伦敦对等贸易圆桌会议，2011）：

抵消：传统上，世界各国政府在大规模购买军用物资时都会采用抵消贸易。有两种不同的抵消类型：①直接抵消，供应商同意采用进口国的零部件或分组件；②间接抵消，买方要求供应商进行长期合作和投资，但这些合作、投资与供应合同无关。

互购：外国供应商承诺从采购国购买货物和服务，以此作为获得订单的条件。

来料加工：苏联等地区的制造商有时可能无法为客户提供服务，因为他们缺乏购买原材料的外汇。依据来料加工协议，供应商提供原材料，从买方工厂获取人力物力来将原材料制造成成品。最终客户向供应商支付现金购买这些成品。在整个工厂加工过程中，供应商保留对材料的所有权。

易货：在易货协议中，主要出口产品的价款用进口市场的货物（或服务）来支付。一份合同就涵盖了两笔货物（或服务）交付，有时候在整个贸易过程中甚至不会涉及现金。然而，在实际情况中，只有易货商品产生了足够的现金，主要出口商品才会得到放行。

回购：资本、工厂或设备的供应商同意用有关投资的未来产出付款。例如，化工厂设备的出口商可以用生产的一部分化工品来偿还设备价款。回购交易往往期限较长，而且比互购或易货交易的金额要大得多。

转手贸易：长期双边贸易协定的不平衡有时会导致贸易顺差的累积。巴西曾一度对波兰有巨额贸易盈余。这些盈余有时可以被第三国所用，例如，英国对巴西的出口可以通过向英国或其他地方销售波兰商品来提供资金。这类交易被称为"转手"交易，因为它们通常涉及在货物运输过程中交换货物的单据（和目的地）。

6.3.5 《国际贸易术语解释通则》

《国际贸易术语解释通则》，通常被称为 Incoterms，是全球定价实践的一个重要方面。《国际贸易术语解释通则》由国际商会（ICC）在巴黎出版，用于规范任务、成本和风险从卖方到买方的转移（Ramberg, 2011）。因此，《国际贸易术语解释通则》经常被纳入国际销售合同。卖方倾向于尽量采用减少风险和责任的报价（比如 FOB，离岸价格），而买方则更喜欢卖方承担尽可能多的成本和责任的条款（比如 CIF，成本加保险费加运费）。然而，对于价格倾向于以市场为导向的《国际贸易术语解释通则》，卖方在运输过程中承担大部分成本和责任。国际商会出版的《国际贸易术语解释通则》主要分为两个部分：适用于海运或内河运输的部分（比如上文提到的 FOB、CIF 等），以及适用于任何运输方式的部分（比如 DDP，指定目的地完税后交货）。

6.4 定价责任方

6.4.1 标准化与差异化

类似于营销组合的其他要素，全球价格的标准化和差异化程度在相关定价文献中得到了广泛的探讨（Theodosiou & Katsikeas，2001）。在大多数营销文献中，价格差异化被认为是一种有利可图的定价策略，因为研究表明，通过细分客户和收取不同的价格，公司可以将利润提高到34%（Khan & Jain，2005）。因此，大多数研究人员建议尽可能地区分价格。

成本提供了另一个有利于价格差异化的论点。实行价格差异化的公司往往通过更多的渠道进行分销，在目标市场上有不同的营销策略。这就需要资源来制定和实施差异化战略，而且通常不可能在全球范围内设定一个标准化的价格（Anderson & Simester，2001）。

然而，也有赞成价格标准化战略的观点。强大的品牌应该在世界各地有一个统一的形象。因此，它们更有可能在不同国家实行标准化价格（Iyer & Seetharaman，2003）。从整体上看，价格标准化和差异化可以被看作是一家公司可以采用的诸多国际定价策略中的一个极端。相关定价文献确立了一些倾向于差异化或标准化定价策略的驱动因素（Sousa & Bradley，2008；Wolk & Ebling，2004；Lages & Montgomery，2004；Anderson & Simester，2001）。然而，对于一家公司是否应该采用标准化或差异化的定价策略，还没有明确的答案，因为个别公司所面临的业务挑战可能大不相同（Lages & Montgomery，2004）。

6.4.2 分权与集权

规范或区别不同国家市场定价的决策，在很大程度上预先决定了价格是由公司总部、地区总部、国家子公司，还是由个别销售点或销售人员制定。然而，研究表明，国际定价越来越多地集中在高层管理人员的监督下制定，因为定价被认为对公司的财务和整体成功有着至关重要的影响。此外，中央定价确保价格稳定和对定价过程的控制（Stöttinger，2001）。

6.5 制定公司内部价格

6.5.1 转移定价原则

转移定价是指公司内部交易的定价。跨国公司认为,转移定价是一个非常重要的税务问题,因为转移定价对公司下属的不同子公司之间的收入分配和亏损有着重要的影响(Shor & Chen, 2009)。例如,跨国公司可能会试图操纵公司内部的亏损和收益,因此,当从低收入国家的子公司向高收入国家的子公司出口时,会制定更高的转移价格,这可减轻公司的整体税务负担。表6.2 说明了转移定价操纵的基本原则。

表6.2 转移定价操纵

	欧元	转移定价操纵	欧元
高税收国家 X			
X 国子公司的出厂成本	1000		1000
市场 Z 子公司的(公平)转移定价	1200	人为低转移定价	1050
利润	200		50
地方税(50%)	100		25
净利润	100		25
低税收国家 Z			
从 X 国购买	1200		1050
关税(10%)	120		105
仓储成本	1080		945
(适销价格)销售	1600		1600
利润	520		655
税收(10%)	52		65.5
净利润	468		589.5
企业净利润			
(国家 X 和国家 Z)	568		614.5
政府税	272		195.5

6.5.2 转移定价方法

税务机关很清楚，公司可以将利润从高税收国家转移到低税收国家，以尽量减少纳税，最大化股东价值。因此，国际公司必须考虑到相关国家的法律法规，并确保它们的纳税符合所有这些法律法规。《国际财务报告准则》（IFRS）和美国公认会计准则（GAAP）也设定了转移定价操作的限制，以减轻公司税收负担。

然而，转移定价不仅仅是从尽量减少公司税负的角度来考虑的。跨国公司可以收取较低的转移定价，以确保子公司在当地市场上具有价格竞争力。跨国公司也可以利用其转移定价来减少其在当地货币贬值时的财务不安全和风险（Lin, 2010）。鉴于可能追求的多重目标，从法律、税收、会计和经济角度看，确保转移定价的一致性对跨国公司来说，尤其具有挑战性。

对大多数公司来说，最重要的问题之一是它们的内部价格是否符合税务当局所要求的市场公平价格原则。市场公平原则表明，在制定转移定价方面，特定子公司应作为在正常商业条件下进行贸易的独立方（Adams & Drtina, 2010）。许多公司通过将商品的市场价格定义为其转移定价来解决这一问题。然而在实践中要做到这一点很困难，因为在公司以外没有可比较的市场来进行各种公司间的交易。当公司内部创造的知识产权或知识被转让时，情况往往就是如此（Bartelsman, 2003）。

常用的转移定价方法有成本加成法、转售价格法、可比非受控价格法和交易净利法（Karyadi & Marseille, 2010）。

6.5.2.1 成本加成法

根据成本加成法，市场公平价格为产品的成本加上适当的增高标价。然而，在许多国家，在计算增高标价方面没有明确的规定。不同公司成本状况的可比性也比较复杂，因为它必须考虑到实际执行职能的相似度、不同公司承担的风险以及合同条款。因此，成本加成法主要用于纯制造、装配或生产公司，因为它们的成本结构是相对透明和可比的（Low & Wong, 2007）。

6.5.2.2 可比非受控价格法

采用可比非受控价格法的公司规定一个价格，这个价格适合于完全无关联的买卖双方之间的类似交易。这些价格可以根据内部的可比价格（比如，纳税人向无关联的第三方支付的价格）或者根据外部可比价格（比如，两个无关联的商业伙伴之间的可比交易的市场价值）来设定（Dean, et al., 2008）。

6.5.2.3 转售价格法

采用转售价格法的条件是，从相关公司购买的货物随后转售给无关联的第三方。适当的转移定价是由与货物有关的费用和毛利率确定的（发生在完全无关联方的交易中），并从转售价格中扣除（Nielsen, et al., 2003）。

6.5.2.4　交易净利法

这种方法是基于计算与已发生的成本、销售或所用资产有关的交易的净利润率，再将这一净利润率与不受控制的无关联纳税人的净利润率进行比较（Samir, et al., 2010）。中国的监管机构通常通过选择3～5家与纳税人从事同一行业、规模相当、具有可比较技术水平和利润指标的公司来确定净利润率基准（Low & Wong, 2007）。

6.6　市场动荡

6.6.1　倾销

根据世贸组织的规定，当一家公司以低于正常或公允价值的价格销售货物，从而损害当地市场时，即构成倾销行为。产品的正常价值通常被定义为其国内市场价格或其在世界市场上的价格。因此，当产品的价格高于产品的成本，但不符合当地市场价格时，仍可能被指控在外国市场倾销（Kipel, 2010）。追求标准化定价策略的公司在每个国家收取相同的价格，但是，这些公司也可能被指控在特定市场倾销（McGee, 2008）。

倾销经常引起争议。反倾销法的支持者表示，大公司和占主导地位的公司尤其会通过倾销将较小的本地公司赶出市场（Rai, 2006）。比如，一家公司可能会为了打入一个市场制定非常低的价格，同时，在其他市场用有利可图的价格来抵消这些损失（Ashiya, 2004）。然而，反倾销法反对者指出，不同国家市场之间的价格歧视是一种自然策略，不应被视为非法行为（Rai, 2006）。倾销还为消费者提供了范围更广、价格更低的产品。消费者福利和选择是全球化市场的主要好处之一；因此，通过反倾销措施消除低价产品往往会适得其反（Brennan, et al., 2007）。反倾销措施经常被认为受到保护主义思想的严重影响，导致产生更高的产品价格或限制消费者的选择（McGee, 2008）。

根据世贸组织对倾销的定义，对于那些被指控倾销的公司来说，产品必须是完全一样的。因此，即使是轻微的产品差异，也常常证明有差别的定价策略是合理的，并使倾销者以更低的价格出售产品成为可能（Ashiya, 2004）。

6.6.2　灰色市场与平行进口

当品牌商品未经商标所有人同意通过未经许可的渠道销售时，就会出现灰色市场（Huang, et al., 2008）。在大多数情况下，灰色市场参与者都是套利者，他们希望在供应链的各个层面实现短期利润。因此，跨国公司很难识别并终止套利者的行为（Antia, et al., 2001）。灰色市场要区别于黑市，因为黑市上的商品大多是伪造的，而灰色市场的商品是通过未经授权渠道销售的正品（Mendelsohn & Stanton, 2010）。

制造商自然依赖其授权分销商提供增值服务，从而提高其产品的服务质量（Antia, et al., 2001）。因此，未经授权的转售商危及制造商的渠道质量，并可能引起严重的客户不满，制造商应对此负责。灰色市场的其他负面后果包括价格不稳定、顾客可能把产品误认为是假货、失去渠道控制、客户服务质量下降、经销商关系紧张，以及最重要的一点——消费者对这个品牌失去了信任（Huang, et al., 2008）。

然而，灰色市场不仅给制造商带来不利影响。事实上，灰色市场通常会增加制造商的销售量（至少在短期内是这样）；增加了分销商之间的竞争；为有价格意识的客户创造一个额外的渠道，使制造商能够进入未触及的市场（Lee, et al., 2000）。因此，公司必须评估何时以及如何干预灰色市场活动。在制造商没有真正努力控制灰色市场活动的情况下，为了与灰色市场竞争，授权零售商往往开始忽视预售服务、客户教育和其他重要的增值因素。因此，灰色市场可以破坏通过大量的时间和金钱投资建立起来的渠道关系（Mendelsohn & Stanton, 2010）。

此外，贸易壁垒的降低、信息的提供和物流的进步都会促使灰色市场的出现，限制公司执行有效的价格差异化政策的能力。全球定价的一个基本部分是公司有机会根据相关国家市场所能承受的价格对其产品进行定价。然而，诸如LVMH、Christian Dior或Tag Heure等公司决定在世界范围内对他们的产品进行同样的定价，放弃了收取不同价格的获利机会，以避免灰色市场和平行市场在价格不稳定方面造成的问题。

平行进口向灰色市场供应产品。比如，国内市场的产品价格低于国外市场，外国市场的灰色营销者将直接从国内市场平行进口，而不是从他们自己的市场进口。当出口市场的价格较低时，可能会发生再进口。同样地，当两个或两个以上的海外市场的价格不同时，产品通过未经授权的渠道从一个国家销售到另一个国家，这通常被称为横向进口。

由于平行贸易商本身通常是授权批发商，或者至少是从授权批发商那里购买货物，通常是批发价决定了平行交易的盈利能力。因此，制造商可提高垂直价格效率以防止平行交易。然而，鼓励平行交易的最关键因素是不同国家的价格差异，这使得平行贸易商能够在低价国家购买商品，然后在高价市场转售

(Palangkaraya & Yong, 2009)。

平行进口在某些方面是有争议的,因为许多发展中国家对平行进口表现出非常宽容的立场,就连美国也在考虑放松对药品等特定商品的平行进口立法(Maskus, 2001)。然而,跨国公司可以采取各种措施来处理诸如平行进口和灰色市场等市场动荡。通常的方法就是与中间商订立非常严密的合同,规定对任何非法出口进行严惩。一些公司还在灰色市场上购买那些不受欢迎、价格过低的商品。然而,这只能被看作是一个短期的解决方案。更可取的解决办法是建立所谓的价格走廊。这些限制了高价市场(A 国)和低价市场(B 国)之间的价格差异,所以运输和物流成本略高于价差,因此,套利收益是不可能的(图 6.2)。不过这需要不同国家市场的合作,因为价格必须同时调整,这很难付诸实施(Pepels, 2006)。

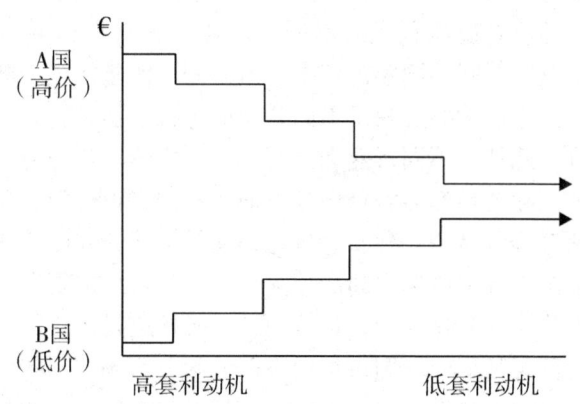

图 6.2 降低国际价格走廊

6.6.3 卡特尔

卡特尔,是指两家或两家以上的公司为了非法订立或控制某些商品的价格而进行的合作。这种定价协议可能涉及不同国家甚至不同大陆的公司(Connor, 2005)。

世界上几乎每个国家都出台了反价格卡特尔的法律。反卡特尔立法的目的是确保客户福利并支持小型企业,以及分散政治和经济权力。被定罪的卡特尔组织需要就销售的卡特尔产品缴纳巨额的罚款。在美国,这一比例为 20%。此外,还会考虑到各种加重处罚的因素,如公司的规模或市场垄断的期限。欧盟也采取了类似的做法,向卡特尔化产品线的销售额收取 10% 的费用(Connor, 2004)。

全球卡特尔，尤其是当它们在各大洲运营时，通常更难以识别和定罪，因为这些卡特尔组织通常在几乎没有针对卡特尔立法的国家创造利润。例如，几乎所有亚洲国家对卡特尔都缺乏实质性的罚款制度。但是，由于全球卡特尔影响了大量客户的福利，世贸组织的多边合作正在变得越来越重要（Connor, 2004)。

6.7　小结

本章篇首就表明了没有比定价更大的收入和利润杠杆了。但是，制定价格使公司发掘最大价值绝非易事，而且在全球范围内确定最优价格非常复杂。

第一，环境因素众多，例如，不同的需求模式、不同的竞争水平、波动的汇率、不断变化的监管影响程度、不同的通货膨胀水平和不同的产品生命周期。这些因素不仅在不同的国家市场上有所不同，而且还在不断变化。

第二，不同的定价策略反映了不同公司的定价目标，例如，市场渗透定价与市场撇脂定价。此外，不同行业和公司对不同定价实践的遵守程度不同，例如，在使用某些国际贸易术语解释通则方面。我们讨论了最重要的全球定价策略和实践，包括对等贸易，一种不太传统的交易形式，即以货物和服务的形式付款。全球定价由于各国市场之间的相互作用而显得更加复杂。

第三，标准化与差异化问题。具体而言，价格应是统一的，还是应适应不同的国家市场，甚至是适应一国市场内不同的细分市场的问题。与这个问题密切相关的是定价责任方是谁，也就是说，定价的权力在于全球总部、区域总部还是国家子公司的问题。

第四，全球定价因需要为公司内部货物和服务转移定价而变得复杂。由于跨国公司是不同的组织间关系网络，在这种网络中进行的贸易必须通过制定适当的转移定价加以估价。后者往往具有政治敏感性，由于转移定价打开了企业避税的可能性。然而，国家司法机关之间的税收差异并不是推动转移定价的唯一因素。例如，为了确保子公司在当地市场上具有价格竞争力，也可能会制定较低的转移定价。鉴于可能追求的多重目标，从法律、税收、会计和经济角度看，确保转移定价的一致性对跨国公司来说是相当具有挑战性的。

第五，我们讨论了一些在全球定价中特别麻烦的市场扰动，即倾销、灰色市场、平行进口以及卡特尔。当一家公司以低于公平市场价值的价格销售货物，从而对当地市场造成损害时，这家公司可能会被指控倾销。当品牌商品未经商标所有人同意而通过未经许可的渠道销售时，即出现了灰色市场。这些市场由不同形式的、利用国家间的价格差异的平行进口组成。最后,卡特尔是公司之间的合作,以非法设定某些商品的价格。这种定价协议可能涉及不同国家甚至不同大陆的公司。

参考文献

Alon, I., & Jaffe, E. (2013). *Global Marketing: Contemporary Theory, Practice and Cases*. New York, NY: McGraw-Hill.

Ambos, B., & Schlegelmilch, B. B. (2007). Innovation and control in the multinational firm: A comparison of political and contingency approaches. *Strategic Management Journal*, 28 (5), 473 – 486.

Ambos, B., & Schlegelmilch, B. B. (2008). Innovation in multinational firms: Is there a fit between culture and performance? *Management International Review*, 48 (2), 189 – 206.

Ambos, B., & Schlegelmilch, B. B. (2010). *The New Role of Regional Management*. Basingstoke: Palgrave-Macmillan.

Ambos, T. C., Ambos, B., & Schlegelmilch, B. B. (2006). Learning from foreign subsidiaries: An empirical investigation of headquarters' benefits from reverse knowledge transfers. *International Business Review*, 15 (4), 294 – 312.

Bartlett, C. (2004). *P&G Japan: The SK – II Globalization Project. Case Study*. Boston, MA: Harvard Business School. 9 – 303 – 003.

Biggadike, E. R. (1981). The contributions of marketing to strategic management. *Academy of Management Review*, 6 (4), 621 – 632.

Boddewyn, J. J., Soehl, R., & Picard, J. (1986). Standardization in international marketing: Is Ted Levitt in fact right?. *Business Horizons*, 29 (6), 69 – 75.

Bughin, J., Erbenich, C., & Shenkan, A. (2007, September). How companies are marketing online: A McKinsey global survey. *The McKinsey Quarterly*. Accessed August 13, 2015, from http://mensit.nl/plaatjesuserFile/How% 20companies% 20are% 20marketing% 20online.pdf.

Buzzell, R. D. (1968). Can you standardize multinational marketing? *Harvard Business Review*, 46 (6), 102 – 113.

Christensen, C. M., Cook, S., & Hall, T. (2005). Marketing malpractice. *Harvard Business Review*, 83 (12), 76.

Christensen, C. M., & Overdorf, M. (2000). Meeting the challenge of disruptive change. *Harvard Business Review*, 78 (2), 66 – 76.

Cooper, R. G., & Kleinschmidt, E. J. (1986). An investigation into the new product process: Steps, deficiencies and impact. *Journal of Product Innovation Management*, 3 (2), 71 – 85.

Czinkota, M. R., & Ronkainen, I. A. (2004). *International Marketing*. Mason, OH: Thomson/South-Western.

Danneels, E. (2002). The dynamics of product innovations and firm competencies. *Strategic Management Journal*, 23 (12), 1095 – 1121.

Douglas, S. P., & Craig, S. C. (1986). Global marketing myopia. *Journal of Marketing Management*, 2 (1), 155 – 169.

Douglas, S. P., & Wind, Y. (1987). The myth of globalization. *Columbia Journal of World Business*, 22 (4), 19 – 29.

Friedman, T. L. (2007). *The World is Flat: A Brief History of the Twenty-first Century*. London: Penguin Group.

Garcia, R., & Calantone, R. (2002). A critical look at technological innovation typology and innovativeness terminology: A literature review. *Journal of Product Innovation Management*, 19 (2), 110 – 132.

Ghemawat, P. (2007a, October 1). Coca-cola's global rethink. *Harvard Business Review*. Blog Network. Accessed August 15, 2015, from https://hbr.org/2007/10/cocacolas-global-rethink.

Ghemawat, P. (2007b). Why the world isn't flat. *Foreign Policy*, 159, 54 – 60.

Gordon, M., Musso, C., Rebentisch, E., & Gupta, N. (2011, January). The path to successful new products. McKinsey & Company. Accessed August 13, 2015, from https://www.mckinseyquarterly.com/The_path_to_successful_new_products_2489.

Hartley, R. F., & Claycomb, C. (2014). *Marketing Mistakes and Successes* (12th ed.). Hoboken, NJ: Wiley.

Hise, R., & Choi, Y. (2011). Are US companies employing standardization or adaptation strategies in their international markets? *Journal of International Business and Cultural Studies*, 4 (1), 1 – 29.

Hofer, C. W., & Schendel, D. (1978). *Strategy Formulation: Analytical Concepts* (p. 798). St. Paul, MN: West Publishing.

Honeycomb: Welcome to Android 3.0! (n. d.). Accessed, August 13, 2015, from http://developer.android.com/sdk/android-3.0-highlights.html.

Javalgi, R. G., & Martin, C. L. (2007). Internationalization of services: Identifying the building-blocks for future research. *Journal of Services Marketing*, 21 (6), 391 – 397.

Keegan, W. J., & Schlegelmilch, B. B. (2001). *Global Marketing Management: A European Perspective*. Essex: Financial Times/Prentice Hall.

Knight, G. A., & Cavusgil, S. T. (2004). Innovation, organizational capabilities, and the born-global firm. *Journal of International Business Studies*, 35 (2), 124 – 141.

Kotabe, M., & Helsen, K. (2011). *Global Marketing Management*. Hoboken, NJ: Wiley.

Kuo-Ming Chu, K.-M., & Chan, H.-C. (2009). Community based innovation: Its antecedents and its impact on innovation success. *Internet Research*, 19 (5), 496 – 516.

Mmarketing. *Toronto*: *Cengage Learning*.

Lehrer, M., & Behnam, M. (2009). Modularity vs. programmability in design of international products: Beyond the standardization – adaptation tradeoff? *European Management Journal*, 27 (4), 281 – 292.

Leonidou, L. C., Barnes, B. R., Spyropoulou, S., & Katsikeas, C. S. (2010). Assessing the contribution of leading mainstream marketing journals to the international marketing discipline. *International Marketing Review*, 27 (5), 491 – 518.

Levitt, T. (1983). The globalization of markets. *Harvard Business Review*, 61 (3), 92 – 102.

Levitt, T. (2006). *Ted Levitt on Marketing*. Boston: Harvard Business Press.

Lovelock, C. H., & Yip, G. S. (1996). Developing global strategies for service businesses. *California Management Review*, 38 (2), 64 – 87.

MacInnis, D. J., & de Mello, G. E. (2005). The concept of hope and its relevance to product evaluation and choice. *Journal of Marketing*, 69 (1), 1.

Morner, A. L. (1977). A product is born. *Fortune*, 95 (5), 124.

My Starbucks Idea. (n. d.). Accessed August 13, 2015, from http://mystarbucksidea. force. comapexideaList? lsi = 2.

Nachum, L., & Zaheer, S. (2005). The persistence of distance? The impact of technology on MNE motivations for foreign investment. *Strategic Management Journal*, 26 (8), 747 – 767.

Otis Elevator Company. (n. d.). About elevators. Accessed August 12, 2015, from http://www. otisworldwide. com/pdf/AboutElevators. pdf.

Patterson, P. G., & Cici, M. (1995). A typology of services firms in international markets: An empirical investigation. *Journal of International Marketing*, 3 (4), 57 – 83.

Pick your Go. (n. d.). Accessed August 13, 2015, from, http://www. tomtom. com/en_gb/drive/car/products.

Pittman S. (2005, October 19). Beiersdorf hails men's skin whitener a success in Asia. Accessed August 13, 2015, from http://www. cosmeticsdesign-asia. com/Market-Trends/Biersdorf-hails-men-s-skin-whitener-a-success-in-Asia.

Prahalad, C. K., & Ramaswamy, V. (2004). Co-creating unique value with customers. *Strategy & Leadership*, 32 (3), 4 – 9.

Prange, C., & Schlegelmilch, B. B. (2015). Managing innovation dilemmas – The cube solution. Working Paper, WU Vienna.

Shamsuzzoha, A. H. M. (2011). Modular product architecture for productivity enhancement. *Business Process Management Journal*, 17 (1), 21 – 41.

Souiden, N., & Diagne, M. (2009). Canadian and French men's consumption of cosmetics: A comparison of their attitudes and motivations. *Journal of Consumer Marketing*, 26 (2), 97 – 109.

Stremersch, S., & Tellis, G. J. (2004). Understanding and managing international growth of new products. *International Journal of Research in Marketing*, 21 (4), 421–438.

Szulanski, G. (1996). Exploring internal stickiness: Impediments to the transfer of best practice within the firm. *Strategic Management Journal*, 17 (Special Winter Issue), 27–43.

Tellis, G. J., Stremersch, S., & Yin, E. (2003). The international take-off of new products: The role of economics, culture, and country innovativeness. *Marketing Science*, 22 (2), 188–208.

Theodosiou, M., & Leonidou, L. C. (2003). Standardization versus adaptation of international marketing strategy: An integrative assessment of the empirical research. *International Business Review*, 12 (2), 141–171.

Usunier, J.-C., & Lee, J. A. (2006). *Marketing Across Cultures*. Harlow: Financial Times/Prentice Hall.

Vernon, R. (1966). International trade and international investment in the product cycle. Quarterly Journal of Economics, 80 (2), 190–207.

von Hippel, E. (1994). Sticky information and the locus of problem solving: Implications for innovation. Organizational Science, 5 (1), 98–118.

Vrontis, D. (2003). *Integrating adaptation and standardisation in international marketing: The AdaptStand modelling process*. Journal of Marketing Management, 19 (3/4), 283–305.

Wong, V. (1993). Idea Generation in Identifying and Exploiting New Market Opportunities. *London: Department of Trade and Industry*.

7 全球供应链与分销网络

摘要

跨越不同大陆不同国家的供应链是全球化的决定性特征之一。全球供应链管理的核心是物流、采购、运营和营销渠道。本章首先阐述了全球供应链管理的主要好处，接着介绍了推动进出口采购和物流决策的主要因素，随后重点分析了全球营销渠道的设计和管理，最后描述了国际供应链和分销渠道的一些重要趋势。

7.1 全球供应链的关键维度

跨越不同大陆不同国家的供应链是全球化的决定性特征之一。全球供应链管理的核心是物流、采购、运营和营销渠道。从战略角度看，供应链管理涉及在何处开展这些活动的关键决策。据霍特和他的合著者称，一家全球公司平均20%的业绩可以归因于它所处的增值活动的位置（Hult, et al., 2014）。

在供应链的两个方向建立关系，以便为客户带来货物或服务，是全球战略的一个重要组成部分。上游供应商通常提供原材料，下游合作伙伴创建最终消费者的链接，因此具有重要的跨域管理功能。传统上，营销策略更侧重于供应链的下游，即营销渠道。在相关文献中，营销渠道、市场渠道和分销渠道这几个词基本上可以互换使用。但无论哪个词，下游供应链的所有活动最终都是为了提供地点效用和时间效用（Staude, 1987）。

营销人员使用地点效用和时间效用等术语来强调，正确的产品或服务需要在正确的时间出现在正确的地点。更具体地说，一款产品只有在客户需要的地点和时间提供，并满足适当的数量，才能为客户提供价值，让客户满意。很少有公司能够独立交付这样的时间效用和地点效用，他们通常需要依赖中间商。中间商以及参与分销的业主实体确保物料、人员和信息在整个分销渠道的有序流动。因此，分销渠道中的参与者还通过与供应商、制造商和最终客户的互动，发挥着匹配供需的重要作用。

在本章，我们将首先简要说明全球供应链管理可以提供的关键利益，然后了解推动进出口采购和物流决策的主要因素，接着重点研究全球营销渠道的设计与管理，最后介绍国际供应链和分销渠道的一些重要趋势。

7.2 全球供应链的好处与挑战

全球供应链管理主要有四个好处：降低成本、提高质量、增加客户满意度和获得竞争优势（Hult, et al., 2014）。全球供应链的四大功能，即物流、采购、运营和营销渠道，都可以实现这四个好处。以降低成本为例：可以通过为多个国家市场服务的分销中心和库存管理系统在物流方面实现降低成本的目标；通过全球最低总成本采购实现降低成本的目标；通过将生产或后勤活动设在低成本国家实现降低成本的目标；在营销渠道中通过协调多市场战略来开展业务实现降低成本的目标。最后，从全球供应链管理中获得的好处需要以加快交货速度、增加产品多样性、提高商品和服务的质量及其一致性、降低采购价格的形式转化为客户价值和客户满意度。

同时，供应链的全球化也伴随着巨大的挑战。这些挑战取决于适当的基础设施，如运输、通信、公用事业和技术等。在全球环境中，不能假定每个地点都有必要的运输基础设施，如高速公路、铁路或水道。此外，可能会出现在国际数据传输或数据安全方面的通信问题。还有，不是每个国家都有基本的公用设施，如 24 小时供电或清洁用水。最后，必须仔细研究技术基础设施。这可能涉及离岸生产地点的电子数据交换（EDI）能力问题、跨公司边界使用企业资源规划（ERP）工具、物流合作伙伴使用射频识别标签（RFID）跟踪产品的能力，或者供应商管理库存（VMI）系统的实施。

除了这些基础设施要求外，全球供应链管理还必须处理大量的法律问题、安全问题、海关手续、商业文件、支付流程、保险等。工业全球化的驱动因素，即市场、成本、政府和竞争对手（Yip & Hult, 2012），不可避免地导致供应链的全球化，有效地应对这些问题所涉及的挑战不容忽视。接下来，我们将更深入地研究进出口物流。

7.2.1 入境物流、采购和运营

入境物流包括从供应商处接收货物。传统上，这类货物主要是用于制造的原材料或部件，位于公司的母国。然而，如今以更少的资源和更快的速度获得更好的结果的压力已经从根本上改变了这种模式。公司在全球不同的国家开展自己的价值链活动，外包各种各样的活动。入境物流和运营经常都囊括在国际合资企业和战略联盟的网络中。事实上，许多公司甚至将以前被视为其核心业

务的活动外包出去，例如，汽车制造商外包产品的组装业务（Takeishi，2001），银行外包其信息系统（Insinga & Werle，2000），以及公司外包其整个客户关系管理（Graf, et al., 2013）。通过合同制造或许可协议从国外采购，不仅允许公司专注于销售和营销活动，而且降低了对制造业的投资水平，并增加了在不同供应国和制造国之间切换的灵活性。

由于管理人员需要考虑诸多因素，国际采购决策往往相当复杂。需要考虑的最重要因素有6点：①国家间的成本差异；②运输成本（比如交付时间、交付安全和交付费用）；③国家基础设施；④政治风险；⑤市场准入壁垒；⑥汇率问题（Keegan & Schlegelmilch，2001）。

国家间的成本差异影响了价值链活动的地点。例如，许多美国和欧盟公司将劳动密集型生产转移到东南亚和世界其他低成本地区，这才有了中国和印度的高速发展。中国相对廉价和庞大的劳动力人口让其赢得了"世界工厂"的美誉。同样，许多西方公司利用印度的劳动力市场，将许多呼叫中心和IT职能外包给班加罗尔和海得拉巴等城市。今天，情况发生了变化，中国和印度慢慢地不再仅仅为欧洲或美国销售的产品提供低成本劳动力，更广泛的中产阶级的出现使市场本身具有吸引力。在这两个国家，本土竞争者也出现了（比如中国的海尔、联想或美的，印度的塔塔、印孚瑟斯或威普罗），它们有能力挑战总部设在欧盟或美国的公司的传统主导地位。因此，劳动密集型的低技能活动，如运动鞋或纺织制品生产，现在更有可能位于孟加拉国、柬埔寨或越南，而不是中国的沿海地区或印度。图7.1说明某些国家的生产工人每小时薪酬存在很大差异。

虽然工资差异很重要，但它们只是生产成本的一个组成部分，视产品而定，工资可能只对产品的总成本产生相对较小的影响。此外，诸如土地、材料和资本等其他生产要素成本有时会抵消劳动力成本差异。

运输成本很大程度上是由距离决定的。然而，运输技术，如集装箱船尺寸的增大、多式联运服务的发展和电子数据交换（EDI）等，都减少了运输时间和运输成本。集装箱可通过航空、船舶、铁路和卡车运输；电子数据交换有助于顺利交换有关生产计划、预测和订单的信息。一些行业也推出了自己的外网，例如，汽车网络交换（ANX）（ANXeBusiness Corp，2015），负责安排和处理订单，确保及时生产。

国际运输几乎都是由第三方进行的。然而，运输方式（例如空运和海运）主要是由运输产品的类型，以及收货的时间要求决定的。

环境可持续性是运输业日益关注的问题。运输行业消耗了全球50%以上的流动矿物燃料，预计从2008年到2035年，全球流动矿物燃料消费总量将增

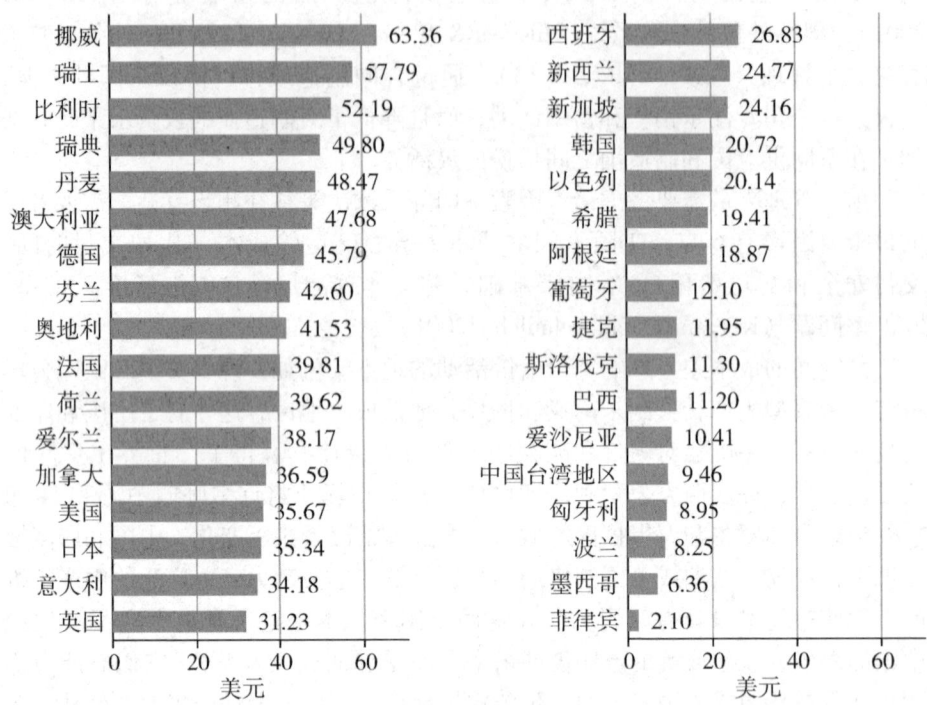

图7.1 2012年制造业每小时的薪酬成本

资料来源：2013年8月美国劳工部统计数据。

长45%以上（UNCTAD秘书处，2013）。预计80%以上的交通运输排放增长将发生在中国和印度等发展中国家（联合国环境规划署，2012），大部分排放将由陆路运输造成（UNCTAD秘书处，2013）。因此，运输部门的任务是开拓更绿色、低碳和更环保的模式。在未来，企业在做出采购决策时，显然需要更加重视环境成本。

国家基础设施为制造业务提供必要的框架。基础设施包括电力、道路、通信网络以及合格的劳动力。此外，一个国家需要提供安全的环境、确保社会治安和有效的治理。当需要其他国家的服务、零部件和原材料时，一个国家也必须提供可靠的外汇渠道，以便能够从国外进行购买。因此，仅仅具备廉价劳动力还不足以成为吸引制造业的地点，一个国家还必须提供必要的基础设施来支持制造设施。

政治风险可能会阻止公司向国外进行采购，这些风险可能涉及恐怖主义、暴乱、政变、内战以及由此造成的财产没收或破坏。一般而言，任何改变经济行动价值的政治变革都可能构成政治风险。而评估政治风险的可能性和严重性相对困难，这尤其适用于欠发达国家。

从企业角度看，应当区分两种政治风险（Alon & Herbert，2009）：宏观层面的风险以类似的方式影响着国家管辖范围内的所有公司。这可能包括不利的监管变化、国家中央银行提出的货币限制或普遍存在的腐败。相比之下，微观层面的风险是于工业、公司或项目的具体风险。这可能包括对在该国经营的某些国际公司的歧视，比如，委内瑞拉的石油公司被征用。

市场准入也会影响采购方面的考虑。当市场所在国家因对本国所占股份有要求，或因国际收支问题或为了鼓励知识转让，通过出口限制市场准入时，如果公司想进入有关市场，它们通常别无选择，只能建立本地工厂。有时，公司也可能被迫与当地合作伙伴签订合资协议，以获得市场准入。这种要求通常出于政治动机，因为政府试图限制外国的所有权，无论是在一般行业还是在某些行业，或者政府希望通过当地合作伙伴来加快知识转移速度。当然，在一个国家建立外国制造或服务设施以服务于这一市场，也可能有积极的一面。在当地建立制造或服务设施更容易受到顾客的青睐，可以减少交货时间和成本，提高市场情报的质量。此外，当地合资企业还可以提供宝贵的市场知识和网络。

外汇风险也可能会影响全球采购战略，因为公司可能选择采用全球采购战略，以限制与外汇相关的风险。然而，随着汇率的波动，以前有吸引力的制造地点可能会随着时间的推移而变得不那么有吸引力。为此，需要采取灵活的采购战略，为供应市场提供替代国家，例如合同制造或许可证发放。谨慎的公司将尽可能将汇率波动纳入物流和采购计划。

7.2.2 出厂物流与营销渠道

市场渠道是连接客户的全球供应链的一部分。市场渠道包括与销售、服务和发展客户关系有关的所有活动（Hult, et al., 2014）。当然，供应链最后一部分的一个重要组成部分也是产品对客户的实物流动，即出厂物流。

首先以出厂物流为重点，流程由客户的订单发起。除了货物、运输和仓储的实物流动，还涉及适当的信息流管理，例如向客户发送订单确认或库存控制。从营销的角度来看，物流功能需要以客户为中心。顾客主要感兴趣的是速度（从订货到交货要多久？供应商是否能够满足商定的时间表？）、可靠性（交货是否与订单相符？是否零缺陷交货？）和便利性（下订单是否便捷？是否可跟踪订单状态？）。在企业与企业之间的关系中，电子数据交换、准时交货和维持库存等问题也很重要。

原则上，国内和国际客户对出厂物流的要求基本相同。但在实践中，当货物跨越国界时,复杂性将大大增加。距离的增加可能需要其他的运输方式和特殊的包装,国际运输需要不同的海关、运输和税务文件,语言的差异需要翻译,同时也许会使与客户的沟通变得更加困难。这些因素都增加了分销成本。

为了降低国际分销成本,许多公司加强了本国的分销网络,并建立了为多个国家服务的分销中心。其他公司则将物流外包给 UPS、FedEx 或 DHL(现归德国邮政公司所有)等专业公司。除了只是简单地提供物流服务之外,专业物流公司也越来越多地接管仓储职能,并管理相关的信息流。这些公司努力降低物流成本,例如,通过按订单生产(BTO)方法减少库存,实现出厂物流(从采购到最终客户交付)在全面供应链管理解决方案中的整合。对客户和公司来说,在商德方面,包括在地理位置分散的工厂或货船上的工作条件,以及生态挑战,例如减少碳足迹的需要等,都在国际供应链设计中发挥着越来越重要的作用。①

7.3 渠道功能与组织形式

正如本章开头所指出的,营销渠道、市场渠道和分销渠道几个词基本上可以互换使用。然而,在营销文献中,"分销"一词传统上是使用得最广泛的词汇,尽管它有时被批评为"意味着货物只需要分发"的含义。

与主要关注产品实物流动的物流不同,渠道结构的设计侧重于合适的中间商的选择和相互作用,以及他们所完成的营销任务。这也涉及公司拥有的分销渠道之间的协调,例如在线商店或直销团队,以及独立的批发商和零售商。

7.3.1 渠道成员的职能

外部渠道伙伴(也称为中间商)可以执行三项基本职能,即事务性职能、物流职能和便利性职能(Mudambi & Aggarwal,2003)。表 7.1 更详细地描述了这三项任务。

---

① 有关道德问题的更详细讨论,请参见第 10 章。

表 7.1 中间商执行的渠道职能

职能类型	介绍
事务性职能	• 联系与推广：联系潜在客户，推广产品，征求订单 • 协商：确定购买和销售多少产品，使用何种运输方式、付款方式、交货方式和交货时间 • 风险承担：承担所有权效用
物流职能	• 实物分发：货物运输和分类 • 存储：维持库存和保护货物 • 整理：将不同质货物整理为同质库存 • 组合：将不同来源的同类产品组合在一起 • 分配：将大批量货物散发 • 分类：为客户梳理产品
便利性职能	• 研究：收集和分享有关客户的信息 • 融资：扩大信贷额度和其他金融服务

渠道成员所履行的职能会带来好处，也会带来一些成本；最明显的是，一旦公司的产品沿着供应链移动，就会出现缺乏控制的情况。许多没有强大谈判能力的公司在谈到他们的产品将如何定位和最终将以什么价格出售时，任由他们的中间商摆布（Kalafatis, 2000）。此外，中间商可能容易受到竞争对手的引诱，这可能使竞争对手的产品获得足够的货架空间。

7.3.2 渠道层级数量

生产商、中间商和客户之间的关系分为以下三种关系：直接关系、间接关系和混合关系。生产商直接服务客户，而不使用中间商，可以通过自己的直销团队，通过电话、邮购、在线或产品目录销售。一些不愿在其高度发达的国内市场进行直销的公司，在新兴市场挨家挨户进行分销的策略取得了相当大的成功。在这些新兴市场，零售分销网络尚未完全发展，聘用低工资或现成的自由职业者使成本结构更具吸引力。比如，印度最大的消费品公司，联合利华公司所有的印度斯坦联合利华有限公司，将主要来自低收入家庭的女性打造成了一支销售队伍，挨家挨户地销售 HUL 产品。今天，42000 名女性通过在 15 个州的 100000 多个村庄销售 HUL 产品得以谋生（Hadi & Harsh, 2010）。

间接分销渠道包含一个或多个中间商。例如，索尼的分销完全依赖零售商，几乎没有一家电子零售商能够不卖日本产品，因为消费者希望在商店里看到日本产品。为此，索尼为其中间商增加了价值。中间商使公司能够接触到本来无法接触到的客户。就连互联网直销的代言人戴尔最近也恢复了间接渠道，因为中国和印度等新兴经济体的潜在客户无法上网订购个人电脑或笔记本电脑（Lawton，2007）。

许多企业还选择通过直接和间接渠道向客户交付产品，这种结构称为混合或多渠道分销策略。

7.3.3 渠道的组织

过去几十年来，渠道组织最大的发展是纵向或横向一体化分销网络的增加。随着互联网时代的到来，多渠道系统也得到了支持。

7.3.3.1 垂直营销系统

因为供应链的每一个成员都以最大化自己的利润为目标，让一个成员（例如，生产商、批发商或零售商）处于权力地位，所以会自动减少相互冲突并提高渠道性能。垂直营销系统（VMS）由生产商和任意数量的中间商组成，渠道控制者协调所有活动以消除低效。例如，这可以通过中央组织的仓储、数据处理或提供规模效率的其他设施来实现（Zentes, et al., 2005）。

7.3.3.2 水平营销系统

在横向营销系统中，两个或两个以上在同一供应链层级的公司将其营销、生产或财政资源结合起来，以寻求一家公司单独无法实现的机会。这种合作不一定是永久性的，因为公司甚至可能来自不同的行业。

以亨氏与日本可果美的合作为例。可果美是日本最大的蔬菜汁和番茄制品生产商，亨氏是一家拥有全球销售网络的美国顶级食品制造商。两家公司都同意通过合并管理资源来扩大全球市场的运营和收益。亨氏在美国进行了市场调查，以确定可果美蔬菜汁是否会被美国消费者接受。同时，可果美公司还向日本亨氏公司派遣了两名高级管理人员，以促进两家公司在销售、生产、质量控制、分销和采购等领域的合作。作为双方长期合作的象征，两家公司还各自收购了对方 5% 的股份，并郑重承诺要帮助对方扩大海外业务（WN.com，2001）。

7.3.3.3 多渠道分销系统

在互联网提供的机会的推动下，混合或多渠道分销系统现在已成为常态。为此，生产商控制一些分销渠道，中间商控制其他渠道（Wallace, et al., 2009）。例如，由于网络盗版猖獗，音乐唱片公司被迫进入这个系统。尽管这样，公司仍在 HMV 等零售店销售 CD，但大部分利润要么是通过公司自己的官网，要么是通过 iTunes 或 Beatport 等平台所获得。同样，航空公司直接通过互联网出售机票，但同时也依托旅行社。在这一行业中，也出现了一些脱媒现象，航空公司完全转向在线预订，从而完全淘汰了中间商（Hibbard, et al., 2001）。过去几年的趋势是扩大渠道数量，以便尽可能多地接触到更多的客户。多渠道分销系统存在着渠道冲突的潜在风险，尤其是当中间商将生产商视为竞争对手和供应商。不满的零售商可能会将互联网（通常价格较低）视为竞争对手（Frazier & Kersi, 1995）。

7.4 选择渠道设计

整个营销策略与最适合满足客户需求的渠道设计是由许多因素决定的，最重要的因素包括最终客户的需求和预期市场覆盖范围。

7.4.1 客户需求

许多制造商将他们的中间商视为"客户"，很少有例外。然而，分销渠道的主要功能是满足最终用户的需求。中间商是实现这一目标的渠道，他们应被视为其自身，而非目标本身。由于每个渠道成员都为最终客户增加了价值，设计分销渠道首先要了解客户想要什么、何时、何地以及如何获得将要提供的产品或服务（Anderson, et al., 1997）。不同的国家市场或客户部门可能需要不同的服务水平。这可能涉及产品信息、定制、质量保证、分类、产品可用性或售后服务。

7.4.2 市场覆盖率

本质上，一家公司需要决定它想要覆盖一个特定的市场的迫切程度。有三种主要的分销方式：密集分销、独家分销和选择性分销。

密集分销是在尽可能多的地方放置产品，尤其是冲动购买的商品或消费者不太可能选购的商品，比如面包或牛奶这样的方便产品。在这种情况下，消费者的品牌忠诚度可能很低，消费者准备购买离自己最近的替代产品，而不是去另一家经销商那里购买。

独家分销是密集分销的反面。这种策略由生产商限制允许存储特定产品的中间商数量。此类分销策略通常是在其顾客愿意旅行以获得产品，以及能为高水平客户提供服务保证的情况下使用的。知名的时尚服装生产商，如古驰或香奈儿，就是采用这种类型的市场覆盖方法。

选择性分销处于上述两种策略之间，因为使用了一些（但不是全部）可用的方案，公司试图以比密集分销更低的成本来平衡更广泛的影响。像家用电器或家具这样的特殊商品通常是与此策略有关。

7.4.3 渠道选择

一家公司一旦决定使用间接分销结构，它就必须决定使用哪一种中间商（Drummond & Ensor，2005）。特别是在新兴市场，分销系统往往复杂且难以渗透，由多层中间商组成，透明度有限。在其他情况下，分销网络分散或低效，或者根本不存在（Dimitrova & Rosenbloom，2010）。尽管有这些限制，但以下是最常见的情况：

代理人或经纪人：这些中间商通过谈判达成具体的交易，把买卖双方聚集在一起，但并不拥有产品的所有权。他们往往是临时雇用的，并由雇用他们的当事方支付佣金。

分销商或经销商：这些中间商通过库存、信贷额度延长和售后支持等服务分销产品，并提供价值。他们经常出现在 B2B 市场，但也会与消费者直接打交道，如汽车经销商。

特许经销：特许经销是一种持续的关系，在这种关系中，特许人授予特许经营加盟商经营或销售产品的权利。特许人向特许经营加盟商提供商品名称、产品、经营方法等。特许经营加盟商向特许人支付费用，并必须遵守合同中规定的一套严格的规则，通常包括产品的设计、营销、分类，当然也包括服务的质量（Gal-Or，1995）。麦当劳或 7-11 的各加盟店毫无疑问就是特许经销，但特许经销的范围远远不止于快餐店和便利店。旅游、教育、保健、房地产和商业清洁等多种行业都有鲜明的例子（McIntyre & Huszagh，1995）。

批发商：这些中间商对他们经营的货物拥有所有权，并参与其实物分销。它们主要将产品卖给其他中间商或直接卖给工业、商业或机构客户，例如，美国的好市多或欧洲的万客隆。它们也为制造商提供非常重要的服务，比如以较低的成本接触到许多小客户。批发商选择项目，并确立客户所需的品种。批发商分两种：①全方位服务批发商，它们开展广泛的营销活动，如采购、销售、仓储和货物运输。它们还可提供其他服务，如关于会计和库存控制程序的咨询意见。②有限服务批发商，它们不提供非必需的服务，因此，他们能够为他们的客户提供更便宜的服务。有限服务批发商的一个例子就是现购自运批发商，他们只向小型零售商销售有限的快消品，并且使用现金交易，不送货。其他有限服务批发商包括农民拥有的生产合作社，他们采集新鲜农产品在当地市场销售，还有邮购批发商，它们使用产品目录向零售客户大量销售产品（Bernard, et al.，2010）。

零售商：沃尔玛、特易购或斯帕尔等成功的大型零售商连接生产商和终端客户，为双方提供优质的服务。有几种不同类型的零售店，但一般来说，可以通过它们提供的服务的量、它们的产品线和相对价格重点来区分（Seiders, et al., 2000）。百货公司是大型零售商，提供各式各样的产品和重要的客户服务。例如，伦敦的哈罗斯百货出售食品、化妆品、衣服、家居用品和书籍等商品，服务包括改衣服、修鞋、送货上门和安装。折扣零售商的定位围绕它们的价格优势，它们提供广泛但浅层的产品分类，以及很少的客户服务，比如德国的阿尔迪和澳大利亚的凯马特。为了压低价格，零售商与供应商进行广泛谈判，以确保低商品成本（Samiee, 1995）。品类杀手店就像是折扣店，但面向的是一个非常专业的领域。它们的宗旨是"扼杀"竞争，其特点是产品种类有限但深层，很少提供适度的客户服务，比如家具行业的宜家。超市提供了最经典的零售环境，它们在世界各地几乎随处可见，并且在自助服务的基础上运作，提供最少的客户服务和集中式的注册及交易终端。超市是食品零售的主要机构，因为它们在一个地点提供各种各样的产品，为顾客提供极大的便利性和多样性。大型超市与普通超市相比，产品线大幅增加，营业面积通常超过10000 平方米。最后，像 7-11 这样的便利店提供的杂货和家庭用品种类相对适中，可以满足那些想要在一个营业时间较长的便利地点快速购物的顾客。

虽然上述零售模式几乎存在于所有发达市场，但在新兴市场并非如此。中国的零售市场就高度分散，由许多中小型零售商组成。在中国，跨省零售商仍然很少，部分原因是当地的市场壁垒（Sheng, 2010）。此外，中国的许多分销网络高度分散，造成了支离破碎的、极其累赘的分销系统。以上海复杂的饮料分销网络为例，分销网络多达四个层级——生产商、批发商、经销商和零售商——各层级利润率降低（Feuling, 2010）。印度作为金砖四国中的第二大人口大国，也面临着其他零售方面的挑战。印度 10 亿消费者中有 2/3 生活在农村，那里创造了近一半的国民收入，这与中国形成了鲜明的对比。印度农村地区也非常复杂，这主要是因为其发展速度的多样性。有些市场很大，但不如其他市场那么富裕（北方邦、比哈尔邦），而有一些市场很富裕，但规模不大（喜马恰尔邦、果阿）。公司需要考虑到印度腹地的语言和文化的巨大差异，同时保持分销策略的高度灵活性和适应性（Quer, et al., 2010）。以上文提到的印度斯坦联合利华公司为例，该公司面向农村低收入人群销售廉价的小袋洗发剂，如夏士莲和潘婷。该公司现在拥有印度最广泛的分销网络之一，有 630 万个零售网点，其中，包括它直接提供服务的 100 万个零售网点。印度农村地区的收入目前几乎占印度斯坦联合利华公司收入的一半（Hadi & Harsh, 2010）。

7.4.4 渠道协同

在多渠道企业已经成为常态的情况下，不同渠道之间的关系是一个重要的课题。因此，当向现有网络添加一条新渠道时，一个核心问题是它是与现有分销策略互为补充还是互相矛盾。同样，正在选择第一条也是唯一一条渠道的公司应该考虑，这样的战略是否有助于未来增加额外的渠道需求。这些问题很重要，因为分销渠道之间的协同效应会是一种巨大的竞争优势。

在一个整合良好的多渠道战略中，消费者应将公司视为具有互补分销选择的单一零售实体。公司则可以通过让所有渠道拥有相似的特性来实现这一点。例如，消费者应该能够从在互联网或产品目录中查找产品轻松过渡到在商店购买产品。无论选择哪个渠道，每个项目的描述和外观都应该有一些共性。实体店人员应能验证网络购买，并为客户提供退货或换货服务（Rosenbloom，2007）。

多渠道零售商需要关注不同渠道的产品重叠程度。显然，各渠道太少的产品重叠将导致不一致的产品形象。然而，过多的重叠可能会导致销售机会的丧失。一个明显的问题是网店和实体商店之间的产品重叠程度。企业通常使用互联网作为提供高度专业化商品的一种手段，这些商品在实体商店中是无法盈利的。例如，沃尔玛利用其网站为图书、家具和珠宝等商品类别中提供更广泛的商品，以此作为实体商店销售的补充。一些公司在网上提供的产品并不在传统渠道出售，在不增加经营成本的情况下，吸引同一批客户群。就拿维多利亚的秘密来说，其官网上的一些衣服和鞋类就是实体商店中没有的。许多零售商也使用互联网作为销售清仓商品的手段。

7.5 渠道管理

当一家企业决定了它想要遵循的渠道设计方案时，它必须严格实施方案并管理所选的渠道。渠道管理包括选择、激励、培训和评估个别渠道成员，同时，管理中间商之间可能出现的任何冲突。

7.5.1 选择渠道成员

制造商雇用中间商通过增加销量或收入和/或通过降低单位成本来提高销售业绩。然而，不同的分销商的能力是非常不同的，需要制定有效的选择程序。选择标准应考虑分销延伸、功能性、产品的适合性、文化背景、消费者与经销商之间的关系以及过去的业绩（Samli，2004）。中间商如何履行销售、储存、交付、信贷、产品和客户服务、信息收集等职能也影响着渠道的选择。中间商与渠道下一个环节的关系质量也是如此。

此外，还应考虑潜在的经销商是否参与产品的直接竞争。对于一家有很强谈判能力的大企业来说，这可能不是问题，但对于中小型企业来说，由于零售商的优先事项，这可能会产生影响。最后，中间商往往首先考虑客户的利益，其次才是供应商。

7.5.2 激励和培训渠道成员

不相容的目标：每个渠道成员的目标都是最大化自己的利润，因此，在利润率和激励机制上自然会经常出现分歧。例如，当生产商希望增加其市场份额时，可能会发生冲突，而与此同时，主要中间商的目标是提供尽可能广泛的各种产品，而不考虑这些产品是由哪一家制造商提供。

不明确的权责：在分配协议中，未明确规定的渠道成员之间的职责经常有重叠。例如，批发商可能会觉得生产商在积极向零售商和顾客推销产品方面做得太少，没有努力创造一些"拉力"。同时，生产商可能会觉得批发商应该把产品"推向"市场。

不顺畅的沟通：当分销伙伴没有保持应有的联系时，往往会引起冲突并产生误解。例如，零售商可能有"顾客永远是正确的"的政策，从而提供非常自由的退货政策。但制造商可能不会认同这种过于宽松的退货政策，并认为零售商没有正确地向消费者解释产品说明书。

在国际上经常引起关注的渠道冲突领域是灰色市场（也可参见第 6 章）。从"灰色市场"四个字的字面意思就可以知道，在灰色市场上的货物是未经授权即从授权分销渠道出售的品牌产品，或在未经制造商同意或在制造商不知情的情况下出口到某国的品牌产品。不同于销售赃物或冒牌货的黑市，灰色市场一般不被认为是非法的。灰色市场的商品由同一商标所有者或持证制造商生产，并贴有相同的商标名称。事实上，从消费者的角度来看，灰色市场导致竞争加剧，为消费者提供价格更低的替代品，并销售与授权渠道同等质量的商品。然而，从管理者的角度来看，价格差异可能太大，以至于给公司既定的分销渠道造成相当大的破坏（Prince & Davies，2000）。

灰色市场是由套利的平行进口商造成的。他们在一个国家以相对较低的价格购买产品，然后将其卖到另一个国家，在那里，授权经销商收取更高的价格。研究表明，近 20% 的公司表示它们的出口受到灰色市场的严重影响（Myers & Griffith，1999）。这个问题非常严重，以至于摩托罗拉、3 Com、惠普、杜邦和 3M 等跨国公司都投入全职管理人员和员工来解决灰色市场问题。在许多情况下，灰色市场销售额甚至要超过授权销售额。以马来西亚为例，灰色市场销售的手机占手机销售总量的70%。同样，在印度，灰色市场个人电脑的销量比授权销量高2倍（Chen，2002）。

一种产品的灰色市场活动潜力受到以下四种情况的影响：①汇率不同；②灰色市场产品可以免费受益于传统经销商在广告、展示和服务产品方面的投入；③一个国家（如美国或欧盟）的商品价格比另一个国家的高；④产品稀缺。作为一家公司应注意以上这些问题，以监测灰色市场行动的潜力，并制定限制这些行动的战略。但是，管理人员如何才能限制灰色市场的活动？专家们提出了一种"3S"法——识别（sensing）、快速反应（speed）和严惩（severity）（Kersi，et al.，2004）。

识别：公司需要识别灰色市场活动可能发生的风险，并制定预防机制。一些公司依赖对分销商销售记录的定期、不公开的审计。其他公司则开通了免费"举报"热线。德国体育用品制造商彪马甚至在鞋带中插入了追踪纤维。

快速反应：快速反应至少可以在两方面对灰色市场活动产生威慑作用。首先，快速反应在参与灰色市场和惩罚性后果之间建立了直接的因果关系。其次，快速反应意味着犯罪人没有多少时间享受参与灰色市场带来的收益。

严惩：运用适当的惩罚制度是有效威慑政策的关键。许多公司收取罚款，被称为"退款"，而另一些公司则通常不给那些不遵守规则的授权分销商奖励。

7.6 未来趋势

全球供应链管理和分销网络不断受到多种环境变化的影响。下面介绍的一些技术和社会变革说明了这些变化的潜在影响。

7.6.1 技术发展

过去的几十年里，制造商采用互联网等技术探索着产品在供应链中分销的新方法。官方商城和混合分销渠道已经是旧事物，也不再具有革命性，公司现在开始充分挖掘万维网的潜力。以沃尔玛在电子商务方面的探索为例，在与亚马逊、家乐福和乐购等国际竞争对手（以及淘宝网和阿里巴巴等强大的中国竞争对手）展开竞争之际，沃尔玛在拉美和中国推出了新的网站，扩大了其在全球的影响力。电子商务让沃尔玛得以在不扩大基础结构的情况下扩张（Birchall，2011）。

但是，新技术并不局限于电子商务。射频识别（RFID）通过无线电波在读取器和附加在物体上的电子标签之间交换数据，以进行识别和跟踪。新技术的扩散是不断发生的供应链优化过程的一部分，尤其是时装行业受益于这项技术。Charles Vögele 集团是欧洲主要的独立时尚零售商，拥有 851 家分店。该公司每年从 400 多家供应商采购 7000 万件服装，并分销给整个亚洲和欧洲的 34 家销售中心。Vögele 整个供应链采用射频识别技术，现在可以在整个渠道中对服装进行追踪。这减少了物流方面的失误，并确保其最受欢迎的产品总是有存货（Harrop，2009）。

即将到来的是更具有革命性的技术，例如虚拟现实技术，这种技术让消费者仿佛看到了自己穿上了真实衣服的样子，省去了试穿的精力，通过 3D 打印，客户可以在家中"制造"备件或其他实物产品。最近，广为传播的 3D 打印枪支事件令人信服地证明了这项技术的能力和危险性（Orsini，2014）。以上例子只是展示了为进一步优化分销网络而出现的一小部分技术变化，所以，如果制造商想要维持高效的供应链，就应该随时了解技术的最新进展。

7.6.2 可持续性和企业社会责任

技术发展不仅正在塑造供应链的未来，而且也推动了社会变革。最近，企业社会责任（CSR）和企业上游、下游供应链的可持续发展成了热门话题。随着气候变化成为全球关注的焦点，消费者、投资者、政府和股东越来越想知道一家公司供应链的环保程度。"可持续性"是指同时追求经济繁荣、环境质量和社会公平（通常被称为"三重底线"）。可持续发展实际上是倡议力求在产品的制造、分配和服务中减少能源、水、温室气体排放和有害物质的使用。但可持续性还包括对员工、客户、供应商和社区提出的社会责任目标（Schlegelmilch，Öberseder，2007；Pedersen，2009）。

渠道成员关注的主要领域是能源和气候、土地和土壤、空气、水和当地社区。能源和气候问题是指与供应链有关的温室气体排放量。劳动力成本和原材料的全球因素条件加剧了许多公司的碳足迹。许多零售商也因自己的土地使用及其与城市扩张的关系而受到批评（Hicks，2007）。城市扩张，指的是家庭和私人企业从市中心和近郊向非常低密度的郊区广泛流动（Downs，2007）。

供应链中水的使用也受到了严格的审查。使用泉水进行生产的雀巢就面临严峻的环境挑战。相比之下，百事（使用阿夸菲纳纯净水）和可口可乐（使用达萨尼水）的零售产品开始使用城市用水生产（Thottam，2005）。

渠道成员对于当地社区的社会责任也变得非常突出，尤其是在媒体的宣传之下。被广泛宣传的中国制造的受污染的宠物食品和含铅玩具的召回，引起了利益有关者（尤其是消费者）的关注（Öberseder, et al.，2013），消费者越来越多地要求公司对其供应链伙伴的行为负责（Lee，2010）。鉴于全球社会和环境问题的增加，可持续性问题很可能在全球供应链和分销网络的设计和管理中得到进一步的重视。

7.7 小结

全球供应链管理和分销网络在创造客户价值方面非常重要。很少有企业能够独立地向所有客户提供产品，因此，大多数企业需要依赖其他各方，如中间商。因此，在大多数供应链和分销网络中，公司之间会签订一系列合作协议。当这些公司分散在全球各地时，高效管理供应链是一项艰巨的挑战。如果管理得当，全球供应链和分销网络可以让公司获得强大的竞争优势。不利的方面是管理不当可能会使一家公司失去竞争力。

我们首先简要概述了全球供应链的主要方面，即物流、采购、运营和营销渠道，以及从全球供应链管理中获得的主要好处，如降低成本、提高质量、提高客户满意度和获得竞争优势。接着了解了供应链上游，包括入厂采购、运营和物流，以及全球供应链的下游，即出厂物流和营销渠道。因为营销渠道构成全球供应链中连接客户的一部分，在这篇探讨全球营销策略的文章中，大多数讨论都集中在营销渠道上。

对分销渠道的职能和不同组织形式进行了一些基本了解之后，本章重点转向渠道设计的关键驱动因素，以及渠道的管理，包括渠道成员的选择、激励和评估。减少渠道冲突是渠道管理中的一个重要议题。在国际背景下，灰色市场可能导致渠道冲突。我们概述了有利于灰色市场的条件，并提出了一些打击灰色市场活动的方法。

本章最后回顾了全球供应链管理和分销网络的未来趋势。除了指出一些重要的技术发展（例如电子商务、无线电频率识别标签或3D打印等技术）的影响越来越大，利益相关方对可持续性和企业社会责任不断增加的需求可能会影响到全球供应链的未来发展。

参考文献

Alon, I., & Herbert, T. T. (2009). A stranger in a strange land: Micro political risk and the multinational firm. *Business Horizons*, 52 (2), 127–137.

Anderson, E., Day, G. S., & Rangan, K. V. (1997). Strategic channel design. *Sloan Management Review*, 38 (4), 59–69.

ANXeBusiness Corp. (2015). Accessed August 14, 2015, from http://www.anx.com.

Bernard, A. B., Jensen, B., Redding, S. J., & Schott, P. K. (2010). Wholesalers and retailers in US trade. *American Economic Review*, 100 (2), 408 – 413.

Birchall, J. (2011, January 5). Walmart expands E-commerce presence. *Financial Times*. Accessed August 16, 2015, from http://www. ft. comintlcms/s/0/4eb4bac2-18fd-11e0-9c12-00144feab49a. html? ftcamp = rss#axzz3iy356U4Q.

Cachon, G., & Lariviere, M. (2001). Turning the supply chain into a revenue chain. *Harvard Business Review*, 73 (9), 20 – 21.

Chen, H. -L. (2002). Gray marketing and unfair competition. *Atlantic Economic Journal*, 30 (2), 196 – 204.

Dimitrova, B., & Rosenbloom, B. (2010). Standardization versus adaptation in global markets: Is channel strategy different?. *Journal of Marketing Channels*, 17 (2), 157 – 176.

Downs, A. (2007). Suburban ecosystem inner-city. *Journal of Property Management*, 35 (1), 77 – 95.

Drummond, G., & Ensor, J. (2005). *Introduction to Marketing Concepts*. Oxford: Elsevier Butterworth-Heinemann.

Feuling, B. A. (2010). Developing China sales and distribution capabilities. *China Business Review*, 34 (7), 12 – 15, 25.

Frazier, G., & Kersi, A. (1995). Exchange relationships and interfirm power in channels of distribution. *Journal of the Academy of Marketing Science*, 23 (4), 321 – 332.

Gal-Or, E. (1995). Maintaining quality standards in Franchise chains. *Management Science*, 41 (11), 1774 – 1792.

Graf, M., Schlegelmilch, B. B., Mudambi, S., & Tallman, S. (2013). Outsourcing of customer relationship management: Implications for customer satisfaction. *Journal of Strategic Marketing*, 21 (1), 68 – 81.

Hadi, M., & Harsh, J. (2010, February 19). Unilever's soapy grip on India. *Wall Street Journal*. Accessed August 15, 2015, from http://www. wsj. com/articles/SB10001424052748703787304575074933132642868.

Harrop, P. (2009). Auto ID Europe RFID in the fashion business. *Supply Chain Europe*, 18 (5), 26 – 28.

Hibbard, J. D., Kumar, N., & Stern, L. W. (2001). Examining the impact of destructive acts in marketing channel relationships. *Journal of Marketing Research*, 38 (1), 45 – 61.

Hicks, M. J. (2007). Wal-Mart's impact on local revenue and expenditure instruments in Ohio, 1988 – 2003. *Atlantic Economic Journal*, 35 (1), 77 – 95.

Hult, T., Closs, D., & Frayer, D. (2014). *Global Supply Chain Management: Leveraging Processes, Measurements, and Tools for Strategic Corporate Advantage*. New York: McGraw Hill.

Insinga, R. C., & Werle, M. J. (2000). Linking outsourcing to business strategy. *Academy of*

Management Executive, 14 (4), 58 – 70.

Johnson, M. E., & Batt, R. J. (2009). Channel management: Breaking the destructive growth cycle. *Supply Chain Management Review*, 13 (5), 26 – 33.

Kalafatis, S. P. (2000). Buyer-seller relationships along channels of distribution. *Industrial Marketing Management*, 31 (3), 215 – 228.

Keegan, W. J., & Schlegelmilch, B. B. (2001). *Global Marketing Management: A European Perspective*. Essex: Financial Times/Prentice Hall.

Kersi, A., Bergen, M., & Dutta, S. (2004). Competing with gray markets. *Sloan Management Review*, 46 (1), 63 – 69.

Lawton, C. (2007, April 28). Dell could go beyond its direct-sales model in bid to Bolster growth. *The Wall Street Journal*. Accessed August 15, 2015, from http://www.wsj.com/articles/SB117769743674585061.

Lee, H. (2010). Don't tweak your supply chain—Rethink it end to end. *Harvard Business Review*, 88 (10), 63 – 69.

McIntyre, F., & Huszagh, S. (1995). Internationalization of Franchise systems. *Journal of International Marketing*, 3 (4), 39 – 56.

Mudambi, S., & Aggarwal, R. (2003). Industrial distributors: Can they survive in the new economy?. *Industrial Marketing Management*, 32 (4), 317 – 325.

Myers, M. B., & Griffith, D. A. (1999). Strategies for combating gray market activity. *Business Horizons*, 42 (6), 2 – 8.

Öberseder, M., Schlegelmilch, B. B., Murphy, P. E., & Gruber, V. (2013). Consumers' perceptions of corporate social responsibility: Scale development and validation. *Journal of Business Ethics*, 124 (1), 101 – 115.

Orsini, L. (2014, February 14). 10 crazy things 3D printers can make today. Accessed August 16, 2015, from http://readwrite.com—02/14/3d-printing-printers-projects-applications-prints.

Pahud de Mortanges, C., & Vossen, J. (1999). Mechanisms to control the marketing activities of foreign distributors. *International Business Review*, 8 (1), 75 – 97.

Pedersen, A. (2009). A more sustainable global supply chain. *Supply Chain Management Review*, 13 (7), 6.

Prince, M., & Davies, M. (2000). Seeing red over international grey markets. *Business Horizons*, 43 (2), 71 – 74.

Quer, D., Claver, E., & Rienda, L. (2010). Doing business in China and India: A comparative approach. *Asia-Pacific Journal of Business Administration*, 2 (2), 153 – 166.

Rosenbloom, B. (2007). Multi-channel strategy in business-to-business markets: Prospects and problems. *Industrial Marketing Management*, 36 (1), 4 – 9.

Samiee, S. (1995). Strategic considerations in European retailing. *Journal of International Mar-

keting, 3 (3), 49 – 76.

Samli, C. (2004). *Entering and Succeeding in Emerging Countries*. Mason, OH: South-Western Educational & Professional Publishing.

Schlegelmilch, B. B., & Öberseder, M. (2007). Ethical issues in global supply chains: Converging interests or insoluble contradictions. *Symphonya—Emerging Issues on Management*, (2), 12 – 23.

Seiders, K., Berry, L., & Gresham, L. (2000). Attention retailers! How convenient is your convenience strategy?. *Sloan Management Review*, 41 (3), 79 – 89.

Sheng, L. (2010, May 1). Understanding China's retail market. *China Business Review*. Accessed August 16, 2015, from http://www.chinabusinessrevieW.com/understanding-chinas-retail-market.

Staude, G. E. (1987). The physical distribution concept as a philosophy of business. *International Journal of Physical Distribution & Materials Management*, 17 (6), 32 – 37.

Takeishi, A. (2001). Bridging inter-and intra-firm boundaries: Management of supplier involvement in the automobile product development. *Strategic Management Journal*, 22 (5), 403 – 433.

Thottam, J. (2005, December 19). War on the water front. *Time*. Accessed August 16, 2015, from http://content.time.comtimemagazine/article/0,9171,1139827,00.html.

UNCTAD Secretariat. (2013, June). Recent developments and trends in international maritime transport affecting trade of developing countries. Accessed August 14, 2015, from http://unctad.org/meetings/en/SessionalDocuments/cid30_en.pdf.

United Nations Environment Programme. (2012, June). Global environment outlook 5. Summary for Asia and the Pacific Region. Accessed August 14, 2015, from http://www.unep.org/geopdfsgeo5/RS_AsiaPacific_en.pdf.

Wallace, D. W., Johnson, J. L., & Umesh, U. N. (2009). Multichannel strategy implementation: The role of channel alignment capabilities. *Decision Sciences*, 40 (4), 869 – 890.

WN.com. (2001, July 27). Kagome, Heinz refine the market. Accessed August 15, from http://article.wn.comview2001/07/27/Kagome_Heinz_refine_the_market.

Yip, G. S., & Hult, G. T. (2012). *Total Global Strategy*. Upper Saddle River, NJ: Pearson.

Zentes, J., Neidhart, M., & Scheer, L. (2005). *Handels Monitor Spezial*. Frankfurt: Deutscher rlag.

8 全球品牌与传播

摘要

品牌是企业传播的关键。是什么使品牌具有价值，什么是全球品牌，为什么还有这么多的本土品牌？本章讨论了上述问题以及其他相关问题。本章首先从品牌价值、品牌架构、品牌认同、品牌形象、品牌共鸣等几个品牌的基本方面进行了研究。接下来讨论了全球品牌的各个核心方面，并强调了旨在使品牌全球化的公司所面临的一些挑战。最后，本章探讨了主要的公司传播工具，以及在全球范围内使用这些工具的挑战。

8.1 品牌与传播战略

品牌是企业传播的关键。无论品牌是针对本地还是全球受众；无论品牌是与客户还是其他利益攸关方相关；无论品牌是涉及整个公司还是某一款特定产品；无论品牌是一对一的（如人员推销），还是一对多（如广告宣传），品牌总是处于中心位置。

美国市场营销协会（AMA）将品牌定义为"名称、术语、设计、符号或任何其他特征，用于标识一个卖家的商品或服务与其他卖家的商品或服务的不同"（美国市场营销协会，2015）。但是，是什么使品牌具有价值，品牌具有多大价值？什么是全球品牌？为什么还有这么多本土品牌？公司有哪些传播方式？哪种传播渠道（如广告宣传或人员推销）是最重要和最有效的？传播内容和组合是否可以在不同国家标准化？为什么文化在营销传播中扮演着如此重要的角色？

下面，我们将逐一回答这些问题。我们首先看一下品牌的一些基本方面，如品牌价值、品牌架构、品牌认同、品牌形象、品牌共鸣等，同时，我们将探讨品牌延伸的范围。接着，我们将重点分析全球品牌的特点，探讨全球品牌核心的各个方面，并强调旨在使品牌全球化的公司所面临的一些挑战。最后，我们将拓宽视野，研究公司的重要传播工具，并讨论在全球范围内使用这些工具的挑战。

8.2　品牌的基本方面

8.2.1　品牌价值

对于公司来说，品牌是核心战略资产，而对于消费者来说，品牌代表他们愿意支付的价值。但是，品牌具有多大价值，是什么让它们具有价值？这两个问题都不好回答，并且这个问题也涉及评估品牌所代表的企业价值。每年都会有不同的组织对最有价值的全球品牌进行排名。其中，知名的有"Interbrand"报告（Interbrand—Rankings，2014）、"BrandZ"全球最具价值品牌百强排行榜（BrandZ，2014），以及"Branddirectory"全球品牌价值500强（Brand Finance，2014）。有趣的是，这些排名和相应的品牌价值有很大的不同。例如，在2014年全球品牌排名中，可口可乐在"Interbrand"中排名第三，而在"BrandZ"全球品牌价值500强中仅名列第十二位。此外，该公司的品牌价值在Interbrand和Brandz上分别被评估为815.63亿美元和337.22亿美元。造成这些差异的原因主要在于评估品牌资产的方法不同。毕竟，估计品牌价值并不是一门精确的科学。尽管这些排名和价值之间存在一定的差异，专家仍一致认为，强大的全球品牌可以价值数十亿美元，并且品牌价值对公司来说是非常重要的。

消费者为什么青睐品牌产品？从功利主义的角度来看，购买品牌产品可以降低某些产品功能或质量下降的风险，从而节省了消费者比较同类产品规格所需的时间。因此，在购买品牌产品时，消费者需要为质量稳定、成分可靠、售后服务放心支付溢价。就品牌服务而言，消费者可以更有信心地认为，提供服务的专业人员符合公司自身制定的标准（Anholt，2003）。另一方面，品牌不仅可以优化产品搜索，还可以提升消费者的个人形象和社会地位。此外，品牌可以创造一种熟悉和令人喜爱的感觉，或者可以满足消费者对制造商或经销商的道德和企业社会责任的关注。简言之，品牌代表了一系列功利主义和情感上的好处，并且消费者会将品牌与很多事物形成一个网状的关联性。然而，事实上，消费者会因文化背景的不同而对某一品牌相关的联想和观念有所差异，这对全球营销战略来说是一个相当大的挑战。

8.2.2　品牌架构

品牌在传播过程中的具体作用取决于公司的品牌架构。一些公司在所有的产品和服务中都将自己的公司名称作为品牌（如三菱汽车、三菱电器、三菱银行），一些公司则会使用与公司品牌有关的子品牌（如雀巢旗下的 Alete、BeBa、Maggi、Nescafe and KitKat）。有些制造商对相关的产品会使用一个品牌名称，称为总括性品牌或家族品牌。德国拜尔斯道夫公司就是一大代表，该公司的"妮维雅"品牌不仅用在传统护手霜上，而且也冠名了除臭剂、肥皂以及香体乳。还有一些公司则根本没有在产品上强调自己的公司名称。拿宝洁公司来说，产品使用的都是独立名称，如汰渍、帮宝适和潘婷。

与此同时，一些零售商会在商店销售的产品上标注自己的品牌。这些所谓的自有品牌或商店自用品牌反映出近几十年来从制造商到零售商的权力转移。以特易购为例，它就有很多自有品牌，比如 Tesco Finest、Tesco Organic、Tesco Everyday Value 等。同样，玛莎百货也打造了英国最大的男装品牌 Blue Harbour，以及知名女性时装设计师品牌 Per Una。

8.2.3 品牌认同、品牌形象、品牌共鸣

营销策略中有着各种术语，品牌也不例外。在讨论品牌化问题时，有几个关键词需要理解。首先是需要区分品牌认同与品牌形象。品牌认同是一家公司能够控制的品牌名称、徽标、设计、符号或声音。换句话说，品牌认同意味着公司希望受众如何看待自己。品牌形象则表示该品牌在受众心目中的实际面目。因此，品牌形象是指受众赋予品牌的所有联想、特征和属性；它是消费者头脑中对品牌的印象之和（Keller，2007）。另外两个与品牌形象密切相关的词是"品牌个性"与"品牌共鸣"。品牌个性赋予品牌人特征，比如"友好""接地气"或"有创造力"。随着时间的推移，品牌都会或多或少地形成鲜明的品牌个性，一些公司试图通过将自己的品牌与卡通人物（如印在麦片盒上的卡通人物）、吉祥物（如迈阿密海豚）或名人代言（如乔治·克鲁尼为雀巢胶囊咖啡机代言）联系起来，以塑造品牌个性。

品牌共鸣，指的是品牌在消费者或其他利益攸关方的头脑和生活中的印象和参与度。品牌共鸣反映了受众在心理上与品牌的联结度。具体可分为行为忠诚（如重复购买）、情感依赖（如对品牌的喜爱）、社区感（对使用该品牌的其他人的依附感）、主动参与（如加入以品牌为中心的俱乐部或访问与品牌相关的网站）（Keller，2001）。以下五个因素（5A）解释了消费者与品牌之间的忠诚关系是如何建立起来的（Keller，2010）。

意识：一个品牌越突出，就会有更多的受众考虑购买它。
联想：品牌定位（如功能性联想或与形象相关的联想）。
态度：认知和情感维度以及判断和感觉。
依赖：消费者与品牌心理关系的强弱（如对品牌的喜爱）。

活动：对一个品牌的行为（如购买或加入品牌社区）。

这些因素是分层次的：品牌意识是拥有品牌联想的先决条件，而品牌联想在逻辑上先于态度，态度最终可能导致依赖和活动。Keller 总结了品牌共鸣或顾客品牌资产金字塔中的关系。图 8.1 对这个金字塔进行了拓展，并包括了上述 5 个因素。

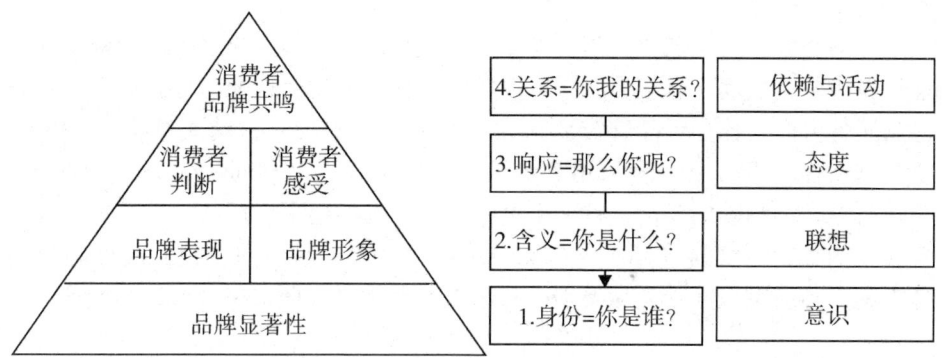

图 8.1　打造品牌共鸣

资料来源：根据 Keller，2001。

为了管理随着时间推移而变化的品牌资产，管理人员需要密切观察任何导致品牌共鸣元素的变化。这可能包括分析消费者心目中的品牌联想，比如为消费者绘制所谓的意境地图。

8.2.4　品牌延伸

当个别品牌与强大而独特的利益或价值观相关联，公司可以利用与现有品牌相关的资产来推出新的产品或服务（Loken et al.，2010）。首先，在这种品牌延伸中，新的品牌名称中包括现有品牌的名称，比如，零度可口可乐。品牌延伸有几种不同方式。可口可乐公司的品牌延伸为产品线延伸，因为新产品——零度可口可乐属于同一产品类别。当品牌被用于一个完全不同的产品类别时，情况则截然不同，比如，保时捷汽车、保时捷服饰和保时捷太阳镜。其次，品牌延伸的一种常见方式是背书人品牌延伸，这种品牌延伸使用"荣誉出品"或"旗下"等字眼，由著名母品牌为子品牌背书，比如万怡酒店。最后就是品牌联盟，也被称为联合品牌延伸。最常见的例子就是信用卡，比如星空联盟与万事达卡的品牌联盟，或者 Schöffel 等户外服装生产商与 GoreTex（戈尔特斯防水透气布料生产商）进行品牌合作。

品牌延伸利用了消费者对母品牌的熟悉与核心品牌联想。有相当多的研究分析了消费者对品牌延伸的可接受程度（Keller, 2002; Czellar, 2003; Völckner & Sattler, 2006）。最相关的因素是：①消费者对母品牌的信任、喜爱和体验；②延伸的品牌与母公司品牌形象的一致性；③信息的重要性和可获取性，即从营销人员的角度来看关于母品牌的信息是否足够显著，以及顾客的联想在他们的记忆中是否足以影响对新的延伸品牌的判断（Loken, et al., 2010）。

一般来说，公司需要让消费者感受到母品牌和延伸品牌之间的紧密契合才能取得成功。然而，有很多原因可以解释为什么公司会选择与母公司不一致的品牌延伸方向，比如：品牌需要振兴（Brown, 1997）；营销人员将产品卖给更具创新性、更不惧风险和相对快乐主义的消费者（Klink & Smith, 2001）；公司有意增加品牌的广度，将一个宽泛的品牌延伸至更广泛的产品类别比延伸至狭窄的类别更容易（Meyvis & Janiszewski, 2004），以便在稍后改进品牌延伸方案；品牌可以在新产品类别中利用先行者优势（Oakley, et al., 2008）。

8.3 全球品牌

8.3.1 "真正的全球化"

因为意识形态的原因，市场营销人员和消费者都经常为全球品牌的普遍存在而哀叹，或钦叹它们的力量。然而，对于什么才是真正的全球品牌，市场营销人员和消费者几乎没有达成一致。一些人把它定义为向多个地区提供产品的品牌（Van Gelder, 2003），而另一些人把它定义为消费者和内部成员感知相同的品牌。对全球品牌的一个较为全面的定义为"在世界许多不同国家都有的品牌，它们拥有同样的产品、同样的名称，通常在相同或相似的市场定位战略下运营"（Schuiling & Kapferer, 2004）。

按后一种定义来说，全球品牌并不容易找到。即使是传统的全球品牌，如麦当劳或可口可乐，也没有在品牌名称、包装或广告宣传方面完全标准化。此外，在大多数情况下，由全球品牌代表的产品将依据当地的需求进行适应化。中东地区的可口可乐和百事可乐都会更甜，因为中东地区的大多数消费者更喜欢甜饮。麦当劳则在新西兰推出了猕猴桃汉堡，在印度推出了 Maharaja 巨无霸汉堡，在马来西亚推出了发财汉堡，在日本推出了日式汉堡，在荷兰推出了可乐饼汉堡，在挪威推出了三文鱼汉堡，在法国推出了火腿三明治汉堡（de Mooij, 2010）。根据国家的不同，麦当劳还会提供送餐上门服务（如印尼），或者卖啤酒（如大部分法国、荷兰、德国和奥地利餐厅）。甚至麦当劳连餐厅的设计也没有完全标准化：和其他许多亚洲国家一样，台湾的家庭更希望获得隐私，因此，麦当劳就在台湾地区增设了私人包厢（de Mooij，2010）。在欧洲，麦当劳将固定的塑料座椅改为更舒适和灵活的家具来适应当地的需求（Wiggins，2007）。因此，即使是世界公认的品牌也很难完全标准化。

相比之下，有些品牌具有全球品牌身份，但在国家间的名称各不相同。最经典的例子就是联合利华冰激凌。多年来，该公司收购了不同的欧洲冰激凌品牌，并保留了当地品牌，比如，德国的 Langnese、荷兰的 Ola 以及西班牙的 Frigo。如图 8.2 显示，使用相同的徽标，使它们在各个国家都能被识别为一个品牌。总体而言，公司往往会在不同的国家保留不同的品牌名称，以求最有效地利用知名本地品牌的品牌价值。

图 8.2　不同国家的联合利华冰激凌品牌

资料来源：联合利华德国控股公司，2015 年 9 月 25 日。

8.3.2 品牌全球化面临的挑战

历史、法律或政治因素往往限制了企业在全球范围内实现品牌标准化。比如，汉高在德国、波兰和其他大多数欧洲国家拥有和销售洗涤剂宝莹，而在英国、拉丁美洲和中国销售同一产品的权利却属于联合利华，因为联合利华在1931年买下了这款产品在这些地区的销售许可。

语言是品牌全球化的另一个绊脚石。品牌通常起源于一个特定国家，从一开始就很少针对全球受众，少数例外是像谷歌或 Skype 这样的科技品牌。由于其本土化的起源，一个品牌的不同含义有时会阻碍其在全球范围内的推广。Santosha[①] 生产的 Miststicks 香水和 Catalina[②] 出品的 Morning Mist Fragrance 香水在德国可能会遇到一些阻力，因为"Mist"一词在德语中是"粪便"的意思。其他不太可能走向全球的品牌有 Oral-Me Flouride 牙膏、Suks 橙汁、Aass 啤酒、Only Puke 小吃、Starburst Sucks 糖果、Pee 可乐、Colon Cleaner Hot 酱和 Mega-pussi 薯片（这些实实在在存在[③]的品牌名称翻译成中文都很粗俗）。另一个广为人知的例子是通用汽车想在拉丁美洲推出 Nova 汽车，而"No va"在西班牙语中是"发不着"的意思。除了实际的品牌名称，还有些有趣的广告语翻译：百事把"和百事一代一起焕发活力"翻译成中文变成了"百事让你的祖先起死回生"；美国航空公司在墨西哥市场为其新的头等舱皮座椅打广告，把广告语"乘坐皮椅旅行"翻译成了西班牙语"vuela en cuero"，这句西班牙语的实际意思是"光着身子旅行"；还有就是美国乳业协会在墨西哥为乳品做广告时，将"想喝牛奶吗？"这句广告语翻译成了西班牙语中的"你在哺乳吗？"

由此可见，全球化品牌面临的一个最重要的挑战是文化差异，下面对它们分别进行讨论。

8.3.3 全球品牌中的文化因素

消费者会使用品牌固有的象征符号来传达他们是什么样的人或他们想成为什么样的人（Torelli, et al., 2010）。随后，消费者在对其他品牌的评价中也会利用对这些品牌的联想（Muniz & O'Guinn, 2001），这就是文化发挥作用的地方，因为个人通过文化赋予符号意义（Aaker, et al., 2001）。托雷利和他的合著者表示，福特、可口可乐和耐克是标志性品牌，因为它们具有美国文化

[①] 请参考 Santosha. com。
[②] 请参考 Essentials by Catalina。
[③] 请参考《史上最糟的 30 个品牌名字》（2010）。

的象征意义（Torelli, et al., 2010）。这样的品牌可以成为一种文化基石，如果消费者不重视品牌的文化象征意义，那么他们对品牌的评价就会降低。同时，与外国价值观相关的全球品牌也可以支持一些外国消费者的自我认同目标。例如，哈雷象征一种美国独立价值，这可能与大多数亚洲人更为集体化的观念格格不入。然而，通过吸引那些渴望比大多数同时代人更个人主义的亚洲消费者，该品牌仍然可以成为一个重要的细分市场参与者。然而"具有强烈的形象、与目标文化所象征的价值观不相容的成熟品牌，可能很难吸引更多的受众"（Torelli, et al., 2010）。

对品牌原产国的态度也会形成联想并影响购买意向。[①] 然而，有一些品牌似乎超越了它们最初的根源，主要是因为它们非常古老，而且消费者已经把自己的价值观附加到了品牌上。比如1886年成立的可口可乐，1911年成立的妮维雅，1917年成立的龟甲万。这些品牌在许多国家已经被使用了好几代，在很大程度上很难与美国、德国或日本的国家形象相分离。正如de Mooij所说："全球品牌融入当地文化可能就意味着全球品牌的成功。"（de Mooij, 2010）

对于最后一个要讨论的文化方面，我们回顾一下品牌延伸（8.2.4），因为文化对品牌延伸的接受有潜在的影响。这方面的研究大多集中在西方文化的独立自我观与亚洲文化相互依存的自我观之间的差异上。更具体地说，研究表明，美国消费者比亚洲（香港）消费者更重视品牌延伸的契合性（Han & Schmitt, 1997）。研究人员提出的解释是亚洲的集体主义消费者更愿意选择信任公司，从而更容易接受低契合度的品牌延伸；相比之下，个人主义的美国消费者根据他们的能力来判断延伸品牌是否合适，并对低契合度品牌延伸持怀疑态度。Ng和Houston也有类似的发现（Ng & Houston, 2006）。他们比较了具有独立和相互依赖的自我构建特征的个体，并得出结论，后者更注重语境，因此更倾向于在不同的背景下思考品牌。结合类似的结果（Ahluwalia, 2008; Monga & John, 2007），研究表明"在东方文化中，品牌延伸可能会得到更积极的评价……而且，可能的延伸范围似乎更广"（Loken, et al., 2010）。

8.3.4 品牌与宗教背书

宗教仍然是文化的重要组成部分，在影响消费者行为方面发挥着重要作用。对于有强烈宗教信仰的消费者来说，在考虑购买某些产品时，符合宗教要求的成分是必不可少的（Shafie & Othman, 2006）。因此，一些品牌通过特定的标签公开传达对宗教要求的遵守，从而占领了细分市场（Izberk-Bilgin,

---

[①] 有关原产国的讨论另请参阅第4章。

2012a）。鉴于犹太产品和清真产品的全球市场规模很大（韦氏词典，2013版），而且预期这两个市场今后都将大幅度增长（Izberk-Bilgin，2012b），强大的品牌也越来越对这些市场感兴趣。一种方法是发展单独的品牌，专门针对一个重点宗教团体。为了利用现有的特许品牌，公司经常用宗教标签来标记他们的产品。比如，面向犹太消费者的 Ben & Jerry's 冰激凌，就在其产品上黏贴了犹太食品标签。哈瑞宝生产不含猪肉的软糖熊，面向的就是犹太和清真市场（Izberk-Bilgin，2012b）。由于该公司拒绝提供其产品照片的版权，无论他们是否有犹太或者清真认证。因此，图8.3 只是手绘插图。

图8.3　产品上的犹太和清真认证

　　积极的一面是，部分不信奉这些宗教的消费者可能会认为带有宗教标签的品牌更有异国情调、更干净、更纯净、品质更高（Alserhan，2010）。不过，一些公司的产品虽然有宗教认证标签，但是因为表达不当（Rarick, et al.，2012），或被视为反对文化和宗教意识形态而遇到了一些问题（Izberk-Bilgin，2012b）。

　　也有迹象表明，增加宗教元素（徽标或背书）可能会引起某些对宗教持不赞成态度的消费者的负面反应，导致负效应，并且致使品牌销量下降（Simonin & Ruth，1998；Schlegelmilch & Khan，2010；Schlegelmilch, et al.，2015）。肯德基在法国使用清真标签引发了非穆斯林消费者的抗议（Gruber，2012），而连锁餐厅 Quick 决定从菜单上删除所有猪肉产品，并在某些市场只供应清真餐后，引起了一些政客的极度不满（Rarick, et al., 2012）。

同样，针对 600 多名既不是穆斯林也不是犹太人的德语受访者进行的一项研究（Rauschnabel, et al., 2015）中发现，有宗教标签（犹太或清真）的品牌导致了相应的宗教心理印象，这些印象被转移到带有宗教标签的产品上。因此，对宗教有正面或负面态度的消费者倾向于将他们的态度运用到贴有这种标签的品牌上，并对产品做出相应判断。因此，研究人员建议，管理人员应该首先评估他们的相关目标群体对宗教的总体态度，然后再给他们的品牌添加宗教符号。如果态度过于消极，最好为宗教市场开发一个特定的子品牌。

对奥地利近 700 名受访者的研究结果也表明，品牌带宗教标志也可能存在缺陷（Schlegelmilch, et al., 2015）。该研究以清真食品为重点，研究人员发现，对伊斯兰少数群体的敌意对购买清真认证产品的意图产生了负面影响。因此，营销人员需要意识到使用清真或犹太之类的认证可能产生负面影响。

8.3.5　本地品牌与全球品牌

一般来说，全球品牌往往是品质优等、品牌威望高、获多项成就和产品成熟的代名词；相比之下，当地品牌与文化传统非常契合，对当地经济具有促进作用（Steenkamp, et al., 2003; Holt, et al., 2004; Johansson & Ronkainen, 2005; Özsomer, 2012）。特别是对于新兴市场的消费者，全球品牌具有更高的可信度，降低了风险，使品牌产品购买者更有威望和权力（Alden, et al., 1999; Dimofte, et al., 2008;）。

然而，并不是人人都喜欢全球品牌。De Mooij 认为，"人们越来越喜欢植根于自己历史的品牌，这些品牌有的是全国性的，有的是地区性的"（de Mooij, 2010）。这在食品行业尤为明显，在全球品牌面前，国内品牌往往占有优势地位。欧睿（Euromonitor, 2011）数据显示，全球包装食品市场异常分散；只有两家跨国公司拥有超过 3% 的全球份额（雀巢和卡夫）。因此，虽然许多产品类别日益全球化（如家电或美容产品），但一些产品类别似乎更多地受到消费者国内导向的驱动，而不受全球化的影响（Gineikienė, et al., 2015）。在四个欧洲大国对食品行业的 12 个产品类别进行的研究中，消费者对本土品牌的认知度显著提高，对本土品牌的信任明显增强，当地品牌的价值和可靠性被认为高于国际品牌。此外，人们认为本土品牌更"务实"（Schuiling & Kapferer, 2004）。

如今，在区分本地和全球品牌的概念上有了进一步的改进，一方面是区分了本地自有品牌与外国自有品牌，另一方面区分了本地拥有的非全球性品牌和外国拥有的非全球性品牌（Winit, et al., 2014）。在考虑将地理和所有权因素分开时，可以看出，品牌所有权与地理信息是不同的，但品牌所有权对消费者的态度和意图有着不同的影响。这符合这样一种观念，即消费者在感知地方差异和促进全球趋同时，考虑着文化和经济的后果，并进行着有目的性的权衡（van Ittersum & Wong, 2010）。

8.3.6　全球品牌组合

公司的品牌组合过去往往是合并和收购的结果，而不是经过深思熟虑的战略计划，公司可能并未仔细考虑引入哪些品牌，以及这些品牌是否应该作为全球、地区或本地品牌来管理。因此，公司可能会发现自己在不同的时间处于非常不同的情况。在21世纪初，欧莱雅十大品牌占其收入的90%，联合利华需要400个品牌才能达到这一数字（de Mooij, 2010）。因此，联合利华实施了品牌合理化计划，旨在精简其品牌组合，删除大量的本地品牌。

1997年，Guinness和Grand Met合并后成立的Diageo也经历了类似的品牌合理化过程。由于品牌越来越多，产品范围越来越广，其中一些品牌只吸引了少数几个市场，Diageo公司决定将重点放在高档酒精饮料上。为了分清重点和更有效地分配资源，Diageo将品牌分为三类：①全球优先品牌，旗下有许多重要市场的畅销产品，并获得了大部分的宣传资源（2010年13亿欧元）；②在特定地理区域很受欢迎的本地优先品牌；③针对特定类型的消费者或价格点的品类品牌。同时，全球优先品牌被重新命名为战略品牌，因为这一类品牌中的14个子品牌虽然被认为是相对国际化的，但并不一定都是面向全球的。品牌合理化促进了Diageo在高档酒饮业务中的世界领先地位，在销量、价值和利润方面也是如此（Ghobadian, 2011）。

然而，剔除本地品牌并不总是成功之道。拿可口可乐来说，它的品牌组合相当复杂，包括少数全球品牌和许多地方品牌。雀巢的品牌架构也包括大约10个"全球企业品牌"（如雀巢和美极），50个"全球战略品牌"（如奇巧和Polo），140个"区域战略品牌"（如Herta和Findus），以及大约8000个本地品牌（如Rocky和Solis）（Zentes, et al., 2013）。在这种地域多样化组合中，2013年，雀巢创造了922亿瑞士法郎的销售额，销往美洲（44%）、亚洲、大洋洲和非洲（28%）以及欧洲（28%）（Nestle', 2014）。有些学者认为，包括本地和全球品牌在内的混合品牌组合对风险管理的效果要好于以全球品牌为主的组合（Schuiling & Kapferer, 2004）。

8.4 传播渠道

为了开展与客户和利益攸关方的对话,企业需要有效地传播品牌。如果品牌是新引入市场的,公司传播的重点是使品牌意识达到一定程度(图 8.1)。如果品牌已经为人所知,应使用不同的传播手段将当前品牌形象塑造成希望其成为的品牌形象。因此,无论所追求的具体目标是什么,传播策略对品牌建设至关重要。媒介的选择决定了品牌形象和品牌个性的塑造。

据 Gregory 和 Wiechmann 所言,"市场变得越碎片化,受众越来越复杂,技术发展如此之快,有数不清的机会向消费者传播着品牌信息"(Gregory & Wiechmann, 2002)。不过总的来说,公司可以使用的传播渠道由四个关键要素组成:①广告宣传;②人员推销;③促销;④公关。从更细微的角度来看,每一个要素都可以进一步划分(比如,电视广告、在线广告、杂志广告、广播广告、户外广告等)。下面,我们将简要讨论现有传播渠道的关键要素,从而了解一下不同环境对全球传播标准化的影响。

8.4.1 广告宣传

麦肯锡公司会不时对全球媒体环境进行全面分析(麦肯锡,2015)。他们的"全球媒体报告"追踪了从传统广告到数字广告的转变,并预测到 2019 年,数字广告支出将占媒体总支出的一半以上。在数字广告中,其他消息来源预测(Pottada, 2014),移动广告的增长速度将是桌面互联网的 6 倍,预计在 2013—2016 年,移动广告的年增长率将达到 50% 左右。这反映出平板电脑和手机等移动设备的重要性正日益增加。

麦肯锡公司(麦肯锡,2015)还预计发展中市场将在全球媒体的增长中发挥强有力的作用。在这些市场中,传统媒体将保持相对强势。图 8.4 显示了媒体支出的地域分布情况,再次说明了亚太市场日益增长的重要性。

关于公司的广告支出,毫不奇怪,支出最多的是消费品公司(表 8.1)。在 B2B 市场,顾客的数量往往要少得多,因此,广告所起的作用要小得多。十多年来,宝洁公司一直占据着全球广告主的头把交椅(Advertising Age, 2013)。

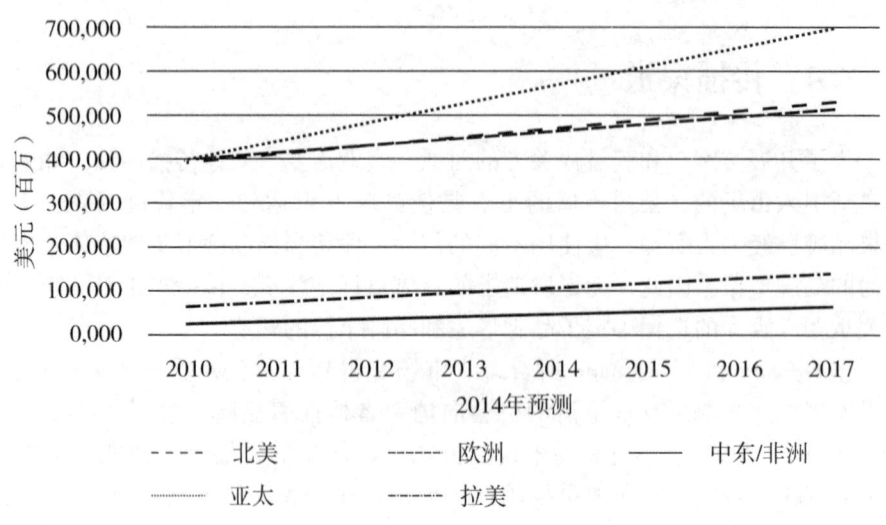

图 8.4 按区域分列的全球媒体支出

表 8.1 全球最大广告商

公司	在全球的媒体支出（百万美元）	在美国的媒体支出（百万美元）
宝洁	10615	3143
联合利华	7413	858
欧莱雅	5643	1507
丰田	3310	1245
通用汽车	3206	1655
可口可乐	3029	385
雀巢	2987	840
大众	2971	546
麦当劳	2693	957
百事	2470	844

8.4.2 人员推销

虽然广告对于产品面向大量消费者的企业尤为重要，人员推销主要涉及 B2B 业务。但是，在劳动力成本较低的欠发达市场，即使是消费品，人员推销仍被广泛使用。以印度为例，印度直销协会报告，"2012—2013 年经销人员总人数达 5775345 人（直销人员和独立销售顾问）"（印度直销协会，2013）。单单是安利，世界上最著名的直销公司之一，在印度就拥有超过 45 万名销售营养和健康、美容、个人护理和家庭护理产品的"独立事业经营者"（印度直销协会，2013）。

人员推销过程可分为以下几个阶段：寻找潜在客户、销售准备、与潜在买家接触、产品展示、解决问题、处理异议、成交和顾客跟进（Keegan & Schlegelmilch, 2001）。每个阶段的重要性，特别是所涉及的时间，可能因国家和区域而异。以日本为例，其就以促成一次交易所需的时间之长而闻名于世（Keegan & Schlegelmilch, 2001）。

在寻找潜在客户阶段，需确定潜在购买者并评估他们购买的可能性。接下来，卖方与潜在买家接触，展示展品和报价。取决于交易的情况和复杂性，还可能需要经常见面会谈。在跨文化背景下，了解文化规范对销售人员或销售团队来说是很重要的，语言和非语言交流的困难都可能带来实质性的挑战。在所有异议都解决后，实现成交，但是，销售还没有正式结束，优秀的销售人员会进行顾客跟进，确保顾客满意。

上述步骤将销售描述为结构分散的一次性过程。然而，在大多数情况下，销售是在持续的关系中进行的。因此，客户关系经理、业务发展经理和大客户经理更能代表销售人员。此外，技术进步让上述许多步骤更加精简。例如，通过计算机算法的改进，提高了寻找潜在客户阶段的效率，计算机算法在预先选定潜在客户方面相当成熟，并且能更准确地预测成交的可能性。

8.4.3 促销

从制造商的角度来看，促销活动可以针对消费者（例如样品、促销迷你包、附送装、抽奖、优惠券和促销展示）、经销人员（例如，针对零售商的销售目标激励，临时降价）或其销售团队（例如，最佳销售业绩的旅行或奖金奖励）。在所有三组人群中，每个国家对促销的反应各不相同。例如，许多美国消费者都喜欢买便宜货，许多周末报纸上都印满了优惠券和其他促销活动。相比之下，在德国，消费者向零售商出示优惠券的行为一直被视作一种"廉价"行为，并在社会上一直背负着污名。

技术改变了产品的推广方式。例如，超市可以分析顾客的消费模式，当顾客购买婴儿食品时，可以在现金收据的背面打印尿布的优惠券。存储卡可以收集大量关于消费者的数据，针对消费者的个人资料提供更准确的服务。搜索引擎，如谷歌，可以将促销横幅广告与用户的搜索词同步。透过 Groupon 这样的专业化公司，用户可以搜索各类产品的促销信息，并为商店提供接触更多客户的机会。此外，基于位置的服务可以根据消费者的实时物理位置在消费者的移动设备上显示有针对性的服务。这些例子表明，准确定位的促销、及时的交付，为那些专门分析所谓的大数据的公司提供了一个丰富的竞争环境。

8.4.4 公关

公关的目的是在媒体上刊登有关公司的正面新闻报道。与广告相比，公关更加客观中立。通过报纸、电视或广播电台开展的公关活动是不需要支付费用的。因此，老练的公关经理为了维护与媒体的良好关系，必须时刻谨慎行事。例如，他们以新闻稿的形式提供的新闻必须真正具有新闻价值。公司为得到正面报道，会给媒体一些激励手段，如邀请媒体参观公司等；毫不奇怪，媒体对这些激励措施的反应程度取决于媒体在不同国家扮演的角色。媒体的中立性也是如此。大多数媒体严重依赖广告支出，有句老话叫"拿人手短，吃人嘴软"，一些记者在撰写报道时，肯定会受这一因素的制约。

公关经理的工作越来越多地发展为与有影响力的博客或相关互联网社区（这些社区有独立的网站来评论与公司相关的话题）建立关系。各种社交网络使得消费者之间的交流变得更加容易。鉴于口碑的力量，对于公司来说，对可公开访问的网络帖子进行监控和评论变得越来越重要。

公关不仅针对最终客户，还针对其他内部和外部利益攸关方开展工作。管理投资者关系对上市公司尤为重要。投资者主要对公司的财务业绩和未来前景感兴趣。其他议题，如公司的企业社会责任，可能更能引起决策者和公众的兴趣。公关的其他方面可能包括一份为了提升对供应商认同感的员工通讯稿件，或者是将公司描述为可靠的商业伙伴的软文。

8.4.5 整合营销与关系传播

整合营销传播（integrated marketing communication，IMC）提出，整合上述传播渠道的所有要素，有助于实现成本效率和协同作用，从而增加说服力。尽管整合营销传播的使用非常广泛（Kitchen & Ilchul，2008），一些研究人员仍旧认为整合营销传播做得还不够，因为它过于专注于传播消息，并且仅仅将信息的接收者视为被动参与者。信息传播者和接收者的关系是至关重要的，信息接收者须履行对信息传播者的长期承诺（Finne & Grönroos，2009）。在这方面，沟通的时间维度是至关重要的，因为过去的关系会影响当前的看法和未来的关系。关系传播模型（random chick model，RCM）的视角比整合营销传播更广，关系传播模型认为，有必要同时监测传播活动的时间和情景维度，以获得一个整体的观点。因此，必须强调消费者的反馈，而不是公司传播的信息

(Maklan, et al., 2008)。

8.4.6 标准化传播范围的障碍

几乎所有环境因素，即政治、经济、社会、技术、法律和环境因素（politics, economy, society, technology, law and environment, PESTLE）都会影响在各国间标准化传播的范围。将环境对传播内容和组合影响概念化的一种方法是区分不可能实现跨国标准化的情形，或者可能但无须实现各国间标准化的情形。第一种情况可能涉及一系列法律原因（例如，对烟草产品广告的限制），在广告中使用儿童或产品声明，以及技术限制（例如，不同的格式要求或有限的互联网普及率）。除了游说变革，对于这种差异，公司几乎无能为力，如果公司想要活跃于相关的市场，它就必须调整自己的传播方式。①

经济环境常常导致家用产品使用率的差异，例如自动洗碗机（图 8.5）。因此，公司可能决定将他们的传播集中在不同市场的不同信息上。例如，他们可能在自动洗碗机普及率仍然很低的国家强调产品的主要好处，而在普及率较高的国家强调产品的次要好处。

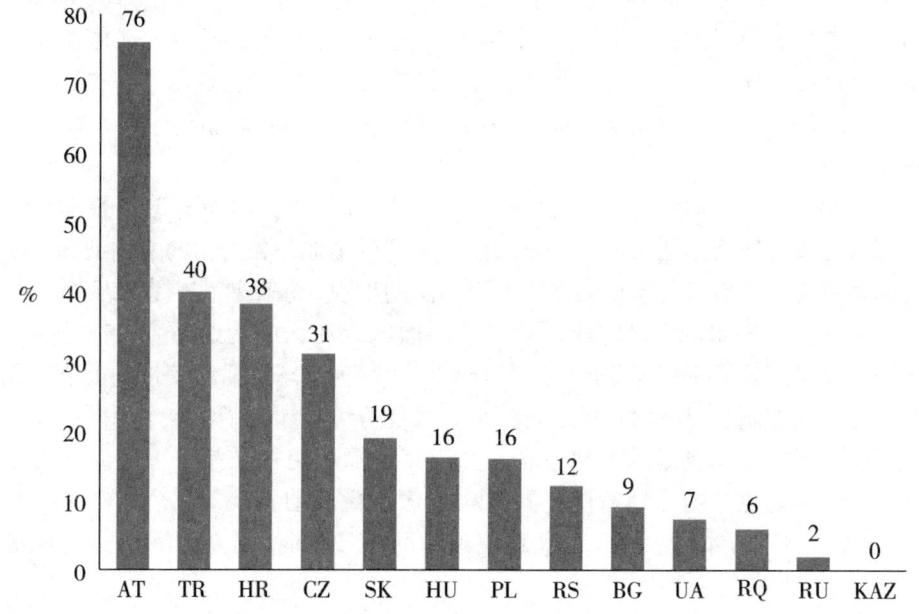

图 8.5 某些中东欧国家洗碗机的家庭使用情况

资料来源：Henkel CEE Vienna：Omnibus studies 2009/2010。

---

① 另见第 4 章关于市场定位的讨论。

可能导致不同国家间传播组合适应化的其他重要经济因素包括市场竞争对手的数量和类型、公司的竞争地位（是市场领导者还是挑战者）、零售环境的构成、劳动力成本以及消费者的自由支配收入。

社会和文化因素对全球标准化传播内容和使用传播工具的制约最大。以妇女识字率相对较低（51%）的印度为例（UNESCO，2015），从以印刷品为主转向以电视为主可能更有益处。在沙特阿拉伯，女性的地位意味着比基尼模特出现在这里是无法想象的。中国和日本的迷信文化意味着公司应尽量避免使用"4"这个数字（谐音"死"）。在亚洲宣传美白产品说得通，但在欧洲则毫无意义。花或动物这些视觉符号在不同的文化中可能有不同的理解（甚至会被误解）。

消费者感知和反应的差异进一步说明了传播方式可能需要调整的原因。例如，美国消费者偏爱个人主义诉求，如自给自足和追求个人利益，而中国消费者青睐集体诉求，强调共享、合作与和谐（Zhang & Neelankavil，1997）。一般来说，在集体主义框架内的消费者态度和行为与在个人主义框架内形成的态度和行为是不同的，前者以相互依存的自我建构为指导，其中，社会认同是自我延伸的一部分；后者植根于独立的自我理解，在这种自我理解中，个人的特质和属性定义了一个人（Markus & Kitayama，1991）。然而，虽然营销传播应该反映出这种差异，但是最近的研究对亚洲消费者的简单分类提出了警告，呼吁应该更明确地区分亚洲国家之间在宗教上和历史上根深蒂固的差异（Awanis，et al.，2015）。

因此，从事全球营销的主管应从中得到什么启发呢？不难发现，面向全球运营的公司的战略传播可以从完全的标准化到以本地广告为主的文化细分。前者很难实现，而后者甚至可能导致本土品牌的出现。虽然许多因素表明全球化的公司需要（强制性或自愿性）针对不同国家或地区的沟通组合，但是，许多公司仍可能致力于标准化的全球传播战略，因为全球传播活动带来了节约成本、更好的控制，以及潜在的杠杆作用，其优势可能超过了在每个不同的国家或文化环境中实现更好的本地适合。鉴于完全标准化往往是不可能或不可取的，为了实现更好的当地适应，同时从全球传播活动中获益，公司经常采用"全球本土化"的传播战略。这类战略通常同时具有全球主题和地方适应性的特点。

8.5 小结

我们在篇首对"品牌"一词进行了定义，并提出品牌是任何企业传播的关键。品牌是企业的核心战略资产，代表着消费者愿意为其支付的价值。

接下来，我们了解了品牌化的一些基本方面。首先是品牌架构，它描述了一个公司如何在其投资组合中构建和命名品牌。接下来是品牌认同（公司希望品牌呈现出的形象）与品牌形象（品牌实际呈现出的形象）之间的区别。其他重要概念还有品牌个性和品牌共鸣。品牌基本方面的讨论最后是品牌延伸及其各种方式，包括产品线延伸、背书人品牌延伸以及品牌联盟和品牌联合。

随后，我们重点介绍了全球品牌。在什么是全球品牌的问题上，目前几乎还没有一个统一的说法。在品牌名称、包装或广告方面的完全全球标准化并不容易找到，因为全球品牌标准化有许多障碍，例如，历史、法律和语言原因，以及广泛的文化差异。

全球品牌的另外两个障碍是宗教标签（并没有得到普遍支持）以及本土品牌的持续存在。这两个障碍在食品工业中尤为明显。因此，在考虑公司的品牌组合时，剔除本地品牌并不是成功之道。包括本地和全球品牌在内的混合品牌组合对风险管理的效果要好于以全球品牌为主的组合。

本章的最后一部分专门讨论公司用来与客户和其他利益相关者沟通的关键沟通渠道要素。技术进步创造了不断扩张的各种渠道，公司可以通过这些渠道进行传播，我们深入讨论了四个关键要素：广告宣传、人员推销、促销和公关。整合营销传播（IMC）提出，整合上述传播渠道的所有要素有利于发挥成本效率和协同作用。关系传播模型（RCM）认为，有必要同时监测传播活动的时间和情景维度，以获得一个整体的观点。

本章最后指出，几乎所有环境因素，即政治、经济、社会、技术、法律和环境因素都会影响在各国间的标准化传播范围。尽管有这些障碍，许多公司还是致力于标准化的全球传播活动。这些公司为了实现更好地适应当地环境，以及从全球传播活动中获益，经常采用"全球本土化"的传播战略。

参考文献

Aaker, J. L., Benet-Martinez, V., & Garolera, J. (2001). Consumption symbols as carriers of culture: A study of Japanese and Spanish brand personality constructs. *Journal of Personality and Social Psychology*, 81 (3), 492–508.

Advertising Age (2013, December 30). 2014 edition marketing fact pack, 9.

Ahluwalia, R. (2008). How far can a brand stretch? Understanding the role of self-construal. *Journal of Marketing Research*, 45 (3), 337–350.

Alden, D. L., Steenkamp, J.-B. E. M., & Batra, R. (1999). Brand positioning through advertising in Asia, North America, and Europe: The role of global consumer culture. *Journal of Marketing*, 63 (1), 75–87.

Alserhan, B. A. (2010). Islamic branding: A conceptualization of related terms. *Brand Management*, 18 (1), 34–49.

American Marketing Association—Directory. (n. d.). Accessed August 16, 2015, from http://www.ama.org/RESOURCES/Pages/Dictionary.aspx?dLetter = B

Anholt, S. (2003). *Brand New Justice: The Upside of Global Branding*. Waltham: Butterworth-Heinemann.

Awanis, S., Schlegelmilch, B. B. & Cui, C. (2015). The myth of Asian collectivism: Reconciling collectivism and materialism in Asia, manuscript under review.

Brand Finance. (2014). Accessed August 17, 2015, from http://brandirectory.com/league_tables/table/global-500-2014.

Brown, T. J. (1997). The company and the product: Corporate associations and consumer product responses. *Journal of Marketing*, 61 (1), 68–84.

Czellar, S. (2003). Consumer attitudes toward brand extension: An integrative model and research propositions. *International Journal of Research in Marketing*, 20 (1), 97–115.

Czinkota, M. R., & Ronkainen, I. A. (2008). *International Marketing*. Mason, OH: Cengage Learning.

de Mooij, M. (2010). *Global Marketing and Advertising: Understanding Cultural Paradoxes*. Thousand Oaks, CA: Sage.

Dimofte, C. V., Johansson, J. K., & Ronkainen, I. A. (2008). Cognitive and affective reactions of US consumers to global brands. *Journal of International Marketing*, 16 (4), 115–135.

Essentials by Catalina. (n. d.). Accessed August 17, 2015, from http://www.essentialsbycatalina.com/morning-mist-fragrance-oil.asp

Euromonitor. (2011). Packaged food. Accessed August 17, 2015, from http://www.euromonitor.com/packaged-food-2011-part-1-global-market-performance-and-prospects/report

Finne, A., & Grönroos, C. (2009). Rethinking marketing communication: From integrated marketing communication to relationship communication. *Journal of Marketing Communications*, 15 (2), 179–195.

Ghobadian, A. (2011, October 27). Case study: Diageo. *Financial Times*. Accessed August 17, 2015, from http://www.ft.comintlcms/s/0/6c92feaa-fc0f-11e0-b1d8-00144feab 49a.html#axzz3j4fQQOjM.

Gineikienė, J., Schlegelmilch, B. B., & Auruškevičienė, V. (2015). Love yourself and like the others: Why domestic favoritism is different from ethnocentrism, manuscript under review.

Gregory, J. R., & Wiechmann, J. K. (2002). *Branding Across Borders: A Guide to Global Brand Marketing* (pp. 121–122). New York, NY: McGraw-Hill.

Gruber, V. (2012). Case study: KFC in France. In T. Rudolph, B. B. Schlegelmilch,

J. Franch, A. Bauer, & J. N. Meise (Eds.), *Diversity in European Marketing: Text and Cases* (pp. 41 – 55). Wiesbaden: Springer Gabler.

Han, J. K., & Schmitt, B. H. (1997). Product-category dynamics and corporate identity in brand extensions. *Journal of International Marketing*, 5 (1), 77 – 92.

Holt, D. B. (2004). *How Brands Become Icons: The Principles of Cultural Branding*. Cambridge: Harvard Business School Press.

Holt, D. B., Quelch, J. A., & Taylor, E. L. (2004). How global brands compete. *Harvard Business Review*, 82 (9), 68 – 75.

Indian Direct Selling Association. (2013). The Indian direct selling industry: Annual survey 2012 – 13. Accessed August 17, 2015, from http://www.idsa.co.in/industryreports.html.

Interbrand—Rankings. (2014). Accessed August 17, 2015, from http://www.bestglobalbrands.com—ranking

Izberk-Bilgin, E. (2012a). Theology meets the marketplace: The discursive formation of the Halal market in Turkey. In D. Rinallo, L. Scott, & P. Maclara (Eds.), *Spirituality and Consumption* (pp. 41 – 53). London: Routledge.

Izberk-Bilgin, E. (2012b). Infidel brands: Unveiling alternative meanings of global brands at the nexus of globalization, consumer culture, and Islamism. *Journal of Consumer Research*, 39 (3), 445 – 460.

Johansson, J. K., & Ronkainen, I. A. (2005). The esteem of global brands. *Journal of Brand Management*, 12 (5), 339 – 354.

Keegan, W. J., & Schlegelmilch, B. B. (2001). *Global Marketing Management: A European Perspective*. Essex: Financial Times/Prentice Hall.

Keller, K. L. (2001). Building customer-based brand equity: A blueprint for creating strong brands (Marketing Science Institute, Working Paper, Report No. 01 – 107).

Keller, K. L. (2002). *Branding and Brand Equity*. Cambridge, MA: Market Science Institute.

Keller, K. L. (2007). *Strategic Brand Management: Building, Measuring and Managing Brand Equity* (3rd ed.). Upper Saddle River, NJ: Pearson Education.

Keller, K. L. (2010). Brand equity management in a multichannel, multimedia retail environment. *Journal of Interactive Marketing*, 24 (2), 58 – 70.

Kitchen, P. J., & Ilchul, K. (2008). Integrated marketing communications: Practice leads theory. *Journal of Advertising Research*, 48 (4), 531 – 546.

Klink, R. R., & Smith, D. C. (2001). Threats to external validity of brand extension research. *Journal of Marketing Research*, 38 (3), 326 – 336.

Loken, B., Joiner, C., & Houston, M. (2010). Leveraging a brand through brand extension: A review of two decades of research. In B. Loken, R. Ahluwalia, & M. Houston (Eds.), *Brands and Brand Management: Contemporary Research Perspectives* (pp. 11 – 42). New York, NY: Taylor and Francis Group.

Maklan, S., Knox, S., & Ryals, L. (2008). New trends in innovation and customer relationship management. *International Journal of Market Research*, 50 (2), 223–241.

Markus, H. R., & Kitayama, S. (1991). Culture and the self: Implications for cognition, emotion, and motivation. *Psychological Review*, 98 (2), 224–253.

McKinsey & Co. (2015). *Global Media Report* 2015: *Global Industry Overview* (Global media and entertainment practice, Vol. 9). London: McKinsey & Co.

Meyvis, T., & Janiszewski, C. (2004). When are broader brands stronger brands? An accessibility perspective on the success of brand extensions. *Journal of Consumer Research*, 31 (2), 346–357.

Millward Brown BrandZ Top 100 Global Brands. (2014). http://www.millwardbrown.com/mb-global/brand-strategy/brand-equity/brandz/top-global-brands/2014.

Monga, A. B., & John, D. R. (2007). Cultural differences in brand extension evaluation: The influence of analytic versus holistic thinking. *Journal of Consumer Research*, 33 (4), 529–536.

Muniz, A. M., & O'Guinn, T. C. (2001). Brand community. *Journal of Consumer Research*, 27 (4), 412–432.

Nestlé. (2014). *Annual Report* 2013, Nestlé S. A., Cham and Vevey, 58.

Ng, S., & Houston, M. J. (2006). Exemplars or beliefs? The impact of self-view on the nature and relative influence of brand associations. *Journal of Consumer Research*, 32 (4), 519–529.

Oakley, J. L., Duhachek, A., Balachander, S., & Sriram, S. (2008). Order of entry and the moderating role of comparison brands in brand extension evaluation. *Journal of Consumer Research*, 34 (5), 706–712.

Özsomer, A. (2012). The interplay between global and local brands: A closer look at perceived brand globalness and local iconness. *Journal of International Marketing*, 20 (2), 72–95.

Pottada. (2014, August 4). Global advertising expenditures to grow by 5.5% in 2014. Accessed August 17, 2015, from http://www.portada-online.com—04/08/global-advertising-spend-to-grow-by-5-5-in-2014.

Rarick, C., Falk, G., Barczyk, C., & Feldman, L. (2012). Marketing to Muslims: The growing importance of Halal products. *Journal of the International Academy for Case Studies*, 18 (1), 81–86.

Rauschnabel, P. A., Herz, M., Schlegelmilch, B. B., & Ivens, B. S. (2015). Brands and religious labels: A spillover perspective. *Journal of Marketing Management*, 31 (11/12), 1285–1309.

Santosha.com. (n.d.). Accessed August 17, 2015, from http://www.santosha.com/-Misticks-Fragrance-Mist--Sandalwood-1001-35-oz_p_3761.html.

Schlegelmilch, B. B., & Khan M. M. (2010). The impact of Halal endorsements on purchase intent of non-Muslim consumers. In *Proceedings of the Annual Conference of the Academy of Marketing Science*. Portland, OR, May 26 – 29.

Schlegelmilch, B. B., Khan, M. M., & Hair, J. F., Jr. (2015). Halal endorsements: Stirring controversy or gaining new customers?. *International Marketing Review*, 33 (1), 1 – 32.

Schuiling, I., & Kapferer, J.-N. (2004). Real differences between local and international brands: Implications for international marketers. *Journal of International Marketing*, 12 (4), 97 – 112.

Shafie, S., & Othman, M. N. (2006). Halal certification: International marketing issues and challenges. Paper presented at the IFSAM 8th World Congress.

Simonin, B. L., & Ruth, A. J. (1998). Is a company known by the company it keeps? Assessing the spillover effects of brand alliances on consumer brand attitudes. *Journal of Marketing Research*, 35 (1), 30 – 42.

Steenkamp, J.-B. E. M., Batra, R., & Alden, D. L. (2003). How perceived brand globalness creates brand value. *Journal of International Business Studies*, 34 (1), 53 – 65.

The 30 worst brand names ever. (2010, November 25). TheWondrous. com. Retrieved August 17, 2015, from http://thewondrous.com/the-30-worst-brand-names-ever.

Tiwsakul, R. A., & Hackley, C. (2012). Postmodern paradoxes in Thai-Asian consumer identity. *Journal of Business Research*, 65 (4), 490 – 496.

Torelli, C. J., Keh, H. T., & Chiu, C.-Y. (2010). Cultural symbolism of brands. In B. Loken, R. Ahluwalia, & M. Houston (Eds.), *Brands and Brand Management: Contemporary research perspectives* (pp. 113 – 132). New York, NY: Taylor and Francis Group.

UNESCO Institute for Lifelong Learning. (n. d.). Reading for a billion: Same language subtitling; country profile: India. Accessed August 17, 2015, from http://www.unesco.org/uil/litbase/? menu = 4&programme = 62.

Van Gelder, S. (2003). *Global brand strategy*. London: Kogan.

Van Ittersum, K., & Wong, N. (2010). The lexus or the olive tree? Trading off between global convergence and local divergence. *International Journal of Research in Marketing*, 27 (2), 107 – 118.

Völckner, F., & Sattler, H. (2006). Drivers of brand extension success. *Journal of Marketing*, 70 (2), 18 – 34.

Wiggins, J. (2007, March 5). McDonald's has a Shake-up of Image in Europe. *Los Angeles Times*, C – 4.

Winit, W., Gregory, G., Cleveland, M., & Verlegh, P. (2014). Global vs. local brands: How home country bias and price differences impact brand evaluations. *International Marketing Review*, 31 (2), 108 – 128.

Zentes, J., Swoboda, B., & Schramm-Klein, H. (2013). *Internationales Marketing* (3rd ed.). München: Vahlen Verlag.

Zhang, Y., & Neelankavil, J. P. (1997). The influence of culture on advertising effectiveness in China and the USA: A cross cultural study. *European Journal of Management*, 31 (2), 134 – 149.

案例 4

传音在非洲的战略发展与成功

李 磊[①]

1. 传音简介

2018 年 9 月,Facebook 和毕马威在上海宣布了中国跨境品牌 50 强,中国手机制造商传音控股(Transsion Holdings,以下简称"传音")因在全球新兴市场的出色表现而上榜。然而,大多数中国人对这家公司比较陌生。事实上,传音在过去的这些年主要专注于新兴市场,比如非洲,并在那里获得了巨大的成功。国际数据公司(IDC)2017 年的报告显示,传音全球手机出货量近 1.3 亿部,超过华为、联想、小米等其他中国品牌,成为中国最大的手机出口商,其市场份额位居非洲第一、世界第四。

图 1 2017 年传音在非洲和中东新兴市场的市场份额最大

作为一家中国手机制造商,是什么促使传音将目光转向国际市场而非本土

---

① 李磊(Ray),上海交通大学安泰经济与管理学院工商管理博士生。李磊拥有计算机科学硕士学位,曾就职于博南石管理咨询公司(Lodestone Management Consultants),为企业提供运营优化、销售预测、营销数据分析和营销决策等方面的咨询服务。

市场？从战略角度看，这是一种选择（Kumar，2017）。换言之，一个公司，其战略决定无论做出什么样的选择和权衡，无论何时情况发生变化，它都可以灵活调整（Kumar，2004）。本文将从目标用户、价值定位和竞争优势等角度探讨传音的战略。

2. 传音的战略选择

2.1 传音的海外发展

传音成立于 2006 年（Transsion，2019），当时并没有明确的战略，只有一个简单的目标，即成为消费电子设备制造商并生存下去。到 2008 年，面对中国激烈的竞争和非洲巨大的市场，传音制定了明确的战略：聚焦非洲，打造自主品牌。从那以后，传音旨在为整个非洲的城市和农村居民提供可负担得起的、具有特定地区创新功能的移动手机。2016 年，传音在非洲取得成功，在这基础之上，调整其战略发展，专注于全球新兴市场，打造全球品牌（图 2）。

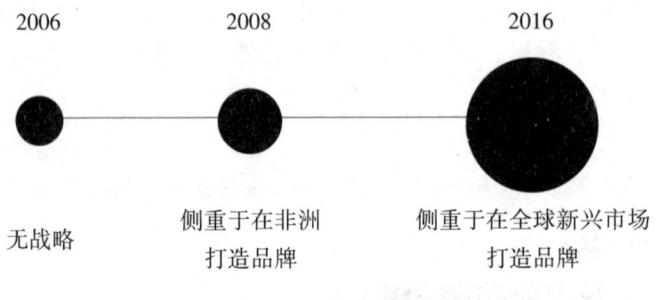

图 2　传音战略演变史

为什么传音在 2008 年制定了这样的战略？一方面，中国手机市场已经成为全球和本土品牌竞争激烈的红海；另一方面，传音的创始人竺兆江对非洲市场非常熟悉，因为他曾在非洲待过几年，当时他是中国另一家手机制造商负责全球市场的高管。与中国相比，非洲是一个竞争少、潜力大的市场。

到 2016 年，传音在非洲取得了巨大成功，同时也看到了问题和局限性。传音调整战略，开始进军印度和中东等其他新兴市场。传音拥有价格合理、针对特定地区的手机，在印度赢得了可观的市场份额。

2.2 非洲市场

非洲人口超过 12 亿,是仅次于中国和印度的第三大市场。非洲有 50 多个国家,这些国家有着不同的语言和经济状况。2006 年,移动电话在整个非洲的普及率仅为 6%。2018 年,在非洲前三大市场——尼日利亚、南非和肯尼亚,智能手机的普及率分别为 18.5%、36.2% 和 26%。

与此同时,由于本地和全球经济的扩张,互联网成本降低,以及移动创新的蓬勃发展,非洲对移动电话的需求正在快速增长。据国际电信联盟(ITU)预测,到 2020 年底,非洲将有 3 亿手机用户。非洲手机市场潜力巨大(African Business, 2018)。

3. 传音的 3V 战略

从 3V 的角度来看,传音的战略创新如表 1 所示。最重要的组成部分是传音对区域特定需求的关注,这反映在整个价值链的所有业务活动中。

表 1 传音战略创新

3V 战略		传统	传音
重要客户		收入高于平均水平的人 比较奢侈、价格高	每个人,特别是经济状况比较差的人
价值提议		全球标准设计,很少本地化功能 售后服务差	每个人都能承受的价格 专为本地需求和喜好而精心准备 高品质售后服务
价格链	研发	全球	全球以及当地研发中心
	运营	全球	全球思维、当地行动 来自当地员工
	营销	全球品牌形象与顶级广告	战略产品组合的演变 无孔不入的广告
	分销	大型分销商	大型分销商和本地小型分销商 双赢

3.1 传音的目标用户

传音细分市场,为不同需求的客户提供多个品牌。从实际覆盖范围来看,传音在非洲关注的是那些关注高性价比产品、偏爱非洲特色性能的用户。

3.2 非洲的竞争对手

3.2.1 三星和苹果

2008 年之前,非洲的手机制造商主要是苹果和三星。与当地的平均收入相比,他们的手机很贵,但是其特定功能却不能满足当地需求。原因可能是,作为全球巨头,苹果和三星将其产品定义为高感知价值(HPV, High Perceived Value)产品,并将非洲视为不那么重要的低利润市场。Canalys 数据显示,2018 年第一季度,三星在非洲售出 340 万部智能手机,市场份额为 23%。苹果甚至被挤出前五大品牌之列。

3.2.2 华为等中国品牌

在非洲市场上有华为、OPPO、vivo、小米等多个中国手机品牌,对当地人而言,其大多数手机的销售价格相对可以接受,且具有针对非洲地区的创新功能。华为是非洲市场的先驱。鉴于在全球的声誉,华为主要面向中高端消费者。例如,在南非,华为 MARD 20 RS 售价为 21700 南非兰特(大约 1585 美元),而华为荣耀 8X 售价为 4595 南非兰特(大约 335 美元)。Canalys 数据显示,2018 年第一季度,华为在非洲售出 110 万部手机,占据 7% 的市场份额。

3.3 传音的定位

传音的产品大多是低交付成本(Low Delivery Cost, LDC)。它的主要竞争优势是低价格(例如在尼日利亚,其价格范围为 25000~80000 奈拉,即大约 60~220 美元)和面向本地消费者的创新功能(例如,电池寿命长、防滑设计和多个 SIM 卡插槽)。在非洲,传音与主要竞争对手在价值走位上的差异,见图 3。

功能性手机在非洲占很大比例。根据 IDC 的数据,2017 年,在非洲销售的 2.25 亿部手机中,1.36 亿部是功能性手机(超过 60%)。传音在这个市场占有最大的份额(超过 50%)。至于智能手机,根据 Canalys 数据,传音在 2018 年第一季度售出 580 万部智能手机,总市场份额为 38%。

传音以其消费者定位和创新功能与本土的其他竞争对手区分开(见图 3)。传音副总裁 Arif Chowdhury 说道:"虽然大多数品牌都在硬件规格上展开竞争,但我们注重用户体验,这也是本地客户青睐我们产品的原因。"

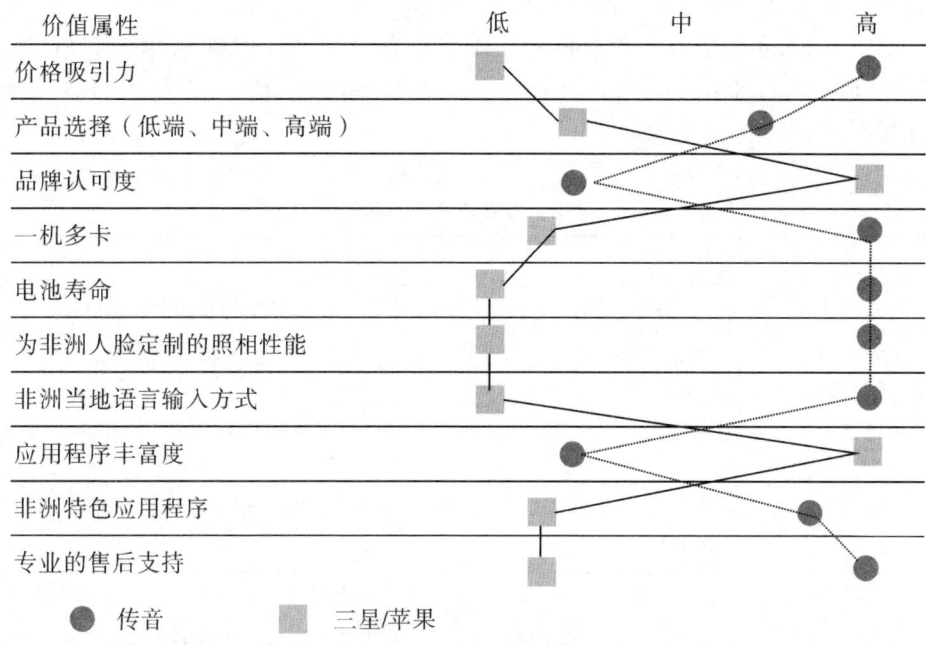

图3 传音与竞争对手价值定位的差异

3.3.1 量身定制创新功能，提升用户体验

传音成功的关键因素是其针对特定地区的创新功能，如设计多个 SIM 卡插槽（用于降低不同网络间通话的昂贵成本）、为非洲黑人量身定制的特殊拍照功能、更长的电池寿命（因为许多非洲城市和城市地区没有电或经常停电）、使用当地语言的输入方法（例如，埃塞俄比亚的阿姆哈拉语、肯尼亚和坦桑尼亚的斯瓦希里语和豪萨语）和大音量（因为大多数非洲人喜欢大声说话或唱歌）等。

在非洲，在不同的网络之间打电话很贵。人们通常要在打电话前换一下 SIM 卡，或者为不同的网络购买更多的手机。为了解决这个问题，2007 年 11 月，传音推出了第一款双 SIM 卡手机 Tecno T780，并于 2008 年推出了 4 个 SIM 卡插槽的 Tecno 4 Runner。这样的手机使得人们可以很容易地同时使用多个网络，因此，在整个非洲非常流行。

3.3.2 多种供选择的价格

传音以战略产品组合（表2）细分市场，覆盖了低、中、高级别客户，这些手机的价格相对较低，而且具有地区性的创新功能和高质量。

TECNO 是传音面向中高端市场的主要优质品牌，包括 Phantom 和 Camon

这样的子品牌。2017 年，TECNO 的全球销量达到 4300 万部。

Itel 以人人都能负担得起的价格瞄准中低端市场。例如，2018 年 11 月，Itel A44 在印度推出，价格为 5999 卢比（约合 84.9 美元）。2017 年，Itel 在全球售出了 7700 万部手机。

表 2　非洲传音产品组合

年份	品牌	消费群体
2006	TECNO	为非洲及其他新兴国家中高端市场提供高品质的智能手机品牌
2007	Itel	为初次使用手机的人以及所有人提供入门级的低价手机
2013	Infinix	高端优质的在线智能手机，特别针对偏爱时尚和尖端技术的年轻人
2014	Oraimo	面向消费电子产品的智能配件品牌，针对喜欢时尚和创意智能配件的年轻人

Infinix 是传音的线上驱动的高级品牌，特别是对于那些喜欢时尚和尖端技术的年轻人。它包括 ZERO、Note、HOT 和 SMART 等子品牌。

3.3.3　公司形象"本地"化

传音以"聚焦非洲，打造品牌"为战略，重视在非洲的长远发展，树立真正关心非洲社会和人民的本土企业形象。通过本地区特有的创新功能、专业的售后服务和大量的企业社会责任项目来实现这一目标。

在非洲，修理一部电话很昂贵。2009 年，传音成立了 Carlcare，为手机提供专业的售后服务，这项服务包括传音本身和其他品牌，它有助于传音树立其造福当地人民的可靠形象。到 2018 年，Carlcare 在其主要市场拥有 2000 多个服务点。传音通过雇佣当地人，创造就业和商业机会，造福当地社会。同时，传音还在非洲启动了好几个企业社会责任项目。

3.4　传音价值网络

一个公司的战略很容易被复制，而真正的竞争优势来自整个系统的战略匹配。为了保持和提高其在非洲和其他新兴市场的竞争优势，传音组织了跨价值链的活动，以建立整体竞争力。

3.4.1 研发

在聚焦非洲的战略下,传音在尼日利亚和肯尼亚建立了研发中心,以贴近目标市场的需求和趋势。这样,传音就能够围绕客户的需求快速地进行创新,保持竞争优势。传音还在中国上海和深圳设有研发中心,为其产品提供最时尚和最前沿的技术。

传音的产品在特定地区的创新性和实用性也证明了其以客户为导向的研发方法。例如,传音为解决非洲黑皮肤的拍摄问题,在研发长寿命电池上均投入了大量资金。为了让人们可以在手机上播放音乐,传音还开发了Boomplay Music,到2018年10月,它的用户数已达到3600万。

3.4.2 经营

传音的经营战略是"全球化思考,本土化行动",它的经营方式确实像一家非洲本土公司。除了研发中心,传音在非洲也有制造工厂,雇用了数千名当地员工。传音还积极调查客户的特殊需求,并为非洲各国制定相应的运营策略。例如,在刚果,人们主要使用功能手机,而尼日利亚经济状况较好,50%以上的人使用智能手机。

3.4.3 营销

至于传音在非洲的营销策略,采用了两种典型的路线:亚洲乌龟路线(Asian Tortoise Routa)和积极活动之路(Positive Campaign Route)。

2007年年底,传音以一款不错的产品TECNO T780进入非洲市场,该产品具有双SIM卡插槽等非常实用的功能,售价低廉。在此之后,传音通过推出质量好、价格合适的新产品来扩大其市场占有率,覆盖全面的价格范围。这是亚洲乌龟路线的一种典型方式。

至于积极活动之路,传音在非洲的城市和农村地区的公路沿线、建筑墙上和灯箱里张贴了大量的广告。通过与谷歌和Facebook等顶级品牌合作,传音树立了自己的全球形象。例如,传音与谷歌一起推出了Infinix Hot 2,与Facebook一起推出了Tecno TV 70。其高端品牌Tecno是曼城足球俱乐部的官方平板电脑和手机合作伙伴。

3.4.4 分销

为了在非洲50多个国家建立销售网络,传音与主要经销商以及被其他品牌忽视的小经销商合作。虽然这给传音的分销管理增加了难度,但有助于迅速扩大其在非洲的市场份额。同时，传音以"同舟共济"为核心价值观，注重与经销商的互惠互利和共同发展，为经销商留下了足够的利润空间。

4. 总结

传音目前在高端市场面临三星和华为的压力，在非洲中低端市场也面临VIVO和小米等的压力。此外，还需要应对政治地位不稳定带来的政治风险。

在非洲市场，凭借与当地政府和合作伙伴的关系以及过去10年建立的整体竞争优势，传音仍然占据着主导地位。非洲对传音至关重要。

在非洲以外的地区，传音正在将其业务扩展到其他全球新兴市场，如印度、中东和南亚，以可承受的价格提供具有地区特色的创新产品。利用其在非洲市场上的专长，通过价值链上的业务活动建立战略契合，传音确实在这些市场上取得了初步的成功。

案例讨论：

传音在非洲市场的成功，给我们在品牌全球化的实践中带来了新的观点。在传音下一阶段的品牌全球化战略中，我们应该关注并思考如下3个问题。

1. 品牌发展是否可以采用农村包围城市、先从不发达地区开始的模式？
2. 当面对更加成熟强势的品牌时，像传音这样的先发优势如何持续？
3. 在其他市场，比如印度和欧洲，传音能否复制并延续他们在非洲市场的成功？

参考文献

Africa Business. The Market for Mobile Phones in Africa ［EB/OL］.（2018）. https://www.africa-business.com/.

Kumar, N. What Is Strategy? ［EB/OL］.（2017-12-02）. https://nirmalyakumar.com/2017/12/02/what-is-strategy/.

Kumar N. *Marketing as Strategy*: *Understanding the CEO's Agenda for driving Growth and Innovation* ［M］. Harvard Business Review Press, 2004.

Kumar N, Steenkamp J B E M. *Brand Breakout*: *How Emerging Market Brands Will Go Global* ［M］. Springer, 2013.

Porter M E. What Is Strategy? ［J］. *Harvard Business Review*, 1996, 74（6）: 61-78.

TRANSSION. Transsion official website ［EB/OL］.（2019）. http://www.transsion.com/en.

案例 5

以新产品研发为核心的市场策略
——中国电子商务品牌三只松鼠

储尔勇[①]

1. 三只松鼠简介

作为中国电子商务食品行业代表的三只松鼠股份有限公司成立于2012年，公司总部位于安徽省芜湖市，是目前中国销售规模最大的纯互联网食品企业，其核心业务覆盖了坚果、肉脯、果干、膨化食品等各类休闲零食。2019年，三只松鼠年度销售额破百亿，成为中国零食行业首家迈过百亿的巨头，并且连续7年在"双11"天猫渠道的同行业中销售排名位列第一，也是天猫店铺粉丝数第一的品牌，拥有超过1亿客户群。2019年7月，三只松鼠成功在深交所创业板上市，被誉为"国民零食第一股"（三只松鼠股份有限公司，2019）。三只松鼠以电子商务起家，在过去短短的6年里，三只松鼠已经渗透了2亿家庭和7亿买家，并且稳居线上线下坚果零食全行业第一名，而电子商务渠道则是排名第一，2018年市场占有率更是达到了11.20%。

三只松鼠仅仅依靠5名创业初始团队白手起家，它是如何在短时间内成长为中国零食行业销售领头羊的呢？本案例以三只松鼠为例，着重分析了把握行业以及消费行为趋势，以新产品研发（New Products Development，可简称NPD）为核心的市场战略的重要性。

---

① 储尔勇，上海交通大学安泰经济与管理学院工商管理博士生。

2. 中国快消食品行业趋势分析

2.1 快消食品市场消费者行为分析

"喜新厌旧"体现了中国消费者愿意尝试新产品的重要消费特征。在一次针对中国消费者的调查中，上一次购物时购买新产品的消费者约有72%，同期美国只有29%（陆桂玲，2017）。因此，在中国，企业需要不断地生产新品来满足消费者对新产品的不断需求。以休闲零食品行业为例，2017年中国休闲零食品类企业数量达到2771家，同比增长4.42%（前瞻产业研究院数据，2018），其中，新增了1154个品牌，并且推出了6679个的全新产品（Kantar Research，2018）。表1显示了2014年至2018年中国休闲零食行业的新品牌和新商品数的大幅增加。

表1　中国休闲零食行业的新品牌与新商品数的比较

	2014年11月–2015年10月	2015年10月–2016年10月	2017年11月–2018年10月
新品牌数	984	1258	1154
新商品数	9149	7521	6679

资料来源：Kantar Research，2018。

2.2 丰富而多元化的新产品开发趋势

电子商务小量多样的生产方式已经成为快消品抢占市场的重要工具之一（尼尔康，2019）。电子商务平台上的商品种类繁多，消费者可以选择更加自我的个性化商品。品牌为了抢占消费者的多元偏好，从过去的规模化转变为现在更加敏捷的小量多样。

以中国电子商务休闲零食品类前三名的三只松鼠、百草味、良品铺子作为例子，在过去12个月中，三个品牌平均约有341个新产品上线，相比之下，线下为王的某跨国企业的产品种类只有其1/5。新产品上市得越多就越能满足中国消费者的需求，企业也会占据更大的市场份额。因此，新产品研发能力已经是能否取得该行业领导者地位的核心之一。

2.3 供需生态提供良好的新产品研发环境

新产品的研发对于很多行业都是核心，但不同的商品对新产品研发的需求也有所不同。对于消费性商品而言，"四驾马车"为中国新产品研发提供了强力的支持。

2.3.1 消费者的拉力

随着中国的经济快速发展，中国消费者的个人可支配收入显著增加（国家统计局，2019）。消费升级的浪潮直接影响到了消费者品位的提升，而且消费者有了更多的资金去尝试更多的产品（Nielsen，2018）。当许许多多的产品进入市场时，品牌就面临更大的竞争压力，旗下的产品则更需要细分以区分于其他品牌，以满足消费者的需求变化和多样性。

2.3.2 制造业的推力

中国制造业发达，号称"世界工厂"，从小作坊到大厂房，中国拥有不同规模等级的工厂和设施。中国市场的规模效应为小品牌进入市场提供了再好不过的机会，加上便利的电子商务渠道，中小企业可以在不需要大量资金的情况下迅速发展。

2.4 以数据为核心的新零售

近年来，中国消费者的购买渠道发生了巨大的变化。以数据为核心、线上与线下的新零售和无人店兴起已是众所周知的事情。以往，线下与线上的零售店互不相通，使商家无法快速反应消费者的需求变化。而现在的微商模式，可以快速地向需求方提供客制化的商品。同时，近年来，以阿里巴巴为主导的新零售行业不断地加大投资，创造了一个打通线下与线上数据为一体的商业模式。以盒马鲜生为代表的O2O商业模式让"线上下单、线下半小时到货"成为现实。数据催生了更简便的购买渠道以及客制化的服务，而品牌的产品种类也因数据而变得更加丰富。

通过互联网渠道销售新产品具有时效快、成本低的特点，消费者获取信息的渠道从传统的报纸、新闻转向了自主信息来源，如社交媒体等。由于互联网高效的信息传递技术，消费者可随时随地获取商品信息以及推广信息，因此，他们对于某种商品的热度也容易快速提升，这正好符合新产品需要集中传播这一特点；同时，在互联网上打造一款新产品的知名度也不像传统营销渠道那样需要耗费巨大的投资和时间。

3. 三只松鼠：中国电子商务快消行业的创新代表

3.1 三只松鼠的产品创新

一个成功的电子商务原生品牌需要以新产品研发（NPD）的速度为核心来满足消费者的需求。新产品开发已成为企业的核心竞争力（Passport，2019），也是衡量企业能否在电子商务环境下赢得市场份额的重要指标。聚焦新产品的研发数量，三只松鼠的新产品研发能力在中国电子商务休闲零食品类处于前三名。表2是电子商务销量前三名品牌与线下国际跨国企业的比较，可以看出，新产品研发数量与市场份额排名呈正相关。三只松鼠建立了新产品开发外包平台，其快速响应的供应链协作使得新产品开发成为该公司的强劲竞争优势，短短几年内夺得了行业销售的头名。

表2 电子商务销量前三名品牌与线下国际跨国企业品牌比较

品牌	三只松鼠	百草味	良品铺子	奥利奥	乐事	德芙
新产品上市数量	318	382	324	33	45	42
电子商务品牌关注度排名	1	2	3	24	9	10

3.2 三只松鼠的产品拓展

根据三只松鼠财报，三只松鼠的在线商品超过了600个，公司利用大数据模型快速寻找消费者的需求，并且利用电子商务平台进行消费者测试，以获得快速反馈，从而使产品的细分品类从坚果扩展到糖果、肉类、饼干、蛋糕等。在制造与供应链端，除了自身的坚果产品生产线，三只松鼠还具备强大且系统化的代加工能力，与协力工厂合作并共同开发优质产品，专业地推出节日包装、促销包装，并且建立了严格的产品测试体系，以确保质量。

3.3 以新产品研发为市场核心的组织架构

如上所述，以新产品研发为核心竞争力的电子商务公司需要依赖于大量的协力厂商，以分散新产品研发的数量和压力，这就对此类企业的供应商管理设计提出了非常高的要求。新产品的开发需要从垂直的研发部门转移到中端平台架构,以加快速度。因此,这类公司应避免组织架构过于庞大,而应致力于建立迅捷、高效的组织架构,以支撑其柔性的供应链管理。

图1展示了以新产品研发为市场核心的组织架构。在简单的前端平台与复杂的中端平台架构中,前端平台扮演着收集和消化消费者反馈信息以及产品设计的角色,而中端平台全面管理协力厂商的资源、生产、仓储与运输,并且确保标准化与一体化的生产和供应。此外,内部团队的架构则需要像游击队般的小组散状设计,而非传统的树状组织架构,并且每个团队都需要拥有完整的市场团队、线上线下销售团队,以及客服团队等,而每个前端平台团队可将消费者的反馈信息快速反映给中端平台的新产品开发团队。

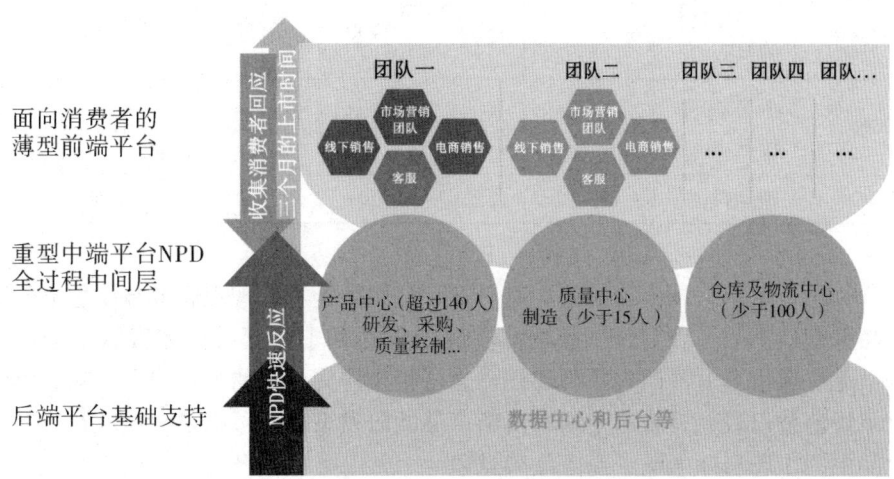

图1 以新产品研发为市场核心的组织架构

电子商务模式下的中端平台设计是因管理大量协力厂商所需,将公司的各研发部门以模组化的方式支援前端平台,从而使得前端平台可以专注地处理需求端的需求,而中端平台侧重于新产品研发上的供应链支援。倚靠小前端平台与大中端平台的模式可以加快生产响应以及提升新产品研发的数量级。表3的数据显示,与外部协力生产商的合作开发过程仅需要3个月,其效率远高于传统跨国公司的12个月至24个月。因此,一方面,以电子商务为核心的企业使用了中端平台模组架构之后,其研发速度要远快于传统的独立开发模式;另一方面,使用中端平台架构的公司提高了整体生产储备能力、库存周转率和分销绩效。

表3　食品快消行业各品牌供应商数量与市场份额比较

品牌	商业模式	协力厂商数量	企业内部研发时间	新产品研发数量级	同比市场份额增长率	同一产品不同品牌的比例
良品铺子	电子商务/线下	200+	2.5个月	200～300	26%	50%
三只松鼠	电子商务为核心	300+	3个月	200+	25%	53%
百草味	电子商务为核心	80+	3个月	100+	11%	70%
洽洽	电子商务/线下	20+	5个月	15～20	5%	84%
奥利奥	国际跨国	5+	12个月	20～30	−1%	0%

相比之下，跨国公司在新产品研发、组织架构等管理理念上与原生电子商务品牌截然不同，因为跨国公司需要充分考虑和平衡其线下零售以及全球市场，无法像中国电子商务品牌那样建立依赖于协力厂商的组织架构。除非跨国食品快消公司改变其管理架构以及新产品的研发策略，否则未来很难在快速变化的中国市场与原生电子商务品牌竞争。

4. 总结

用户是商业战场的中心，电子商务给零售市场环境带来了变化，消费者在电子商务平台上更容易满足自己的需求，高速变化的电子商务也提升了消费者对新商品的关注度。因此，新产品研发速度对于快消品公司变得格外重要。面对善变的消费者以及快速变化和发展的营商环境，品牌不仅要在促销与宣传上抓住消费者的心，而且还要及时调整、更新产品策略以及研发速度，从而以商品的多样化来满足现今消费者的需求。

案例讨论：

1. 对于不同的商品品类来说，新产品研发的重要性有何不同？例如，传统产业（如大米、食用油等）的产品创新应采用何种策略？

2. 对于依赖线下渠道的企业或跨国公司而言，应该如何设计更灵活的创新组织,以适应中国快速变动的市场?

3. 消费者的需求信息应如何更加快速、有效地向供给端传递?

4. 以新产品研发为核心的市场策略是否适用于其他非快消品行业?

参考文献

三只松鼠股份有限公司. 首次公开发行股票并在创业板上市 [R]. 北京:2019.

陆桂玲. 专家聚焦 2018 年消费行业发展趋势 [EB/OL]. (2017-12-14). https://stock.qq.com/a/20171214/020373.htm.

前瞻产业研究院数据. 休闲零食行业深度报告 [EB/OL]. (2018-12-22). https://www.sohu.com/a/283739704_727765.

Kantar Research. Kantar Panel Biscuit MAT April [R]. Shanghai:2018.

尼尔森. 中国 10 大消费趋势分析研究报告 [EB/OL]. (2019-03-08). http://www.sohu.com/a/300025631_275750.

iyiou.com. 2017 中国休闲零食行业研究报告 [EB/OL]. (2017-09-15). http://www.foodaily.com/market/shoW.php?itemid=16836.

国家统计局. 2018 年国民经济和社会发展统计公报 [EB/OL]. (2019-02-28). http://www.stats.gov.cn/tjsj/zxfb/201902/t20190228_1651265.html.

Nielsen. 2018 FMCG Trend Report:Manifestations in Snacks / FMCG industry [R]. Shanghai:2019.

Passport. Sweet Biscuits, Snack Bars and Fruit Snacks in China. Euromonitor International [R]. 2019.

下编
打造可持续发展的未来企业

9 全球营销战略的组织结构

摘要

本章的重点是全球营销战略的组织结构。成功的公司都是在本地营销和全球营销之间寻求适当的平衡，而不是将二者一分为二地看待。取得这种平衡通常采取的途径是地区性解决方案，比如，成立跨国公司地区总部。本文首先讨论了相关的全球营销战略组织结构，接下来的重点是讨论跨国公司地区总部的结构以及可能带来的益处，最后回顾了不同组织部门的角色和责任分配，如跨国公司总部、地区总部和国家子公司。

9.1 全球营销战略与组织结构

综前几章所述，仅仅是将标准化与适应化进行对比，根本无法参透国际营销战略的复杂之处。以此类推，如果全球营销战略的组织结构就是将全球一体化与当地回应（Bartlett & Ghoshal, 1998）或集权与分权（Picot, et al., 1996; Brooke, 1984）一分为二地看待，将不可避免地无法反映出组织设计的多方面微妙之处，即无法实施有效的全球营销战略。因为在这两种情况下，跨国公司通常都不会在本地和全球之间寻求适当的平衡。取得这种平衡通常采取的途径是地区性解决方案，比如成立跨国公司地区总部。[①]

在本章中，我们首先了解传统产品和地理结构，接下来介绍全球一体化/当地回应框架，并探讨两种组织回应——全球性矩阵结构和跨国网络。随后我们将重点放在地区结构上，转而探讨跨国公司地区总部的潜在益处。另外，我们还研究一些跨国公司地区总部的组织设计方案。本章最后将回顾跨国公司总部、地区总部和国家子公司等不同组织部门的角色和责任分配。

[①] 下文关于地区总部管理层和地区总部的讨论借鉴了 Ambos 和 Schlegelmilch（2010）的研究成果。

9.2 全球组织结构

9.2.1 地区结构或产品部门

许多学者的研究重点是公司选择地理地区结构或全球产品结构的驱动因素（Stopford & Wells，1972；Egelhoff，1988，1991，2010；Wolf & Egelhoff，2001，2002）。决定组织设计的关键驱动因素之一是公司国际化的模式：如果一家公司将种类繁多的产品销往国外，那么这家公司的产品部门往往遍布世界各地。相比之下，如果一家公司向许多国家销售相对类似的产品，那么这家公司很可能会选择全球性的地区结构。

Egelhoff（1982）的信息处理理论佐证了这种观点。他表示，地区结构可以提高跨国公司总部的信息处理能力，采用全球性地区结构的公司能更好地开展国际大型制造业务，不仅具有高水平的产品调整能力，并且能降低产品多样性。因此，对于国际销售额不断增长的公司，为了更好地开展国际大型制造业务，应考虑撤销世界各地的产品部门，采用地区结构，或者采用产品部门—区域部门的矩阵结构。图9.1 总结了这些观点。

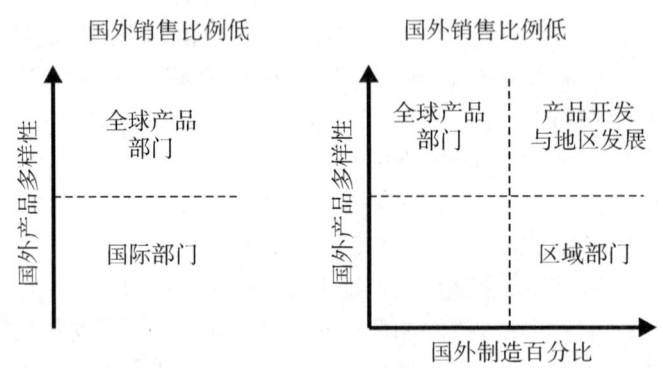

图9.1　地区结构与产品部门的关系

资料来源：Egelhoff，1988。

9.2.2 矩阵结构或跨国网络

开展国际业务最棘手的管理挑战之一是如何平衡全球整合和当地回应。具体体现在如何适应个别国家市场独特的业务环境以及实现跨国效率。对于公司来说，全球整合—地方回应的难题不仅涉及产品、工艺和政策的标准化或适应化这样的策略问题，而且会影响到公司的整个组织设计。

当地回应背后的动机是实现更高的市场契合度。有时，本地化甚至是获得市场准入的先决条件。如果实施当地回应策略取得成功，所带来的更高的销售额和更高的利润将超过追求本地化的成本。相比之下，全球整合旨在通过追求规模经济（如产品标准化）或范围经济（如共享的后台活动）来降低成本。这种成本降低往往会对价值链的全球结构产生影响。跨国企业通过将各项增值活动分配到尽可能好的地点，然后通过协调和整合这些活动来寻求利益。以日本运动鞋制造商亚瑟士（Asics）为例，公司在日本开展研究和设计活动，在韩国进行一些关键部件（如凝胶缓冲鞋垫）的制造和加工，然后在中国组装。

由于全球一体化与当地回应之间的紧张关系加剧，公司往往会采用全球性矩阵结构或跨国网络取代其产品部门结构或地区结构。全球性矩阵结构试图反映全球业务的紧张局势和多个维度。因此，典型的全球性矩阵结构可能包括地区结构和产品部门结构。如果这些维度之间发生冲突，管理人员应与公司总部和地区总部进行沟通，商讨解决冲突的合理方案。所以说，全球性矩阵结构的目标是加强产品经理、国别经理和职能经理之间的合作。

在某些情况下，不同的结构元素会混合在一起。以耐克为例，其采用地区结构，主要是根据消费者的相似性，将某些国家作为一个地区。比如，奥地利、德国、瑞士和斯洛文尼亚（AGSS）就是一个地区。然而，耐克在地区层面又采用矩阵结构（图9.2），将业务部门（服装、设备和鞋类）与职能部门（人力资源、运营、财务、市场营销和包括零售在内的销售）区分开来。因此，管理人员需要管理地区—业务部门—职能部门的三维矩阵结构。

虽然矩阵结构的目标是促进沟通和团队协作，但是实践表明，矩阵的各个维度往往具有不同程度的权力和影响。因此，会经常出现产品管理层否决国别管理层意见，或者国别管理层决策与产品管理层决策相左的情况。所以，矩阵结构往往无法形成一种能够平衡全局（全球化思考）与地方（本地化执行）的文化。

跨国网络是试图克服全球性矩阵结构的一些缺点的组织形式（Bartlett & Ghoshal，1998）。在串联全球各子公司时，跨国网络没有使用矩阵等系统性形式，而是侧重于综合能力；因此，就有了位于纽约的营销"总部"，位于河内的制造"总部"，位于法兰克福的市场"总部"。在这种网络中，商品和知识呈非结构性流动，必须通过各种不同的控制手段进行组织协调，其中，社会融合和共享的文化发挥着突出的作用。因此，跨国网络旨在通过一个无中心

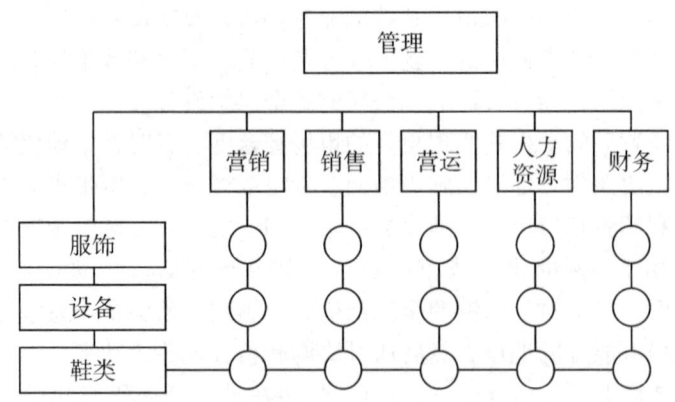

图9.2 矩阵结构

资料来源：Ambos & Schlegelmilch，2010。

（或多中心）的组织简化层级，将关键决策权分配给全球各个部门。

9.2.3 全球性矩阵结构与跨国网络的局限性

全球性矩阵结构和跨国网络都旨在弥合全球整合与当地回应之间的鸿沟。虽然在理论上这两种结构都非常理想，但是，在实践中二者都有着相当大的不足之处。除了上文提到的权力分配不均和组织各层级影响力大小不一，矩阵结构中的双重（甚至三重）工作汇报模式和利润责任经常导致角色模糊不清和职责淡化。这也可能会导致成本高昂的官僚作风、非目标导向等问题以及在决策中失去灵活性。

虽然跨国网络试图克服全球矩阵结构的缺点，但是收效甚微。管理人员并非都青睐跨国网络中没有明确的组织层级（Nell，et al.，2011）。此外，本来跨国网络的优势之一是促进知识和信息的全球共享，但是，这一目标几乎没有实现。而且在大多数情况下，过于侧重社会控制不利于知识的获取和激励创新。虽然社会控制有助于在跨国网络中保持统一，但它常常导致以公司为中心而不是以地理为中心的文化。这就阻碍了从当地子公司获取知识（Ambos & Reitsperger，2004）。因此，自然而然地，只有极少数公司采用跨国网络结构（Wolf，1997）。

由于全球性矩阵结构和跨国网络都有很大的不足，所以即使是采用矩阵结构的企业通常也会向地区总部或各地的产品部门分配明确的权限。我们认为地区总部对缓和全球组织面临的内在紧张局势大有裨益，如下文所述。

9.3 地区总部战略与结构的益处

拉格曼将"全球公司"定义为在世界上最富有的三大市场（北美、欧洲和亚洲）的销售额至少占其销售额20%的公司，拉格曼认为，很少有公司会真正追求全球战略（Rugman, 2005）。事实上，依据拉格曼的标准，世界上最大的380家公司中只有9家是真正的全球性公司，25家是双地区（bi-regional）跨国公司，大部分是植根母国的地区性公司（home-regional）。虽然拉格曼的分析因种种原因而受到批评（Osegowitsch & Sammartino, 2008），但是，他的研究成果表明，大多数公司很难在全球的多个地区取得成功。

那么，是什么因素阻碍了这么多如此成功的公司实现更平衡的全球销售组合呢？一种可能的解释是它们没有实现全球一体化所需的非地域性优势（Rugman & Verbeke, 1992）。许多公司特有的优势可能确实是区域性的，很难跨地区转移（Rugman, 2005）。此外，公司可能已经在地区层面实现了最优规模经济和范围经济，没有必要进一步扩展他们的业务活动（Ghemawat, 2007）。例如，大多数汽车工厂达到了10万辆的年产量之后，就几乎不再需要扩建或新建工厂来满足全球市场的需要（Ambos & Schlegelmilch, 2010）。

另一位知名学者潘卡基·格玛沃特（Pankaj Ghemawat）也强调了全球整合的局限性，呼吁制定半全球化的战略（Ghemawat, 2007）。除上述观点外，格玛沃特还指出在市场上转移产品或知识所固有的局限性。正因为如此，可以说知识能在地区层面而不是全球层面得到最有效的利用。事实上，大多数创新产业集群，如德国汽车工业或加利福尼亚硅谷的IT产业集群，都是按地区划分的，这表明知识可能无法传播到陌生的领域。综上所述，竞争优势通常是在地区层面取得的。这些理论都有实际的公司行为为证，比如，跨国公司地区总部的数量越来越多。

图9.3表明，地区总部对于解决全球整合、在当地回应困境日益重要。我们将在下文讨论跨国公司地区总部在公司组织设计中的作用。

9.3.1 母公司优势

地区总部是全球总部和当地子公司之间的中介机构。地区总部负责组织地区范围内的经济活动，履行一般由母公司充当的角色。因此，从本地子公司的角度来看，地区总部给组织带来的优势与母公司给组织的优势相似。地区总部尤其应该具有两个核心功能，即了解当地子公司的业务，以及发挥其资源和职能优势（Campbell, et al., 1995）。因此，地区总部往往具有这两个核心功能，

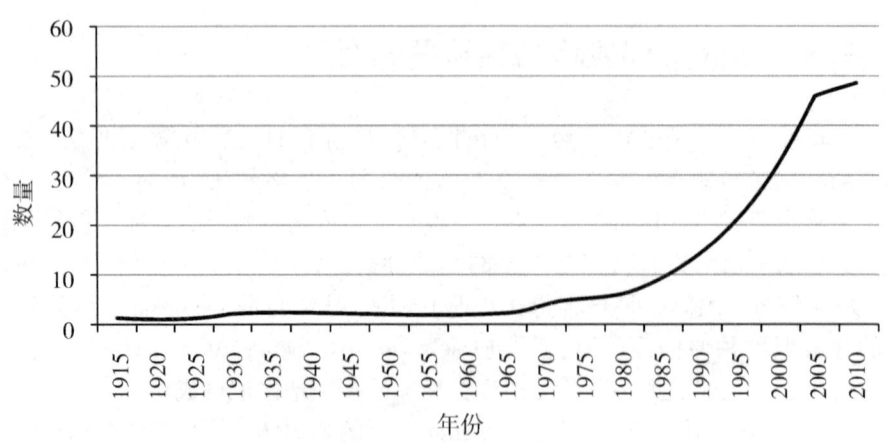

图 9.3　随着时间的推移，跨国公司地区总部的组成

资料来源：Ambos & Schlegelmilch，2010。

因为它们对地区商业环境非常熟悉，能够汇集地区范围内的资源和知识。

9.3.2　知识优势

从母公司的角度看，地区总部具有知识优势。具体而言，地区总部可以履行三项知识中介的职能：首先，地区总部将全球总部的目标转化为本地市场的战略；其次，地区总部是公司网络中的能力中心，为当地运营提供有价值的服务；最后，地区总部收集并过滤当地子公司的知识，然后传播给全球总部。

9.3.3　组织优势

地区总部的中介作用还有助于缓解全球总部对全球整合的愿望与地方子公司需要进行当地回应之间的紧张关系（Lehrer & Asakawa，1999）。在这种情况下，地区总部可以充当组织的"压力阀"。此外，地区总部也缩小了母公司的控制范围。这一点很重要，因为在大型组织中，管理人员的控制具有巨大的力量，这股巨大的力量一定要控制好，避免优先事项被搁置（Birkinshaw, et al.，2007）。因此，通过缩小母公司的控制范围，地区总部帮助公司将注意力集中在对整个集团最有帮助的优先事项上。

概述了地区总部的一些潜在益处后，我们接下来详细了解一下地区总部的不同组织设计方案。

9.4 地区总部的组织结构

地区总部的结构涉及若干根本性问题。首先，对于地区的构成并没有定论。一些公司创造了像 EMEA（即欧洲、中东、非洲）这样的大型地区，而有些公司则会将欧洲划分为若干个子区域，比如 DACH（德国、奥地利和瑞士）。因此，首先我们需要清楚，哪些国家可以组成一个地区。其次，就是关于地区总部的位置问题。它是应该位于地区之内还是地区之外？比如说，迈阿密就是负责拉丁美洲的地区总部的最爱，而维也纳则是中欧和东欧地区总部的首选。因此，有些公司显然是认为将其地区总部设在地区之外具有好处。当然，在企业总部所在地成立地区办事处也是一种常用的方案，但这种方案可能会比迈阿密和维也纳的例子更能增加地区管理层和国别子公司之间的地理分离，因为上述两个例子至少会把地区总部设在邻近地区。最后，就是如何组织一个地区内的子公司。这些子公司是否具有相同的职能，它们是否都向地区总部汇报工作？

9.4.1 何为"地区"

跨国公司的各组织部门通常设在世界上最富有的三大市场（北美、欧洲和亚洲）。[①] 虽然这种做法很普遍，但往往不符合管理要求。以彪马在奥地利萨尔茨堡的地区总部为例，萨尔茨堡的地区总部不仅管理中东欧，巴西、阿联酋和南非等国也受其规管。将这些相当多样化的国家纳入一个地区的主要驱动因素是萨尔茨保具备适当的专业管理知识。对于地区是如何构成的这一看似简单的问题，并没有一个明确的答案。不过有五个因素对于构成地区总部是特别重要的：地理邻近、市场相似、管理考虑、政治考虑和成本效益。

9.4.1.1 地理邻近

虽然很少有公司纯粹是基于地理因素来构建一个地区，但是，地理因素的重要性不言而喻。尤其是对于在地理位置相近市场销售类似产品的公司，共同配送中心就有利于其节省成本。以本田为例，该公司就在欧洲成立了三个（子）地区总部（伦敦、巴黎和法兰克福），每一个总部都向其所在地区提供适当的产品。

9.4.1.2 市场相似

有一种有点自相矛盾的说法，市场相似性实际上是由"距离"决定的，

[①] "最富有的三大市场"概念由 Ohmae (1985) 提出。

即文化、行政、地理或经济上的差异（Ghemawat，2001）。文化距离可能导致不同的产品，但如果消费者偏好一致，类似的营销策略是有意义的。在某些行业，行政机构推动若干国家构成一个地区。以制药行业为例，"地区"通常是围绕着美国的食品与药物管理局（FDA）和欧洲的欧洲药品管理局（EMA）形成的。最后，经济发展对地区的形成也有很大的影响。例如，许多银行将它们的中东欧业务作为新兴市场业务的一部分。

9.4.1.3 管理考虑

市场的集团化通常反映了跨国集团总部对个别市场的重视（Birkinshaw，et al.，2007）。以欧洲的大制药公司为例，五大市场（德国、法国、意大利、西班牙和英国）的子公司通常直接向总公司汇报工作，而其他市场则被分成一两个地区统一管理。

9.4.1.4 政治考虑

将一个国家划分到一个地区中去，或将一个国家从一个地区中划分出去，可能是出于政治考虑。以北美自由贸易协定为例，对于北美业务，墨西哥通常被划入北美自由贸易区。这种操作更强调政治考虑，而没有那么重视语言或文化的相似性，否则墨西哥就会被划入中美洲或拉丁美洲地区。

9.4.1.5 成本效率

虽然公司可能会由于各种因素对个别国家特殊对待，但是，对于将个别国家市场划分到一个地区而言，成本效率是这些因素中最重要的。例如，许多公司会在多个国家使用相同的广告，故意忽略细微的文化和语言差异。对于这些国家来说，通过规模经济获得成本优势是优先事项，并且地区是根据成本进行划分的。

9.4.2 管理某一地区的地区总部（地区办事处）

从公司总部的角度看地区总部，地区总部能够获得的关键益处之一是缩小的控制范围。公司总部管理一个地区总部容易，管理若干个国家市场（当地子公司）就难得多了。具体而言，地区总部的位置对于其控制范围并不重要。因此，公司甚至不需要在某一地区设立实际的地区总部，公司可以从全球总部对该地区进行管理。一些学者将管理某一地区的地区总部与位于某一地区的地区总部区分开来讨论（Schütte，1996）。

对于位于公司总部的地区办事处（即管理该地区的总部），地区管理结构中一定要反映重要的地区差异。采用这种结构避免了设立实际地点来提供重复的管理职能（如人力资源和信息技术）。将公司总部与地区总部设在一处也有利于相互之间的知识传播。

管理某一地区的地区总部的主要缺点在于缺少市场参与，这种情况反过来会导致对市场的了解不够（Andersson & Forsgren, 1996; Andersson, et al., 2002）。因此，顾客亲密度的重要性越高，或快速反应的需求越高，就越需要地区总部在该地区的实际存在。

9.4.3 位于某一地区的地区总部

将地区总部设在该地区之内具有若干好处。首先也是最重要的，就是公司能够在整个地区范围内集中开展核心活动，实现规模经济。在这种情况下，能够对该地区进行深入了解，比如开展市场研究，这是个别国家子公司无法实现的。与全球总部相比，位于某一地区的地区总部往往能够更好地回应当地和地区需求。如果地区总部在地理上邻近某一地区，国家子公司也能更好地发掘人才。

很明显，地区总部的很多优点都直接反映了最佳地区应具备哪些特征，这表明了地区战略和地区结构之间的紧密联系。当涉及地区总部的数量以及地区总部应该位于何地应该考虑哪些方面时，这种联系尤为重要。例如，考虑市场发展阶段，公司可能会决定设立针对德国、奥地利、瑞典、芬兰和挪威市场的地区总部。不过，从配送和物流方面来考虑，瑞典、芬兰和挪威这三个斯堪的纳维亚半岛的国家又应该和德国与奥地利划分开来，设立两个地区总部。从管理的角度来看，德国市场最大，应该单独汇报工作，而所有其他国家应设立一个子地区总部，这表明应该设立一个混合的体系：一个直接汇报工作的国家子公司，另一个为其他国家市场服务的地区总部（参见9.4.3.3）。当面临这些挑战时，公司可以选择使用不同的结构来在一个地区内组织其活动。

9.4.3.1 单一国家市场

在这种组织结构中，地区总部（RHQ）是所有国家市场（本地业务部门/LU）的中心枢纽（图9.4）。当控制范围相对较小，市场具有相似重要性，整个地区的消费者相对同质化时，公司往往采用单一国家市场法。

9.4.3.2 子地区总部

在子地区总部结构中，跨国公司试图通过将有类似需求的国家子公司分组到子地区总部来消除区域内的差异（图9.5）。这种方法的逻辑与单一国家市场方法差别不大。

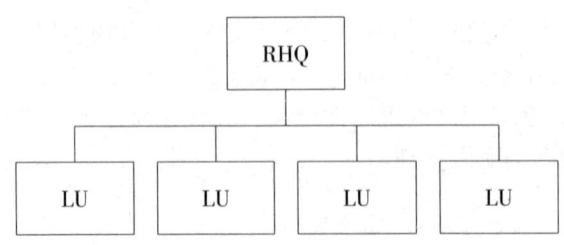

图 9.4　单一国家市场

资料来源：Ambos & Schlegelmilch, 2010。

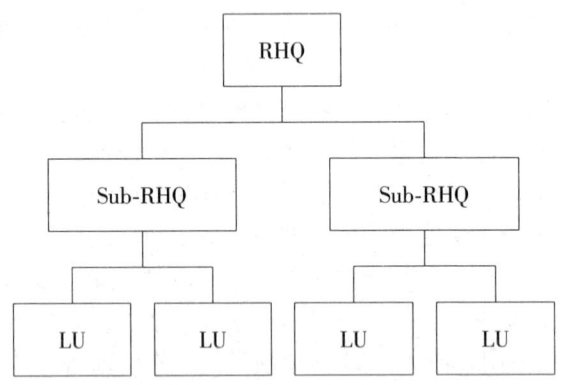

图 9.5　子地区总部结构

资料来源：Ambos & Schlegelmilch, 2010。

9.4.3.3　混合的地区总部结构

如果公司发现其所在地区的业务组合或市场不平衡，并且需要特别注意时，比如这种不平衡对公司的盈利能力或有影响力的政治利益相关者的利益产生了很大的影响时，公司应将一些本地部门并入子地区总部，同时，其他本地部门还是直接向地区总部汇报工作（见图 9.6）。

9.4.3.4　地区网络结构

在地区网络结构中，个别子公司以相同的方式执行分配给它们的地区管理任务（图 9.7）。因此，地区总部成了一个未在该地区实际设立机构的虚拟实体，不同国家的不同子公司承担不同的地区职能。这种结构的好处是它没有额外增加组织层级，但是将责任分配给了个别国家子公司。因此，地区网络结构让国家子公司有了更高的参与程度，对于完善和成熟的国家子公司特别有用，因为这些子公司可能不愿意地区总部作为其与公司总部的权力中介。地区网络结构方法的缺陷在于所有来自组织系统的固有的不稳定性,即缺乏组织层级,可能引起国家子公司之间的潜在冲突和高昂的协调成本。

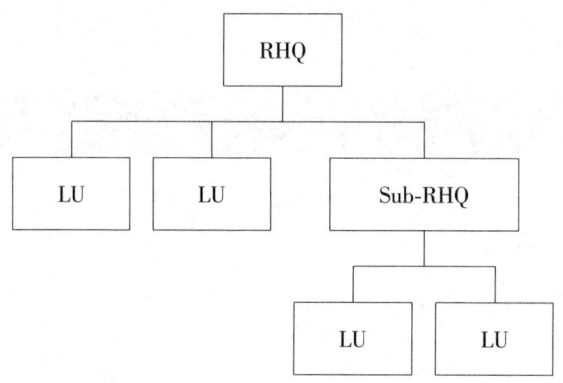

图9.6 混合的地区总部结构

资料来源:Ambos & Schlegelmilch,2010。

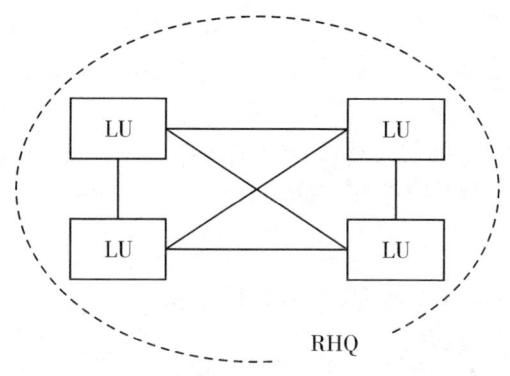

图9.7 地区网络结构

资料来源:Ambos & Schlegelmilch,2010。

9.5 管理各组织部门之间的关系

公司管理何种组织部门关系显然取决于公司的组织结构。无论公司是设立地区总部，还是国家子公司直接向全球总部汇报的公司，都应清楚每个组织部门所承担的职责。图9.8假设了地区总部的设立，对这些职责进行了概念化分列，并列出了如何将公司总部、地区总部和国家子公司（地区部门）的职责在价值链上进行分配。虽然这种方式对于澄清不同组织部门之间的沟通和工作关系是有必要的，但是，它还是造成了一定程度的职责模糊不清。

	研发	采购与生产	营销	客服	财务	人力资源
总部	·技术和研发战略 ·核心技术	·规格 ·生产	·产品定位	·政策 ·程序	·企业财务 ·金库 ·控制	·国际人才管理政策
区域总部	·产品开发 ·基准营销	·采购 ·物流 ·生产	·情报 ·定价 ·核心客户	·客户支持	·债务融资 ·控制	·工作轮换 ·培训
本地单位	·产品调整	·购买 ·装配	·分销 ·销售	·售后服务	·代款 ·收账	·职业 ·酬劳

图9.8　在不同的组织层级和价值链的不同部门之间分配组织责任

职责分配的细节是最困难也是最重要的。以研发部门为例，全球总部负责的中央研发和地区总部负责的产品开发之间有何区别？产品开发在哪里停止？而国家子公司对产品适应和职责又从哪里开始？新产品的理念是否可以不源于国家子公司？（Ambos, et al., 2006）图9.8所示的内容只是开始。实际上，一家公司需要花费大量的时间和精力研究以下三个方面：①结构，即角色、责任、资产和资源的分配；②生理，即信息在组织中的流动、工艺和关系；③心理，即规范和价值观。

9.5.1　全球总部与地区总部之间的关系

全球总部确立了公司的总体愿景和使命。全球总部负责基本的战略问题，如总部位置、竞争方式以及竞争对手。地区总部的位置是企业整体设计的一部分，地区总部是全球总部与本地部门之间的中间层级，是母公司的全球代理人。在履行这一职责时，地区总部的管理人员在全球总部董事会任职的情况并不少见（Ambos & Schlegelmilch, 2010）。这种方式加强了全球总部与地区总部之间的沟通，并且让地区总部能够为各地区的当地产品部门提供协助。地区总部的职责往往是为了确保业务部门的绩效。当然，这也适用于没有采用地区总部结构公司的个别国家分公司。因此，同一组织层级的部门的职责不一定要统一，即不同的地区总部或不同的国家子公司可拥有不同程度的自主权。事实上，重要的地区总部或国家子公司可能对公司的总体战略产生相当大的影响。

9.5.2　地区总部与国家子公司的关系

地区总部需要发挥两个关键作用，或者说扮演两个关键角色：企业家精神角色和整合角色。企业家精神角色可以分为寻找商机、战略指引和发展承诺，而整合角色主要包含资源的整合（Lasserre，1996）。因此，地区总部的职责是在整个地区寻找新的商机，协助国家子公司开展结构和战略变革，在该地区许下发展承诺，以及宣传企业的价值观。就整合角色而言，地区总部的职责主要是协调各个国家市场的活动，整合地区间的资源，并且与此同时专注于业务的开展。

9.5.3　不同国家子公司之间的关系

不同国家子公司之间的关系取决于公司的基本结构。受地区总部管辖的国家子公司之间的关系以及直接向全球总部汇报工作的子公司之间的关系是不同的。不同国家子公司（比如负责全球营销的主要子公司和没有任何跨国协调职责的国家子公司）之间的关系还受到其在企业价值链中所发挥作用的影响。如地区网络结构部分所述，国家子公司之间更多的直接协调和责任分担能让子公司有更深层次地参与业务沟通的机会。相反，缺少组织层级关系也可能导致紧张局面，需要由与国家子公司有着良好层级关系的组织部门进行调解，比如地区总部或全球总部。

9.6　小结

本章的重点讨论了全球营销战略的公司在组织设计中会遇到的一些相关问题。我们首先回顾了传统的布局和产品结构，并表明销往国外产品的数量和多样性，以及公司的市场地理覆盖范围是采用这些结构的关键驱动因素。一家公司是否在国外开展制造业务，也会影响到其首选的组织结构。具体而言，研究人员表示，当公司的国外制造业务越倾向于依靠地区总部，公司的国际销售额会越来越高，并且全球总部的信息处理能力也将提高。

接下来我们介绍了全球整合和当地回应的矛盾，这一矛盾指的是需要平衡全球整合和当地回应。试图实现这一平衡的两种组织方案是矩阵结构和跨国网络。矩阵结构一般需要结合地区总部和业务部门，采用双重报告制度。如果地区总部和产品之间发生冲突，管理人员应与公司总部和地区总部进行沟通，商讨解决冲突的合理方案。所以说,全球性矩阵结构的目标是加强产品经理、国别经理和职能经理之间的合作。我们还探讨了为什么这些目标在实践中并不总是能够实现的原因。

跨国网络试图克服全球矩阵结构的一些不足,其重点在于全球不同子公司的综合能力。基于这些能力,不同的国家子公司部门有不同的全球职责(比如制造方面的全球职责)。在这种情况下,跨国网络不只是单一的全球总部,而是有若干地区总部(或者说没有总部,取决于所采取的角度)。鉴于没有组织层级,协调和控制严重依赖社会融合和共享的企业文化。在实践中,管理人员并非都青睐跨国网络中没有明确的组织层级,并且跨国网络的主要目标之一是促进知识和信息的全球共享,但是这一目标几乎没有实现。因此,只有少数公司采用了跨国网络结构。

鉴于全球性矩阵结构和全球性跨国网络的不足,我们随后对地区结构给予了相当大的关注,并认为地区总部对缓和全球组织面临的内在紧张局势大有裨益。这一观点很符合当前的商业环境,在这种环境中大多数公司往往以地区而非以全球为重点,并且很难在全球的多个地区取得成功。另一位知名学者潘卡基·格玛沃特(Pankaj Ghemawat)也强调了全球整合的局限性,呼吁制定半全球化的战略。地区总部对于解决全球整合和当地回应这对矛盾也日益重要,因为地区总部能够在地区层面实现一些优势,比如母公司优势,并且没有全球合作所固有的重大挑战。

本章接下来探讨了地区总部的一些组织设计方案。为此,我们讨论了是否存在一个优化的组合,以及地区总部应设在哪里(地区之外还是地区之内)以及如何设立(采用单一国家市场中心、混合地区结构,还是地区网络结构)等问题。

本章最后回顾了跨国公司总部、地区总部和国家子公司不同组织部门的角色和责任分配。

参考文献

Ambos, B., & Reitsperger, W. (2004). Offshore centers of excellence: Social control and success. *Management International Review*, 44 (Special Issue), 51–65.

Ambos, B., & Schlegelmilch, B. B. (2010). *The New Role of Regional Management*. Basingstoke: Palgrave Macmillan.

Ambos, T. C., Ambos, B., & Schlegelmilch, B. B. (2006). Learning from foreign subsidiaries: An empirical investigation of headquarters' benefits from reverse knowledge transfers. *International Business Review*, 15 (3), 294–312.

Andersson, U., & Forsgren, M. (1996). Subsidiary embeddedness and control in the multinational corporation. *International Business Review*, 14 (5), 473 – 486.

Andersson, U., Forsgren, M., & Holm, U. (2002). The strategic impact of external networks: Subsidiary performance and competence development in the multinational corporation. *Strategic Management Journal*, 23 (11), 979 – 996.

Bartlett, C. A., & Ghoshal, S. (1998). *Managing Across Borders: The Transnational Solution*. Cambridge, MA: Harvard Business School Press.

Birkinshaw, J., Bouquet, C., & Ambos, T. (2007). Managing executive attention in the global company. *Sloan Management Review*, 48 (49), 39 – 45.

Brooke, M. Z. (1984). *Centralization and Autonomy: A Study of Organizational Behavior*. New York: Holt, Rinehart and Winston.

Campbell, A., Goold, M., & Alexander, M. (1995). Corporate strategy: The quest for parenting advantage. *Harvard Business Review*, 73 (2), 120 – 132.

Egelhoff, W. G. (1982). Strategy and structure in multinational corporations: An information-processing approach. *Administrative Science Quarterly*, 27 (3), 435 – 458.

Egelhoff, W. G. (1988). Strategy and structure in multinational corporations: A revision of the Stopford and Wells model. *Strategic Management Journal*, 9 (1), 1 – 14.

Egelhoff, W. G. (1991). Information-processing theory and the multinational enterprise. *Journal of International Business Studies*, 22 (3), 341 – 368.

Egelhoff, W. G. (2010). How the parent HQ adds value to an MNC. *Management International Review*, 50 (4), 413 – 432.

Ghemawat, P. (2001). Distance still matters: The hard reality of global expansion. *Harvard Business Review*, 79 (8), 137 – 147.

Ghemawat, P. (2007). *Redefining Global Strategy: Crossing Borders in a World Where Differences still Matter*. Boston, MA: Harvard Business School Press.

Lasserre, P. (1996). RHQ: The spearhead for Asia Pacific markets. *Long Range Planning*, 29 (1), 30 – 37.

Lehrer, M., & Asakawa, K. (1999). Unbundling European operations: Regional management and corporate flexibility in American and Japanese MNCs. *Journal of World Business*, 34 (3), 267 – 286.

Nell, P. C., Ambos, B., & Schlegelmilch, B. B. (2011). The benefits of hierarchy? Exploring the effects of regional headquarters in multinational corporations. In C. G. Asmussen, T. Pedersen, T. M. Devinney, & L. Tihanyi (Eds.), *Dynamics of Globalization: Location Specific Advantages or Liabilities of Foreignness? Advances in International Management* (Vol. 24, pp. 85 – 106). Bingley: Emerald Books.

Ohmae, K. (1985). *Triad Power: The Coming Shape of Global Competition*. New York: The Free Press.

Osegowitsch, T., & Sammartino, A. (2008). Reassessing (home-) regionalisation. *Journal of*

International Business Studies, 39 (2), 184–196.

Picot, A., Reichwald, R., & Wigand, R. T. (1996). *Die Grenzenlose Unternehmung*. Wiesbaden: Gabler Verlag.

Rugman, A. M. (2005). *The Regional Multinationals: MNEs and "Global" Strategic Management*. Cambridge: Cambridge University Press.

Rugman, A., & Verbeke, A. (1992). A note on the transactional solution and the transaction cost theory of multinational strategic management. *Journal of International Business Studies*, 23 (4), 761–771.

Schütte, H. (1996). *Regional Headquarters of Multinational Corporations*. Ph. D. dissertation, Universität St. Gallen.

Stopford, J., & Wells, L. T. (1972). *Managing the Multinational Enterprise*. New York: Basic Books.

Wolf, J. (1997). From "Starworks" to networks and heterarchies? Theoretical rationale and empirical evidence of HRM organization in large multinational corporations. *Management International Review*, 37 (1), 145–169.

Wolf, J., & Egelhoff, W. G. (2001). Strategy and structure: Extending the theory and integrating the research on national and international firms. *Schmalenbach Business Review*, 53 (2), 117–139.

Wolf, J., & Egelhoff, W. G. (2002). A reexamination and extension of international strategy-structure theory. *Strategic Management Journal*, 23 (2), 181–189.

10 全球营销道德与企业社会责任（CSR）

摘要

商界领袖总喜欢谈论治下公司最新的社会责任倡议、公司的环保资质以及管理层和员工的道德行为。这是一个很好的现象，不过从另一个方面来说，对于如何评价某些企业行为或员工行为道德与否、企业社会责任有何限制等这些根本性问题，社会各界目前还是存在很大的分歧。本章的重点是回答这些问题，并提出了一些重要的观点。具体涉及的主题有跨国公司应该如何处理不同文化之间可能存在的差异，以及如何在全球营销实践中贯彻道德规范和企业社会责任。

10.1 企业社会责任：商业领袖的首要议程

如今的商界领袖总喜欢谈论治下公司最新的社会责任倡议、公司的环保资质以及管理层和员工的道德行为，而非"沾满了铜臭气的财务报告"（Tett, 2012）。虽然这些话题并不是最近才出现的（Schlegelmilch, 1994），但是，它们的重要性在过去几十年中逐渐凸显出来（Schlegelmilch & Öberseder, 2010）。越来越多地讨论这些话题是否减少了不道德的商业行为我们不得而知，不过利益相关者基本上都认同一个观点：企业需要更加重视道德，制定强有力的企业社会责任议程，大胆应对可持续性发展的挑战。

能够树立这些目标是非常好的开端，不过从另一个方面来说，对于某些根本性问题，社会各界目前还是存在很大的分歧，比如，企业行为或员工行为是道德的还是不道德的？企业社会责任有何限制？企业是否有立场和能力来处理那些本来应该由政府解决的问题？如何平衡环境保护与建设道路和机场等新的基础设施之间的关系？诸多问题仍被社会各界争论得如火如荼，亟待解决。

下文的重点是回答这些问题，并提出了一些重要的观点。首先是解释了对"商业道德""企业社会责任（CSR）"和"可持续发展"这几个词的含义。随后，简要介绍了一些道德理论，并解释了为什么道德评判会因其所依据的理论而有很大的不同。这就引出了跨国公司应如何处理不同文化之间可能存在的差异的问题。接下来的一节中重点介绍了国际营销传播，这是由于文化的强烈影响而产生的一个重要课题。本章最后讨论了如何在全球营销实践中贯彻道德规范和企业社会责任。我们简要地讨论了企业道德规范、《美国联邦量刑指南》《反海外腐败法》，以及《GRI可持续发展报告指南》的作用。

10.2 术语定义

对"企业社会责任"一词颇有微词的批评家米尔顿·弗里德曼（Milton Friedman）抱怨说："关于企业社会责任的讨论，最突出的方面是分析缺乏针对性和严谨性。"（Friedman, 1970）因此，最好是先对"商业道德""企业社会责任（CSR）"和"可持续发展"这几个关键词进行解释说明。

10.2.1 商业道德、营销道德与全球营销道德

商业道德的定义为"对道德本质的探究，道德即指道德判断、道德标准和行为准则"（Taylor, 1975）。因此，商业道德在具体的商业环境中为企业行为的对错进行指导。而"营销道德是对道德标准如何应用于营销决策、行为和制度的系统性研究"（Laczniak & Murphy, 1993）。全球营销道德的定义为"运用于全球营销的行为标准和道德判断标准"（Schlegelmich, 2010）。

尽管商业道德长期以来一直是许多著名经济学家讨论的焦点，如亚当·斯密（Adam Smith）、马克斯·韦伯（Max Weber）和弗里德里希·奥古斯特·冯·哈耶克（Friedrich August von Hayek），但是在20世纪60年代之前，营销道德在营销文学中只扮演着次要角色。全球营销道德获得广泛关注的时间甚至更晚。20世纪80年代早期，这方面的成果主要是比较研究（Becker & Fritzsche, 1987；Schlegelmilch, 1989）。托马斯·唐纳森（Thomas Donaldson）的《国际商务伦理》是最早重点关注国际商业道德的书籍之一（Donaldson, 1989）。20世纪90年代末，Schlegelmilch出版了一本专门讨论国际营销道德的先驱性著作（Schlegelmilch, 1998）。

自2000年以来，全球营销伦理受到的关注和研究显著增加。所涉及的问题从道德敏感性，到不同文化中利益相关者的利益，从伊斯兰角度看国际营销道德，到道德强度和个人道德哲学在国际决策中的作用。道德问题开始不仅仅是站在企业的角度，而且越来越多地从消费者的角度来观察，比如，不同国家消费者道德信仰的比较，以及宗教对消费者道德观念作用的跨文化研究。最近关于营销道德的一些观点很好地概括了研究人员对这一领域的其他国际性主题进行的研究（Nill & Schibrowsky, 2007；Schlegelmilch & Öberseder, 2010）。

10.2.2 企业社会责任

经过几十年的争论，目前仍然没有一个公认的"企业社会责任"定义（Freeman, et al., 2010）。在各类文献中关于"企业社会责任"的定义将近有40种（Dahlsrud, 2008; Matten & Moon, 2008）。其中，欧盟委员会提出的定义是最简洁的，也是利益相关者最关注的，即"企业影响社会的责任"（欧委会，2011）。

从市场营销的角度来看，消费者对企业社会责任的理解也是非常重要的。从消费者的角度，我们将"企业社会责任"定义为"一家对社会负责的公司将社会和环境问题纳入其核心业务活动，并对员工、客户、环境、供应商、当地社区、股东和全社会负责"（Öberseder, et al., 2013）。

这一定义突出了消费者通过一家公司的各利益相关者来区分"企业社会责任"的不同方面，这些利益相关者为员工、客户、环境、供应商、当地社区、股东和全社会。从员工角度来看，企业社会责任涵盖工作环境、无歧视和适当的报酬等方面。从消费者角度来看，企业社会责任涵盖价格合理、产品标签清晰明了、产品安全优质等方面。从环境角度来看，消费者认为企业负有诸多责任，例如，节能减排、减少浪费。从供应商的角度来看，企业社会责任涵盖为生产商、供应商制定公平的合同条款和条件等方面。上述定义还涉及公司对当地社区的责任，比如为社区居民创造就业机会的责任、当地采购，以及对地区发展的经济贡献。最后，消费者还认为企业应为全社会负责。从社会角度来看，企业社会责任涵盖社会事业、残疾人就业和支持社会项目等方面（Öberseder, et al., 2013）。这些企业社会责任维度见图 10.1。

10.2.3 可持续发展

从上文可以隐约看出企业社会责任和可持续发展之间"不可分割"的关系（Hildebr, et al., 2011）。关于可持续发展，联合国《布朗特兰报告》指出"可持续发展就是既满足当代人的需求，而又不损害后代人满足其需求能力的发展"（联合国大会，1987）。虽然这一定义因为过于模糊而受到批评（Lélé, 1991），但是它一直对关于可持续发展的讨论起着影响。"可持续发展"一词受到大力推崇的一个重要原因是它可以被用来涵盖各种不同的理念（Adams, 2006）。就拿联合国的《21世纪议程》（Johnson, 1993）来说，可持续发展就被分成了经济、生态、政治和文化等四个方面。基于这一划分，世界各地的几个大城市提出了评估和管理可持续发展的新办法，被称为"可持续发展圈"（Liam, et al., 2012; Scerri & James, 2010）。这种方法将可持续发展的各个

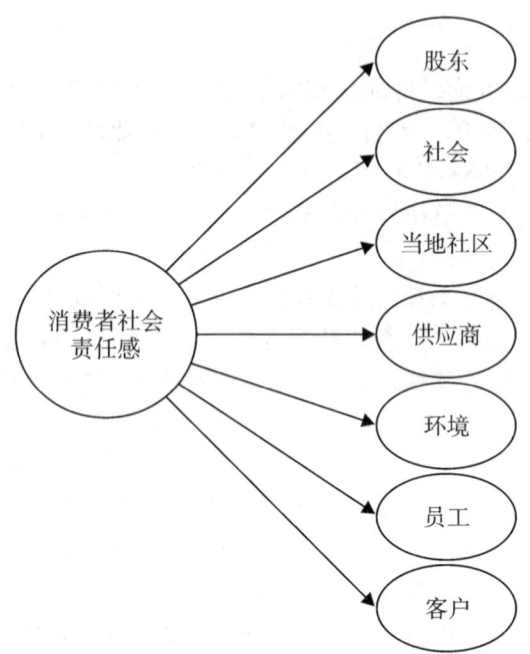

图 10.1　消费者对企业社会责任的理解

资料来源：Öberseder Schlegelmilch，Murphy & Gruber，2013。

方面广泛定义如下：经济可持续性涵盖资源的使用和管理，以及财富的分配；生态可持续性侧重人与自然的关系；政治可持续性的重点是公共和私人治理，以及一般社会关系；文化可持续性涵盖身份、性别、年龄、公平、教育、健康和幸福等问题。

更广泛的可持续发展倡导者认为"三重底线"原则尤为重要（Slaper & Hall，2011），该原则以经济为中心，把环境看作外部事物。然而，三重底线原则，也被称为"人—地球—利润"原则，与以环境、社会和经济可持续发展为中心的主流可持续性发展理念密切相关。如图 10.2 所示，这三个方面分别被描绘为支持可持续发展的三大支柱，或者是经济与社会和环境环绕的同心圆，以及三个圆相交的图案；有时候三个圆的大小不一，比如，如果经济圆比环境圆大，则意味着前者更重要。

将可持续发展分成三个方面受到的批评之一是，这种划分方式意味着可以在这几个方面之间进行权衡。因此，就有了强可持续发展和弱可持续发展的区别。强可持续发展就是指不允许进行权衡，或者说权衡范围须受限制；弱可持续发展就是指可以进行权衡，或者说可以接受。强可持续发展原则的支持者可

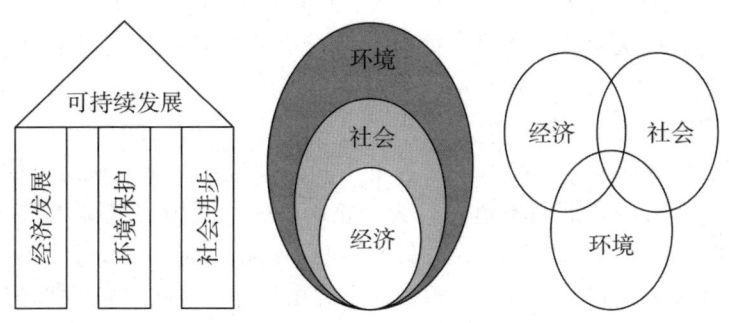

图 10.2 主流可持续发展理念的几个图示

能会指出不可妥协的关键生态系统或物种（Adams，2006）。在实践中，对可持续发展的几个方面进行权衡似乎是不可避免的，而这种权衡的性质往往会引发激烈的争论。

10.3 理念源泉

高级经理人员很少有不公开支持营销道德、企业社会责任和可持续发展理念的，但他们采取的立场却截然不同。接下来我们将讨论一些导致这种不同的一些关键原因，同时看看在践行这些理论方面，这些管理人员之间会不会有一些相通的地方。

10.3.1 商业道德中的竞争理论

许多关于道德的问题仍未解决，而且存在严重的争议。[①] 比如说，牺牲一个人的幸福，却会使许多其他人受益的行为是否正当？道德规范是相对的吗？道德规范和地域、文化有关吗？人是否有一些不应被侵犯的基本权利？

不同道德理论或学说对这些问题的答案也大相径庭。因此，即使是那些遵守道德规范行事的管理人员，在道德相关的问题上也可能会有不同的决定。管理人员在面对道德困境时可能不知道选择哪种理论依据，对不同道德理论的基本了解将有助于他们做出合理抉择。

10.3.1.1 相对主义

相对主义认为不论持有哪种道德观，都是平等的，相对主义否认有一种普

---

① 本节基于 Schlegelmilch（1998）。

遍性的道德标准。因此，如果评判他人，应以评判者自己的道德准则为依据；在一种情况下被认为是"错误"的理念或行为，在另一种情况下可能会被认为是"正确"的。在国际商业中，相对主义就是"入乡随俗"：外国人应尊重并遵守东道国的道德准则，即使这些准则与他们自己的信仰不同。

从积极的方面来看，相对主义尊重不同的宗教和文化。从消极的方面看，相对主义经常被用来证明不道德行为是正确的——因为"其他人都是这么干的"。此外，跨国公司的管理人员必须认识到，他们的决定和行为不会完全按照当地标准来被评判，还有其他国家的利益相关者。因此，如果跨国公司想要一个解决道德困境的简单方法，相对主义并不符合这个要求。

10.3.1.2 功利主义

功利主义注重决定的结果：如果一个决定的结果为大部分人带来了最大限度的益处，那么这个决定在道德上就是正确的。这是一种结果主义理论——功利主义强调的是最终结果，而不是实现结果的手段。奉行功利主义的管理人员会考虑所有利益相关方的预计得失，管理人员随后的行事也是以为大部分利益相关者带去最大化利益为宗旨。

从积极的方面来看，功利主义"以大局为重"，考虑的是集体的利益。它还呼吁管理人员采用传统的成本效益方法。从消极的方面看，集体利益有时会以不合理地牺牲个人利益或特定利益相关者群体的利益为代价。以药物为例，如果一种药物可以治好75%的患者，但是会导致其余25%的患者死亡；那么从严谨的功利主义角度来看，这种药物也应市售，因为它对大部分使用者有益——即使它杀死了其他使用者。

10.3.1.3 普遍主义

普遍主义是一种基于义务的理论，也被称为义务论方法（deontological，源自希腊词"deon"，意为"义务"），这种理论要求每个人都应该按照普遍规律行事。普遍主义的本质概括来自著名的康德"绝对命令"：首先，"只按照一条准则行事，即你可以同时将它变成一条普遍规律"（Kant & Ellington, 1993）；其次，行动时绝不仅仅把人当作达到目的的手段。因此，普遍主义与"如何对待他人"的黄金法则密切相关，并将个人的幸福放在任何决定的中心。普遍主义的观点是，无论一项行动的结果有多理想，如果这个结果是用不道德的手段得到的，那么就属不正当。因此，与推行结果主义理论的功利主义相比，普遍主义是一种非结果主义理论。

从积极的方面来看，普遍主义将个人的利益放在任何决策的最高点。从消极的方面看，如果不同利益相关者的利益发生冲突，普遍主义就很难适用，且无法实现双赢的局面。

10.3.1.4 正义论

罗尔斯的正义论（Rawls，1971）可以说是对功利主义的一种批判。正义论的支持者认为，像功利主义一样将正义定义为"实现绝大多数人的最大利益"忽略了明确的权利和义务。这些人的观点是权衡个人基本权利和社会目标之间的关系无法带来正义。好比说，只要奴隶制可以实现绝大多数人的最大利益，严格的功利主义者就会觉得奴隶制也是可以接受的，然而，正义论不接受这种立场。

相反，正义论提出了一种契约论式的方法来实现道德正义。罗尔斯表示，一个人可以从公正的立场来对原则进行评判，这是基于康德的观点，即人们有能力从普遍的观点进行推理。罗尔斯认为，只有公正，才能树立道德观。他强调，每个人都应享有平等的权利，应克服社会和经济不平等，使最弱势群体得到最大的利益。他认为，经济发展不能以牺牲人的自由为代价，当强势群体能为弱势群体谋福利时，正义就实现了。

从积极的方面来看，正义论可以树立保护弱势群体的理念。从消极的方面来看，正义论似乎很难在实践中应用，因为"自由"或"利益"这些词的确切含义难以界定（Rusche，1992）。因此，从罗尔斯的抽象契约论方法中很难得到具体的建议。

10.3.1.5 德性论

德性论源自亚里士多德的哲学理念：人往往会寻求过一种"有道德"的生活。这意味着超越道义和自身利益去追求"善"。"有道德"的生活分为三个方面：首先是养成好习惯；其次是将有德行的人作为榜样；最后是合理平衡理想品质和道德品质（Laczniak & Murphy，1993）。

在过去的几十年里，德性论吸引了不少的关注。公司道德守则既有理想品质，又有道德品质，是将德性的各个方面带入组织的一种方式。有道德的领导人是管理人员和员工的榜样，是体现一个组织德性的一面镜子。

10.3.2 寻找共同点

如上所述，商业道德基于的理论各不相同，道德标准自然也会因文化而异。大多数跨国公司的管理人员对这一点都深有体会，由于不同的文化环境导致的不同道德规范，各个国家的道德观念和道德行为也会有很大的差异。这就提出了一个问题：如何分析各国之间的道德规范差异，以及跨国公司应该如何处理这些差异。学者们为回答这个问题提出了不同的方案，[①] 我们接下来重点

---

① 更详细的讨论，请参见 Schlegelmilch（1998）。

介绍其中的三种。

唐纳森（1992）提出，对两个社会之间的道德差异进行分类。第一类解释这种差异和东道国经济发展水平的相关性，第二类解释这种差异和东道国经济发展水平无关。对于第一类的道德差异，跨国公司（MNC）应考虑到当地情况，如环保标准或安全生产条件。对于第二类的道德差异，唐纳森认为，应当进行额外分析，以决定是否应接受不同的道德标准。具体来说，如果某种商业实践是在东道国顺利开展业务所必需的，并且这种必需的实践不会侵犯国际公认的基本权利（比如人身自由、财产所有权、免遭酷刑、公正审判、不以种族或性别为理由进行歧视、人身安全、言论自由和结社自由、受教育权、政治参与、生存权等），那么这种实践就应被视为可以接受的行为。①

唐纳森的分类方式因种种原因而受到批评，比如"顺利开展业务"的表述就太模糊不清了（Solell & Hendry，1994）。好比说，在有些国家不贿赂就无法顺利开展业务，同时行贿也不会侵犯国际公认的基本权利，那么根据唐纳森的标准，这种行为就可以接受了。

纳什（1992）同样建议将道德问题分为两大类。第一类是指道德不确定性的"严重"伦理困境，如果有两种以上的道德价值观相互冲突，就很难区分对错。纳什认为，在这种情况下，结果可能总是有缺陷的。因此，正是解决这种困境的过程是一种道德的检验。审议过程的诚实性和受影响各方观点的充分表达成为道德价值观的检验标准。她提出了 12 个问题来指导这一过程（表10.1）。

表10.1　指导解决道德困境过程的关键问题

1. 你已经准确地定义了决策的问题了吗？
2. 如果你站在他人的立场上，会怎样定义问题？
3. 问题是怎样产生的？
4. 作为最初个人和公司成员，你对谁和什么忠诚？
5. 你做决策的意图是什么？
6. 你的意图与可能的结果相比如何？
7. 你的决策或行动会损害谁的利益？
8. 你能在决策前与受决策影响的各方讨论该决策问题吗？
9. 你认为从长远来看，该决策在未来是否像现在的情形一样长期有效吗？

---

① 有关商业道德契约观点更深入的讨论，请参见 Donaldson & Dunfee（1994）。

续表 10.1

10. 你能毫无顾虑地与你的老板、首席执行官、董事、家庭以及整个社会透露你的决策或行动吗？
11. 如果理解正确，人们会对你的行为产生什么样的看法呢？误会了又会怎么样呢？
12. 在什么条件下，你会允许你的立场有例外？

资料来源：Nash，1989：246。

第二类是对道德标准的违反。行为人知晓行事标准，但是未予遵循，比如，遵约或履约。纳什建议，通过适当的培训以及宣传企业行为规范来解决这些问题。

虽然纳什的方法相对简单，并强调公平的重要性，但是也存在不足：它使道德评判主要基于行为，而经常忽略意图。在这种情况下，纳什进一步表明了她的立场——企业基本上都是以盈利为目的的，但是，在盈利的过程中应避免对社会造成不可挽回的危害，并承担任何非故意伤害的费用。不过她认为，企业没有道德能力来靠自己决定如何提升全社会的福祉。虽然大多数管理人员承认企业应避免对社会造成危害，但是，如果要否认公司改善社会福利的能力，很多人是不会同意的。因此，纳什的方法对于克服不同文化和商业环境带来的复杂差异是否足够全面，仍值得商榷。

尼尔（1995）是对话唯心主义的拥护者。这种思想不寻求具有实用价值的普世道德原则，而是以公开对话的形式进行交流，作为找到彼此可以接受之准则的一种方式。这些准则可能不具普适性，但对特定对话者来说是可以接受的。然而，由于对话者通常有相互的利益冲突，他们可能无法或不愿意达成一致。

总的来说，哪怕是同一个国家也会存在道德观念的差异，当商业跨越文化和国界时，这种差异更有可能凸显出来。虽然公开对话和公正的程序对于解决道德价值观冲突是很重要的，但是，没有任何黄金法则能够保证可以得出能让所有各方满意的结果。这并不是说道德相对论就是当今的金科玉律，世界要繁荣发展，全球营销就需要信任、公平和相互尊重，就要有符合一定标准的道德行为。虽然人们都认同需要制定这样的标准，但是当具体的营销实践不一致时，标准就容易出现差异。下面，我们来看看国际营销中出现的一些道德问题。

10.4　全球供应链中的道德问题

除了与营销总体有关的诸多道德问题外①，还有许多五花八门的其他道德问题，特别是与全球营销有关的，都出现在供应链上。其中，许多问题与全球营销战略日益相关，因为消费者和贸易商越来越关心农民和生产工人的工作条件，进出口公司、批发商等中介机构的作用，以及零售商的道德行为。

然而，不只是供应商的道德行为受到了审查，许多消费者的道德观念也会发生180度大拐弯。一些消费者也会购买在可疑工作条件下生产的产品，甚至是假冒产品——只要价格够低。但是，消费者道德观念所面临的局面也没有这么悲观。"公平贸易"运动就一直在努力确保低收入国家的农民得到更好的待遇，这股社会运动的势头还在继续增长。同时，树立高尚的道德观念似乎正成为城市消费者的一种新风尚。

下面，我们来看看与国际供应链相关的一些重要的道德问题。首先是与生产相关的问题；其次是供应链（重点是中间商与零售商）；最后关注的是消费者，消费者一方面是道德水平提高的推动力，但是，另一方面也是道德问题的一部分（这与消费者本身的行为脱不开关系）。

10.4.1　与产品采购相关的道德问题

与产品采购相关的道德问题，特别是来自发展中国家的问题，目前受到了大量的关注。全球的营销人员经常面临有关童工、适当的工作条件、合理工资、生产方法的生态可持续性、侵犯知识产权等问题，不一而足。

关于童工问题，人们普通认为，使用童工是一种不道德、毫不合理和有辱人格的行径，这已是社会共识。然而，在许多发展中国家，这仍然是一个严峻问题。过去，跨国公司常常辩解说它们很难控制童工现象，因为这些童工是分包商招的，在分包商工厂里做事，而且年龄很容易伪造（Boggan，2001）。然而，消费者认为，品牌所有者有责任对超出公司法律界限的道德行为负责。面对因童工问题受到的谴责，低收入国家经常回击发达国家以前也有过类似的问题。工业革命期间，在纺织业和采矿业，童工确实是普遍现象（Cruickshank，1981；Nardinelli，1990）。

安全和健康的工作条件是另一个道德问题。虽然大多数国家都有与安全和健康工作条件相关的法律法规，但当公司不愿意实施这些法律法规时，它就成

---

① 更详细的讨论，请参见 Smith & Quelch（1993），Smith & Murthy（2012）。

为一个道德问题（Crane & Matten，2007）。每天和每周的工作时间也是一个令人关注的问题。据报告，有些"血汗工厂"的工人每天工作时间超过 12 小时，每周要工作 6 天。另外，如果他们不想丢掉饭碗，还必须完成一定的工作量和加班（Adams，2002）。

不幸的是，低收入国家的工人通常没有更好的选择，只能在这些血汗工厂谋生。对洪都拉斯血汗工厂的一项研究表明，这些工厂的平均工资比一名普通工人的平均工资高出 44%（Powell & Skarbek，2004）。虽然这不能作为血汗工厂剥削工人的借口，但它揭示了低收入国家许多工人的绝望困境。

许多发展中国家的生产商和营销人员面临的一个重大道德问题，是知识产权保护力度薄弱。保护专利、商标和版权的法律通常都比较健全，但总是实施不到位。在这种情况下，假冒伪劣商品已成为全球工业严重关注的一个问题。根据国际反假联盟（IACC）的数据，国外的假冒伪劣产品使得美国制造商每年损失约 2000 亿美元的收入，减少约 75 万个就业岗位（Freedman，1999；IACC，2006）。

假冒伪劣商品分为非欺骗性产品，即消费者知道他们买的是假货（比如，花 10 欧元买块劳力士手表的中国消费者肯定知道自己买的不是正品），以及假冒商品；假冒商品危害大得多，因为消费者以为自己买的是正品。假冒商品可能会导致相当大的产品安全问题。比如，消费者购买了"正品"刹车片，但结果却是假得不能再假的山寨货，这不仅关系到正品制造商的声誉，更加重要的是消费者的生命安全得不到保障。

10.4.2 与中间商相关的道德问题

中间商（例如，代理商、经销商和经纪人）所扮演的角色及其道德行为也是一个热门话题。中间商的道德问题涉及公平采购协议、公平销售价格、公平分享利润和生产商的公平待遇等——最关键的就是"公平"。然而，想要就何为"公平"达成一致意见却非易事。博尔顿和她的合著者（Bolton, et al., 2003）将"公平"定义为"结果和/或达到结果的过程合理、可接受或公正"。毫不奇怪，许多分歧的根源在于公平的可操作性。关于什么是公平的争论可以追溯到古希腊哲学家，比如柏拉图。在当代商业道德文献中，不少学者也对公平进行了探讨。根据 Ferrell 等人所言（Ferrell, et al., 2008），公平由三个要素组成：平等（即财富如何分配）、互惠（即平等交换小恩惠）和最优（即平等与最高生产力之间的折衷）。然而，尽管这些概念体系对于理解平等有所帮助，但它们很难解决关于公平的争论。公平现在是且永远是一个有争议的话题。

为此，我们将从道德和法律的角度来看待公平采购协议，如独家交易（即中间商不得销售竞争对手的产品）、独家销售区（即中间商拥有在一个独家地区销售制造商产品的专有权利），或搭售协议（即中间商必须购买制造商提供的一系列产品，尽管他可能只对一种产品感兴趣）。

与差别定价有关的问题对中间商也特别重要。为什么中间商给经济实力雄厚的大客户的报价比普通顾客更优惠？何为公平利润？中间商如何进行公平的利润分配？与生产商和客户的公平关系是另一个问题，因为实力强大的中间商可利用它们的议价能力选择其他制造商，不向客户出货或限制出货数量。最后一点，也是重要的一点，倾销是另一个可能影响到代理商或商品经纪人（代表实体雄厚的制造商）的定价问题，倾销就是以低于成本的价格销售进口产品，从而获得相对于本地产业的竞争优势，并最终将本地产业逐出市场（参见第 6 章）。

10.4.3　与零售商相关的道德问题①

在国内市场进行的"倾销"就是掠夺性定价。这指的是零售商在一段时间内以低于成本的价格销售一种产品或一系列产品，把竞争对手打垮。在无法把竞争对手逐出市场的情况下，有的零售商会与其竞争对手达成一致，制定损害消费者利益的价格。横向固定价格指的是直接竞争对手同意制定相同的价格。这种价格操纵行为显然是不道德的，因为它影响了由产品或服务的正常供求所驱动的价格设定的公平性。

灰色营销，在国际营销中也被称为"平行进口"，涉及另一类有趣的道德问题。灰色营销主要体现为通过未经许可的分销渠道销售合法产品（Antia, et al., 2004）。因此，产品不是假冒商品，但分销方式不合法，至少从制造商的角度来看是不合法的。以一家独家电子产品制造商为例，在 A 国，该制造商打算只通过合作零售商销售其昂贵的音响产品，以维持高昂价格，并保证服务质量，实现产品的独家定位。现在假设这些产品的价格在 B 国市场更低，然后当地的批发商或零售商则将这些产品出售给 A 国未经授权的经销商。这个未经授权的经销商（比如，一家大型的折扣电子产品连锁店），就让制造商实现独家分销、维持高昂价格和提供高质量服务所做的努力全都白费了。产品在未经授权的分销渠道中流通也伤害了制造商与授权经销商之间的关系。平行进口显然损害了制造商和授权经销商的商业利益，因此可以被认为是不道德的。

---

①　出于讨论的目的，我们将零售商与其他中间商区别看待，尽管零售商确实介于生产者和最终消费者之间。

另一方面，只有当国家间存在价格差异或独家经销商人为设定过高的价格时，平行进口才具有吸引力。① 这两种情况都会伤害到消费者。有些人也可能认为平行进口符合消费者的最大利益，并非不道德——但是在这种情况下，制造商和授权分销商进行的市场投资被未经授权的经销商所利用了，这就是利益观念和道德观念相反一个实例。不过，大多数人还是认为平行进口是不道德的（Dasu, et al., 2012; Hsiu-Li, 2007; Duhan & Sheffert, 1988）。

在网络营销（也被称为多层次营销）中也经常出现道德问题。这种直销方式招募兼职销售人员在闲暇时进行上门推销，主要的对象通常是亲朋好友。此外，这些销售人员还积极发展下线，因为他们可以从下线的销售中获取提成（Xardel, 1993）。网络营销本身并不道德，甚至它的支持者也同意，这种营销手段经常被滥用，产品效果和回报被无限夸大。对这种营销方式的批评主要集中于其类似于非法传销，因为那些初始经营的销售人员必须自己出钱购买第一套产品和一些营销物料，还有其对个人关系的利用。网络营销不仅在工业化国家有市场，而且在发展中国家也变得非常流行。在这些发展中国家，许多市场参与者在商业上没有那么成熟，因此，跨国公司在这些市场上采用网络营销手段必须非常谨慎。还有就是一些零售商试图将道德作为一种竞争工具。具体来说，零售商会试图将自己刻画成比竞争对手更有道德、更有环保意识或更有慈善精神的形象（Schlegelmilch, 1994）。拿特易购（Tesco）来说，为了提升自己的形象，特易购就在其主页上强调自己强烈支持公平贸易。

其他将道德作为市场定位工具的方式还有所谓的善因营销。例如，零售商公开宣布把一定比例的收入捐献给一些有益的事业，比如儿童慈善。当然，制造商（比如，每次顾客购买某一产品，制造商都会将一定比例的购买价款捐赠给慈善机构X）和服务性公司（比如，美国运通公司发起了一场名为"反饥饿"的运动，从顾客每个月的美国运通公司账单款项中捐出一部分，用于慈善事业）也会采用这种善因营销方式（Varadarajan & Menon, 1988）。

慈善捐款类似于善因营销，不过在概念上有区别。在慈善捐款中，消费者的购买行为和公司向慈善组织捐款没有直接的关系（Schlegelmilch & Szöcs, 2015）。Szöcs 等人（2014）从不同利益相关者的角度分析了善因、企业慈善与企业声誉之间的联系，表明企业慈善可以提高企业声誉。

虽然使用道德手段作为一种市场定位工具可以美化零售商的形象，带来竞争优势，但是这种方式也有不足之处——因为任何道德上的不当行为或问题都会被更严格地看待。拿森斯伯瑞来说，它出售了一款经公平贸易认证的

---

① 另见我们在第7章中的讨论。

"100% 环保"购物袋。但是，后来爆出这些购物袋是由某国廉价劳动力生产的，也不像消费者所相信的那样环保。自然地，这家超市立即受到了英国众多小报文章的口诛笔伐（Poulter，2007）。

10.4.4 与消费者相关的道德问题

总体上来说，社会道德还是在朝着积极的方向发展。消费者越来越希望了解他们所购买的产品的生态和社会背景，并通过自己的购物行为来表达对社会和道德方面的关切（De Pelsmacker, et al., 2005）。然而，并非所有消费者都是重视道德或环保问题的。消费者盗窃和欺诈使世界各地的企业损失数十亿美元，还有其他的消费者的不当行为也导致了额外的财务成本。比如无理投诉、对企业员工的身心摧残，以及多种隐匿的欺诈方式，如多收了"找零"后坦然放进自己的口袋。大多数消费者在购买伪劣商品时也很容易转变对道德问题的态度（Schlegelmilch & Stöttinger，1999）。在以前的研究中，这些轻微的消费不当行为在很大程度上被忽视了，除了少数例外（Schlegelmilch, et al., 2004）。

然而，有一群消费者应该得到特别的保护，即弱势消费者。这类消费者在市场交易中处于弱势地位（DesJardins，2003；Schlegelmilch & Houston，1989）。弱势消费者也被贴上"最不精明"消费者的标签（Hill，2002），因为他们不具备做出精明的消费决策所需的技能、知识和态度（Jones & Middleton，2007）。弱势消费者群体包括残疾人、儿童和老年人。在发展中国家，大部分人口都是文盲或者受教育水平很低，跨国公司也有道德义务不占这类弱势群体的便宜，比如，向非常贫穷的消费者推销不健康的食品或彩票。

10.5 道德问题和国际传播

虽然几乎在营销和战略的各个方面都可能出现道德挑战，但国际营销传播中的诸多文化问题使得道德挑战尤为突出。除了与随处可见的广告相关的道德问题［例如误导性信息和欺骗性信息、针对弱势消费者群体的广告、某些产品或服务的广告（比如赌博、烟酒、枪支等）］，还有就是不同的国家对产品或服务优劣的看法存在很大差异。熟谙此道的广告客户就会根据目标市场国家的文化，尤其是宗教信仰对他们的广告内容进行调整。比如，有些香水制造商就会推出两个版本的广告：面向欧洲受众的广告中，模特穿着低胸长裙；而投放到阿拉伯市场的广告中，还是同一个模特，不过穿的却是裹得严严实实的高领长袍。这种适应化通常不会引起道德方面问题。

不过，当适应当地文化与母国的道德观念相冲突，跨国公司可能就会面临道德冲突。瑞典家具零售商宜家就遇到了这一难题——其因将女性形象从沙特阿拉伯的产品目录中删除而受到批评（参见图10.3）（What IKEA Told Us, 2012）。西欧的许多消费者认为，宜家本应该扮演变革推动者的角色，提升女性在沙特阿拉伯的形象，而不是在东道国法律都没有要求的情况下去做这种过度适应化（卫报，2012）。

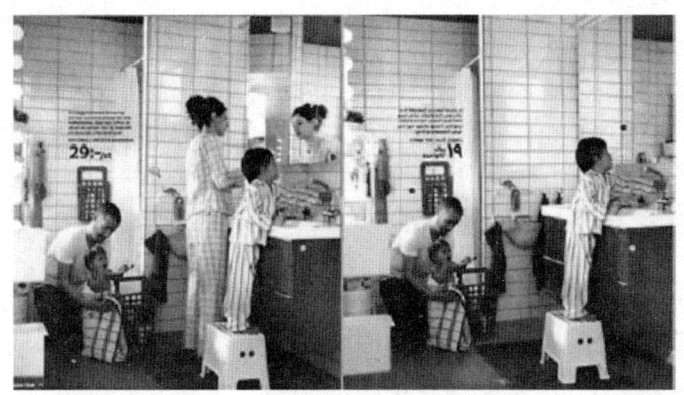

图10.3　宜家产品目录图片（有女性形象和无女性形象）
资料来源：宜家授权使用，见 http://buytheway.annenbergcourse.org/what-ikea-told-us。

与文化有关的另一个有趣的道德争议被称为"文化挪用"（Francis & Beninger, 2014）。其具体表现为另一个文化群体使用某一种文化的某些元素（例如，某种典型设计或符号）（Young & Brunk, 2009；Rogers, 2006）。随着人们日益重视他们的文化根源，被挪用群体对文化挪用也越有可能持抵触情绪。以内衣制造商维多利亚的秘密为例，因为在时装表演中让模特戴上了美国印第安人的头饰（参见图10.4），博客上差评如潮，但是，这家内衣公司表示这种方式宣扬了沉寂已久的土著文化，这些羽毛头饰具有深刻的精神意义（Adrienne, 2010）。

图10.4　文化挪用
资料来源：Capital Pictures, London, UK。

10.6　将道德规范纳入全球营销实践

10.6.1　使命宣言

企业领导人的正直和崇高道德标准的企业文化是将道德规范纳入公司实践，这尤其是全球营销实践的先决条件。除此之外，大多数大公司还会采取一些更为正式的措施，在决策过程中贯彻道德规范。企业使命源自战略规划，很多使命宣言中都能发现道德规范在公司运营中所起的作用。公司使命宣言体现了公司的经营理念，让公司的产品、市场和技术反映战略决策者的**价值观和优先考虑事项**（Graham & Havlick，1994）。以制药公司默克（Merck Sharp & Dohme Corp.）为例，其五条核心价值观为：改善生活、道德和诚信、创新、呵护健康，以及多样性和团队合作。公司还对每一条价值观进行了详细的说明，关于道德和诚信，公司表示："我们致力于践行最严格的道德和诚信标准。我们对我们的客户负责，对我们的员工负责，对我们居住的环境负责，对我们奉献服务的全世界负责。"（Merck，2015）

10.6.2　企业道德准则和企业信条

虽然公司使命宣言中体现了企业的道德规范，不过大多数公司还是会单独印发《企业道德准则》或《企业信条》。企业道德准则一般非常冗长，细致入微，是"关于公司章程、道德规范、行为准则或公司理念的声明，涉及对员工、股东、消费者、环境的责任，或企业社会责任"（Langlois & Schlegelmilch，1990）。相比之下，企业信条通常是关于公司基本信念和价值观的简要说明。

企业道德准则在大公司是比较常见的。从全球营销的角度看，企业道德准则所涉及的问题往往因国家而异。在早期的研究中，凯瑟琳（Catherine Langlois）和我发现，企业道德准则既包括超越文化的行为准则，也包括特定文化下的行为准则（Langlois & Schlegelmilch，1990）。几乎所有的企业道德准则都涉及了与客户、股东、供应商和承包商的关系，社区、环境、创新、科技的运用，以及公平和诚实。在美国公司的道德准则中，还经常涉及政治利益和员工关系。与政府的关系往往在美国企业的道德准则中占据重要位置，这可能表明对政府潜在的不信任。美国管理人员也比英国或德国管理人员更有可能将人事问题视为道德问题。总的来说，美国公司更加强调员工公平和公平的概念，而欧洲公司则更倾向于强调员工对公司活动的反应。

10.6.3 企业道德培训计划

在道德培训方面，也会因国家而异，尽管在书面政策中没有那么明显（Schlegelmilch & Robertson, 1995）。道德培训计划的形式可能会安排在关于商业道德的经销商会议举行，或在连续几天的企业年会上邀请专员进行宣讲，这种会议往往要开几天。更传统的道德培训计划可能持续时间非常长，就遵守道德准则、平衡多重责任以及价值观和诚信展开讨论（Paine, 1994）。许多公司还开发了专门的在线道德培训计划，比如麦当劳的全球在线道德培训。

10.6.4 监察员、道德委员会与投诉热线

我们还有一些培养企业诚信的其他措施。比如选举出监察员，也被称为道德监督员，或成立负责监督公司道德操守的委员会。公司也可以起草道德准则，开展道德培训计划或组织道德操守检查。

员工和社会人士还可以通过热线投诉可疑的不道德行为——通常是匿名投诉。将可疑的不道德行为投诉给有关当局被称为"举报"。投诉热线和举报基本上是源自美国的发明，欧洲和日本很少运用这种方式（Pickard, 1995）。这可能是因为美国根深蒂固的个人主义传统，即个人要根据自己的道德信念做出道德抉择（Vogel, 1993）。

10.6.5 监管驱动因素

我们可以假定上述在企业实施道德规范的所有措施都是自愿的，在现实中，还有诸多法律和监管方面的考虑因素驱动着企业的道德规范。在这方面，美国的两项立法特别重要：《美国联邦量刑指南》以及《反海外腐败法》。《美国联邦量刑指南》鼓励通过减轻个别管理人员和公司的责任来防止不道德行为，以及违反道德准则的量刑。这项立法促使企业积极主动雇佣道德监督员。

《反海外腐败法》在国际舞台上尤为重要，它界定了道德行为与合法行为，以限制贿赂费用和礼品。有趣的是，《反海外腐败法》还区分了"小额疏通费"（被允许）和"贿赂"（属于严禁行为，负有责任的管理人员可能会被处以高额罚款和监禁）（Schlegelmilch, 2010）。

此外，还有一些值得注意的关于企业社会责任披露的指导方针（Simmons, 2013）。虽然许多公司会报告关于其公司社会责任活动的消息，但是，这些报告往往存在漏洞，利益相关方会认为这些报告没有特别的帮助。因此，1999年出台了《GRI可持续发展报告指南》，此后经过多次修订（全球报告倡

议组织，2013）。该指南规定了公司编写可持续性报告的原则，包括对价值观、原则、标准和规范的描述，比如，行为守则和道德准则。此外，该指南还规定了公司经济、环境和社会影响的绩效指标。《GRI可持续发展报告指南》已经成为全球公司最广泛采用的报告标准，目前，全球250强公司中有82%在使用这一指南（KPMG，2011）。

根据《GRI可持续发展报告指南》，公司在确定企业社会责任披露策略时，必须做出两个重要的决策。首先，需要确定报告的详细程度；其次，必须决定报告的企业社会责任活动是否应由第三方担保。后者有助于确保企业社会责任报告和编写报告所用的方法有充分的文件记录，基于合理事实，并符合"GRI报告框架"（Dhaliwal, et al., 2011）。

10.7 小结

在本章开头，我们解释了商业道德、营销道德、全球营销道德、企业社会责任和可持续发展等概念。同时，还强调了这些方面目前存在的一些讨论。

本章的重点是商业道德，我们随后介绍了一些道德理论，包括相对主义、功利主义、普遍主义、罗尔斯的正义论和德性论。我们发现，取决于其所依据的理论，道德判断可能会有很大的不同，因此道德标准也因文化而异。这就引出了跨国公司如何处理这些分歧的问题。有不少学者在研究这个复杂的问题，我们主要介绍了唐纳森、纳什和尼尔的观点，旨在找到不同文化之间道德差异的共同点。

由于总体上营销，特别是全球营销，被广泛指控为违反道德规范和企业社会责任的最大因素，我们接下来回顾了营销人员面临的一些最常见的挑战。虽然与市场营销有关的道德问题五花八门，我们主要关注的是那些与全球营销有关的道德问题，并从供应链的角度进行了分析。具体来说，我们强调了与产品采购、中间商（如代理商、分销商和经纪人）以及零售商和消费者本身有关的问题。

接下来，我们探讨了国际传播中可能出现的一些道德问题。虽然几乎在营销和战略的各个方面都可能出现道德挑战，但国际营销传播中的诸多文化问题使得道德挑战尤为突出。

本章最后介绍了如何在全球营销实践中践行道德规范和企业社会责任。基于使命宣言中的企业价值观，我们了解了企业道德准则和企业信条、道德培训计划、监察员、道德委员会和投诉热线的作用。此外，我们还介绍了驱动企业道德规范的某些监管因素，以及在国际营销中非常重要的《美国联邦量刑指南》以及《反海外腐败法》,最后是与企业社会责任披露密切相关的《GRI 可持续发展报告指南》。

参考文献

Adams, R. J. (2002). Retail profitability and sweatshops: A global dilemma. *Journal of Retailing and Consumer Service*, 9 (3), 147 – 153.

Adams, W. M. (2006). *The Future of Sustainability*: *Re-thinking Environment and Development in the Twenty-first Century* (Report of the IUCN Renowned Thinkers Meeting, 29 – 31 January 2006). Accessed August 21, 2015, from http://cmsdata.iucn.org/downloads/iucn_future_of_sustanability.pdf.

Adrienne, K. (2010, April 27). But why can't I wear a hipster headdress? Accessed August 21, 2015, from http://nativeappropriations.com/2010/04/but-why-cant-i-wear-a-hipster-headdress.html.

Antia, K. D., Bergen, M., & Dutta, S. (2004). Competing with gray markets. *MIT Sloan Management Review*, 46 (1), 63 – 69.

Becker, H., & Fritzsche, D. J. (1987). A comparison of the ethical behavior of American, French and German managers. *Columbia Journal of World Business*, 22 (4), 87 – 95.

Boggan, S. (2001, October 20). 'We blew it': Nike admits to mistakes over child labor. Independent/UK (online). Accessed August 21, 2015, from http://www.commondreams.org/headlines01/1020-01.htm.

Bolton, L. E., Warlop, L., & Alba, J. W. (2003). Consumer perceptions of price (un) fairness. *Journal of Consumer Research*, 29 (3), 474 – 491.

Crane, A., & Matten, D. (2007). *Business Ethics* (2nd ed.). New York, NY: Oxford University Press.

Cruickshank, M. (1981). *Children and Industry*. Manchester: Manchester University Press.

Dahlsrud, A. (2008). How corporate social responsibility is defined: An analysis of 37 definitions. *Corporate Social Responsibility and Environmental Management*, 15 (1), 1 – 13.

Dasu, S., Ahmadi, R., & Carr, S. M. (2012). Gray markets, a product of demand uncertainty and excess inventory. *Production and Operations Management*, 21 (6), 1102 – 1113.

De Pelsmacker, P., Driesen, L., & Rayp, G. (2005). Do consumers care about ethics? Willingness to pay for fair-trade coffee. *Journal of Consumer Affairs*, 39 (2), 363 – 385.

DesJardins, J. (2003). *An Introduction to Business Ethics*. New York, NY: Mc-Graw Hill.

Dhaliwal, D. S., Li, O. Z., Tsang, A., & Yang, Y. G. (2011). Voluntary nonfinancial disclosure and the cost of equity capital: The initiation of corporate social responsibility reporting. *The Accounting Review*, 86 (1), 59 – 100.

Donaldson, T. (1989). *The ethics of International Business*. New York, NY: Oxford University Press.

Donaldson, J. (1992). *Business Ethics: A European Casebook*. London: Academic Press, Inc. (Harcourt Brace Jovanovich, Publishers).

Donaldson, T., & Dunfee, T. (1994). Toward a unified concept of business ethics: Integrative social contracts theory. *Academy of Management Review*, 19 (2), 252–284.

Duhan, D. F., & Sheffert, M. J. (1988). Gray markets and the legal status of parallel importation. *Journal of Marketing*, 52 (3), 75–83.

European Commission. (2011). *A Renewed EU Strategy* 2011–2014 *for Corporate Social Responsibility*. Brussels: European Commission.

Ferrell, O. C., Fraedrich, J., & Ferrell, L. (2008). *Business Ethics—Ethical Decision Making and Cases* (7th ed.). Boston: Houghton Mifflin.

Francis, J. N. P., & Beninger, S. (2014, June 26–29). Towards creating and testing a model of cultural appropriation in marketing. Paper presented at the Consortium for International Marketing Research (CIMaR) Conference, Victoria, BC, Canada.

Freedman, D. H. (1999). Fakers' paradise. *Forbes*, 163 (7), 48–50.

Freeman, R. E., Harrison, J. S., Wicks, A. C., Parmar, B. L., & De Colle, S. (2010). *Stakeholder Theory—The State of the Art*. Cambridge: Cambridge University Press.

Friedman, M. (1970, September 13). The social responsibility of business is to increase its profits. *The New York Times Magazine*, New York.

Global Reporting Initiative. (2013). GRI empowering sustainable decisions. Accessed August 21, 2015, from www. globalreporting. org/Pages/default. aspx

Graham, J. W., & Havlick, W. C. (1994). *Mission Statements: A Guide to the Corporate and Nonprofit Sectors* (p. 4). New York, NY: Garland Publishing Inc.

Hildebrand, D., Sen, S., & Bhattacharya, C. B. (2011). Corporate social responsibility: A corporate marketing perspective. *European Journal of Marketing*, 45 (9/10), 1353–1364.

Hill, R. P. (2002). Stalking the poverty consumer: A retrospective examination of modern ethical dilemmas. *Journal of Business Ethics*, 37 (2), 209–219.

Hsiu-Li, C. (2007). Gray, marketing and its impacts on brand equity. *Journal of Product and Brand Management*, 16 (4), 247–256.

Hubbard, G. (2011). The quality of the sustainability reports of large international companies: An analysis. *International Journal of Management*, 28 (3), 824–848.

IACC. (2006). Submission of the International Anti-Counterfeiting Coalition, Inc. to the United States Trade Representative Special 301 Recommendations. Accessed August 21, 2015, from http://www. nema. org/Policy/Anti-Counterfeiting/Documents/301-2006. pdf.

Johnson, S. P. (1993). *The earth summit: The United Nations Conference on Environment and Development (UNCED)*. London: Graham & Trotman.

Jones, J., & Middleton, K. (2007). Ethical decision-making by consumers: The roles of product harm and consumer vulnerability. *Journal of Business Ethics*, 70 (3), 247–264.

Kant, I., & Ellington, J. W. (1993). *Grounding for the Metaphysics of Morals* (p. 30). Cambridge: Hackett Publishing.

Kolk, A., & Pinkse, J. (2010). The integration of corporate governance in corporate social responsibility disclosures. *Corporate Social Responsibility and Environmental Management*, 17 (1), 15–26.

KPMG. (2011). The KPMG survey of corporate responsibility reporting. Accessed August 21, 2015, from https://www.kpmg.com/Global/en/IssuesAndInsights/ArticlesPublications/corporate-responsibility/Documents/corporate-responsibility-reporting-survey-2013-exec-summary.pdf

Laczniak, G., & Murphy, P. (1993). *Ethical Marketing Decision: The Higher Road*. Boston: Allyn and Bacon.

Langlois, C., & Schlegelmilch, B. B. (1990). Do corporate codes of ethics reflect national character? Evidence from Europe and the United States. *Journal of International Business Studies*, 21 (4), 519–539.

Lélé, S. M. (1991). Sustainable development: A critical review. *World Development*, 19 (6), 607–621.

Liam, M., James, P., & Scerri, A. (2012). Measuring social sustainability: A community-centred approach. *Applied Research in the Quality of Life*, 7 (3), 239–261.

Matten, D., & Moon, J. (2008). Implicit and explicit: A conceptual framework for a comparative understanding of CSR. *Academy of Managemet Review*, 33 (2), 404–424.

Merck. (2009–2015). Our values. Accessed August 21, 2015, from http://www.merck.com/about/our-values/home.html

Nardinelli, C. (1990). *Child Labor and the Industrial Revolution*. Bloomington, IN: University Press.

Nash, L. L. (1992). American and European corporate ethics practices: A 1991 survey. In J. Mahoney & E. Vallance (Eds.), *Business Ethics in a New Europe*. Norwell: Kluwer Academic Publishers.

Nill, A. (1995). *Strategische Unternehmensführung aus ethischer Perspektive*. Münster: LIT Verlag.

Nill, A., & Schibrowsky, J. A. (2007). Research on marketing ethics: A systematic review of the literature. *Journal of Macromarketing*, 27 (3), 256–273.

Öberseder, M., Schlegelmilch, B. B., Murphy, P. E., & Gruber, V. (2013). Consumers' perceptions of corporate social responsibility—Scale development and validation. *Journal of Business Ethics*, 93 (1), 101–115.

Paine, L. S. (1994). Managing for organizational integrity. *Harvard Business Review*, 72 (2), 106–117.

Pickard, J. (1995). Prepare to make a moral judgment. *People Management*, 1 (9), 22–25.

Poulter, S. (2007, April 27). That 'ethical' bag is made by Chinese cheap labour (... and it's not organic, either) (Mail Online). Accessed August 21, 2015, from http://www.dailymail.co.uk/news/article-451004/That-ethical-bag-Chinese-cheap-labour---organic-either.html.

Powell, B. W, & Skarbek, D. B. (2004, September 27). Sweatshops and third world living standards: Are the jobs worth the sweat? (Independent Institute). Accessed August 21, 2015, from http://www.independent.org/publications/working_papers/article.asp?id=1369

Rawls, J. (1971). *A Theory of Justice*. Cambridge: Harvard University Press.

Rogers, R. A. (2006). From cultural exchange to transculturation: A review and reconceptualization of cultural appropriation. *Communication Theory*, 16 (4), 474 – 503.

Rusche, T. (1992). *Philosophische versus ökonomische Imperative einer Unternehmensethik*. Münster: LIT Verlag.

Scerri, A., & James, P. (2010). Accounting for sustainability: Combining qualitative and quantitative research in developing 'indicators' of sustainability. *International Journal of Social Research Methodology*, 13 (1), 41 – 53.

Schlegelmich, B. B. (2010). Global marketing ethics. In J. Sheth & N. Malhotra (Eds.), *Wiley International, Encyclopedia of Marketing* (International marketing, Vol. 6). London: Wiley.

Schlegelmilch, B. B. (1989). The ethics gap between Britain and the United States: A comparison of the state of business ethics in both countries. *European Management Journal*, 7 (1), 57 – 64.

Schlegelmilch, B. B. (1994). Green, ethical and charitable: Another marketing ploy or a new marketing era. In M. J. Baker (Ed.), *Perspectives on Marketing Management* (Vol. 4, pp. 55 – 71). London: Wiley.

Schlegelmilch, B. B. (1998). *Marketing Ethics: An International Perspective*. London: International Thomson Publishing.

Schlegelmilch, B. B., Cornwell, B. T., Babakus, E., & Mitchell, V. W. (2004). Reactions to unethical consumer behavior across six countries. *Journal of Consumer Marketing*, 21 (4), 254 – 263.

Schlegelmilch, B. B., & Houston, J. E. (1989). Corporate codes of ethics in large UK companies: An empirical investigation of use, content and attitudes. *European Journal of Marketing*, 23 (6), 7 – 24.

Schlegelmilch, B. B., & Öberseder, M. (2010). Half a century of marketing ethics: shifting perspectives and emerging trends. *Journal of Business Ethics*, 93 (1), 1 – 19.

Schlegelmilch, B. B., & Robertson, D. C. (1995). The influence of country and industry on ethical perceptions of senior executives in the U. S. and Europe. *Journal of International Busi-*

ness Studies, 26 (4), 859 – 881.

Schlegelmilch, B. B., & Stöttinger, B. (1999). Der Kauf gefälschter Markenprodukte: Die Lust auf das Verbotene. *Marketing Zeitschrift für Forschung und Praxis*, 3 (3), 196 – 208.

Schlegelmilch, B. B., & Szöcs, I. (2015). Corporate philanthropy and ethicality: Two opposing notions? In A. Nill (Ed.), *Marketing Ethics Handbook* (pp. 317 – 354). Cheltenham: Edward Elgar Publishing Inc.

Simmons, J. M. (2013). *Understanding the determinants of corporate social disclosure strategies: An examination of firms' use of GRI guidelines.* DBA Dissertation, Kennesaw State University, Coles College of Business.

Slaper, T. F., & Hall, T. J. (2011). Triple bottom line: What is it and how does it work? *Indiana Business Review*, 86 (1), 4 – 8.

Smith, N. C., & Murthy, P. E. (2012). *Marketing Ethics*. London: Sage.

Smith, N. C., & Quelch, J. (1993). *Ethics in Marketing*. Boston: Irwin.

Solell, T., & Hendry, J. (1994). *Business Ethics*. Oxford: Butterworth Heinemann.

Szöcs, I., Schlegelmilch, B. B., Rusch, T., & Shamma, H. M. (2014). Linking cause assessment, corporate philanthropy, and corporate reputation. *Journal of the Academy of Marketing Science*, in press. doi: 10.1007/s11747-014-0417-2.

Taylor, P. W. (1975). *Principles of ethics: An Introduction to Ethics* (2nd ed.). Encino: Dickenson.

Tett, G. (2012, February 4). How 'good' does a shampoo need to be? *Financial Times*, 54.

The Guardian. (2012). Ikea apologises over removal of women from Saudi Arabia catalogue. Accessed August 21, 2015, from http://www.theguardian.com/world/2012/oct/02/ikea-apologises-removing-women-saudi-arabia-catalogue.

United Nations General Assembly. (1987). Accessed August 21, 2015, from http://www.un-documents.net/ocf-02.htm.

Varadarajan, R., & Menon, A. (1988). Cause-related marketing: A coalignment of marketing strategy and corporate philanthorpy. *Journal of Marketing*, 52 (3), 58 – 74.

Vogel, D. (1993). Is US business obsessed with ethics? *Across the Board*, 30 (9), 30 – 33.

What IKEA Told Us. (2012, November 27). Accessed August 21, 2015, from http://buytheway.annenbergcourse.org/what-ikea-told-us/.

Xardel, D. (1993). *The Direct Selling Revolution. Understanding the Growth of the Amway Corporation.* London: Blackwell Publishing.

Young, J. O., & Brunk, C. G. (2009). *The Ethics of Cultural Appropriation*. Oxford: Wiley-Blackwell.

11 全球营销战略的未来

摘要

想要准确预测未来是不可能的事情。不过,发现发展趋势是可以做到的。本章旨在找出其中的一些趋势,并讨论这些趋势对全球营销战略可能产生的影响。决策者需要了解如何才能更好地把握发展趋势带来的机遇,并将潜在的危机降至最低。因此,本章重新提出了平衡全球营销战略的理念,具体涉及企业如何在开发现有产品和探索新兴趋势之间取得平衡、如何在社会转型过程中的进化和变革之间取得平衡、如何在全球标准化和地方适应化之间取得平衡,以便充分利用这些新兴趋势。

11.1 关于未来的不同愿景

人们对未来有着相当不同的看法。随着年龄的增加,我们发现德国物理学家爱因斯坦说过的一句话越显睿智:"我从不会去想象未来——因为未来来得已经够快了。"(BrainyQuote, 2015)美国前副总统丹·奎尔(Dan Quayle)有一条名声不是很好的"预言",这预言表明他认为未来是相当不可预测的:"我相信,我们正以不可逆转的趋势奔向自由和民主,但情况也可能变化。"(Dan Quayle Quotes, 2015)

相比而言,美国第 16 任总统亚伯拉罕·林肯认为,未来掌握在我们自己手中,预测未来的最好方法是创造未来(Goodreads, 2015)。同样,前美国国务卿威廉·詹宁斯·布赖恩言辞恳切:"命运和机会无关,而是和选择有关。不要去企望一些东西,而要努力得到。"(Tumblr. com, 2015)

像往常一样,这些话中蕴含着某种真理。显然,未来是无法预测的——一点点都不能。不过,发现趋势是可能的。分别担任过百事副总裁和苹果首席执行官的约翰·斯卡利说得很中肯:"未来属于那些在可能性变得明显之前看到它们的人。"(BrainyQuote, 2015)本章旨在找出探索新兴其中的一些可能性,并讨论可能其对全球营销战略的影响。

下面,我们列举了未来的八种对立趋势。为什么要选择八种,而不是通常的"十大",因为8是亚洲的幸运数字,代表了我们对未来的乐观态度。当然,还有更多的趋势等着我们去发掘!本章只进行了主观选择,所涵盖的内容也并不全面。出现"对立"趋势的原因是今天的趋势已经和过去不一样了。在过去,趋势大多是线性的——要么对每个人都有好处,要么对每个人都有坏处。在后现代的21世纪,趋势往往是对立的。它们既不完全积极,也不是完全消极;既不是对每个人都有坏处,也不是对每个人都有好处(Pitt & Schlegelmilch, 2008)。

讨论了这八种对立趋势之后,我们将讨论它们对全球营销战略可能产生的影响。决策者需要了解如何才能更好地把握发展趋势带来的机遇,并将潜在的危机降至最低。我们重新提出了平衡全球营销战略的理念,具体涉及企业如何在开发现有产品和探索新兴趋势之间取得平衡、如何在社会转型过程中的进化和变革之间取得平衡、如何在全球标准化和地方适应化之间取得平衡,以便充分利用这些新兴趋势。本章最后总结了一下要点。

11.2 八种对立趋势

11.2.1 全球化与地方价值观的复兴

全球化是从哥伦布1492年发现美洲开始的,还是一种更现代的现象?这依然不得而知(经济学人,2013)。然而,人们一致认为,全球化的重大进展发生在19世纪中叶左右,并随着第一次世界大战的爆发而结束。第二次全球化浪潮始于第二次世界大战之后,并持续至今(Globalization & Trade, 2008)。运输和通信成本的大幅度下降,以及贸易和资本市场自由化的进步推动了全球化的发展。"距离的消失"(Cairncross, 2001)反映了这种发展的精髓。经济学家通常把世界各地的贸易和投资流动视为全球化的象征。下面这组数字特别令人印象深刻:自19世纪中期以来,世界人口增长了约60倍,世界产出增长了60倍,但世界贸易却增长了140倍(Maddison, 2010)。在过去的25年里,世界制成品贸易增长了300%以上(World Trade Organization, 2011)。投资数据同样令人震惊,越来越多的跨国公司在全球不同的国家生产商品。1982—2005年,跨国公司持有的国外资产价值增长了20多倍(BBC News, 2015)。跨越多个国家的价值链解释了为什么约60%的全球贸易是由生产各个阶段的中间产品和服务组成的(UNCTAD Geneva, 2013)。

这对消费者来说意味着什么?你可以在韩国制造的电子阅读器上阅读这篇文章。如果你还喜欢印刷版的话,你可以坐在从波兰进口的椅子上,在越南制造的桌子上读到这本书。这些家具可能都是你从瑞典全球家具零售商宜家买来的。你的鞋子可能是在意大利设计,但是,是在东南亚的某个地方制造的。你喝的咖啡可能产自拉丁美洲,然后通过西雅图的一家星巴克售出——这家星巴克就位于你当地的商业街上。你的 Hi-Fi 播放器可以播放维也纳爱乐乐团的最新 CD——有的人可能不知道 CD 是什么事物,因为它是一项已经过时的科技产品。全球市场快速发展,"在营销领域,昨天还看似不可能的事情今天已成为现实;世界变成了一个地球村"(Keegan & Schlegelmilch, 2001)。

20 世纪 50 年代末和 60 年代初,游客在外国游玩时,也许只能认出少数几个商标。相比之下,今天的游客,即使是第一次到某个国家,也会对周围的环境感到熟悉。可口可乐、索尼、苹果和奔驰这样的全球品牌到处都是。酒店电视播放着与家里一样的 CNN 和 BBC 世界新闻。不仅麦当劳的汉堡和星巴克的咖啡味道和家里一样,店面的装修风格看起来也很像,而且里面的员工都穿着同样的制服。还有就是,维萨卡和万事达卡哪里都可以刷了,也不用大费周章去兑换本币了。因此,对许多消费者来说,全球化是上天的恩赐。世界各地的文化和国家终于意识到它们之间的相似之处大于差异,他们都能从合作而不是冲突中获得更多的好处(Pitt & Schlegelmilch, 2008)。

然而,全球化也有另一面。不是每个人都觉得全球化是上天的恩赐。事实上,很多人对全球化也抱着一种消极的态度。许多人认为全球化不好,因为它,人类的处境更糟了(Eurobarometer 69, 2008)。反全球化的抗议活动几乎伴随着每一次重要的政治和商业领袖会议,抗议者联合起来反对大公司的霸权统治。他们认为,全球化破坏了环境,损害了劳工权利,威胁了国家主权,也伤害了发展中国家的许多人民。批评者还认为,全球化助长了不可持续性消费、不健康的饮食方式和不安全的食品技术;此外,他们还认为全球化削弱了语言、兴趣、艺术和信仰的地位(Cowen, 2002)。另一种说法是,全球经济通过延长价值链不同阶段之间的距离——从原材料提取到加工、使用,直至最后的废物处理——使消费者接触不到其购买行为的各种负面影响(Barber, 1995)。这些消极态度的根源是,这些人认为全球化就是将利润置于人权之上。

那么,全球化在未来将如何发展呢?我们同意诺贝尔和平奖获得者、联合国第七任秘书长科菲·安南的观点:反对全球化就像反对万有引力定律一样(BrainyQuote, 2015)。更实际的问题是,全球化将以多快的速度发展。然而,全球化程度的加深也在增加超越国界的风险——可悲的是,金融危机的迅速蔓延证明了这一点。管理这些风险,确保全球一体化的继续,需要加强国际合作,实现国家和国际监管制度的统一。

从消费者的角度来看，我们认为，国际品牌会遭受到强大的阻力。在食品等一些行业，国内品牌仍占主导地位。欧睿国际的调研数据（Euromonitor, 2011）显示，全球包装食品市场异常分散，2010 年前十大品牌食品市场占全球零售价值的比例不到 16%，只有两家全球公司（雀巢和卡夫）持有超过 3% 的全球份额。我们认为，在可以预见到的未来这方面的情况不会有任何重大的变化，因为消费者的国内偏好是国内产品购买行为的重要决定因素（Josiassen, 2011；Gineikiene & Schlegelmilch, 2015）。

那么最后的结论是什么呢？全球化还将继续，并会扩大。然而，前方并非坦途，会有强大的力量抵制全球化。对于营销人员来说，他们依然需要极力适应当地的需求和偏好。哪怕对于标准化的全球产品，购买群体也是形形色色的当地人。围绕本地产品建立成功营销策略的机遇仍在，甚至在某些行业，如食品行业，这种机遇甚至会更多。

11.2.2　人口增长与人口短缺

早在 18 世纪，法国社会学家孔德就表示：人口决定命运（BrainyQuote, 2015）。今天，这一看法与以往一样重要。世界人口继续增长，预计在 2040 年将达至近 90 亿人口（图 11.1）。然而，增长速度已经放缓。虽然在截至 1999 年的 40 年间，世界人口从 30 亿增加到 60 亿，但是未来 40 年的增长预计"只有"不足 50%。

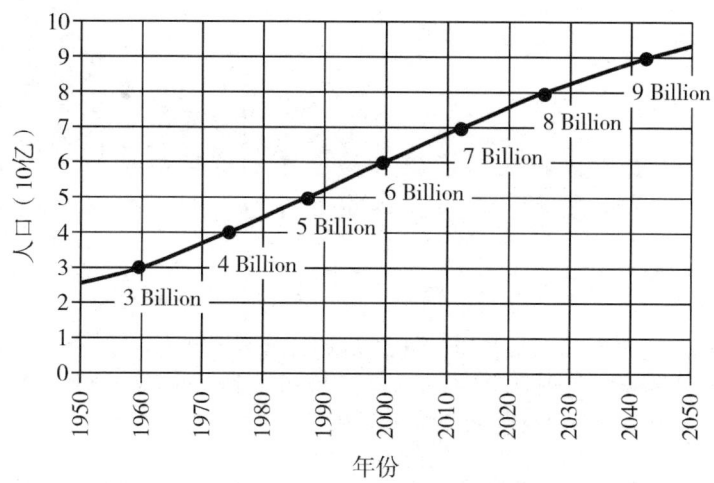

图 11.1　世界人口的发展（1950—2050 年）

资料来源：美国人口普查局，国际数据库，2015 年 7 月更新。https://www.census.gov/population/internationaldataidb/worldpopgraph.php，2015 年 8 月 23 日访问。

虽然世界人口增长放缓可能是个好消息，但人口发展方面的巨大差异仍然令人担忧。预计到 2050 年，最贫穷的 50 个国家的人口将增加 3 倍（BBC News，2004）。与此同时，许多国家面临相反的问题：它们的人口正在减少。例如，到 2050 年，日本人口预计将减少约 25%，德国人口将减少 14%。同一时期，预计东欧的人口将普遍减少：除捷克共和国外，该地区的每一个国家预计都会出现人口下降趋势（人口咨询局，2010）。当然，最大的不确定性之一是移民对欧洲人口发展的影响。

在观察年轻人的数量时，会出现截然不同的情况。全球年龄在 10～24 岁之间的年轻人数量比以往任何时候都多，有 18 亿，占世界人口的 1/4；其中，9/10 生活在欠发达国家（联合国人口基金会，2014）。事实上，在 17 个发展中国家，半数人口不到 18 岁（联合国人口基金会，2014）。在这种压力下，全球青年失业率仍处于非常高的水平（国际劳工组织，2013）。在发展中地区，多达 60% 的年轻人没有工作也没有上学，或者只是打一些零工（联合国人口基金会，2014）。但同样，这个现象还有另一面。到 2050 年，世界上大约 20% 的人口将超过 60 岁（图 11.2）（UNFPA & HelpAge International，2012）。

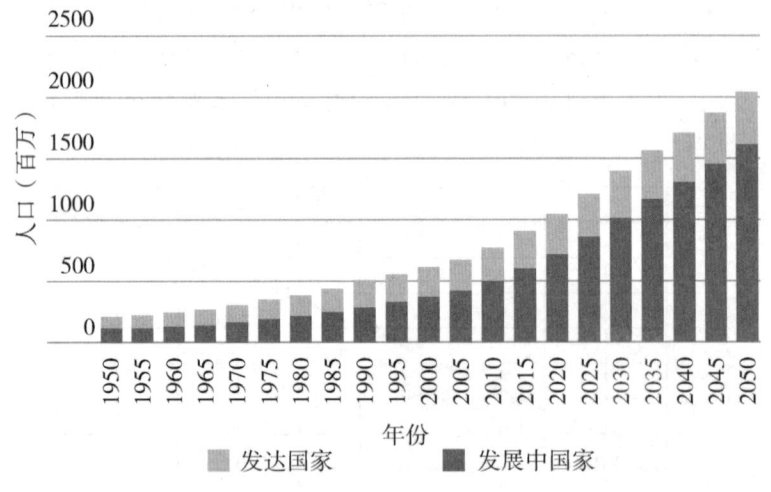

图 11.2　60 岁及以上的世界人口

资料来源：UNDESA，World Population Ageing 2011（2012），based on UNDESA Population Division medium projection scenario，World Population Prospects：The 2010 Revision。

如图 11.2 所示，世界各地都在发生人口老龄化，发达国家和发展中国家之间的区别表明，发展中国家的人口老龄化进展最快。不过，预计老龄化程度会有显著差异：到 2050 年，10% 的非洲人口将超过 60 岁，而亚洲为 24%，北美为27%，欧洲为34%。这一人口趋势产生了一种新的现象，即出现了"老龄经济"，即65岁或65岁以上人口消费超过了年轻人的消费（UNFPA & HelpAge International，2012）。30年前，没有老龄化经济体。2010年，世界上有23个老龄化经济体，除了日本，其他都位于欧洲。到2040年，将近90个国家将成为老龄化经济体，包括欧洲所有国家、北美、俄罗斯、中国和澳大利亚。由于老龄经济是一种新兴现象，其发展后果如何很难预见。如果有养老金、医疗保健等制度支撑，这些老龄化经济体能持续下去吗？这些经济体的经济增长会如何？老龄化经济体会加剧不平等吗？这些以及更多的问题表明，根据预测的人口发展，我们面临着高度的不确定性。

总之，人口发展趋势是明显的，但它们的影响还不得而知。一方面，预期寿命的增加表明营销人员应多关注相对富裕的60岁以上人口这个细分市场。例如，医疗保健产品的市场将会很广阔。另一方面，占世界人口约20%的青年市场也不容忽视。音乐和时尚产品在这一细分市场将大有可为。然而，人口趋势显示出不同地区和国家之间的显著差异。这些人口差异，加上青年失业率和财富分配等关键因素，表明需要对每个国家进行细致的分析。如前所述，一刀切的全球标准化营销手段不太可能获得成功。

11.2.3　超国家组织的力量与大城市的崛起

全球化的支持者似乎都认为民族国家维系不下去，它的消亡是迟早的事情。像政治学者斯坦利（Stanley Hoffman，1966）、国际经济学者维农（Raymond Vernon，1971）或麦肯锡顾问大前研一（Kenichi Ohmae，1995）这样的重量级人物，都认为民族国家就像是恐龙，早晚会被更强大的力量吞噬掉，比如欧盟，比如跨国企业，还有更为普遍的区域经济的崛起。传统的民族国家正在失势。全球贸易和投资的进步，科技的全球传播，特别是全球通信和运输网络的发展，使国家边界变得无关紧要，国界成了需要被清除的障碍。不同的货币、进口关税、资本管制、签证管制和各种其他不同的法律手段被认为是国家设置的发展障碍，甚至可以说是一种民族保护主义，这些因素阻碍了统一的全球经济的形成，并最终形成一个真正的全球社会。因此，就需要呼吁民族国家在制定自己的标准时必须有所限制，让规则、条例和标准越来越多地由地区机构制定。这将增加欧盟、北美自由贸易区或东盟这样的政治和经济联盟的重要性，加强像跨大西洋贸易与投资伙伴协议、跨太平洋伙伴关系协定这样的多边贸易协定的作用，以及更加需要世界性机构的运作，特别是世贸组织。在这种情况下，对社会目标的追求将越来越多地受到非政府组织的推动，企业社会责任将成为跨国公司的自我监管工具。

虽然上述观点听起来挺有道理，但是也有很多因素表示民族国家不会消失，事实上，甚至还会出现更小的行政单位。我们认为，不同的利益和不同的国家议程将使国家之间的融合难以实现。即使是传统的民族国家也很难说服自己的一部分人口保持统一，比如欧洲的苏格兰、加泰罗尼亚和巴斯克，中东的库尔德和巴勒斯坦。因此，很容易看出，在超国家实体中，就贸易和投资问题达成一致有多么困难。将过多的监管权力交给超国家组织往往会导致受影响的当地人民和机构不愿意服从超国家组织的管理。人们会抱怨缺乏民主合法性，丧失发言权和问责制（Rodrik，2011）。在这种情况下，有一个很有趣的现象，即使经过几十年的欧洲一体化，欧洲公民对各自国家的归属感还是比对欧盟的归属感要强烈得多（The World Valus Sunvey，2015）。

个人对公共产品的偏好各不相同，在平等与机会、经济安全与创新或稳定与活力之间的权衡上意见不一。这意味着，人口越多，发现自己的偏好不符合标准的人数就越多（Alesina & Spolaore，2003）。如著名的全球化批评家罗德里克所言："偏好的差异最终导致无法实现全球性的体制协调……更小的国家能够更好地满足本国公民的需求。司法管辖区或民族国家亦能够实现规模效益，区域经济内的经济体如果无法协调发展，最终会得不偿失。"（Rodrik，2013）

那么，这些更小的行政单位会是什么样子呢？目前有两种趋势。首先是某些民族国家的分解，换句话说，就是将中央权力下放到联邦机构。其次就是与本文密切相关的特大城市的出现，这些城市的体量之大，其重要性不亚于那些规模较小的民族国家。

关于第一点，有强烈的迹象表明，在看似稳固的民族国家中，有些地方极其渴望独立。上文就举过类似的例子，比如，苏格兰希望从英国获得更大的独立性，加泰罗尼亚正在寻求从西班牙独立，法兰德斯则希望比利时给予自治权，还有巴斯克、库尔德、讲法语的加拿大魁北克地区、俄罗斯的车臣、南也门的分离主义者等（Roth，2015）。不知何故，许多人对特定文化和特定地区亚群体的认同感比对这些群体所依附的民族国家的认同感更强。

特大城市，即人口超过1000万的大都市区。联合国指出，1990年全世界有10个特大城市，2014年有28个，到2030年预计将有41个城市拥有1000万以上的居民（联合国，2014）。这些城市的力量变得非常强大。例如，墨西哥城和圣保罗分别占墨西哥和巴西GDP的50%左右，虽然泰国只有大约10%的人口居住在曼谷，但曼谷占泰国GDP的40%以上。此外，大多数特大城市的人均GDP也高于全国平均水平（经济合作与发展组织，2006）。由于这些特大城市具有如此强大的经济实力，它们很可能会成为更有影响力的行政单位。

那么我们可以得出什么结论呢？我们会看到从民族国家到超国家组织的权力转移吗？特大城市会变得更有影响力吗？民族国家会被超国家组织和特大城市这两股力量排挤出来吗？这三种情况的答案都是肯定的。毫无疑问，需要超国家组织为世界贸易和投资提供框架和法规。在经济角色上升的同时，特大城市对政治权力的需求也可能不断增加。民族国家很可能最后会幸存下来，但它们将越来越失去制定独立的财政和经济政策的权力。将有两方对这种权力展开争夺：一方是超国家组织，另一方是更小的联邦机构或特大城市。因此，企业最好采用平衡的方法，在多个层面上建立自己的网络。

11.2.4　颠覆性技术与复古产品

技术进步改变整个行业已经不是什么新鲜事了。蒸汽机使家庭手工业失去竞争力，而蒸汽机又被电力所取代。然而，技术变革的速度已不可同日而语。现今数字革命再次以前所未有的速度改变着许多行业的竞争环境，比如旅游业（从在线预订到 Airbnb）、电信业（从 Skype 到 WhatsApp）和零售业（从基于位置的服务到网购）。其中，许多发展源于快速的技术进步。自 2005 年以来，以无线方式传递 1 兆字节数据的成本已经从 8 美元降至仅仅几美分（经济学人，2015a）。加上预测到 2020 年，全球 80% 的成年人将拥有智能手机（经济学人，2015b），这场技术革命背后的潜力不可估量。WhatsApp 成立于 2009 年，目前每天发送的信息就要比手机短信多出 100 亿条。有趣的是，拥有超过 10 亿用户（主要位于美国和欧洲）的 WhatsApp 似乎已失去其垄断地位，现在面临着在中国和东南亚拥有 30 亿用户的微信、在东南亚和日本拥有 1 亿多用户的 Line 的挑战。微信和 Line 都是在 2011 年才成立的（The Fuse Joplin，2014）。拿另一个例子来说，移动出租车应用优步目前在 55 个国家运营，但 2009 年才成立。对于其他颠覆性技术，例如，3D 打印机、可穿戴技术产品（例如，智能手表、健身产品或智能眼镜）、射频识别（RFID）芯片等，普及的速度有多快呢？（Manyika, et al.，2013）我们必须承认，在技术进步方面，5 年是一段很长的时间。许多将彻底改变整个行业的发展，包括新型跨国公司的出现，都将在前所未有的短时间内发生。

像往常一样，所有创新技术和新的商业模式都有另一面，"复古"品牌就是这另一面。复古品牌就是重新推出的、纳入了新功能的历史品牌（Brown, et al.，2003）。这些品牌通过使用熟悉的标语或包装勾起消费者的怀旧情结。复古品牌体现了工艺成熟和持久耐用的道德价值，并且能让人联想起更安全、更公正、更没那么商业化的时代（Thompson, et al.，1994）。复古产品通常不是 100% 的复刻品，而是将老式风格与最新功能相结合，让过去与现在协调统一的产品（Brown, et al., 2003）。当代的大众甲壳虫汽车就体现了这种理念。个人怀旧和集体怀旧之间的区别解释了为什么我们预测复古品牌的重要性会日益增加（Davis, 1979）。个人怀旧与个人的生命历程有关。因此，越来越多的老年人可能会对那些能帮助他们忆起青春的品牌产生更大的兴趣。另一方面，集体怀旧是划时代的变化之后整个社会的一种情绪。我们正在经历着划时代的技术变革——一些专家称之为技术的范式转换（Liu, 2009）——似乎很有可能出现一种与技术变革相对立的、能够让消费者感到熟悉和安心的社会发展趋势。

总的来说，我们可以从中发现两股对立趋势的发展。消费者受到新技术和新商业方式的"轰炸"。许多新产品极大地改变我们的生活（例如，家用机器人）和我们的消费行为（例如，网购）。与此同时，变革的速度越来越快，使消费者渴望社会的发展节奏可以放慢一点，他们也愈加怀念过去那个自己熟悉的时代。怀旧产品就是在这种环境下孕育而生的。因此，从营销战略的角度来看，无论是新技术的探索，还是成熟产品和品牌的开发，都有广阔的市场前景和发展潜力。

11.2.5 大型跨国公司与利基市场厂商

大型企业继续在全球化中发挥着重要作用。为了形象地说明这一点，经常可以看到这样的新闻报道：某某大型跨国公司的收入超过了挪威、泰国或新西兰等国的GDP（Trivett, 2011）。这种比较是不准确的，因为GDP指的是增值，而一家公司的增值并不是指它的收入，而是利润加上在特定年份支付的工资。因此，最好是把这些国家与一些小国家进行比较，比如，苹果去年的工资支出就相当于匈牙利、越南或厄瓜多尔的GDP。[①] 不管怎么说，上述案例所表达的观点还是站得住脚的，即大型跨国公司在经济发展方面要比很多国家更具影响力。

大型跨国公司通常在多个国家开展业务活动。表11.1列出了世界顶级非金融类跨国公司及其国外资产、国外销售额和国外员工数目与公司总资产、总销售额和总员工数目的对应关系。跨国指数（TNI）就是国外资产与总资产、国外销售额和总销售额、国外员工数目和总员工数目的平均比例，从其跨国指数就可以看出这些公司的高度国际化。

那么这些数字是如何反映某一家公司的具体情况的呢？以雀巢为例，公司有33万名员工，全球品牌超过2000个，包括Nespresso、毕雷、Carnation、哈

---

① 苹果拥有超过34000名全职员工，假设每人平均工资为50000美元。

根达斯、咖啡伴侣、嘉宝、美极、奇巧、Lean Cuisine、普瑞纳等；根据其最新的年报（Nestle.com，2015），雀巢产品销往196个国家，在86个国家设有447家工厂；生产工厂均匀分布于欧洲各地（140家）、美洲（164家）和亚洲、大洋洲与非洲（143家）。

再以大众为例（Volkswagen.com，2015），大众集团拥有近60万名员工，在31个国家设有118家生产工厂；公司生产的汽车销往153个国家和地区，包括大众、奥迪、西雅特、斯柯达、宾利、布加迪、兰博基尼、保时捷、杜卡迪、斯堪尼亚和曼恩等品牌；而且大众集团旗下还有一家银行大众汽车金融服务公司（Volkswagen Financial Services AG）。

对于像雀巢、大众这样的跨国公司，全球整合的生产和供应链是常规。

全球价值链为跨国公司提供了许多潜在的优势，例如，获取原材料市场和资本，有利于成本结构的生产地点，利用知识中心并将知识从一个市场转移到另一个市场，规模经济和范围经济，以及合法避税。跨国公司的崛起会继续损害利基市场厂商吗？仅仅是菲利普·莫里斯和雀巢这两家公司就占据了全球约50%的咖啡烘焙和加工市场（FOA，2015），5家汽车公司——丰田、通用、大众、现代起亚和雷诺-日产，控制着全球50%以上的汽车市场（Lowry，2014）。

虽然大型全球跨国公司似乎势不可挡，但也有一些非常成功的利基市场厂商。赫尔曼·西蒙（Hermann Simon）发明了"隐形冠军"一词，指的是收入低于30亿欧元的中小型公司，这些公司在其经营的市场中占据强势地位，而且通常不在证券交易所上市（Simon，2007）。这些公司往往是全球市场上的第一、第二、第三大公司，或者是其所在大陆的第一、第二、第三大公司。隐形冠军通常是利基市场上制造专门产品的公司。为了实现规模经济，这些利基厂商需要在全球（至少是地区）范围内提供他们的产品。它们往往与客户关系紧密，并与客户共同开发新产品。这些利基厂商通常在成本方面没有任何领先优势，而是通过高质量获得竞争优势。对于它们的工业用户来说，如果这些利基厂商不与自己合作生产，这些用户就要付出更多的代价来获得产品的所有权。

西蒙认为，德国中小企业中就有很多利基厂商。生产电子产品专用黏合剂的德路（Delo）就是典型的隐藏冠军：世界上大约80%的智能卡片（芯片）和超过50%的手机都是采用德路黏合剂黏合的（Hennigan，2015）。利乐（Tetra）占全球观赏鱼鱼食60%的市场，格立莫（Grimme）专门从事马铃薯、甜菜和蔬菜加工技术（Palm，2014）。

表11.1 顶级非金融类跨国公司及其国外资产、国外销售额和国外员工数目

按国外资产排列	公司名称	母国	产品	国外/百万美元 资产	总资产	国外/百万美元 销售额	总销售额	国外/人 员工数目	总员工数目	跨国指数* %
1	General Electric Co.	美国	电气与电子设备	331 160	656 560	74 382	142 937	135 000	307 000	48.8
2	Royal Dutch shell plc	英国	石油	301 898	357 512	275 651	451 235	67 000	92 000	72.8
3	Toyota Motor Corporation	日本	汽车	274 380	403 088	171 231	256 381	137 000	333 498	58.6
4	Exxon Mobil Corporation	美国	石油	231 033	346 808	237 438	390 247	45 216	75 000	62.6
5	Total SA	法国	石油	226 717	238 870	175 703	227 901	65 602	98 799	79.5
6	BP plc	英国	石油	202 899	305 690	250 372	379 136	64 300	83 900	69.7
7	Vodafone Group Plc	英国	电信	182 837	202 763	59 059	69 276	83 422	91 272	88.9
8	Volkswagen Group	德国	汽车	176 656	446 555	211 488	261 560	317 800	572 800	58.6
9	Chevron Corporation	美国	石油	175 736	253 753	122 982	211 664	32 600	64 000	59.3
10	Eni SpA	意大利	石油	141 021	190 125	109 886	152 313	56 509	83 887	71.2
11	Enel SpA	意大利	电气和水利	140 396	226 006	61 867	106 924	37 125	71 394	57.3

续上表

按国外资产排列	公司名称	母国	产品	国外/百万美元					国外/人		跨国指数* %
				资产	总资产	销售额	总销售额		员工数目	总员工数目	
12	Glencore Xstrata PLC	瑞士	采矿	135 080	154 932	153 912	232 694		180 527	190 000	82.8
13	Anheuser-Busch InBev NV	比利时	食品、饮料和烟草	134 549	141 666	39 414	43 195		144 887	154 587	93.3
14	EDF SA	法国	公用事业（电气和水利）	130 161	353 574	46 978	100 364		28 975	158 467	34.0
15	Nestlé SA	瑞士	食品、饮料和烟草	124 730	129 969	98 034	99 669		322 996	333 000	97.1
16	E. ON AG	德国	公用事业（电气和水利）	124 429	179 988	115 072	162 573		49 809	62 239	73.3
17	GDF Suez	法国	公用事业（电气和水利）	121 402	219 759	72 133	118 561		73 000	147 199	55.2
18	Deutsche Telekom AG	德国	电信	120 350	162 671	50 049	79 835		111 953	228 596	61.9
19	Apple Computer Inc.	美国	电气与电子设备	119 918	207 000	104 713	170 910		50 322	84 400	59.6

资料来源：Based on UNCTAD World Investment Report 2014, Annex Table 28. http://unctad.org/Sections/dite_dirdocsWIR2014/WIR14_tab28.xls. Accessed 23 2015年8月。

* 跨国指数（TNI），就是国外资产与总资产、国外销售额和总销售额、国外员工数目和总员工数目的平均比例。

然而，隐形冠军并不是传统大型全球企业面临的唯一挑战。所谓的天生国际化企业表明全球化和企业的年限无关。天生国际化企业从成立伊始就寻求通过其资源的利用以及在多个国家进行销售获得显著的竞争优势（Knight & Cavusgil，2004）。因此，这些企业没有遵循传统的阶段模式，即公司先在本国市场壮大，然后通过专注于封闭市场逐步实现国际化（Johanson & Vahlne，1977），这种全球化发生得更快。通过迅速变化的市场条件、新兴技术和以全球为中心的管理模式，这种全球化方式已成为现实。在不断变化的市场条件下，国际市场采购、产销的便利性促进了全球化。技术驱动因素是更低的通信成本、电子商务机会和更低的交易成本。在许多行业，价值链的分解（Jacobides，2005）为规模较小的专业化公司提供了新的机遇。以生物技术公司和专业研究公司（Arora, et al.，2001），以及没有制造业务、只专注于设计的芯片设计公司为例子（Macher & Mowery，1998），甚至是传统的汽车产业，也越来越倾向于价值链的垂直分解，这造就了新兴的专业利基厂商。管理人员现在也对地理上分散的知识资源或客户群有了更深的认识。国际市场定位的管理人员往往拥有可信赖的个人关系网络，正是这种社会资本使他们能够利用分散的知识资源，迅速走向国际化。

总而言之，这又是一组对立的发展趋势。一方面，全球大型企业实力相当强大，往往能与整个国家的经济实力相当。另一方面，存在着"隐藏冠军""天生国际化企业"和价值链的分解。许多中小型企业，作为隐形冠军，不断巩固着自己作为利基市场厂商的地位。天生国际化企业没有走传统的国际化轨道，因为它们从成立伊始就差不多已经开始活跃在国际舞台上。价值链的分解促进了生产专业化程度的提高，以及规模较小的全球性公司的出现。

11.2.6 亚洲日益繁荣与西方经济低迷

将亚洲（特别是中国）的经济发展与欧盟和美国的经济发展相比较，让欧美国家能够更清楚地了解到目前的发展态势。图 11.3 显示了欧盟 15 国[①]、美国和日本经济的低迷，而"亚洲新兴经济体"（指中国、印度尼西亚、马来西亚、菲律宾、泰国和越南）的崛起令人印象深刻，与此同时，中欧、中东和非洲（CEEMEA）发展速度缓慢，拉丁美洲虽然略有增长，但总体水平仍然很低。[②]

[①] 欧盟原有 15 国，即奥地利、比利时、丹麦、芬兰、法国、德国、希腊、爱尔兰、意大利、卢森堡、荷兰、葡萄牙、西班牙、瑞典和英国（2020 年退出欧盟）。

[②] Citi：10 Mega-Themes that Spell the End of Western Dominance（2010）.

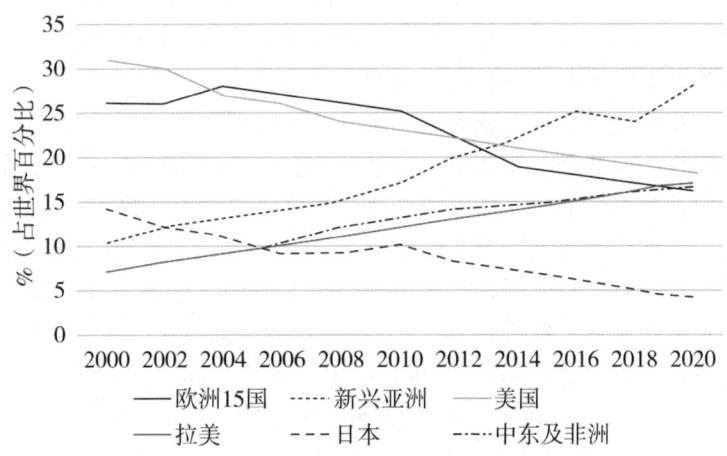

图 11.3　占全球国内生产总值的份额

亚洲新兴经济体还是一块投资宝地。联合国贸易与发展会议在其优先投资项目调查中（联合国贸易和发展会议，2010）报告，中国是跨国公司眼中最具投资吸引力的东道国经济体之一。亚洲新兴经济体中的 6 个国家是跨国公司 15 大投资地之一，这进一步突出了亚洲新兴经济体的重要性。虽然美国在研发上的支出仍然比世界上任何其他国家都多，但是，以中国为首的亚洲新兴经济体雇用的研究人员已经比欧洲或美国多得多（联合国教科文组织，2010）。

从市场营销的角度来看，中国最能体现亚洲新兴经济体日益增长的重要性。据《经济学人》2014 年的一份报告，中国刚刚超过日本，预计将在 2020 年前超越美国，成为全球最大的消费市场（经济学人，2014a）。虽然中国经济的强劲增长势头最近已经放缓，而且极有可能对这个不断壮大的经济体进行调整，但这个庞大的市场仍有巨大的发展潜力，和之前预测的形势差不多。到 2010 年，中国已经超过美国成为最大的新车市场（Wang, et al., 2012）。在不断壮大的中产阶级和大规模城市化的推动下，中国消费市场呈现出异常强劲的增长势头，尤其是在奢侈品市场。然而，推动这一发展趋势的并不仅仅是城市化，越来越多地接触奢侈品和在线购物也让中国人对顶级品牌日益青睐（Atsmon, et al., 2011）。

与此同时，欧洲和美国的国内生产总值增长相当缓慢（甚至为负值）（Eurostat, 2015）。虽然美国的发展情况略好于欧洲，但这两个地区在与亚洲新兴市场的竞争中一败涂地（图 11.3）。欧元区似乎从一场危机走向另一场危机，围绕希腊可能退出欧元区的议题，只是众多导致欧元疲软的结构性问题中最明显的争论之一。纵观整个欧盟,在移民、财政政策、社会福利立法和竞争等关键问题上,国家利益仍然存在很大的分歧。此外,英国退出欧盟对欧盟的伤害比希腊退出欧元区对欧盟的伤害更大(Arnold,2014)。

然而,欧洲也并非被普遍看衰。洛桑国际管理发展学院(IMD)和世界经济论坛(2014)一直将一些欧洲经济体列为世界上最具竞争力的国家之一,特别是德国、荷兰、瑞典、挪威、芬兰,当然还有瑞士。此外,欧洲的企业高度全球化这一点也是不容忽视的,比如,能源公司(如壳牌、英国石油和德国意昂集团)、汽车公司(如大众、戴姆勒和宝马)、金融服务公司(如安联、法国巴黎银行和德意志银行),以及消费品公司(如雀巢、联合利华和汉高)。

就消费者支出而言,2014年西欧的零售支出仍略高于美国(3.4万亿美元 Vs. 3.2万亿美元)。然而,在2010年,西欧的零售支出被亚太地区超过,后者2014年的零售支出达到4.5万亿美元。服装和鞋类行业的发展趋势也如出一辙。2009年,亚太地区超过西欧,成为最大的服装和鞋类市场。2014年,亚太地区(5850亿美元)领先于西欧(4200亿美元)和北美(3640亿美元)。在奢侈品方面,西欧仍然是世界上最大的市场(2014年为1120亿美元,亚太地区为900亿美元,北美为850亿美元)。但在未来4年内,亚太地区将再次超越西欧。[①] 目前,世界上最大的海外购物者中国人仍然喜欢直接在欧洲购买奢侈品。随着这些产品在其国内市场上的供应增加,这种情况可能发生变化;目前,全球约有50%的新购物中心正在中国建造(经济学人,2014b)。

总而言之,就经济发展而言,欧洲和美国的表现并不太好,它们在世界GDP中所占的比例正在下降。在可预见的未来,大部分经济增长将来自亚洲新兴经济体,城市化和不断增加的中产阶级消费支出正在为经济增长铺平道路。亚洲人前往欧洲旅行和购物的增长趋势将在一定程度上弥补欧洲奢侈品行业消费者消费能力的下降所造成的损失。而且,许多欧洲跨国公司在亚洲处于强势地位,并将从亚洲新兴经济体的积极市场环境中受益。

11.2.7 越来越严峻的环境恶化形势与在气候变化问题上的不作为

环境恶化被广泛认为是一个重大而复杂的全球性问题。经济合作与发展组织将环境恶化定义为"环境质量因环境中污染物浓度过高和土地使用不当和自然灾害等原因而恶化"(经济合作与发展组织,2001)。造成环境恶化的原

---

① 本段中提到的所有零售、服装、鞋类和奢侈品数据均来自欧睿,http://portal.euromonitor.com。2015年3月30日访问。

因有很多，例如，从人口增长到不可持续的经济增长、有限资源的枯竭、造成污染的技术和气候变化等因素。

最近的一项研究（Steffen, et al., 2015a, b）惊人地表明，使地球上生命得以存在的 9 个过程中已经有 4 个超过了安全水平，即气候变化、生物圈完整性、土地系统变化以及污染物（如磷和氮）流入海洋。研究结果显示，过去 60 年间发生的变化在过去的 1 万年中都是前所未有的。在短短 60 年里，我们目睹了城市人口增加了 7 倍，一次能源使用量增加了 5 倍，使用的肥料量增加了 8 倍，流入海洋的氮增加了 4 倍。在这种事态下，科学家们断言，目前的经济体系存在根本缺陷，因为它们正将我们推向一个不可持续的未来。

在瑞士达沃斯举行的世界经济论坛（该论坛以不发表危言耸听的言论而闻名）特别提到气候变化：应对气候变化不力的后果仍未引起足够重视……如果不及时采取行动……气候有可能抹去我们过去 20 年在经济发展、社会发展和环境保护方面取得的进展（世界经济论坛，2014）。

人们普遍认识到必须对环境恶化采取行动，然而，为什么解决这一问题如此困难？虽然在许多层面上，人们正在采取行动，从个人到跨国企业，而且事情正在朝着正确的方向发展，但仍有许多障碍需要克服。公司层面仍存在许多问题，例如，不必要的污染和资源的浪费。然而，仅仅指责公司是不合理的。许多消费者也不愿意改变他们的消费习惯和废物处理方式。事实上，对可持续发展的支持态度与实际行动之间往往存在很大的差异。一些消费者使用了许多"甩锅策略"，例如，他们指出，个人对污染的影响可以忽略不计，或声称其他人也都在污染，为自己的言行不一寻找"正当"理由（Gruber & Schlegelmilch, 2014）。

最后，还有监管层面。就经济活动对生态造成的破坏而言，气候变化是国际环保事业的核心课题。《联合国气候变化框架公约》（United Nations Framework Convention on Climate Change，缩写为 UNFCCC）是一部于 1992 年颁布的公约。① 加入该公约的国家都在试图找到限制全球平均气温上升的方法。这项公约更被称为《京都议定书》，参加会议的工业化国家承诺不增加温室气体排放量。迄今为止，已有 192 个国家签署和批准了《京都议定书》。然而，由于必须遵守新的排放标准可能会对经济造成潜在损害，而且包括印度和中国在内的一些发展中国家被排除在遵约范围之外，导致美国从未批准《京都议定书》，加拿大则退出了该议定书。因此，迄今为止，没有任何具有约束力的框架使所有国家承诺采取减少污染物排放的具体措施。

---

① 联合国气候变化框架公约。

以环境保护和可持续性为目标，国家立法及法律的执行方式也有很大的不同，比如，碳排放份额不同，执行的排放标准也就不同。从图11.4可以看出，中国、美国仍然是最受关注的两个国家，因为其能源消耗所产生的二氧化碳排放量在全球所占份额巨大。

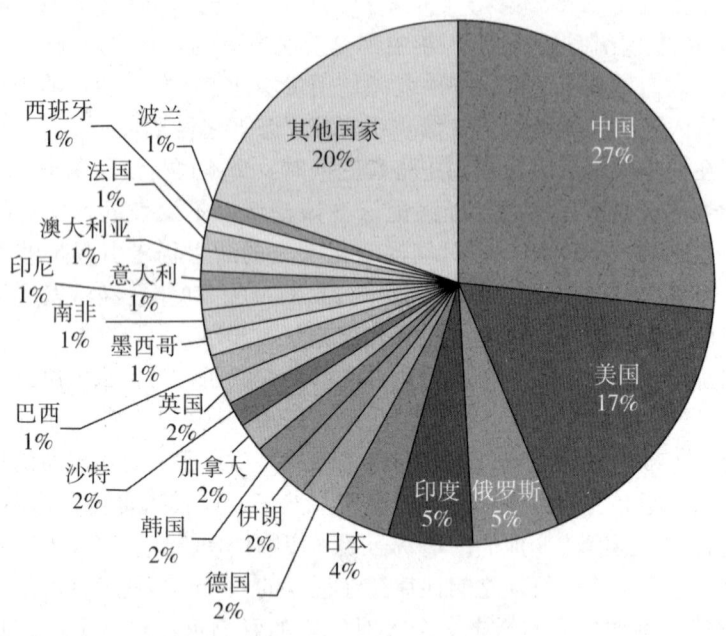

图11.4 能源消耗所产生的二氧化碳排放量在全球所占的份额

总而言之，环境恶化和气候变化被公认是可持续发展的主要威胁。过去60年中不断恶化的环境状况前所未见，迫切需要采取行动阻止这种消极的事态发展。虽然在确保可持续发展方面已经采取了不少重大措施，但许多公司、消费者和立法者似乎受惰性影响仍不愿意行动起来。如果这些问题不加以解决，环境恶化和气候变化可能会使过去20年来在经济和社会发展方面取得的大部分成就付之东流。

11.2.8 大数据与隐私

最后我们要强调的趋势是"大数据"。"大数据"一词指非常庞大或复杂的数据集，在这些数据集的捕获、分析、存储等方面存在一系列挑战。何为"大"不得而知。麦肯锡的一份报告将大数据定义为"大小超出了典型数据库软件工具捕获、存储、管理和分析能力的数据集"（麦肯锡全球研究院，

2011）。今天超出数据库软件工具能力的数据集与 10 年前大不相同，而 10 年后则会有更大的不同。因此，大数据中的"大"还会发生变化。

大数据可用于提高制造业、公共政策和保健等不同领域的生产力和竞争力来改革经济活动。与此同时，大数据挑战了现有的商业模式（例如，经纪业务），因为随着数据透明度的增加，信息不对称正在迅速消失。从战略营销的角度来看，最令人关注的主要是大数据的预测分析能力。现在可以通过手机、软件日志、照相机、麦克风、射频识别（RFID）标签或汽车传感器、机器等各种设备，以便宜的方式自动收集大量数据（Segaran & Hammerbacher, 2009）。这些数据可以用来创造价值。例如，零售商正在挖掘客户数据，以更好地了解客户偏好和购买行为。结合从包括电子商务在内的多种销售渠道收集到的客户数据，可以帮助零售商提高运营效率。亚马逊第一次开始使用大数据推荐产品时，据说其销售额增加了近 30%，只有一句话"购买这件产品的顾客也购买了……"（Zeng, 2015）。麦肯锡全球研究院确立了零售业的 16 种"大数据杠杆"，其中包括交叉销售、基于位置的营销、店内行为分析、定价优化、分类优化和网络市场（麦肯锡全球研究院，2011）。

然而，对于消费者来说，大数据加剧了对"个人隐私"的担忧。大多数读者应该都听说过关于零售商塔吉特（Target）的一个故事：如果一个女生怀孕了，塔吉特会比这个女生的父亲更早得知这个消息（Duhigg, 2012）。像大多数其他零售商一样，塔吉特从客户使用信用卡、优惠券、调查问卷等信息中收集数据。将消费者的购物习惯与年龄和婚姻状况、邮政编码、预计收入等信息或从其他渠道购买的有关工作历史、阅读习惯、教育背景、汽车持有情况或社交媒体行为的数据相结合，让这家零售商极有可能预测出其顾客是否怀孕。当一名年轻女子突然开始购买无香味乳液、营养品和棉球时，她很有可能就是怀孕了（Zeng, 2015）。

许多消费者看不起使用大数据的商家，他们感觉被人窥视，甚至跟踪。监管机构也越来越关注数据隐私问题，以及如何收集大数据和进行商业使用。欧盟的数据保护监管力度往往强于美国（欧委会，2014）；然而，美国联邦贸易委员会（联邦商务委员会，2014）（FTC）也越来越担心大数据可能被滥用。消费者保护团体就如何避免私人数据被肆意披露，提出了很多意见与建议，也出版了不少关于保护全家大数据安全的书籍（Payton & Claypoole, 2014）。

总而言之，我们再次面临了两股对立的发展趋势。一方面，收集和分析大数据的技术能力日益增强。对于公司来说，这为竞争和开展业务开辟了新的途径。另一方面，尽管大数据分析所取得的许多进步都转化为消费者的优势（例如，提升了价格透明度和提供了更多的消费建议），但许多消费者和监管机构也对隐私问题大加抨击。无论是个人，还是各种文化，对隐私的理解各不相同。因此，在合理运用大数据和滥用大数据之间实现平衡是很重要的。

11.3 对全球营销战略的启示

11.3.1 商业环境变化

上文讨论的各种对立趋势，除了很多其他我们没有涉及的领域，都清楚地表明我们正在经历一个前所未有的变革时期。就全球营销策略而言，商业环境的变化有两种截然不同的影响：①这是进入新市场的前所未有的好时机；②被淘汰的速度之快也是前所未有的。技术变革使得Skype、Uber或Facebook等公司成立不到几年就成为全球家喻户晓的品牌。然而，快速变化的环境也导致根德、柯达或宝丽莱等知名老牌公司的消亡。

商业环境的迅速变化也非常清楚地表明，那些可以高枕无忧的日子已经过去了。但这对负责全球营销战略的管理人员来说意味着什么呢？首先也是最重要的一点是，它表明管理人员为应对现状提出质疑，并思考竞争环境的变化：公司在5年后将面对的竞争对手是否会与他们现在面对的竞争对手一样？管理人员还需要考虑新兴技术的影响：新技术将如何改变我们的企业？此外，管理人员必须跟踪需求方面的发展：消费者的价值观、观念和需求可能发生哪些变化？最后但同样重要的一点是，管理人员需要思考公司商业模式的可持续性：我们的商业模式会变得过时吗？图11.5列出了全球营销战略的管理人员应该思考的6个关键问题。

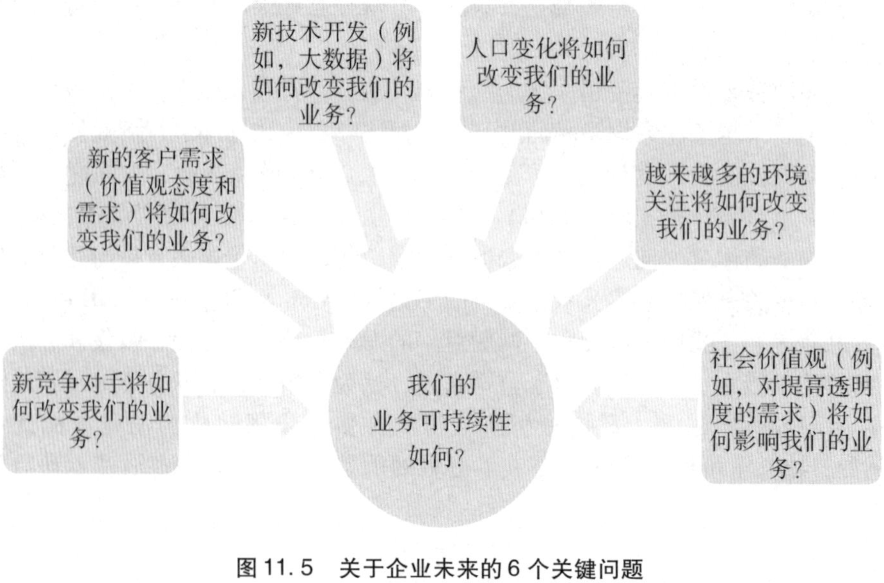

图11.5　关于企业未来的6个关键问题

11.3.2 寻求平衡

寻找相关的未来趋势并思考如何利用这些趋势需要与当前业务的重点保持平衡，这就是众所周知的探索 VS 利用的平衡（March，1991）。其中，探索主要侧重于精细化、效率和生产，而利用则是指探究、实验、发现和创新（图 11.6）。理想情况下，公司能够平衡这两种活动，以及创建在两者之间进行调整的组织结构（Prange & Schlegelmilch，2009）。

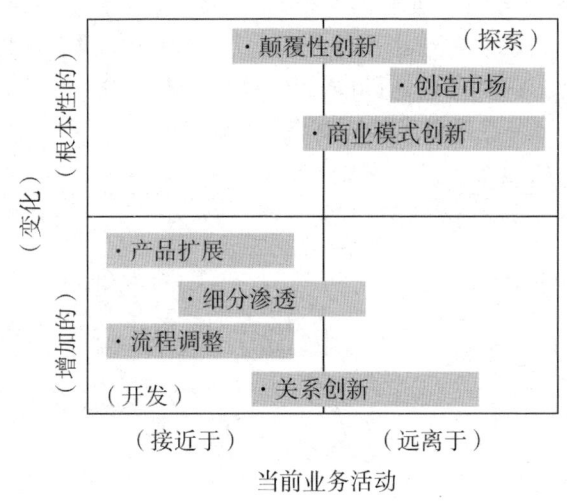

图 11.6　开拓性和探索性创新

资料来源：Prange & Schlegelmilch（2010：47）。

所述的平衡不仅指技术的运用，而且是全球营销战略的核心。事实上，全球营销战略中的平衡元素几乎是无所不在的。[①] 在组织设计方面，管理人员需要平衡集权与权力下放之间的关系。这不仅指结构（即资产和资源的分配），而且还涉及角色和责任的分配（例如全球总部、地区总部和国家子公司之间的角色和责任分配）。[②] 同时，平衡的概念也与过程有关。信息是如何在组织中流动的，即有多少信息流动、以何种频率流动、以何种形式流动（标准化、非标准化），以及在哪两个对象之间流动，都需要进行平衡。例如，过于繁复的手续流程会在国家层面扼杀创业精神，全球总部对信息流动有合理需求。组

---

① 在第 1 章，我们已经讨论了全球战略的平衡性。
② 另见第 9 章。

织文化和规范也需要在地理上分散的单位之间取得平衡，例如，在正式和非正式之间找到正确的平衡，或决定可以给予员工多大的决定权以及需要设立何种层级，都将受到组织单位所在的民族文化的影响。

在产品和服务方面，再次需要在标准化和适应化之间取得平衡。如前所述，① 标准化带来规模效益；差异化促进本地灵活性。最后，变化的速度也需要平衡。一方面，公司可能希望通过相对缓慢的变化来发展。这确保了不会造成破坏，并有时间适当地吸收结构和过程中的变化。另一方面，一段时间的环境动荡可能迫使公司做出迅速而突然的变化，这类似于演化生物学家所说"间断均衡"，就是说大多数物种在其整个历史中几乎没有任何进化，但是进化一旦发生，速度就非常快（Pitt & Schlegelmilch, 2008）。图11.7中的对立趋势说明了为什么要寻求全球营销战略的平衡。

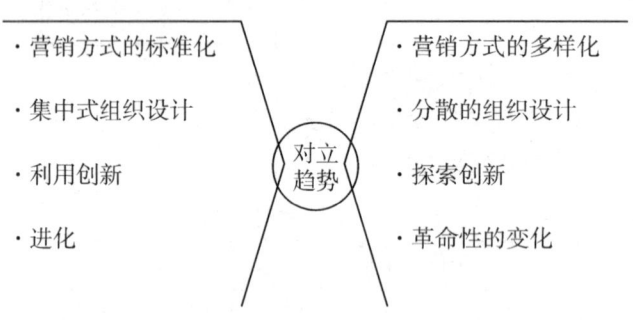

图11.7　全球营销战略需要平衡对立的发展趋势

从这些角度来看，我们可以得出一个准哲学思维的结论。全球营销战略就是在永远追求对立趋势之间的平衡，就像八卦中的"阴"与"阳"。只有能够及早发现对立趋势并合理平衡这种对立局面的管理人员才能带领公司走向成功。

11.4　小结

本书的这一章节展望了未来。虽然我们承认，严格来说这是一项不可能完成的任务，但提前了解未来的发展趋势和发现机会具有重要意义。因此，我们总结了八大对立趋势，这些趋势为全球营销管理人员提供了不少新的视角。

---

① 另见第5章。

我们看到的第一个趋势是全球化及其为公司和消费者带来的好处。但是，有很强的力量在抵制着全球化，对于国际市场的营销人员来说，仍然需要极力适应当地的需求和偏好。对于国内市场定位的公司来说，地方价值观的复兴能带来新的机遇，尤其是食品行业。

第二个可能对许多企业产生重大影响的发展是人口变化。虽然到2050年，最贫穷的50个国家的人口将增加2倍，但欧洲和日本的情况大相径庭。这些国家的人口和其他国家的人口统计的差异表明，一刀切的全球标准化营销手段不太可能获得成功。

接下来是政治权力的分配，全球化支持者中，认同民族国家的似乎很少。然而，我们预计民族国家不太可能消亡；反而会有更小的行政单位出现在民族国家之内，而这已经是不争的事实，与此同时，超大城市的影响力越来越大。此外，全球化需要协调与监管。这最终将导致权力被转移到区域性机构（如欧盟、北美自由贸易区或东盟），甚至是世界范围内的机构（如世贸组织）。我们再一次面临一种矛盾局面：一方面是超国家组织的影响，另一方面是较小的联邦单位或超大城市的影响——二者之间有一种紧张关系。

颠覆性技术是我们时代的另一个标志。我们举了例子说明，有些公司在成立短短几年后就成为家喻户晓的品牌。此外，很多消费者也渴望复古产品。因此，无论是在超新技术领域还是在怀旧产品领域，营销人员都可以有新的发展机遇。

大型跨国企业和利基市场厂商也面临着机遇和挑战。跨国企业要想在本地企业中控股，成本太高；全球一体化对某些专业产品和流程来说，又太具有挑战性。这为利基厂商或中小型企业提供了机会。

还有一组对立趋势就是亚洲经济增长强劲，而西方尤其是欧洲经济发展缓慢。然而，欧洲也并非被普遍看衰，洛桑国际管理发展学院（IMD）和世界经济论坛（WEF）一直将一些欧洲经济体列为世界上最具竞争力的国家之一。全球营销需要解决这种对立趋势。

环境恶化和气候变化是公认的重大全球性问题。然而，尽管为确保可持续性发展采取了许多重要步骤，但许多公司、消费者和立法者似乎受惰性影响，仍不愿意行动起来。因此，全球营销人员需要解决增强的环保意识与个人、公司和整个社会依然没有意识到需要做出根本性改变之间的矛盾趋势。

我们强调的最后一个趋势是"大数据"。虽然大数据可以变革经济活动，但是它也加剧了消费者对"个人隐私"泄露的担忧。因此，我们注意到了另一种对立趋势。一方面，大数据分析往往转化为消费者的优势；但另一方面，许多消费者和监管机构也对隐私问题大加抨击。

在探讨这八大对立趋势的过程中，很明显可以发现，我们正在经历一段环境动荡时期。这种动荡为进入新兴市场提供了前所未有的沃土，但也导致淘汰的速度加快，结果是许多老牌公司倒闭。商业环境的迅速变化也非常清楚地表明，那些可以高枕无忧的日子已经过去了。管理人员应对现状提出质疑，并鼓励他们就未来趋势对他们的业务可能产生的影响提出一系列可能的问题。我们强调，在技术的探索和利用、组织设计以及产品和服务的标准化和适应化方面需要进行平衡。事实上，即使是进化与变革之间也需要取得平衡。因此，这本书得出一个准哲学思维的结论，全球营销战略就是永远在追求对立趋势之间的平衡，就像八卦中的"阴"与"阳"。只有能够及早发现对立趋势并合理平衡这种对立局面的管理人员才能带领公司走向成功。

参考文献

Alesina, A., & Spolaore, E. (2003). *The Size of Nations*. Cambridge, MA: The MIT Press.

Arnold, M. (2014, August 18). Possibility of 'Brexit' threatens London's prospects. *Financial Times*. Accessed August 23, 2015, from http://www.ft.comintlcms/s/0/3cb84a28-26e1-11e4-8df5-00144feabdc0.html#axzz3jeZkmHmG.

Arora, A., Fosfuri, A., & Gambardella, A. (2001). Markets for technology and their implications for corporate strategy. *Industrial and Corporate Change*, 10(2), 419–451.

Atsmon, Y., Dixit, V., Leibowitz, G., & Wu, G. (2011, March). Understanding China's growing love for luxury. McKinsey Insights China, McKinsey & Company. Accessed August 23, 2015, from http://solutions.mckinsey.com/insightschina.

Barber, B. (1995). *Jihad vs. McWorld: How Globalism and Tribalism are Reshaping the World*. New York: Random House.

BBC News. (2004, September 15). UN warns of population explosion. Accessed August 23, 2015, from http://news.bbc.co.uk2hiin_depth/3658258.stm.

BBC News. (n.d.). Globalisation, key facts: The global economy. Accessed August 23, 2015, from http://news.bbc.co.uk/2/shared/spl/hi/guides/457000/457022htmlnn3page1.stm.

BrainyQuote. (n.d.). Accessed August 23, 2015, from http://www.brainyquote.com/quotes/authors/a/auguste_comte.html.

BrainyQuote. (n.d.). Accessed August 23, 2015, from http://www.brainyquote.com/quotes/keywords/globalization.html.

BrainyQuote. (n.d.). Accessed August 23, 2015, from http://www.brainyquote.com/quotes/quotes/a/alberteins106492.html.

BrainyQuote. (n.d.). Accessed August 23, 2015, from http://www.brainyquote.com/quotes/quotes/j/johnsculle130757.html.

Brown, S., Kozinets, R. V., & Sherry, J. F. (2003). Teaching old brands new tricks: Retro branding and the revival of brand meaning. *Journal of Marketing*, 67 (3), 19–33.

Cairncross, F. (2001). *The Death of Distance: How the Communications Revolution is Changing Our Lives*. Boston, MA: Harvard Business Press.

Citi: 10 Mega-Themes that Spell the End of Western Dominance (2010, February 11). CiTi investment research. Accessed August 23, 2015, from http://www.businessinsider.com/citis-mega-themes-for-2010-part-2-2010-2? op = 1&IR = T.

Cowen, T. (2002). *Creative Destruction: How Globalization is Changing the World's Culture*. Princeton, NJ: Princeton University Press.

Dan Quale's Quotes. (n.d.). Accessed August 23, 2015, from http://terhune.net/jokes/Quale.txt.html.

Davis, F. (1979). *Yearning for Yesterday: A Sociology of Nostalgia*. New York: The Free Press.

Duhigg, C. (2012, February 16). How companies learn your secrets. *The New York Times Magazine*. Accessed August 23, 2015, from http://www.nytimes.com/2012/02/19/magazine/shopping-habits.html.

Eurobarometer 69. (2008, November). The Europeans and globalisation. Accessed August 23, 2015, from http://ec.europa.eu/public_opinion/archives/eb/eb69/eb69_globalisation_en.pdf.

Euromonitor. (2011). Packaged food 2011 (part 3): Finding success in a challenging operating environment. Accessed August 23, 2015, from http://www.euromonitor.com/packaged-food-2011-part-3-finding-success-in-a-challenging-operating-environment/report.

European Commission. (2014, June). Factsheet EU-US negotiations on data protection. Accessed August 23, 2015, from http://ec.europa.eu/justice/data-protection/files/factsheets/umbrella_factsheet_en.pdf.

Eurostat. (2015). Real GDP growth rate—Volume. Accessed August 23, 2015, from http://ec.europa.eu/eurostat/web/products-datasets/-/tec00115.

Federal Trade Commission. (2014). Privacy & data security update. Accessed August 23, 2015, from https://www.ftc.gov/system/files/documents/reports/privacy-data-security-update-2014/privacydatasecurityupdate_2014.pdf.

FOA. (n.d.). World agriculture: Towards 2015/2030. An FAO perspective. Accessed August 23, 2015, from http://www.fao.org/docrep/005/y4252e/y4252e12.htm.

Gineikiene, J., & Schlegelmilch, B. B. (2015). Love yourself and like the others: Why domestic favoritism is different from consumer ethnocentrism. Proceedings of the 2015 American Marketing Association Winter Marketing Educators Conference, San Antonio, Texas, February, 13–15.

Globalization and Trade. (2008). Accessed August 23, 2015, from https://www.wto.org/English/res_e/booksp_e/anrep_e/wtr08-2b_e.pdf.

Goodreads. (n. d.). Accessed August 23, 2015, from http://www.goodreads.com/quotes/328848-the-best-way-to-predict-your-future-is-to-create.

Gruber, V., & Schlegelmilch, B. B. (2014). How techniques of neutralization legitimize norm- and attitude-inconsistent consumer behavior. *Journal of Business Ethics*, 121, 29–45.

Hennigan, M. (2015, January 16). *Germany's more than 1,300 'Hidden Champions'*. Accessed August 26, 2015, from http://www.finfacts.ie/irishfinancenews/article_1025980.shtml.

Hoffman, S. (1966). Obstinate or obsolete? The fate of the nation-state and the case of Western Europe. *Daedalus*, 95 (3), 862–915.

IMD. (2014). *IMD world competitiveness ranking* 2014, Lausanne.

International Labour Organization. (2013). *Global Employment Trends for Youth* 2013: *A Generation at Risk*. Geneva: International Labour Organization.

Jacobides, M. G. (2005). Industry change through vertical disintegration: How and why markets emerged in mortgage banking. *Academy of Management Journal*, 48 (3), 465–498.

Johanson, J., & Vahlne, J. E. (1977). The internationalization process of the firm—A model of knowledge development and increasing foreign market commitments. *Journal of International Business Studies*, 8 (1), 23–32.

Josiassen, A. (2011). Consumer disidentification and its effects on domestic product purchases: An empirical test in the Netherlands. *Journal of Marketing*, 75 (3), 124–140.

Keegan, W. J., & Schlegelmilch, B. B. (2001). *Global Marketing Management: A European Perspective* (p. 4). Essex: Financial Times/Prentice Hall.

Knight, G. A., & Cavusgil, S. T. (2004). Innovation, organizational capabilities, and the born-global firm. *Journal of International Business Studies*, 35 (2), 124–141.

Liu, X. (2009). The shifts of technological paradigms and the evolution of firms' dynamic capabilities. *International Journal of Technology, Policy and Management*, 9 (3), 209–221.

Lowry, W. (2014, June 26). A must-know investor's guide to Honda motor company. Accessed August 23, 2015, from http://marketrealist.com—06/must-know-investors-guide-honda-motor-company.

Macher, J. T., & Mowery, D. C. (1998). Reversal of fortune? The recovery of the US semiconductor industry. *California Management Review*, 41 (1), 107–136.

Maddison, A. (2010). Statistics on world population, GDP and per capita GDP, 1 – 2008 AD. Historical Statistics. Accessed August 23, 2015, from http://www.ggdc.net/MADDISON/oriindex.htm.

Manyika, J., Chui, M., Bughin, J., Dobbs, R., Bisson, P., & Marrs, A. (2013). *Disruptive Technologies: Advances That will Transform Life, Business, and the Global Economy* (Vol. 180). San Francisco, CA: McKinsey Global Institute.

March, J. G. (1991). Exploration and exploitation in organizational learning. *Organization Science*, 2 (1), 71–87.

McKinsey Global Institute. (2011, May 1). Big data: The next frontier for innovation, competition, and productivity. Accessed August 23, 2015, from http://www.mckinsey.com/insights/business_technology/big_data_the_next_frontier_for_innovation.

Nestle.com. (2015). Annual report 2014. Accessed August 23, 2015, from http://www.nestle.com/aboutus.

OECD. (2001, December 11). Accessed August 23, 2015, from https://stats.oecd.org/glossary/detail.asp?ID=821.

OECD. (2006). *OECD Territorial Reviews: Competitive Cities in the Global Economy*. Paris: OECD.

Ohmae, K. (1995). *The End of the Nation State: The Rise of Regional Economies*. New York: Simon and Schuster.

Palm, R. (2014). Die Kartoffel als Kernkompetenz. Accessed August 23, 2015, from http://www.handelsblatt.com/unternehmen/mittelstand/hidden_champions/hidden-champion-grimme-maschinen-vom-wohnzimmer-aus-steuern/11112924-2.html.

Payton, T., & Claypoole, T. (2014). *Privacy in the Age of Big Data: Recognizing Threats, Defending Your Rights, and Protecting Your Family*. Plymouth: Rowman & Littlefield.

Pitt, L. F., & Schlegelmilch, B. B. (2008). Juggling Janus—Strategy for general managers in an age of paradoxical trends. *Journal of General Management*, 33 (3), 67–82.

Prange, C., & Schlegelmilch, B. B. (2009). The role of ambidexterity in marketing strategy implementation: Resolving the exploration-exploration dilemma. *BuR—Business Research*, 2 (2), 215–240.

Rodrik, D. (2011). *The Globalization Paradox: Democracy and the Future of the World Economy*. New York: Norton.

Rodrik, D. (2013). Roepke lecture in economic geography—Who needs the nation-state? *Economic Geography*, 89 (1), 1–19.

Roth, C. (2015). *Let's split! A Complete Guide to Separatist Movements and Aspirant Nations, from Abkhazia to Zanzibar*. Sacramento, CA: Litwin Books.

Segaran, T., & Hammerbacher, J. (2009). *Beautiful Data: The Stories Behind Elegant Data Solutions*. Sebastopol, CA: O'Reilly Media.

Simon, H. (2007). *Hidden Champions Des 21. Jahrhunderts: Die Erfolgsstrategien unbekannter Weltmarktführer*. Frankfurt: Campus Verlag.

Steffen, W., Broadgate, W., Deutsch, L., Gaffney, O., & Cornelia, C. (2015a). The trajectory of the anthropocene: The great acceleration. *The Anthropocene Review*. doi: 10.1177/2053019614564785.

Steffen, W., Richardson, K., Rockström, J., Cornell, S. E., Fetzer, I., & Bennett, E. M., et al. (2015b). Planetary boundaries: Guiding human development on a changing planet. *Science*. doi: 10.1126/science.1259855.

The Economist. (2013, September 23). When did globalisation start? Accessed August 23, 2015, from http://www.economist.com/blogs/freeexchange-09/economic-history-1.

The Economist. (2014a, February 18). China's economy: The world's second biggest consumer. Accessed August 23, 2015, from http://www.economist.com/blogs/analects—02/chinas-economy.

The Economist. (2014b, January 25). Chinese consumers: Doing it their way. Accessed August 23, 2015, from http://www.economist.com/news/briefing/21595019-market-growing-furiously-getting-tougher-foreign-firms-doing-it-their-way.

The Economist. (2015a, February 28). The planet of phones. Accessed August 23, 2015, from http://www.economist.com/news/leaders/21645180-smartphone-ubiquitous-addictive-and-transformative-planet-phones.

The Economist. (2015b, February 28 – March 6). *The truly personal computer*, pp. 18 – 21.

The Fuse Joplin. (2014, June 15). Line vs. WeChat—Looks like WhatsApp has lost its monopoly. Accessed August 23, 2015, from http://thefusejoplin.com—06/line-wechat-whatsapp-lost-monopoly.

The Population Reference Bureau. (2010, July 28). 2010 world population data sheet. Accessed August 23, 2015, from http://www.prb.org/Publications/Datasheets-2010wpds.aspx.

The World Economic Forum. (2014). The global competitiveness report 2014 – 15, Geneva.

The World Values Survey. (n.d.). Accessed August 23, 2015, from http://www.worldvaluessurvey.org/wvs.jsp.

Thompson, C. J., Pollio, H. R., & Locander, W. B. (1994). The spoken and the unspoken: A hermeneutic approach to understanding the cultural viewpoints that underlie expressed consumer meanings. *Journal of Consumer Research*, 21 (3), 432 – 452.

Trivett, V. (2011, June 27). 25 US mega corporations: Where they rank if they were countries. Accessed August 23, 2015, from http://www.businessinsider.com/25-corporations-bigger-tan-countries-2011-6? op=1&IR=T.

Tumblr.com. (n.d.). Accessed August 23, 2015, from http://www.tumblr.com/search/william%20jennings%20bryan.

UNCTAD Geneva. (2013). World investment report 2013—Chapter IV. Accessed August 23, 2015, from http://unctad.org/en/PublicationsLibrary/wir2013_en.pdf

UNESCO. (2010). *UNESCO Science Report 2010: The Current Status of Science around the World*. Paris: UNESCO Publishing.

UNFPA. (2014). State of world population 2014: The power of 1.8 billion adolescents, youth and the transformation of the future. Accessed August 23, 2015, from www.unfpa.org/publications.

UNFPA and HelpAge International. (2012). *Aging in the Twenty-first Century: A Celebration and a Challenge* (p. 13). London: UNFPA and HelpAge.

United Nations. (2014, July 10). World's population increasingly urban with more than half living in urban areas. Accessed August 23, 2015, from http://www. un. org/en/development-desanews/population/world-urbanization-prospects-2014. html.

United Nations Conference on Trade and Development (UNCTAD). (2010). *World investment prospects survey* 2010 – 2012. New York: UNCTAD.

United Nations Framework Convention on Climate Change. (n. d.). Background on the UNFCCC: The international response to climate change. Accessed August 23, 2015, from http://unfccc. int/essential_background/items/6031. php.

Vernon, R. (1971). *Sovereignty at Bay: The Multinational Spread of U. S. Enterprise.* New York: Basic Books.

Volkswagen. com. (n. d.). Production plants. Accessed August 23, 2015, from http://www. volkswagenag. com/content/vwcorp/content/en/the_group/production_plants. html.

VW. com. (n. d.). Accessed August 23, 2015, from https://www. vW. com/models/beetle.

Wang, A., Liao, W., & Hein, A. -P. (2012). *Bigger, Better, Broader: A Perspective on China's Auto Market in* 2020 (Automotive & Assembly Practice). Düsseldorf: McKinsey.

World Economic Forum. (2014). Outlook on the global agenda 2014: Inaction on climate change. Accessed August 23, 2015, from http://reports. weforum. org/outlook-14/top-ten-trends-category-page/5-inaction-on-climate-change/.

World Trade Organization. (2011, April 7). Press release: World trade 2010, prospects for 2011. Accessed August 23, 2015, from http://www. wto. org/english/news_e/pres11_e/pr628_e. htm.

Zeng, B. (2015, February 6). 5 ways online retailers can make use of big data. Internet Retailer. Accessed August 23, 2015, from https://www. internetretailer. com—02/06/5-ways-online-retailers-can-make-use-big-data.

12. 全球数字化转型：对营销的影响

摘要

随着智能手机和智能装备在全球的普及，以及在快速变化和发展的新技术的推动下，传统意义上的营销正面临着前所未有的重大转变，全球营销管理也深受这场数字化革命的影响。本章首先讨论的两个重点是消费者的数字化思维和行为，以及企业应该如何看待营销的数字化转变。其次，消费者之间也存在着明显的国家差异，新兴国家在数字营销方面，特别是在移动支付系统的普及上，已经走在发达国家的前面。最后，我们讨论了数字营销的各种营销工具，如何衡量社交媒体营销的成功，以及大数据对营销的影响。

12.1 "手机星球"

BBC 的《神秘博士》是世界上播出时间最长的科幻电视连续剧（BBC *Doctor Who*，2016）。在《神秘博士》电视剧其中一集中，神秘博士访问了地外星球 Ood，这个星球上的物种长相凶猛，有两个大脑，一个长在头上，另一个握在手中，由一根脐带连接（图 12.1）。这幅在 20 世纪 60 年代设想的科幻场景已成为现实。今天，世界上 50% 以上的成年人拥有智能手机。2020 年，全球 80% 的成年人已经拥有智能手机。手机其实就相当于人的"第二个大脑"！事实上，智能手机的处理能力与美国宇航局 1969 年首次将人类送上月球所用的计算机相当。地球和 Ood 星球非常相似，不过图 12.1 中的地球人明显要比 Ood 星球的外星人好看。

技术变革的加速，消费者行为的相关变化，以及创新的营销对策表明，我们正处于典范转移之中，这种转移开辟了新的商业方式，但也使许多已成熟的商业模式过时并被淘汰。比如，技术变革的速度将促进计算能力每两年翻一番。Y 时代的智能手机用户平均每 5.8 分钟会看一次手机。无论是通过点击付费互联网广告、社交媒体营销，还是通过电子销售和分销平台，市场营销都在不断创造新的手段来接触客户和服务客户。最后，成熟的经营方式正在迅速转变，例如，通过订阅服务发行音乐或电影的公司正在迅速取代实体下载和

图 12.1　Ood 星球人和地球人

DVD 销售。因此，数字变革最终将促使整合内容、通信和商业三个核心要素的全新商业模式的出现。

在这一章中，我们将从战略营销的角度来看待一些关键的趋势。我们首先强调一些相关的技术发展。接下来，我们将讨论伴随数字转型的消费行为的重要变化，了解一下最重要的数字营销对策。在整个讨论过程中，我们认为，国家市场和地区市场数字化发展的重要差异可能会持续一段时间，并指出了一些全球营销人员的独特偏好。接下来，我们将探讨伴随着数字化程度的增加，营销受到的一些影响。本章在最后提醒我们，我们正在经历的数字化带来的影响远远超出了我们所讨论的营销的范畴，更加深远的是它将导致我们企业环境的结构发生根本性变化，也让我们的生活方式发生深刻的变化。

12.2　世界正在数字化：万物互联

"物联网"是我们正经历的数字革命的重要产物。它指的是"人、过程、数据和事物的网络连接"（Bradley, et al., 2015）。因此，物联网不是采用了数字革命中某一项单一的技术，而是不同技术发展的融合，比如，驱动数字革命的云计算、大数据、3D 打印、智能手机和数据挖掘，不一而足。物联网迅速扩大的规模是难以预测的。不过英特尔预测，到 2020 年，连接的设备将达到 2000 亿台（Intel, 2013），从微型芯片到大型机器，再到通过无线网络连接的整个城市。其他指标也以空前的速度发展：预计计算机能力每两年将翻一番，带宽将每年增长 1/3，以及数据云将有几乎无限的数据存储能力（Kipp, 2012）。如果尝试将这些发展与传统事物做一个比较，我们可以说，未来两年仅在 Twitter 上出现的文字就将超过历史上所有印刷书籍中的文字（The Huffington Post，2014）；每分钟将有超过 400 小时的视频上传到 YouTube，相当于每小时有超过 1000 天的视频被上传（Robertson，2015）。

数字转型的一个核心特征是无处不在的"万物互联"。更自然的用户界面，比如，触摸输入和语音输入取代了笨重烦琐的键盘；可穿戴技术实现了从眼镜到运动衬衫的全面覆盖，使得测量健康和运动数据成为家常便饭。当然，还有越来越多的设备被连接到网络，比如，自动续订家居用品的冰箱，在职业比赛中跟踪运动距离或球速的篮球或足球。

12.3　消费者的数字化思维

12.3.1　全球互联网和零售

截至 2016 年，全球有约 44% 的人口正在使用互联网，也就是 32 亿人（Euromonitor International，2016）。到 2024 年，这个数字预计会增加到 40 亿（图 12.2）。2015 年，中国网购的互联网绝对用户数在全球最高；据估计，当年中国的网购额占零售总额的比例达到了 10%（SPA，2015）。

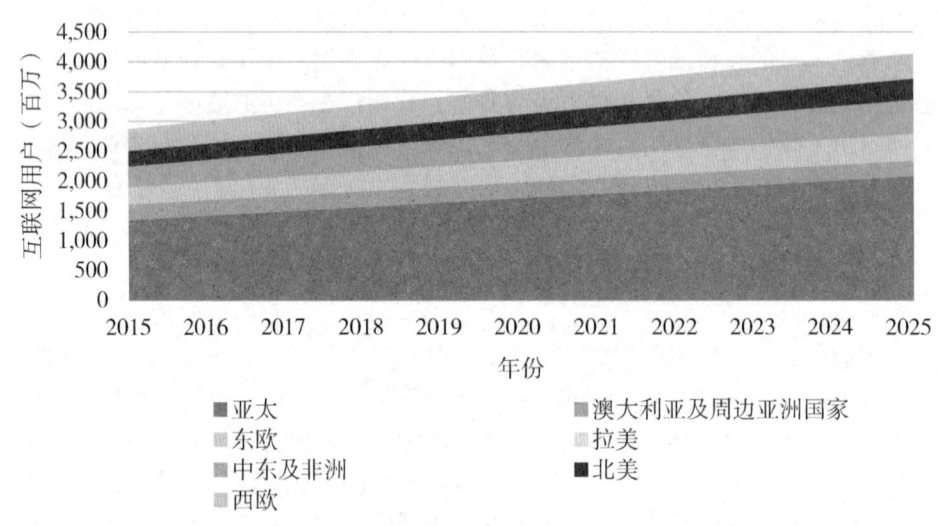

图 12.2　全球互联网用户（2015—2025 年）

值得注意的是，亚太地区的互联网用户数量与世界其他地区的数量大致相同。然而，从互联网零售额来看，北美和欧洲的购买力很强，弥补了人数相对少的劣势（图12.3）。事实上，截至2015年，美国网民的互联网平均支出约为中国网民的3倍。

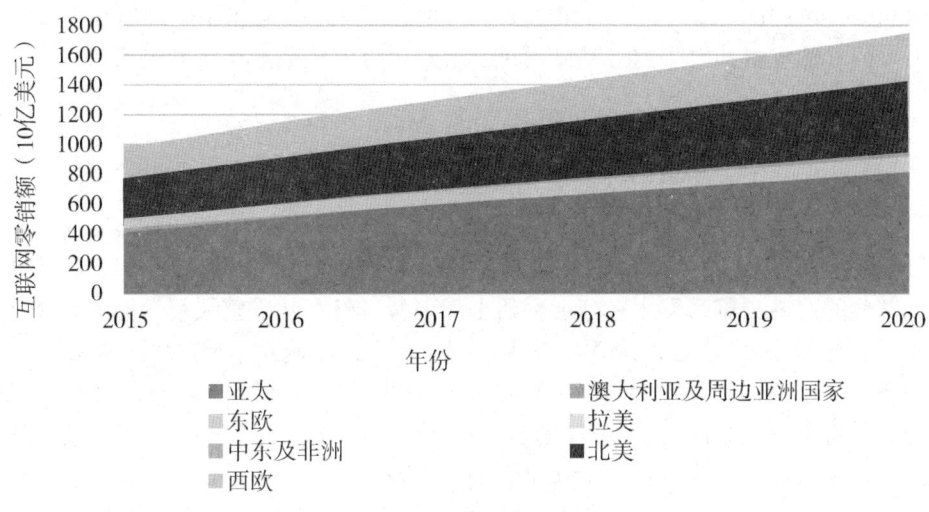

图12.3　全球互联网零售额（2015—2020年）

全球网购普及率指的是在过去一年内网上购买产品的互联网用户占全部互联网用户的百分比，预计到2018年将接近50%。然而，各国的网购普及率差别很大。图12.4基于Statista的2015年数据，显示了16～64岁互联网用户在调查前前一个月中网购比例最高的国家。

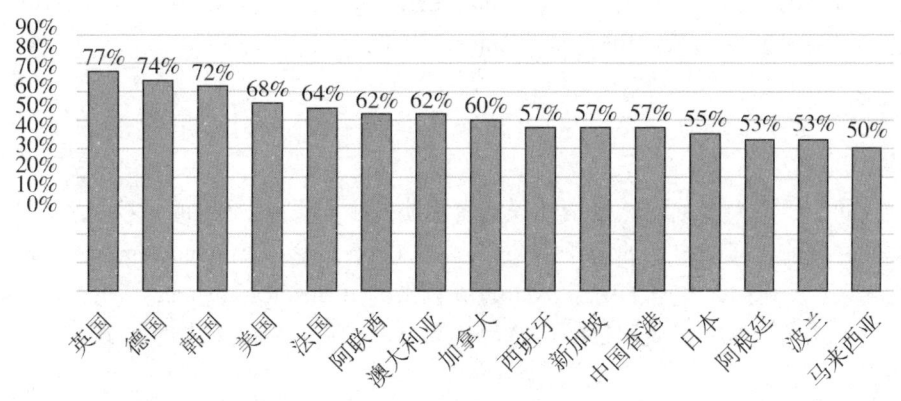

图12.4　网购普及率最高的国家

从网上购买的产品类别来看，国家间的差异也很大。2014年的数据显示，

90%的中国互联网用户在线购买生活用品,但在美国,这一数字只有26%。中国和印度的互联网用户也比其他任何国家的互联网用户更喜欢网购服饰(Euromonitor International, April 2015)。可能是因为中国和印度的城市建设了强大的、低成本的电子商务基础设施,实现了方便快捷的送货和退换货。

12.3.2 多渠道购物超链接消费者

在美国,大多数消费者都采用多渠道购物方式;超过2/3的人选择"网页室"购物,即在网上搜索产品,但在传统商店购买;有大约1/2的人选择"陈列室"购物,即在商店浏览商品,但在网上购买(The Harris Poll, 2014)。大部分的网络浏览都发生在智能手机上,消费者身上几乎整天都会揣着台智能手机,智能手机如同人的第二大脑。专家用"超连接"消费者(Holmes, 2015)一词来强调消费者与网络的联系比以往任何时候都要多。大约80%的智能手机用户在起床后15分钟内就会摆弄一下手机,而Y时代①的智能手机用户每天亮屏解锁次数达到150次,如果把晚上也算进去,相当于每6分钟就会看一下手机(The Economist, 2015);甚至还有一种新的心理状态叫作"无手机焦虑症",意思就是没有手机在身边就会感到焦虑,2/3的人群都有这种症状(Duffy, 2015)。同一篇文章中还报道了一个奇怪的发现,年龄在18～34岁之间的年轻人中有20%在发生性行为时使用过智能手机,而在所有年龄段的成年人中,这一比例为9%。顺便说一句,对于在发生性行为时使用智能手机是否会对性爱满意度有影响目前还不得而知。还有一个相关数据显示,83%的Y时代用户睡觉时,会把手机放在床头,而在所有年龄段的成年人中,这一比例为57%(Pew Research Center, 2010)。

12.3.3 移动设备"击败"个人电脑:新兴国家引领潮流

如今,个人电脑仍然是全球消费者网购的主要设备。然而,这种情况即将改变。目前,移动电话的增长率是个人电脑的5倍多(Euromonitor International, 2016)。图12.5用了两个不同的资料来源(Business Insider, 2015)说明了过去几年智能手机使用量的快速增长和对世界不同地区未来的展望。

---

① Y时代大致是指1980—2000年出生的人口群体,有时也称为"千禧一代"。但是,值得注意的是,定义存在差异。例如,澳大利亚统计局将1983—2000年的年龄段包括在内,而在德国,该年龄段是1977—1998年。

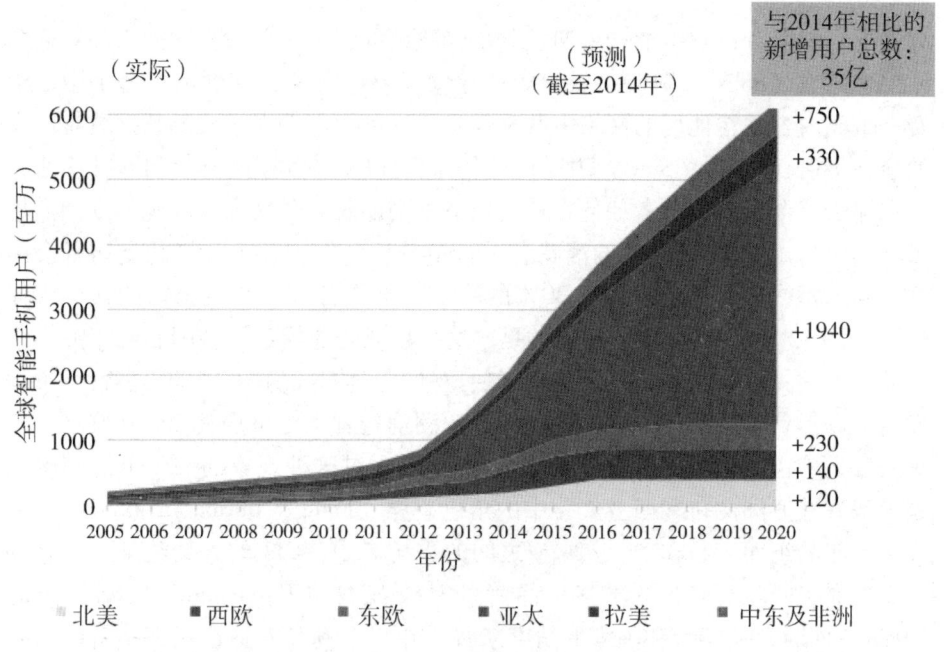

图 12.5　全球智能手机用户的增长

未来几年，智能手机日益增长的重要性将毫无疑问地改变电子商务生态系统，并使手机成为大多数在网上购物的消费者的首选设备。在日本（Chae & Kim, 2003）和中国等一些国家，这种转变已经发生。如今，中国消费者更多地参与网购，通过手机支出的钱款也比通过个人电脑支出的要多。2015 年公布的市场调查显示，在调查前一个月，多达 20% 的中国人通过手机在互联网上购物（Millward, 2015）。印度和印度尼西亚等其他大型新兴市场也纷纷效仿，而美国、日本、德国和法国使用手机网购的消费者人数不足新兴市场国家的一半。在数字经济中，新兴市场和发达市场的传统分类需要重新考量，因为新兴市场的消费者行为往往比发达市场更为进步。

12.3.4　社交媒体行为在全球范围内差异很大

消费者如何在社交媒体上与品牌互动，尤其是发表他们的评论和意见，已经成为网购过程的核心。消费者的网购模式都很类似——搜索网页，阅读推荐和评论，然后做出决定（Simonson, 2014）。因此，线上评论会影响在线环境中的消费者对品牌的态度，并有助于帮助消费者做出更明智的购买决策，最后导致品牌从管理人员主导转向客户主导（Kucuk, 2009）。布莱恩（Brian Solis）是一位数字经济方面的分析师兼资深作家，他表示，企业不再是一个品牌的唯一创造者；它由消费者通过分享经验共同创造，并由在线搜索和对话的结果来定义（Solis，2014）。社交媒体导致权力从卖家转移到消费者手中。消费者生成内容并在他们的网络中共享信息。这种由消费者生成的数据具有巨大的经济价值（Hajli & Sims，2015），因为它可以驱动互联网流量和形成意见。

那么，今天的消费者如何在社交媒体上与品牌和零售商互动呢？欧洲商情市场调研公司对17个国家的消费者进行了分析，发现几乎一半的受访者会关注一家公司或为其点赞。将近30%的受访者甚至分享或转发公司的社交媒体帖子（图12.6）。然而需要注意的是，这一项调查还揭示了各国和各年龄组之间的巨大差异。在新兴市场，消费者使用社交媒体与品牌互动的可能性几乎是发达市场消费者的两倍。顺便说一句，亚洲消费者也更重视其他人在网络上发表的意见，也就是所谓的电子口碑（eWOM）。对这种现象的一个可能的解释是消费者在亚洲文化和西方文化中的角色差异（Fong & Burton，2008）。

就年龄组而言，在15～29岁之间的受访者中，2/3的人会给某一品牌的社交媒体内容点赞或关注某一品牌的社交媒体（Euromonitor International，2015）。同时，从年龄和国家的角度来看，新兴市场和发达市场消费者行为差异也很大。在印尼、巴西和墨西哥，超过3/4的29岁以下消费者会在社交媒体上关注一个品牌或为其点赞。

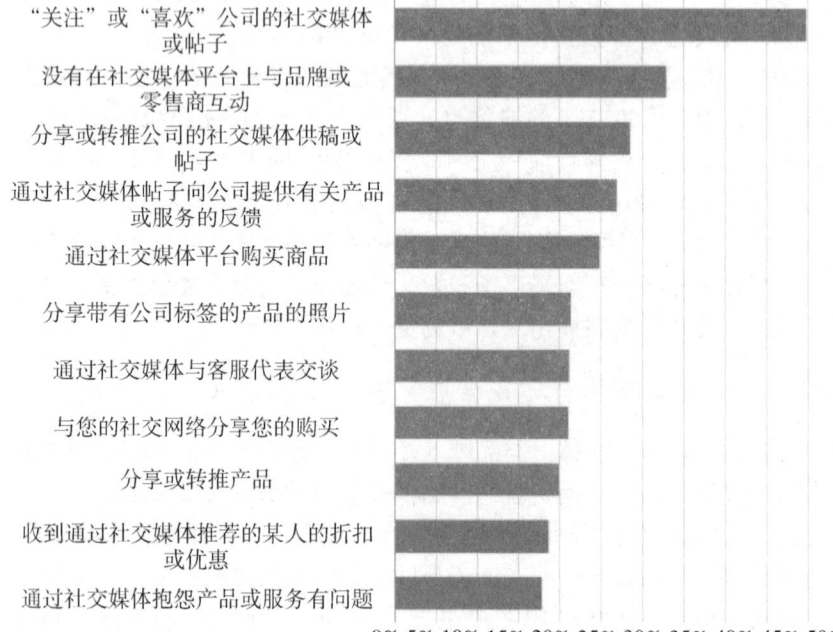

图12.6　与品牌和零售商的社交媒体互动

12.3.5 移动支付强劲增长：新兴市场消费者引领潮流

在网购支付方面，与小型移动设备相比，发达市场的消费者仍然更喜欢传统电脑。这一方面是信任问题，另一方面是便利问题；消费者觉得通过智能手机登录支付网站很困难，因为这些网站并没有针对移动应用进行优化。提高消费者对移动支付的接受程度的关键似乎在于友好的移动平台，这些平台在印度和中国已经相当流行。如图12.7所示，新兴市场偏好针对移动设备进行了优化的网站和应用。

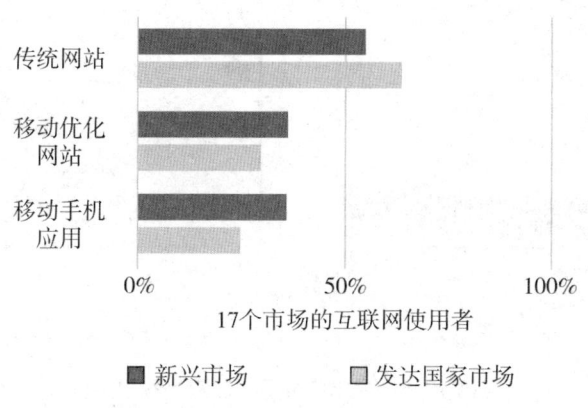

图 12.7　新兴市场和发达市场的互联网支付平台

星巴克是预付费移动应用的典型例子（图12.8）。这种应用让支付更加方便，并纳入了公司的奖励方案。取咖啡时，消费者打开应用程序以显示二维码，然后咖啡馆员工扫描二维码以完成支付。

麦当劳的移动应用程序MyMacca集成了在线下单、支付以及"定制"汉堡和其他产品，以满足消费者的个人口味。在方便用户的移动应用程序中，集成不同的功能显然有助于这种移动支付系统被更广泛地采用。

12.3.6 新兴市场消费者不太关心互联网隐私

越来越多的消费者开始关注隐私。例如，基于位置的服务（LBS）就需要了解消费者智能手机的位置。这些服务可以基于消费者的查询，向消费者提供最近的银行、餐馆或加油站的地理信息。尽管大多数全球消费者认为未经许可跟踪手机位置的广告是对隐私的侵犯，但近一半的消费者愿意分享他们的位置以换取折扣。但这同样也存在着国家间的差异。与欧洲国家和澳大利亚的消费者相比，中国和印度这两个最大的新兴市场的消费者更有可能认为目标广告是

图 12.8　星巴克会员付款应用程序

有帮助的，而不是令人反感的（Euromonitor International，2015）。

综合来看，我们得出的结论是，世界正在向数字化转型！这种快速的数字化转型伴随着消费者态度和行为的转变。电子商务正在蓬勃发展，在设备方面，移动电话正在超越传统的个人电脑。然而，在全球范围内，这些发展并不统一，例如，各国在互联网普及和网购的速度、用于网购的设备、消费者与品牌商和零售商的在线互动的方式，以及消费者网络支付方式和消费者对网络隐私的态度上都不尽相同。事实上，不同国家的消费者在互联网上花费的时间甚至也存在差异。例如，拉丁美洲互联网用户的上网时间大约是亚洲互联网用户上网时间的三倍（Burger & Piech，2015）。从全球营销战略的角度来看，重要的是要认识到对于电子商务来说，将市场分为新兴市场和发达市场的方法需要更新，因为新兴市场的消费者行为在许多方面比发达市场更进步。

12.4　企业视角下的数字营销

在强调了伴随着当前数字变革而来的消费者态度、关注点和行为的诸多变化之后，我们现在从企业的角度来讨论数字营销。对于公司来说，关键的问题是如何接触到新型的互联网消费者，如何将他们转化为客户，以及如何采用一种综合的数字化多通道策略，留住这些消费者。显而易见的是，拥有一个公司网站并不等于拥有高度集成化的数字化战略。

那么，数字化战略的主要元素是什么呢？企业经常会遇到重大的问题，比如说，就消费者类型、技术选择和重点地区而言，公司如何展开竞争？还有一个问题是如何将公司定位于某一特定行业的生态系统中（包括其决定如何与其他行业参与者竞争与合作）？这些内容虽然是重点，但它们在概念上与本书中讨论的任何其他战略发展没有什么不同。在数字营销方面，这些差异主要源于数字营销战略的三个核心要素（即内容、通讯和商业）之间的动态相互作用。下面，我们将演示数字化转变如何改变公司与客户的互动方式。我们从最基本的数字营销工具开始，即企业网站。

12.4.1 企业网站与搜索引擎优化

企业网站应为访问者提供良好的用户体验，比如结构清晰、易于导航，并且适合不同的设备，例如，小型移动屏幕和大型个人电脑显示器。当然，网站[①]也需要包含相关并且有趣的内容，以便人们实际搜索它们。而最重要的是，网站应该很容易被找到。

然而，后者是关键问题。今天，在全球范围内，有超过 10 亿个网站（Internet Live Stats，2016），这往往很难被客户找到。因此，那些只希望潜在客户找到自己网站的公司，仍处在数字营销的石器时代。

因此，大多数公司从事的活动旨在提高人们浏览互联网的机会，并使他们能够真正找到自己的网站。这种为提高网站可见度而采取的不同措施的总括术语是搜索引擎优化。除了包含尽可能多的链接和其他网站的反向链接外，该术语主要指使用适当的元标记[②]来增加谷歌、百度或雅虎等搜索引擎识别的机会。值得注意的是，搜索引擎优化旨在增加网站在搜索引擎显示的免费结果中弹出的机会。如图 12.9 所示，在搜索关键词"MBA 排名"时，谷歌搜索结果的付费结果和免费结果之间存在区别。

[①] While the discussion focuses on websites, most of the arguments also apply to individual web pages.

[②] 搜索引擎使用元标记来查找网页。元标记主要有两种类型：关键字和描述。前者列出了描述页面内容的单词，后者列出了该页面的一句话或两句描述。

图 12.9　付费搜索结果与免费搜索结果

12.4.2　赞助搜索、Cookie、网页横幅广告和点击付费广告

当公司希望出现在搜索结果前列，并愿意为此特权付费时，可以使用赞助搜索（Jansen & Mullen，2008），公司通常会针对特定的地理位置且就目标受众相关的关键字进行出价。如果许多公司希望确保某个关键词在目标网站被显示，这种竞价的竞争性就会非常大。关键词竞价的另一个缺陷是涵盖不到使用不同的关键词的用户。例如，使用关键词"管理教育"的商学院可能会涵盖不到搜索"MBA"的用户。不过，赞助搜索可以快速和灵活地访问目标用户，根据时间、地理位置或关键词优化在线营销措施，赞助搜索也相对容易实施。

有的公司希望在在线导航中向目标消费者显示横幅广告，这通常是通过 cookie 实现的，cookie 是一种存储在用户计算机上的小文件。此类 cookie 包含消费者访问网站的有关信息。例如，当消费者访问某所大学的网站，搜索其 MBA 课程时，cookie 会自动存储在他们的计算机上。随后，这些消费者在访问其他内容不同的网站时，可能会看到这所大学 MBA 课程的横幅广告。虽然不少公司认为这是一种非常成功的营销战略，但许多消费者认为这种跟踪 cookie 侵犯了个人隐私。

有些横幅广告会自动打开，而有些则需要点击打开。幸运的是，很多公司现在基本认识到，自动打开的横幅广告会让大多数消费者感到厌恶，因此反而会支持那些需要点击打开的广告。一些搜索引擎通过点击付费（pay per click，PPC，也称为 cost per chick，CPC）方式收取横幅广告的费用。广告商依据广告被点击的次数向搜索引擎或网站所有者支付费用，比如 Facebook 等社交网络在销售广告空间时也使用点击付费方式。但是，不可否认的是，无论消费者是否点击广告，横幅广告都是一种品牌建设，对广告商颇具价值。因此，固定收费与点击付费相结合往往更合理。

一种反对者的声音则认为点击付费存在点击欺诈现象。点击欺诈是指"人工生成"的点击，例如，不道德的竞争者使用计算机程序来模仿正当用户的点击。从短期来看，点击欺诈会使搜索引擎受益，增加受害公司的成本。从长期来看，这种对点击的滥用破坏了整个点击付费广告模式的正当性，可能使搜索引擎或社交媒体网络失去这一利润丰厚的收入来源。因此，一系列抑制点击欺诈的措施正在被实施（Jansen，2007）。

12.4.3　7C 框架

7C 框架（Rayport & Jaworski，2001）是评估公司网站质量，或者说公司与其客户在线互动效果的科学框架。这一框架（表 12.1）表示要从七个方面了解客户界面。

- 背景（context）：涉及网站的功能（布局）和美观（外观）。
- 内容（content）：主要关注产品组合（产品和服务信息）、宣传组合（营销和传播信息）和多媒体组合（图片、音频或视频）。
- 社区（community）：涉及用户之间的交互，区分交互式通信（例如，即时消息）和非交互式通信。
- 客制化（customization）：涉及网站自行客制或针对用户需求客制。
- 交流（communication）：侧重于站点与其用户之间的对话，并区分广播（提供单向信息）、交互式信息交换（例如，客户服务请求），以及一种用广播和交互式信息交换的混合组合（例如，提供免费软件）。
- 连结（connection）：涉及网站与其他站点之间的正式连接，并可区分本地站点内容、外包内容和连接路径。
- 商务（commerce）：涉及网站的具体功能，实现商业交易（例如，购物车、安全性、订单跟踪或交付选项）。

最初，7C 框架主要是为了通过台式计算机分析客户交互而开发的。随着使用智能手机或平板电脑进行的移动商务变得越来越重要，该框架开始被用于移动商务应用（Lee & Benbasat，2004）。具体来说，增加了两个维度，即移动设置和移动设备限制。

- 移动设置（mobile settings）涉及消费者使用移动设备的特定环境。特定环境指的是位置、时间和背景，即消费者使用其设备的环境（例如，嘈杂的购物中心）。
- 移动设备限制（mobile device constraints）反映了与台式计算机相比，移动设备性能限制相关的问题，比如，屏幕太小或输入设备不便捷。

考虑到这两个移动设备特定的方面，移动设置和移动设备限制（2M）扩展了7C框架，并在一个正日益从以桌面为中心的电子商务转向移动商务的环境中，提供了一种分析企业客户界面质量的结构。表12.1显示了这种组合了移动设置和移动设备限制（2M）和7C的框架。

表12.1 分析移动商务界面设计的框架

移动设置	
·多样化的购物环境（例如，时间、地点和内容）	
·通常涉及分心或外围任务，它们限制了用户的注意力	

移动设备限制	
·便携式会使用更少的资源	
·有限的输入（输出）设备、较慢的CPU、较低的多媒体处理能力	

背景	·网站的交付方式 ·美观和实用的外观
内容	·网站向用户呈现的内容 ·时间敏感以及背景敏感内容
社区	·用户到用户交流
客制化	·网站进行自我调整或被每个用户调整的能力
交流	·网站和用户之间的对话
连接	·站点之间的正式联系
商业	·支持商品和服务销售的购物工具

12.4.4 内容营销

内容可带来网络流量。这使得内容营销成为最重要的数字营销工具之一。在一次大规模的调查中（Chaffey，2015），内容营销已成为最显著的数字化营销趋势，远远领先于大数据、营销自动化和移动营销。内容营销涉及媒体和出版内容的创造和共享，以获得并留住客户。因此，内容营销包括各种不同的手段，包括新闻通讯、白皮书、视频、案例研究、指南、问答文章等。

内容营销追求多个目标。一般而言，它旨在通过传达产品的相关信息来加强品牌形象。更具体地说，内容营销也是加强客户关系、增加品牌参与、获取消费者数据、发现消费者真实需求和偏好，以及打造口碑的一种手段。

对于一家公司来说，内容营销是很费时的。好的内容营销需要在强化品牌的同时，不被视为是在做广告宣传。因此，内容营销要求真实性和具有新闻公信力。优秀的内容营销人员使品牌的价值观与公司的宣传理念以及分销渠道保持一致。最后，内容营销需要讲述故事和提供视角，从而在情感上吸引消费者对品牌的关注。

对于全球营销人员而言，内容营销的主要挑战之一在于对不同语言和文化的内容进行管理（Lionbridge Marketing，2015）。这再一次说明了在全球和本地客户之间取得适当平衡的困难。大多数公司都采用中央治理和地方执行相结合的方式。这种中心辐射系统使得公司可以在本地创建内容，而不会失去对内容的监督，并且它要求公司对本地内容进行审查，以确保消息的一致性，使公司能够利用核心知识。这就实现了在不失去本地相关性的情况下消息传递的清晰和一致性。图12.10举例说明了联合利华在不同地区进行的内容营销。

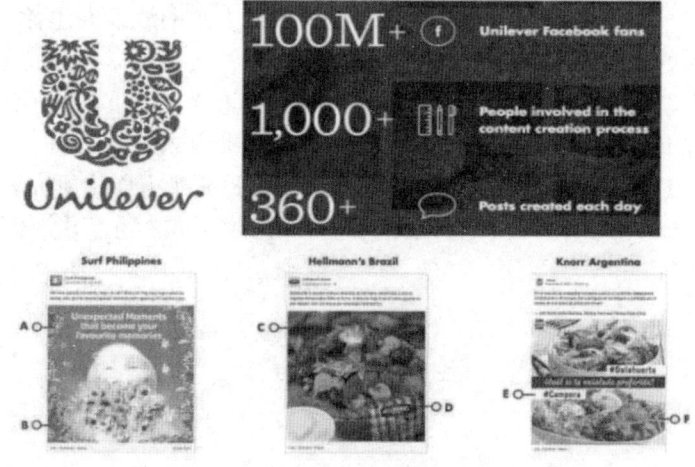

图12.10　联合利华在不同地区的内容营销

虽然公司可能花费大量精力来创建自己的内容，但公司获得的大多数内容通常来自第三方，例如消费者自己。据英国《独立报》观察，即使是世界上最受欢迎的媒体公司 Facebook 也没有自己创造任何内容（McRae，2015）。因此，将内容营销嵌入公司网站，进一步证明了整合第三方材料的可能性，进一步强调了与消费者接触时内容的重要性。图 12.11 解释了这一观点。

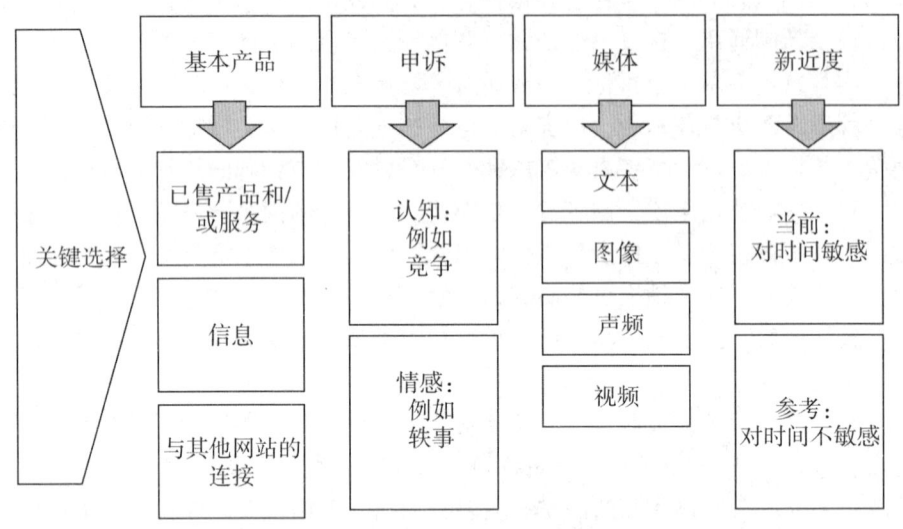

图 12.11　在网站中嵌入不同类型的内容

12.4.5　自有媒体、付费媒体、分享媒体和赢得媒体

在上一节中，我们指出，品牌需要成为服务大众的故事讲述者，才能保持其社会相关性，特别是在品牌为吸引消费者通过社交媒体提出其概念时，这一点尤为重要。这不仅对公司控制下的媒体渠道很重要，更重要的是消费者使用这些渠道来传递企业信息。2008 年，诺基亚首次引入自有媒体、付费媒体、赢得媒体（POE）（Goodall，2009）的概念，之后被弗雷斯特研究公司推广了（Corcoran，2009）。表 12.2 解释了这三种媒体的不同之处，并举例说明了这些差异。

表 12.2　自有媒体、付费媒体和赢得媒体

媒体类型	定义	例子	角色	益处	挑战
自有媒体	一个品牌控制的渠道	·网站 ·移动网 ·博客 ·推特账号	与现有潜在客户建立长期关系并赢得媒体关注	·控制 ·成本效益 ·长寿 ·多功能性 ·利基观众	·没有保障 ·公司通讯不受信任 ·扩展需要时间
付费媒体	品牌付费以利用渠道	·展示广告 ·付费搜索 ·赞助	从基金会转变成为提供拥有创造性的赢利媒体催化剂	·需求中 ·直接 ·规模 ·控制	·杂乱 ·回应率下降 ·可信度差
赢得媒体	当客户成为了渠道	·口碑 ·关注 ·"病毒"	倾听和回应——赢利媒体通常是执行得当、协调良好的自有媒体和付费媒体的结果	·最可信 ·在大多数销售中起关键作用 ·透明并继续生存	·无法控制 ·可能为负面 ·规模 ·难以测量

最近，迪特里希（Dietrich）通过挑选和添加共享媒体对这一概念进行了改进（图 12.12）（Dietrich，2014）。她指出，当人们分享网站上发布的内容时，Google 等搜索引擎会提高这类网站的排名。因此，分享按钮对消费者能够方便地传递内容具有重要意义。

图 12.13 显示了公司如何鼓励分享故事或者给故事点赞。公司帖子不仅包括一个分享按钮，还有多种分享、点赞和订阅方式。当公司鼓励分享时，应牢记，年轻消费者更喜欢分享视觉图像，尤其是视频（Meeker，2016）。从全球营销战略的角度，在本章前面我们已经指出，新兴市场的消费者更倾向于点赞和分享社交媒体的内容。新兴市场消费者对社交媒体简报的兴趣也几乎是发达市场消费者的三倍（Euromonitor International，2015）。

红牛的"层云"计划说明了有效共享内容品牌建设的重要意义（Schlegelmilch & León，2014）。2012 年，奥地利职业定点跳伞运动员费利克斯（Felix Baumgartner）在距离地球 39 公里处的氢气球上的一个太空舱跳下，打破了保持了很久的自由落体世界纪录。仅在 Facebook 上，费利克斯跳伞后拍摄的一张突出显示红牛标志的照片在 40 分钟内获得了近 216000 个赞、10000 条评论和超过 29000 次分享。

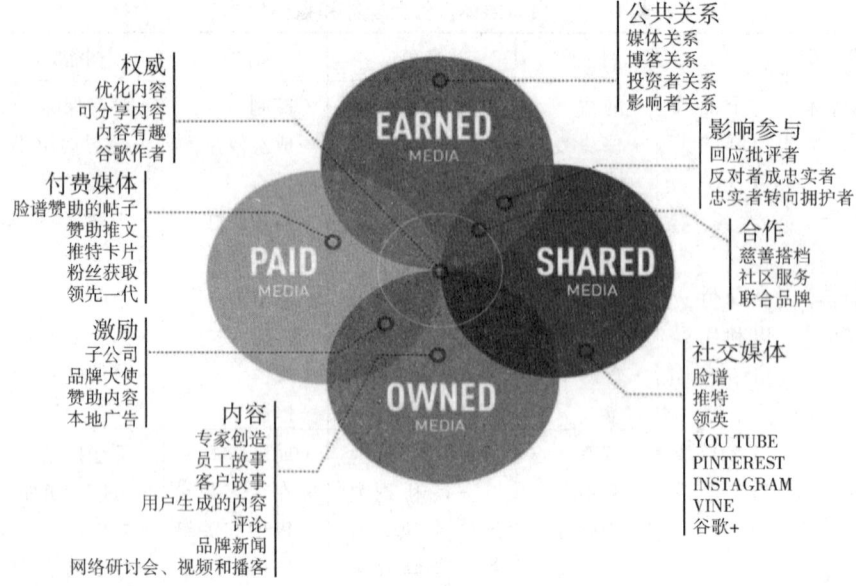

图 12.12　自有媒体、付费媒体、赢得媒体和分享媒体

图 12.13　鼓励消费者分享内容

12.4.6 衡量社交媒体营销的成功

随着世界各地企业营销预算在社交媒体上支出的比例不断增加，量化社交媒体成功的重要性也在不断增加。营销管理人员需要确保他们的数字营销工作与业务目标相一致，并将他们的支出与业务成果联系起来。然而，这并不是一项简单的任务。美国的一项针对首席营销官的调查显示，只有15%的首席营销官（CMO）能够量化社交媒体支出对公司业务的影响。另有40%的CMO表示他们对社交媒体的定性影响方面有较好的认识，但无法量化这些影响（The CMO Survey, 2014）。这些结果反映出许多营销人员仍然偏爱软评价，如"五星好评"或"下载"量，而不去追究这些软评价与特定业务结果的连接。这种方法有时被称为虚荣指标。现在，越来越多地把社交媒体支出与硬度量标准联系起来，其中包括转换率和销售等特定业务结果。

硬度量标准的数量并不少：美国广告研究基金会列出了四种数字渠道的大约200个硬度量标准，即电子邮件、移动、社交和网络（Rappaport, 2015）。当然，这又更加突出了应该使用哪一种特定度量标准的问题。实际上，重要的是公司应该使度量标准与业务目标保持一致。美国市场营销协会建议采用以下这五步框架来实现这种一致性（American Marketing Association, 2014）。

（1）设定目标：将目标与公司的使命和愿景联系在一起。

（2）确定目标：即为实现目标更具体的元素。确定目标应遵循众所周知的SMART原则，目标应具体化、可测量、可实现、有相关性，并有设定的时间。

（3）阐明策略：即指导既定目标的概念和原则。

（4）规定战术：即支持战略的行动。

（5）选择关键绩效指标（KPI）：KPI衡量标准确保品牌将其营销工作与特定的业务目标联系起来。

表12.3说明了旨在提升品牌实力的企业的目标框架。

表 12.3 使社交媒体指标与业务目标保持一致

目录	具体目标	支持目标1的战略	策略调节	策略1可能的关键绩效指标
·增强品牌实力	·向新的潜在客户介绍品牌 ·通过增加正面评价和减少负面评价来提高品牌声誉 ·增加思想领导力的内容范围	·利用社交媒体扩展品牌影响力 ·增加品牌内容的参与度 ·提高品牌最新产品线的知名度	·开发易于共享和重新利用的全新品牌内容 ·与尚未熟悉品牌的思想领袖进行对话 ·整合品牌的社交媒体账户并选择三个最有效的渠道 ·为追随者创建独特的以品牌为中心的主题标签,以解锁新产品的优惠券代码	·与内容互动按内容细分 ·分享指标(例如转发或回复)占总覆盖率的百分比 ·网站按页和时间的访问量(如果内容位于品牌网站上) ·情绪 ·对话驱动程序

12.4.7 大数据

如果没有大数据,数字营销就不完整。不过,大数据是一个相当庞大的主题,不是一两句话能够说得清楚的。

首先,我们需要承认,"大数据"一词很难定义。互联网信息技术研究和咨询公司高德纳将大数据定义为"一种高容量、高速度和/或高多样性,并且对成本效益要求高的信息资产,也是一种具有增强洞察力、优化决策和流程自动化创新的信息处理方式"(Gartner IT Glossary,2016)。同样,另一家领先的市场情报提供商国际数据公司(IDC)将大数据技术描述为"一种旨在通过实现高速捕获、发现和/或分析大量数据,并且以经济的方式从中提取价值的新一代技术和体系结构"(Villars,et al.,2011)。如何更好地理解这两句话呢?数据的以下两个特征特别重要:首先是数据的多样性,其次是数据的庞大性。图 12.14 说明了这两个特征。

由于大数据侧重于数据类型的多样性,很明显,对这类数据的任何系统性使用和分析都会产生一系列复杂的问题。公司必须具备收集、验证和分析大量

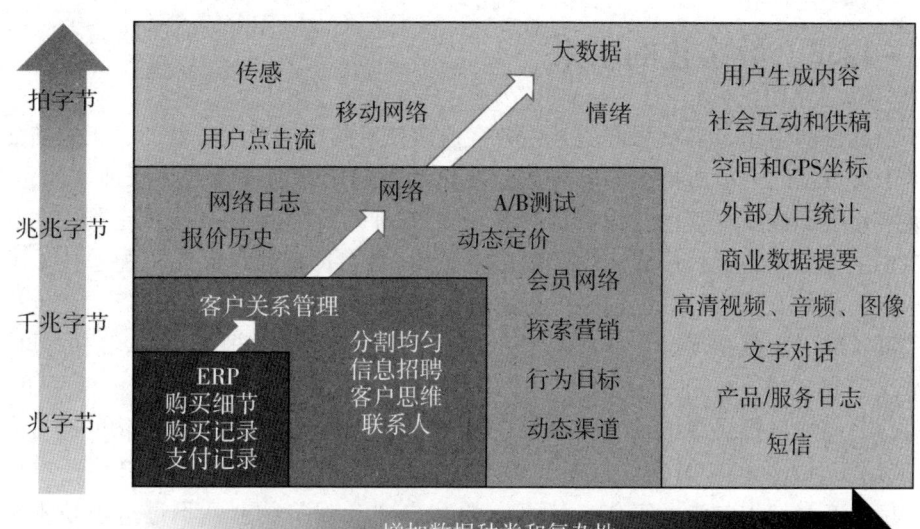

图 12.14 概念化大数据

数据的专门知识和计算资源。鉴于数据在结构和来源方面比较复杂，这是一个很严格的要求。更具挑战的是，公司需要对数据进行实时或近乎实时的分析。这意味着要求通过高速捕获和分析实现。从定义上来说，大数据的增长超过了大多数公司的 IT 基础设施的能力，并在很大程度上带来了"绿地"计算和数据管理问题。

然而，大数据的应用有着广阔的前景。对于电子商务来说，这包括实时地决定向一位既定的访问者展示什么样的内容以提高网站的相关性。例如，就顾客沟通而言，大数据允许为特定网站用户量身定制促销优惠。当然，对大数据的分析不仅有益于网络零售商，许多银行也已将重点转向大数据。

最后，大数据不仅会影响营销传播过程，还会对各种不同的业务和业务流程产生巨大的影响。据报道，劳斯莱斯公司通过数百个传感器监控其飞机发动机来预测何时可能发生的故障（Marr, 2015）。大数据催生了许多新公司的诞生，这些公司具备了获取和分析有价值数据的能力。在美国，大数据分析公司的风险投资资金已达到一定数量，表明出现了一个全新的行业（Pham, 2015）。

12.5　数字化的未来

到目前为止，本章强调了某些数字通信技术的营销意义。然而，正如前面关于大数据的一节所指出的那样，数字化的影响比营销传播更为深远。首先，数字化会影响所有其他营销组合参数。例如，产品政策将由大规模定制或便利客户主导的创新过程形成。物流配送将受到3D打印或通过无人机配送技术的影响，比如亚马逊目前已经在试行无人机配送服务（Johnson，2016）。在价格政策领域，大数据促进了越来越复杂的动态定价模型，将根据个别客户的具体情况定制定价。作为一种销售手段，增强现实技术（augmented reality，AR）可让公司通过提供虚拟试衣间等方式进入市场，这可以降低网上购物的退货率（Total Immersion，2016）。同时，虚拟现实技术（virtual reality，VR）还有助于房地产经纪人的沟通工作，让潜在的客户"参观"物业，不过这项技术目前还在规划中。航空公司也利用虚拟现实技术的优势，向潜在客户展示异国旅游体验。另一项可能对营销产生重大影响的技术是人工智能（artificial intelligence，AI）。该技术旨在模拟人类大脑学习和解决问题的能力，在数据挖掘、改进消费市场目标或构建产品生命周期等众多应用中为营销人员提供各种协助。正如本章开篇所述，推动数字革命的不仅仅是一项技术进步，而是各种快速发展的网络技术的积累和融合。

虽然所有这些发展都表明了全球范围内的重大变化，但从全球营销战略的角度来看，值得注意的是，根据预测，不同地区的发展可能存在不平衡。例如，欧睿信息咨询公司发现，新兴市场的消费者购买可穿戴技术的设备（无论是健康监测、健身跟踪、增强现实功能的设备还是任何其他设备）的可能性要大于发达市场的消费者。因此，虽然数字化进步最终将影响所有地区，但营销人员应清晰地认识到普及速度的地区差异。

一项令人不安的预测结果表明了数字技术发展的速度将有多快：未来学家托马斯（Thomas Frey）预计，到2030年，由于技术的进步，地球上大约50%的工作岗位将会消失（Frey，2012）。加州大学伯克利分校哈斯商学院院长理查德（Richard Lyons）也有一项令人感到震惊的预测——美国有一半的商学院可能在未来5～10年内消失（Clark，2014）。根据全球数字商业转型中心（Global Center for Digital Business Transformation）对941名商业领袖进行的调查，研究人员得出的结论是，在每一个行业中，以市场份额来衡量，今天排名前十的企业中，大约有4家会在未来5年内因数字革命而倒闭（Bradley，et al.，2015）。同样，SAP赞助出版的一份白皮书指出，根据目前的周转率，到

2027 年，75%的标准普尔 500 指数公司将是如今都还没有听过的新公司（Rander，2016）。

即使这里面有些夸大的成分，有些数据可能没有那么精确，但是发展的方向和前所未有的变革速度是毫无疑问的。社会影响才刚刚有点苗头。以托马斯的预测为例，到 2030 年，数字化将使地球上的工作岗位减少 50%，而大约 30%的印度人和 40%的非洲人口（Rander，2016）未满 15 岁且将需要有一份工作，这明显将会加大社会紧张和动荡局势的风险。但社会问题不仅会出现在发展中地区。在美国，到 2019 年，大约 1/4 的劳动力预计将成为独立承包商、自由职业者或临时承包商。总之，快速发展的新技术将带来前所未有的重大转变，它不仅会影响全球的营销和消费方式，而且会改变整个企业格局，改变我们的工作方式和生活方式。

12.6 小结

本章一开始介绍了一段奇特的时间旅行，将 20 世纪 60 年代《神秘博士》中虚构的双脑生物和今天无处不在的智能手机比较，并且将我们与不断扩展的网络知识联系起来。接下来，我们给出了一些统计数据，这些统计数据表明了数据处理的速度和范围。在这种情况下，我们提出了"物联网"一词，并认为它不是采用了数字革命中某一项单一的技术，而是不同技术发展的融合。

本章探讨的两个主题是消费者的数字化思维和从企业的角度看待的数字营销。站在消费者的角度，我们首先强调了万维网的发展和随之而来的全球在线销售额的增长。从全球营销的角度来看，可以发现一个很有趣的现象，不仅在网络用户的比例方面，而且在网购普及率和网购产品类别方面，国家之间各有差异。

还是站在消费者的角度，我们随后了解了多渠道购物和"超连接"消费者，证明了隔代差异的存在。接下来，我们讨论大家目睹的一场技术革命，即智能手机的迅速普及。我们发现，在中国，通过智能手机进行的电子商务已经超过了通过传统 PC 进行的电子商务，智能手机也很可能已成为全球网购者的首选媒介。我们再一次看到，新兴市场消费者率先使智能手机成为网络连接的首选媒介。

随后，我们大致介绍了全球的社交媒体行为。同样，消费者之间也存在着显著的国家差异。与发达市场的消费者相比，新兴市场消费者更有可能通过社交媒体与品牌和零售商互动。

我们讨论的最后两个与消费者相关的问题是移动支付系统的普及和对互联

网隐私的态度。结合之前关于电子商务中消费者行为的讨论中提出的观点，我们认识到，跨国公司需要重新思考如何对新兴和发达的传统市场进行分类。对于大多数电子商务问题，新兴市场的消费者行为往往比我们在发达市场看到的更为进步。

接下来是从企业的角度把重点转移到数字营销上，我们首先讨论的是各种营销工具，如企业网站、搜索引擎优化、赞助搜索、cookies 和横幅广告。随后我们介绍了一种工具，以帮助分析消费者网站界面质量的 7C 框架。从内容营销的角度出发，我们展示了内容营销作为一种数字营销工具的作用。对于全球营销人员而言，内容营销的一个关键挑战在于跨越不同文化和语言的内容管理。以内容营销为重点，我们提出了自有媒体、付费媒体、赢得媒体和分享媒体的概念，并展示了企业如何鼓励消费者分享内容。关于对企业视角的讨论，我们简要地回顾了如何衡量社交媒体营销的成功和大数据现象。关于大数据，我们提出了一些基本概念和营销示例。我们承认大数据不仅会影响营销，而且大数据的概念显然更广泛，并且对许多不同的业务和业务流程产生了巨大的影响，我们认为大数据可能导致一个全新行业的出现。

这一章的最后部分是我们对数字未来的展望。我们再次强调了，数字化不仅仅涵盖了我们强调的营销问题，其只占了很小一部分的比例。快速发展的新技术将导致前所未有的重大转变，并将改变整个企业格局以及我们的工作和生活方式。

参考文献

American Marketing Association (2014). Social media success metrics – special report, Chicago. Accessed September10, 2016, from https://www.ama.org/ECDFileRepository/Special – Report – Social – Media – Success – Metrics. pdf.

Asia. (2016). List of countries by population under 15 years old. Accessed August 14, 2016, from http://en.worldstat.info/Asia/List_of_countries_by_Population_under_15_years_old.

BBC Doctor Who. Accessed June 21, 2016, from http://www.bbc.co.uk/programmes/b006q2x0.

Bradley, J., Loucks, J., Macaulay, J. Noronha, A. & Wade, M. (2015). Digital vortex: How digital disruption is redefining industries. Global Center for Digital Business Transformation, IMD, Lausanne.

Bradley, J., Loucks, J., Macaulay, J., Noronha, A., & Wade, M. (2015). Digital vortex: How digital disruption is redefining industries. Global Centre for Digital Business Transformation, IMD &Cisco.

Burger, L., &Dan Piech, D. (September 22, 2015). The state of social media in Brazil. Accessed August 6, 2016, from http://www.comscore.com/ger/Insights/Presentations-and-Whitepapers.

Business Insider (2015). https://intelligence.businessinsider.com/the-global-smartphone-market-update-market-forecasts-vendor-and-platform-wars-and-the-new-high-growth-markets-2015-3 (data up to 2014).

Boxall, A. (June 3, 2015). The number of smartphone users in the world is expected to reach a giant 6.1billion by 2020. Digital Trends. Accessed August 7, 2016, from http://www.digitaltrends.com/mobile/smartphone-users-number-6-1-billion-by-2020 (forecast as of 2015).

Chae, M., &Kim, J. (2003). What's so different about the mobile Internet?. *Communications of the ACM*, 46 (12), 240-247.

Chaffey, D. (February 1, 2015). Digital Marketing Trends 2015. AccessedAugust 11, 2016, fromhttp://www.smartinsights.com/managing-digital-marketing/marketing-innovation.

Clark, P. (May 1, 2014). Online programs could erase half of U.S. Business Schools by 2020. Bloomberg. Accessed August 14, 2016, from http://www.bloomberg.com/news/articles/2014-03-14.

Corcoran, S. (December 16, 2009). Defining Earned, Owned And Paid Media. Accessed August 15, 2016, from http://blogs.forrester.com/interactive_marketing/2009/12.

Dietrich, G. (2014). *Spin Sucks: Communication and Reputation Management in the Digital Age*. Hoboken: QuePublishing.

Duffy, C. (February 23, 2015). Nomophobia: Is cellphone addiction real? Accessed June 26, 2016, fromhttp://pix11.com/2015/02/23/nomophobia-is-cellphone-addiction-real.

Euromonitor International (April 2015). *Consumers in the Digital World: Hyperconnectivity and Technology Trends*. London: Euromonitor International.

Euromonitor International (July 2016). *Strategy Briefing: The New Connected Consumer Code: Unlocking Digital Commerce Opportunities*. London: Euromonitor International.

Fong, J., & Burton, S. (2008). A Cross-cultural Comparison of electronic Word-of-Mouth and Country-of-Origin effects. *Journal of Business Research*, 61 (3), 233-242.

Frey, T. (February 3, 2012). 2 Billion Jobs to Disappear by 2030. Accessed August 14, 2016, from http://www.futuristspeaker.com/business-trends.

Gartner IT Glossary (n.d.). Big Data. Accessed August 11, 2016, from http://www.gartner.com/it-glossary.

Generation Y (short Gen Y) roughly refers to the population cohort born between 1980 and 2000 and issometime also called Millennials. However, it is noteworthy that there are differences in definition. TheAustralian Bureau of Statistics, for example, included the age groups from 1983 to 2000, while in Germanythe cohort refers 1977 to 1998.

Goodall, D. (March 2, 2009). Accessed. August 15, 2016, from https://danielgoodall.com/

2009/03/02/owned – bought – and – earned – media.

Growing Device Computation Power. Accessed June 22, 2016, from http://www. networkworld. com/news/tech/2012/041012 – ethernet – alliance – 258118. html.

Hajli, N., & Sims, J. (2015). Social Commerce: The Transfer of Power from Sellers to Buyers. *Technological Forecasting & Social Change*, 94 (4), 350 – 358.

Holmes, L. (April 10, 2015). Hperconnected consumers in the digital world. Euromonitor International. Accessed. June 26, 2016, from http://blog. euromonitor. com/2015/04/hyper-connected – consumers – in – the – digital – world – global – survey – results – now – available. html.

Intel (2013). A guide to the internet of things. Accessed June 23, 2016, from http://www. intel. com/content/dam/www/public/us/en/images/iot/guide – to – iot – infographic. png.

Internet Live Stats (2015). Total number of websites. Accessed August 8, 2016, from http://www. internetlivestats. com/total – number – of – websites. Lee, R., & Duggan, M. (January 14, 2016). Privacy and Information Sharing, Pew Research Center. Accessed,. August 5, 2016, from http://www. pewinternet. org/files/2016/01/PI_ 2016. 01. 14_ Privacy – and – Info – Sharing_ FINAL. pdf.

Jansen, B. J. (2007). Click Fraud. *IEEE Computer*, 40 (7), 85 – 86.

Jansen, B. J., & Mullen, T. (2008). Sponsored Search: An Overview of the Concept, History, andTechnology. *International Journal of Electronic Business*, 6 (2), 114 – 131.

Johnson, L. (July 26, 2016). 9 things you need to know about the Amazon Prime Air drone deliveryservice, DigitalSpy. Accessed August 13, 2016, from http://www. digitalspy. com/tech/feature/a775701.

Kipp, S. (2012). Exponential Bandwidth Growth and Cost Declines. Accessed June 26, 2016, from http://www. networkworld. com/article/2187538/tech – primers.

Kucuk, S. U. (2009). Consumer Empowerment Model: From Unspeakable to Undeniable. *Direct Marketing: An International Journal*, 3 (4), 327 – 342.

Lee, Y. E., & Benbasat, I. (2004). A Framework for the Study of Customer Interface Design for MobileCommerce. *International Journal of Electronic Commerce*, 8 (3), 79 – 102.

Lionbridge Marketing (March 31, 2015). How to perfect your multilingual content marketing Strategy. Accessed August 11, 2016, from http://content. lionbridge. com/3 – reasons – you – need – a – multilingual – content – marketing – strategy. .

Madden, M. (Nov. 12, 2014). Public perceptions of privacy in the Post – Snowden Era. Pew Research Center. Accessed August 5, 2016, from http://www. pewinternet. org/2014/11/12/public – privacy – perceptions.

Marr, B. (Jun 1, 2015). How big data drives success at Rolls – Royce. Forbes. Accessed August 15, 2016, from http://www. forbes. com/sites/bernardmarr/2015/06/01.

MBO Partners (2016). *State of independence In America* 2016. Herndon, VA: Sixth Annual Report.

McRae, H. (May 5, 2015). Facebook, Airbnb, Uber, and the unstoppable rise of the content Non-generators, Independent. Accessed September 9, 2016, from http://www.independent.co.uk/news/business/comment/hamish-mcrae/facebook-airbnb-uber-and-the-unstoppable-rise-of-the-content-non-generators.

Meeker, M. (June 1, 2016). Internet trends 2016 – code conference. KPCB. Accessed August 15, 2016, from http://www.kpcb.com/internet-trends.

Millward, S. (August 18, 2015). China is making huge shift to mobile. Tech in Asia. Accessed August 5, 2016, from https://www.techinasia.com.

Pew Research Center (Feb. 24, 2010). Millenials: Confident. Connected. Open to Change. Accessed August 5, 2016, from http://www.pewsocialtrends.org.

Pham, P. (Aug 28, 2015). The impacts of Big Data that you may not have heard of. Forbes. Accessed August 13, 2016, from http://www.forbes.com/sites/peterpham.

Rander, M. (May 9, 2016). Live business: The rise of the digital workforce, D! gitalist by SAP. Accessed August 14, 2016, form http://www.digitalistmag.com/executive-research.

Rappaport, S. D. (2015). The digital metric field guide: The definite reference for brands using web, social media, mobile media, or email. The Advertising Research Foundation.

Rayport, J. &Jaworski, B. (2001). *Introduction to E-Commerce*. New York, NY: McGraw-Hill.

Robertson, M. R. (November 13, 2015). 500 hours of video uploaded to YouTube every minute [forecast]. Accessed June 26, 2016, from http://www.reelseo.com/hours-minute-uploaded-youtube/.

Schlegelmilch, B. B., & León, S. S. (2014). Red Bull Stratos: Mission to the Edge of Space, Case Study. The Case Center, Case Reference no. 514-075-1.

Simonson, I., & Rosen, E. (2014). *Absolute Value: What Really Influences Customers in the Age of (Nearly) Perfect Information*. New York: Harper.

Hong, I. B. & Cha, H. S. (2013). The Mediating Role of ConsumerTrust in an Online Merchant in Predicting Purchase Intention. *International Journal of InformationManagement*, 33 (6), 927-939.

Smartphone-users-check-their-phones-an-average-of-150-times. Accessed June 22, 2016, from http://tech.firstpost.com/news-analysis/smartphone-users-check-their-phones-an-average-of-150-times-a-day-86984.html.

Solis, B. (June 9, 2014). 10 quotes on the future of business. Accessed June 26, 2016, fromhttp://www.briansolis.com/2014/06/10-quotes-future-business.

SPA. (Sept. 8, 2015). 99 facts on the future of business in the digital economy. Accessed August 6, 2016, from http://de.slideshare.net.

The CMO Survey. (August 2014). Duke University in partnership with the American Marketing

Association.

The Economist (Feb. 28 – March 6, 2015). Planet of the phones. Accessed August 6, 2016, from https://www.douban.com/note/486476584/.

The Harris Poll (Dec. 11, 2014). Showrooming and webrooming in the 2014 holiday shopping season. Accessed June 26, 2016, from http://www.prnewswire.com/news-releases/showrooming-and-webrooming-in-the-2014-holiday-shopping-season-300008178.html.

The Huffington Post (Sept. 10, 2014). Is twitter bad for language?. Accessed June 26, 2016, from http://www.huffingtonpost.com/2014/09/10/.

Total Immersion (n.d.). The Future of Augmented Reality. Assessed September 10, 2016, from http://www.t-immersion.com/augmented-reality/future-vision.

Villars, R. L., Carl, W., Olofson, C. W., & Eastwood, M. (June 2011). Big Data: What It is and Why you should care. Accessed August 11, 2016, from http://www.tracemyflows.com/uploads/big_data/idc_amd_big_data_whitepaper.pdf.

We Are Social. (n.d.). Global markets with the highest online shopping penetration rate as of 4th quarter 2015. In Statista – The Statistics Portal. Accessed August 7, 2016, from http://www.statista.com/statistics/274251/retail-site-penetration-across-markets.

案例 6

利用大数据及人工智能提升客户价值和国际竞争力的中国零售品牌

刘建宏　吴惠良[①]

1. 大数据、人工智能推动精准营销

营销就是一切,营销就是商业的命脉。精准营销为商家带来了更多的销量,也带来了更多的流量和客户。大数据、人工智能以及 App 所拥有的自动识别系统为实现精准营销提供了可能,并且紧紧地将消费者与商家的产品和服务联系起来。

毫无疑问,大数据和人工智能通过不断的数据采集与数据模型的评估和分析,使得商户和平台能够给消费者打上各式各样的标签,这些由数据分析产生的标签可以形成一个个真实的、立体的、虚拟化的客户画像(Accenture,2016)。从消费者角度而言,大数据和人工智能提供了精准的产品推荐和个性化的服务,从而提升了客户价值,而对于企业来说,他们更是其赖以生存的关键所在(埃森哲,2014)。

2. 大卖场运营商 C 的案例

当前的中国消费品市场面临着越来越激烈的国际竞争,中国零售品牌积极利用大数据和人工智能提升客户价值(埃森哲,2014)。以大卖场运营商 C 为例(Buttle,2019),该企业在大中华区开展消费者忠诚度项目,这是亚太地区的第一个试点地区。早期的倡议使该计划成为市场上最受欢迎的计划之一。随着客户数量逐年增长,营销预算也变得越来越高,但其营销活动的响应率已

[①] 刘建宏,英国曼彻斯特大学商学院博士候选人,曾先后在著名信息技术公司、咨询公司以及中国大型消费品公司担任高级管理职务。吴惠良为本书作者之一。

经进入瓶颈期,并且成本高昂。为了适应大数据时代的新营销模式转变,这家大型超市集团对其数据进行了评估,其中,包括数年的会员卡数据、销售点的交易数据,以及来自在线资源的其他大数据。其管理团队认为,传统的营销活动已经趋于平稳,公司应致力于开发数据驱动的其他营销项目。因此,这家大型超市集团与世界著名的管理咨询公司埃森哲(Accenture)就这一转变进行了合作(埃森哲,2014)。

该公司首先通过价值贡献(利润)来分析客户,然后通过价值和客户的生活方式进行细分,以便 CRM 团队生成包含相关定制报价的双周客户信息(Accenture,2009)。此外,分析和算法可用于更好地理解购买行为。例如,CRM 团队可以发现倾向于跨类别购买价格较高的产品的高端客户,以及那些对价格敏感的谨慎客户,并且这些低端客户会购买较低级别的产品,而且只有在商店进行大力促销时才进行购物。此外,由于获得新客户的成本远高于保留旧客户,并且忠诚的客户也比新客户贡献更多的利润,CRM 团队还开发了一个用于预测客户流失的人工神经网络模型,该技术可识别有可能流失的价值客户(Accenture,2016)。

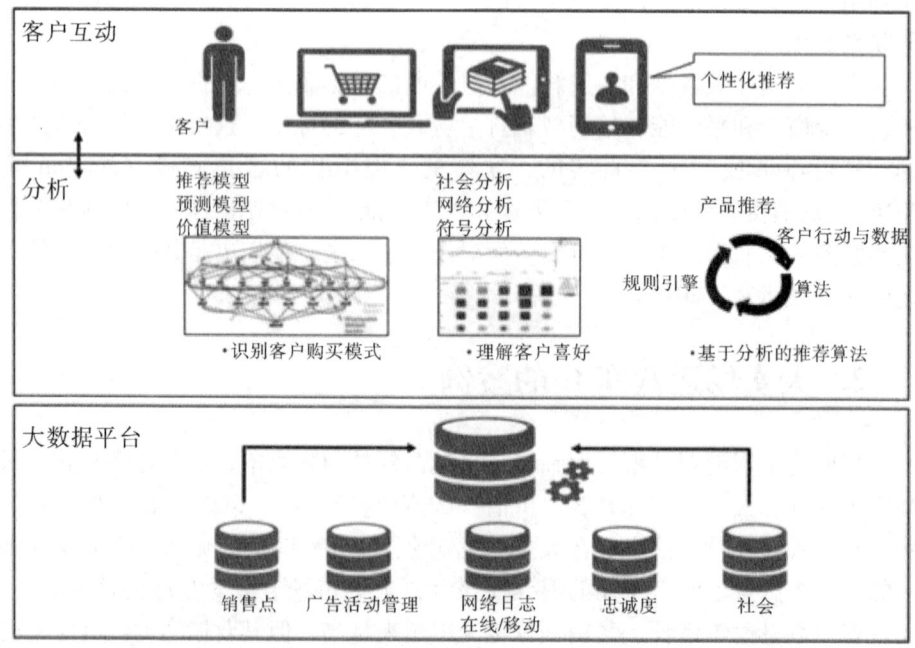

图1　支持客户洞察和 CRM 营销计划的大数据分析和 AI 框架图示

资料来源:Accenture,2009。

零售行业中使用的另一个大数据分析方案是了解客户对其价格、产品促销和地点的态度和响应。随着中国的快速数字化以及新兴的大数据技术的发展，如今的零售企业能够以经济高效的方式从数字足迹中获取这些客户的见解。众所周知，微信和微博是两个重量级的社交媒体平台，允许广大人群在中国进行数字通信，这些社交媒体每一秒都在创建着社交数据，如用户所在地、个人数据、共享内容以及个人思想和想法。最近的研究表明，微信拥有超过 9.38 亿月活跃用户（MAU），而微博拥有过 3 亿月活跃用户。显然，数据已经成为每个企业新发现的"油田"。不管在线或离线零售商，都可以使用微信和微博抓取数据，并使用文本挖掘、语义分析和图像识别技术来分析消费者的评论和图片，这些评论和图片与品牌形象、产品使用以及社交媒体上发布的消费体验息息相关。与传统的客户洞察方法相比，新的大数据方法不仅缩短了洞察力生成的周期时间，而且还使公司能够在最细微的层面上了解其客户（Buttle，2019）。

一个可以说明如何向客户提供洞察力的例子，是从多个维度分析与客户有关的大数据，比如，价值、需求或行为/使用/人口统计（Accenture，2009，2016；Zoghby，2015）。①价值：客户在零售商那里的消费可以从在线或离线交易数据中获取。②需求：可通过微信或者微博等社交媒体平台对客户关于零售价格、产品促销和渠道的评价进行进一步的深入挖掘，以发现客户的需求。③分析客户在线浏览的内容或了解购物车里的商品，可提供有关其购物行为以及品牌或零售商使用情况的额外深入见解。会员卡提供的静态客户信息，以及分析过行为数据可以帮助我们更好地了解每个客户。通过大数据分析产生的这些客户见解可以改善公司的营销和体验，以及商店运营。

3. 大数据、人工智能所带来的挑战

移动互联网时代下，大数据和人工智能就像是一枚硬币的两面（Zoghby，2015）：大数据是新时代的能源与原材料；而人工智能是提升效率与效果的工具（埃森哲，2014）。不可否认，大数据帮助商家极大地增加了信息的丰富度，而人工智能则大大提升了信息处理的效用。大数据与人工智能技术提升了数据的价值，从而挖掘出更多的商业机会，为消费者带来更多的便利，企业也可以更加轻松地发展，最终促进了商业的繁荣。

然而，从另一方面看，大数据、人工智能这种轻而易举获取和分析数据的能力也容易引发大众的担忧。因为我们在社交媒体和购物平台上的任何操作、购物行为都能被抓取并分析，长此以往，通过这些累积的数据，商家足以详细

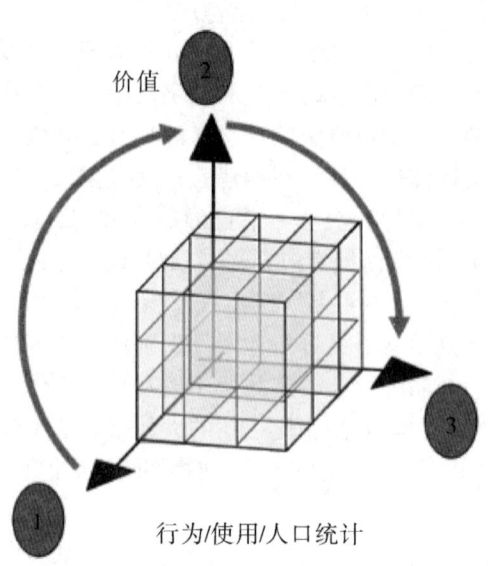

图2　用于细分客户以识别360度客户洞察的常用数据分析维度

资料来源：Accenture，2009。

地了解消费者的个人消费行为和习惯，甚至是有关涉及个人隐私的家庭信息、职业信息和财富状况。因此，大数据和人工智能可能会使消费者的个人信息和隐私暴露在不安全的环境中，并且随意被平台或者他人操控，让消费者生存在技术的阴影之下（Wang，2017）。因此，在支持推广大数据和人工智能带来的众多价值和便利的同时，我们也应该讨论这些高科技所带来的风险和挑战，并提出相应的应对措施。

案例讨论：
1. 对于消费者和企业，大数据和人工智能是如何提升客户价值的？
2. 大数据和人工智能的发展对消费者行为和决策有何影响？
3. 我们应当如何应对和管控大数据与人工智能带来的风险和挑战？

参考文献

Accenture（2016）. The accenture clustering engine：Powering a significant leap in customer segmentation［R］. 2016. https：//www. accenture. com/t20161006t053638_w_/us-en/_acnmedia/pdf-34/accenture-clustering-engine-flyer. pdf.

Accenture. Showing the way to high performance – A global methodology for actionable segmentation［R］. Accenture PLS：2009.

Buttle F．，Maklan S. Customer Relationship Management：Concepts and Technologies［M］.

(4th ed.) New York, NY: Routledge, Taylor and Francis Group, 2019.

埃森哲. 埃森哲中国消费者洞察——消费零售篇 [R]. 2014. http://m.ftchinese.com/accenture/report2.html.

Wang K. W., Woetzel J., Seong J., et al. Digital China: powering the economy to global competitiveness [R]. McKinsey & Company: 2017. https://mck.co/2xoMSvH.

Zoghby J., Schneider J. Accenture customer insight: creating value through actionable customer Intelligence [EB/OL]. (2015). https://www.accenture.com/%20t20160131t235411_w_/ch-en/_acnmedia/pdf-7/accenture-customer-insight-flyer.pdf.

案例 7

以名配角战略引领国际化进程
——精准定位、整合资源的光学龙头舜宇集团

周是今　陈美琪　周静子①

1. 舜宇简介

坐落在浙江余姚的舜宇光学科技（集团）有限公司是中国光学行业的一面旗帜。从 1984 年到 2019 年，30 余年时间见证了舜宇光学令人怦然心动的成长：从乡镇企业（余姚第二光学仪器厂）发展到在中山、上海、信阳、新加坡、日本、韩国、美国等各地拥有众多附属公司的集团公司；从 8 个高中生和 6 万元贷款到 2 万名员工（其中，包括 31 位博士、239 名高级职称专业人才）到 92.8 亿人民币资产（数据截至 2018 年 12 月 31 日）（舜宇光学科技有限公司，2019）、1200 亿人民币市值（数据截至 2019 年 11 月 21 日）（老虎证券，2019）；从单一光学镜片发展为光学光电三大方向（其中，车载镜头全球第一，手机镜头、摄像模组全球前二）；从校办配套工厂到全球著名跨国公司的战略合作伙伴；从创始人王文鉴先生到第二代领导人……这家曾经毫无基础的乡镇企业在国际舞台上创造了什么样的成绩，又如何在 30 多年百舸争流的商业之海争得一席之地？

2. 舜宇发展历程：从一亿到一百亿的三个阶梯

最早在 20 世纪 80 年代初，王文鉴还是宁波余姚的一位村民，他隐约有一个梦——做一个有技术含量的企业。有什么科学技术呢？他想起了有几位从事光学研究的余姚人在浙江大学，于是在余姚政府的支持下，他借了 6 万元，8

---

① 周是今，宁波诺丁汉大学助理教授。陈美琪，宁波诺丁汉大学研究助理。周静子，宁波诺丁汉大学助理教授。

个人一起去浙江大学培训了9个月。1985年，仪器厂决定以生产照相机镜头为突破口，这个决策的基础，就是从浙江大学培训获得的光学冷加工技术（王文鉴，2017）。1988年，中国出现了1949年以来最高的通货膨胀，给舜宇的经营带来很大压力，凭借着与浙江大学合作的"你设计，我生产"的产学结合模式和浙大提供的外商资源，舜宇从单一的国内市场开始向国际市场寻求机会，由单一的元件加工转变为元件加工、整机生产并举，找到了一条发展的道路。

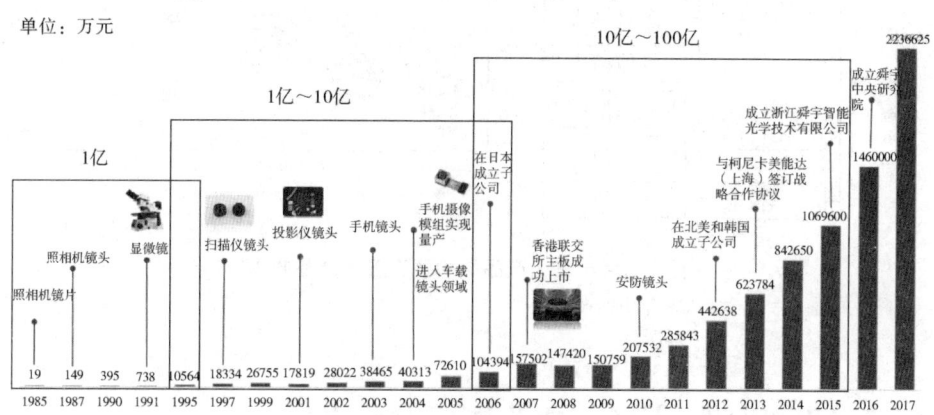

图1 舜宇历年销售额

资料来源：根据舜宇集团内部资料整理。

1992年，在国家相关政策的引导下，舜宇与香港台湾地区香港裕隆、香港力达、台湾领东合作，分别成立了盛裕、华达、领东三家合资企业，进入了显微镜、望远镜领域。1994年，公司完成了股份制改革，并在次年进入了数码图像化领域。1995年伊始，公司决定建立自己的营销队伍、营销网络和渠道，自营出口产品，逐步树立了品牌。1998年，舜宇产品已达到95%外销，同时面临着亚洲金融危机。2003年，公司开始生产手机摄像模组，并于2004年前后进入手机镜头与车载镜头领域（王文鉴，2017）。

2007年，舜宇在香港联交所主板成功上市，近年又受益于叠加智能手机光学零部件升级、汽车领域辅助驾驶渗透率加速等因素，在摄像模组、手机镜头、车载镜头等业务的带领下，厚积薄发，营收节节攀升，逐步实现从10亿销售额到100亿的跨越。如今的舜宇市值1300亿港元（老虎证券，2019），专注于结合光学、电子、软件及机械技术的光电相关产品的应用领域，如手机、数码相机、车载成像及传感系统、安防监控系统及自动化工厂等。从设计、生产到销售，舜宇可以分为三大产品线：光学零件、光电产品和光学仪器。其中，光电产品和光学零件是主要产品，贡献了绝大部分业绩，而光学仪器被视为重点部署领域。

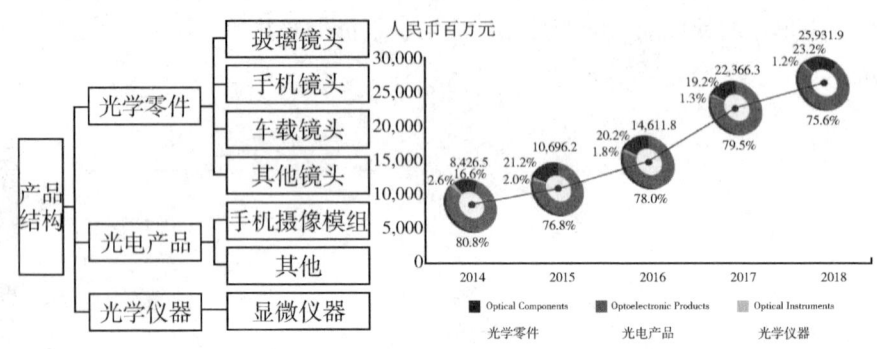

图2 舜宇三大产品结构及近五年产品收入

资料来源：舜宇光学2019年中期报告。

3. 开拓国际市场与成为国际名配角

3.1 "名配角"战略引领，立足高端品牌

早在1998年，创始人王文鉴先生就提出了在光电行业当配角的概念，2004年正式确定了"立足光电产业，成为国际知名企业的名配角"的发展战略。甘当配角绝不是自怨自艾、止步不前、胸无大志，而是洞察市场与明确企业竞争力后的精准定位。2004年的光学行业，全球硬件总销售额约为2000亿美元，而中国的总销售额仅为40亿美元，占比2%，基于客观实力的分析，舜宇不太可能成为主角；同时，舜宇拥有镜头和模组的协同优势，在零件产品上具有技术竞争力。

首先，"名主角"是指国际光电产业著名的跨国公司，而且具有全球的影响力和知名度，而"配角"要与"主角"结成一种战略合作伙伴的关系；其次，"名配角"是指"配角"自身具有很高的知名度和美誉度，并在全球范围内拥有影响力；再次，"名配角"的标杆是IT领域的微软、光学领域的蔡司、徕卡这样的世界著名公司（李平，周是今，周静子，2019）。"名配角战略"要求舜宇与国际光电产业的"主角"在全球舞台上"同台演出"，因此，"名配角战略"实际上就是国际化战略,是舜宇在强手如林的光电产业迅速崛起的捷径(李平,周是今,周静子,2019)。

在三大业务领域,舜宇作为名配角,已和大部分国际名主角企业建立了合作关系。光学零件方面,公司先后成为三星、索尼、夏普、HOV、小米等手机厂商以及信利等模组厂商的手机镜头核心供应商,并成为Magna、Continental、Delphi、基恩斯、Autoliv、Steel-mate、TTE、松下、富士通、SMK等厂商车载镜头核心供应商,以及宾得、NEC、东京光学、奥林巴斯、尼康等知名数码相机品牌的镜片核心供应商。公司与光电事业领域的谷歌、高通、博世、亚马逊、中兴、华为、联想、OPPO、vivo等,仪器事业领域的蔡司、奥林巴斯等保持了良好的供应关系,成了舜宇的"名主角";舜宇也成为他们的核心供应商,"名配角"的地位实至名归。

图3　舜宇合作伙伴

资料来源:根据舜宇集团内部资料整理。

坚持"名配角战略"保证了舜宇客户和市场的高端化,舜宇要与国际光电产业的"主角"在全球舞台上"同台演出",舜宇的高端客户也给舜宇提出了高标准、高要求,促进了舜宇生产能力和管理能力的提升。为满足珠三角两小时供应圈的要求,2004年舜宇成立了中山生产基地;从低阶向高阶转变的扫描镜头、像素的提高、自动调焦,产品档次的提高开拓了新的利润区;培养、引进了懂得国际交流语言、懂得国际经营规则和具有各种专业技能的人才……立足光学成为名配角的中长期发展战略规划帮助舜宇专注主业,有利抵御了全球经济危机,保障了经营业绩的持续增长,也积累了技术核心竞争力。2023年的150亿元的战略步骤的"三级飞跃"规模指标,舜宇在2017年到来之际得以提前完成。

3.2　产学研用合作整合外部资源

舜宇最开始为天津照相机厂提供镜头,产品面向国内市场。1988年,舜宇与浙江大学开展了产学合作,开始了"你设计我生产"的模式。浙大作为研究机构,与诸多知名企业有研究方面的合作,往往能以"编剧"或"导演"

的身份接触各路"知名演员"（李平，周是今，周静子，2019）。与浙大的长期紧密合作，除了能让舜宇获得宝贵的技术以外，还能让它在恰当的时机通过浙大接触到其他"名主角"。1988年，舜宇做出走向国际市场的战略决策时，通过浙大接触了外商，从而为国际化奠定了宝贵基础。1988年—1991年，舜宇先后与中国香港、台湾及新加坡等客商建立了业务关系，产值从428万元增长为1008万元，出口占销售的比例达72.8%（王文鉴，2017）。

长春理工大学自2000年开始与舜宇合作。从输送光学专业人才，到校企联办"光学工程硕士班"定向培养；从帮助舜宇开办日语、英语人才班，到逐步迈向科研等多方面的技术合作。同时，舜宇十分重视市场动态、行业发展和技术动态，国家金融税收政策，目标市场现状和变化趋势等信息搜集和捕捉，并充分利用这些信息来指导自营出口工作和其他工作。

目前，舜宇与罗切斯特大学、亚利桑那大学、浙江大学、长春理工大学、天津大学、华中科技大学等国内外科研院校建立了合作关系。每一次借力，都是舜宇投入自身优势资源与对方优势资源相互合作的过程。产研合作不断拓宽范围，内容不断深化，为舜宇提供了技术、人才、市场等资源，引入的人才为舜宇实现了新的战略转变，例如，与国家级科研单位建立合作，开启向高新技术产业进军的新通道。

3.3 引资引智引才，发挥组合效应

谈及借助外力加速转型，舜宇有自己的做法：国家、高校、研究机构、投资机构，均可以成为他的助推手。引进管理咨询公司、国际战略投资者、人才以及先进的国内外经验，基础工作做得再好，如果资源整合不行也是没用的。例如，20世纪90年代初，国家出台了鼓励合资的政策，舜宇借船出海，与港台三家公司成立了合资公司，开拓港台新的客商业务。

此后的十年里，舜宇的营业收入在1亿~10亿徘徊，没有方向，没有突破性的进展。管理层意识到转型的需求，但向哪里转型，如何转型，战略驱动的企业转型需求与缺乏战略管理能力产生了矛盾。有的员工认为，中国至今都没有规模很大的光学企业，舜宇能和国内最大的光学企业平起平坐，规模差不多，效益好很多，已经很了不起了。这使管理层意识到"小富即安"的农民意识已经成为阻止企业前进的危险因素了，因此，公司决定借智慧，请管理咨询公司来"开处方"。在上海华彩咨询公司的帮助下，舜宇确定了"名配角"的定位，制定了中长期规划，提出了58项基本制度。舜宇与华彩共演的这场戏也成为舜宇接下来长期坚持的战略。

不少国内外投资者对舜宇伸出橄榄枝，经过与成为基金的多次接触与交

流,双方确立了国际化原则。2005年,世界顶级投资公司INVESTOR AB和美国成为基金加盟舜宇,成为新股东,不仅为舜宇带来了发展资金,优化了舜宇的股权结构,更带来了国际投资者的雄厚信息资源、技术资源、人才资源和高端客户资源,助力"名配角战略"的实施。

2012年,舜宇在美国硅谷设立研发机构,成立舜宇光电信息(北美)有限公司。2013年,公司与柯尼卡美能达光学仪器(上海)有限公司战略性合作,收购其手机镜头业务,进一步壮大光学实力。2014年,舜宇投资以色列3D算法公司Mantis Vision Ltd.探索3D成像领域。2019年1月,舜宇在印度设立了一家新的附属公司以满足客户在印度市场的需求(徐涛,胡叶倩雯,2018)。舜宇在美国加利福尼亚州硅谷设立了附属公司,负责北美地区的技术支持、市场推广及客户开拓。通过收购投资以及新成立队伍,舜宇将战略地图铺向全球。目前,舜宇也在欧洲地区物色合作机会。在舜宇发展的不同阶段,都面临了同一个棘手的问题,就是实现战略的资源不足。通过合作,舜宇有效整合了政策、技术、市场、智力等各方资源,发挥了资源的组合优势,实现了舜宇和多个合作方的共同发展,拓展了舜宇成功的空间。如今合作的形态和方式更加复杂,双边合作更多地走向多边合作,舜宇给出的答案是从综合光学产品制造商向智能光学系统方案解决商升级。

3.4 变革组织架构,提升公司治理

从乡镇企业到上市公司,从游击队到正规军,从婴儿期走向成熟期,要实现人治到法治的转变,需要有先进的制度做保证。舜宇光学科技(集团)有限公司的成立,是舜宇上市重组的阶段性成果,也是国际化战略的一个重要里程碑。企业的竞争也是董事会的竞争,通过这次调整,光学公司和仪器公司改为中外合资企业。为了应对上市准备,又以公司实际控制人名义在境外成立舜宇集团,战略管控下属企业,在香港红筹上市。公司不仅吸引了战略投资者的基金,而且还引进了市场、技术、管理等资源;另外,公司作为法律意义上的境外企业,更加自如地拓展国内外市场,提升企业的国际知名度,获取国际光电信息,整合国内外资源。香港市场完整的法规体系和严格的架构提高了企业的规范性和透明度,使战略合作的成本降低,公司治理水平得到提高。

3.5 转型方案解决,开展战略合作

2019年上半年,全球智能手机出货量约为646100000部。各大智能手机品牌厂商为了在持续饱和的智能手机市场获得消费者的青睐,均在手机摄像功能升级上投入大量的资源,带动了相关技术快速发展。例如,超高像素、大像

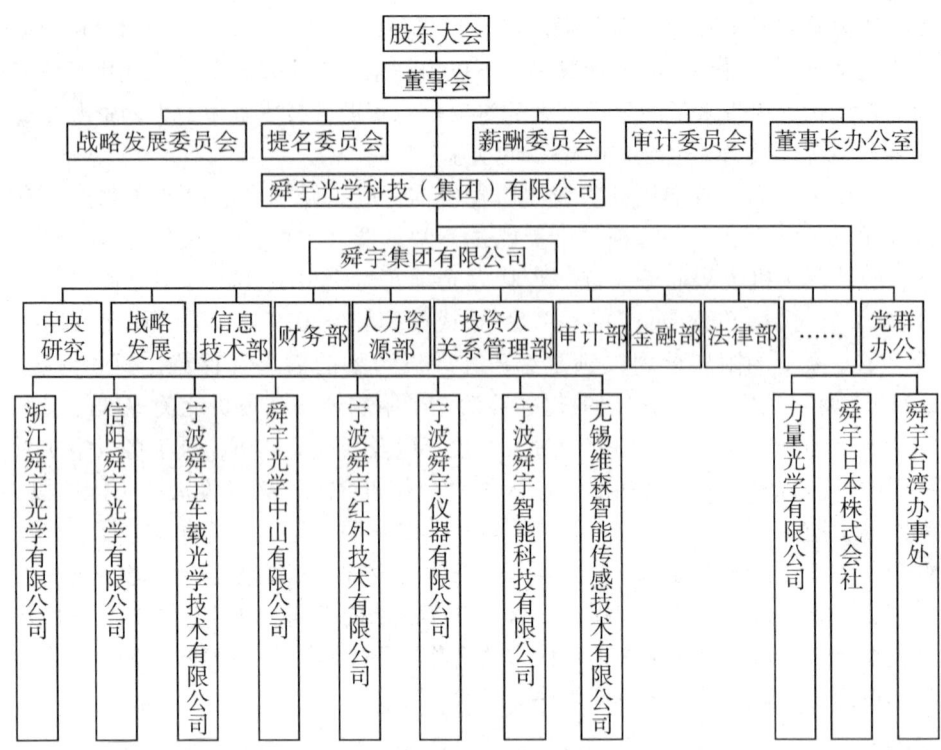

图 4　舜宇集团组织架构

资料来源：根据舜宇集团内部资料整理。

面、大光圈、超广角、长焦、超小型化、多摄、飞行时间（TOF）等技术挖掘

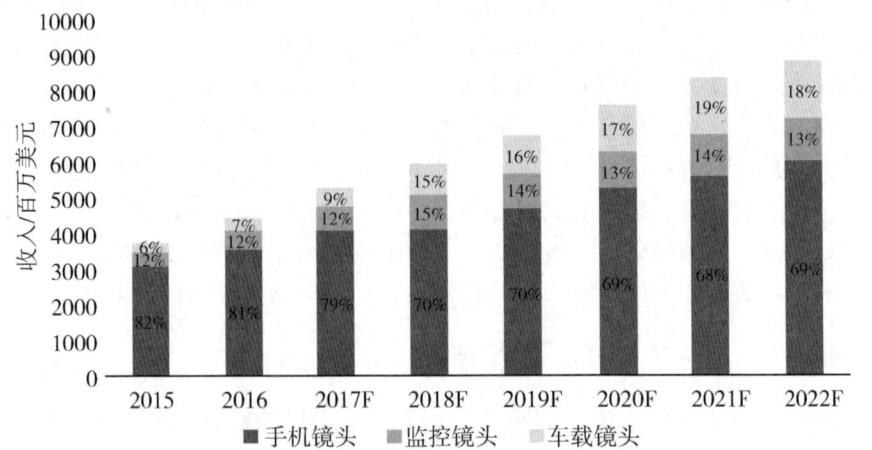

图 5　全球光学镜头模组收入预测（合并手机、监控、车载摄像机领域）

资料来源：宇瞳光学招股说明书，原图来自TSR2018年镜头市场调研报告，图中2017—2022年数据均为预测数据。

并满足了光学变焦、全面屏、3D 等日益丰富的用户体验。作为全球领先的手机镜头和手机摄像模块供货商，舜宇因领先的研发技术优势及光学零件与光电产品事业间的协同效应而受益于需求的增长。无人驾驶汽车市场方面，激光雷达、智能大灯及夜视摄像头等相关产品的应用需求也不断释放。

展望未来，舜宇将继续依靠在车载领域的先发优势，进一步进行技术沉淀，挖掘产品应用需求，在设计、材料选择、工艺技术、检测及管理流程方面进行微创新，确保全球市场份额稳固，全球市场占有率第一。但红利终会消失，蓝海也将成为红海，面对不确定的未来，舜宇给出的答案是转型为卖服务的智能光学方案解决商。在沉淀硬件技术的同时，兼具软件和算法的拓展，目前，舜宇已战略性布局 VR、AR、虹膜识别、红外镜头等多个领域，希冀于发挥新业务和老业务的一体化整合能力。

4. 总结

在产业链中做好配角，在同业中做好资源整合，没有花国家一分钱投资，利用科学技术、国家政策，学习先进管理经验，善于借力的舜宇精准定位、战略先行，抓住了几个发展的关键点，在光电行业开辟了自己的国际化道路。把握市场大势、善于整合公开资源，对于企业是难得的竞争力。VUCA 时代企业面临更多的不稳定性、不确定性和复杂性，在面对更加强大的和拥有更多资金、技术、市场等资源的对手，如何夹缝逆势生长，也许是值得思考的问题。企业时刻面临该往哪里去的灵魂拷问，准确识别市场机会，利用政府有利政策、规避风险、整合品牌、渠道、资金、技术等内外部资源，不失为一种路径。

案例讨论

1. 名配角战略与舜宇的国际化过程之间有什么样的关系？
2. B2B 企业的国际化特点与 B2C 企业有什么区别？
3. 光电行业面临复杂多变的外部环境，在下一阶段舜宇应如何进行战略布局？

参考文献

东莞市宇瞳光学科技股份有限公司. 首次公开发行股票并在创业板上市招股意向书［EB/OL］.（2019-09-02）. http://www.szse.cn/disclosure/listed/bulletinDetail/index.html?a4142c86-7cba-42fe-828a-dcf222ee3220.

老虎证券. 舜宇光学科技［02382］港股实时行情［EB/OL］.（2019-11-21）. https://

www.laohu8.com/stock/02382.

李平,周是今,周静子. 一个"名配角"的自我修养 [EB/OL]. (2019-01-14). https://mp.weixin.qq.com/s/W7PgJ462qA0sW6iLtwa3iw.

舜宇光学科技有限公司. 二零一九年中期报告 [EB/OL]. (2019-08-13). http://www.sunnyoptical.com/webfile/temps/201909813581216624.pdf.

舜宇光学科技(集团)有限公司. 招股说明 [EB/OL]. (2007-06-04). https://www1.hkexnews.hk/listedco/listconews/sehk/2007/0604/ltn20070604002_c.htm.

王文鉴. 实践与探索——舜宇集团发展之路 [M]. 北京:机械工业出版社,2017.

徐涛,胡叶倩雯. [中信电子] 舜宇光学科技(2382.HK)深度报告:光学浪潮方兴未艾,3D、车载潜力无穷 [EB/OL]. (2018-04-02). https://mp.weixin.qq.com/s/3HnfWjJjG7FVO8Hn2cKCzA.